我行我能

一所新型大学的十年探索之路

霍长和◎著

10

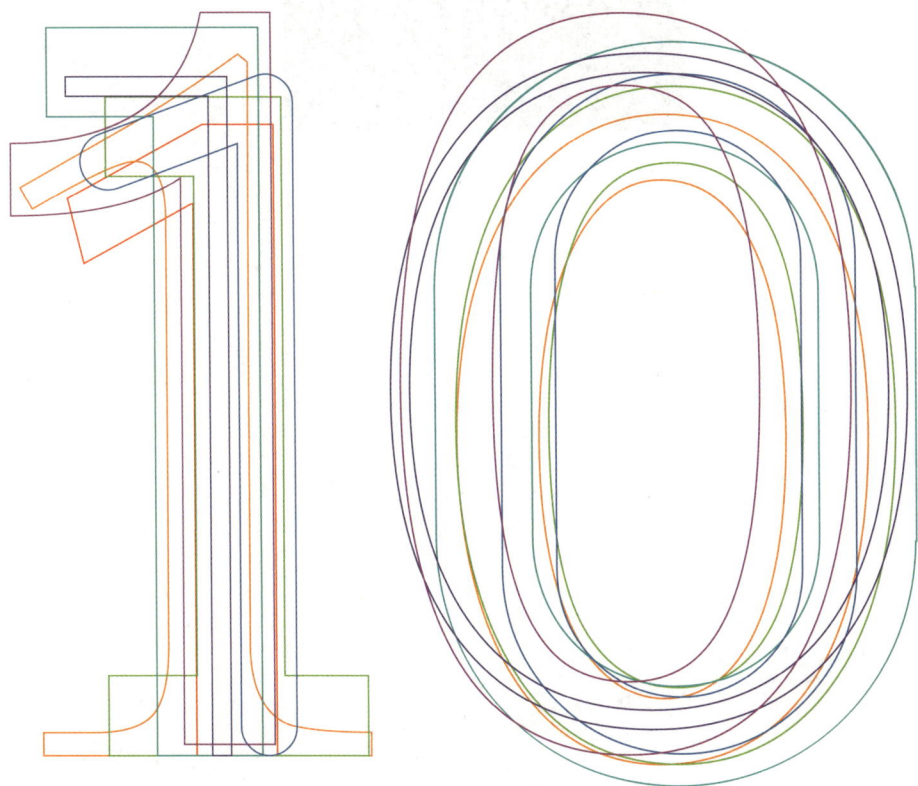

辽宁人民出版社

霍长和 教授、作家，20世纪80年代初开始写作，曾获中国首届曹禺戏剧文学奖评论奖，辽宁省1949—1999报告文学名著奖。

著有:《直面挑战》《红色音乐家——劫夫》《领孩子走进世界名校》《万里传》《拯救威利》等。

序

———

2015 年 6 月 9 日，南方都市报以《全国 909 所高校校训多撞车 学与德受青睐》为题，分析出我国大学校训缺乏独特性："900 多所本科院校的校训只用了 600 多个汉字，排列组合还存在大量雷同，像'双胞胎'一样严重'撞脸'，引来网友吐槽。"

2015 年 6 月 10 日，人民网以《校训撞车是因为教育思路狭窄》为题，指出："大学校训充满了平庸与雷同，用校训中的十大高频字进行组合，即可组成中国大学最通用的校训'博学、厚德、笃行、求实、创新'。这种毫无个性特点的校训，完全可以挪用到'厂训''企业训''公司训'上。"

而在雷同、撞车的现象之中，沈阳城市学院校训"我行我能"被全国媒体和网友评为"最自信校训"，与西安科技大学"最爱国校训"和中国科学技术大学"最有觉悟的校训"等广受社会好评。[1]

2015 年 6 月 24 日，沈阳日报以《不引经据典，无照搬雷同，沈阳城市学院校训"我行我能"获评中国高校"最自信校训"：看"最自信"大学如何培养应用型人才》为题，大篇幅报道了沈阳城市学院践行"我行我能"校训精神，创建全国一流应用型大学的自信。该报道认为："'我行我能'，没有引用经典著作，也没有照搬雷同，而是结合学校办学特色和人才培养理念，将'我'这一校训的实践主体放在第一位，以主体人的'勇气'与'能力'为核心展示出树立信心、追求成功的精神，鼓励学生要增强自信，勇于创新，突出了人的主观能动性。"

"我行我能"这一"最自信校训"出自沈阳城市学院办学出资人徐伟浩之手。

———

1　战婉青：《全国千所高校校训大 PK 沈阳城市学院脱颖而出》。

有人说，它是给学生的。

有人说，它是给老师的。

也有人说，它是给徐伟浩自己的。

如果说，"我行我能"对学生和老师是一种鞭策、激励，那么，对徐伟浩，它是什么？是给自己打气、壮胆，还是向世人传递他的强烈自信：经商，我行我能；办大学，同样我行我能！

校训得到如此赞誉的沈阳城市学院，究竟是一所什么样的大学？提出"最自信校训"的徐伟浩又有着怎样的教育情怀？办大学，徐伟浩真的行吗，能吗？

沈阳城市学院十年探索、发展所取得的实绩，是最好的回答。

沈阳城市学院前身为沈阳大学科技工程学院，2009年迁入绿岛合作办学，2013年经教育部批准更名为沈阳城市学院。学校坐落于辽宁省沈阳市风景秀丽的绿岛森林公园内，毗邻著名空港桃仙机场。校园背依凤凰山，环抱绿岛湖，在占地1300余亩的风景园林中，50余幢古典与现代建筑鳞次栉比，山色与湖光美景交相辉映，环境幽雅，景色宜人。

学校秉持"坚持育人为本，注重能力培养"的办学理念，以应用型人才培养为己任，注重学生专业技术能力的形成和德智体美劳全面发展。下设智能与工程学院、文化与传播学院、影视与艺术学院、商学院、生命与健康管理学院、通识教育学院、马克思主义学院、留学生院等教学院部。目前，学校共开设46个本科专业，涵盖理学、工学、文学、法学、经济学、管理学、医学和艺术学8个学科门类，全日制本科在校生1万余人。学校现有国家级一流本科专业建设点2个，省级一流本科专业建设点8个，省级高校本科重点建设专业3个，省级综合改革试点专业2个，省级人才培养创新试验区2个，省级实验教学示范中心5个，省级现代产业学院2个，省级大学生校外实践教学基地10个，省级校企合作产业联盟、协同创新中心2个，国际联合实验室1个，省级仿人足球运动训练机器人重点实验室1个，省级哲学社会科学重点实验室1个，省级高等学校新型智库4个，市级重点实验室、哲学社会科学研究基地、科普基地7个。

学校建立了紧密对接国家主导产业和新兴特色产业的八大专业群，形成了以岗位能力形成为核心的职业情境化人才培养模式，确立了以自主学和动手学为主要特征的实践化教学体系，建设了人工智能与智能制造、建筑信息技术与工程管理、特色旅游与智慧酒店管理、文化创意与影视产品制作、大数据舆情分析与媒介融合、文化传播与语言教育、金融与商务管理、生命与健康管理等集实验、实训、实战为一体的校内产学研平台，为应用型人才培养创造了有利的条件。

学校广泛开展校企合作和应用研究。建有新松绿岛类人足球机器人工程中心、绿岛 BIM 工程中心、绿岛酒店产业研究院、辽河文化研究院、绿岛环境资源研究所、绿岛舆情研究所、绿岛影业等研究机构。积极参与辽宁新兴产业发展和城市创新体系建设，服务区域经济社会发展和东北老工业基地振兴。

学校积极开展国际交流与合作，与美国、英国、法国、日本、韩国等国家 80 余所大学建立了战略合作关系。加入"一带一路"高校联盟，多次举办全球城市大学论坛和国际教育展，与曼彻斯特大学、布里斯托大学、利兹大学、伯明翰大学、谢菲尔德大学、利物浦大学等英国北方大学联盟成员合作开设硕士预科课程，开展教师访学交流和学生留学游学项目，为师生开展国际交流创造了广阔的舞台。

学校致力于建设一所"具有广阔国际视野、广泛应用信息技术，面向城市未来、服务城市发展"的特色鲜明的一流应用型大学。学校先后荣获辽宁省首批应用型建设试点高校、辽宁省"三全育人"综合改革示范学校、教育部"一站式"学生社区综合管理改革试点单位、辽宁省大学生心理健康教育示范学校、辽宁省高校毕业生就业工作先进单位、辽宁省就业创业先进集体、辽宁省文明校园、中国最美大学等称号。学校类人足球机器人代表队 2018 年和 2019 年连续两年获得 RoboCup 机器人足球世界杯锦标赛中国赛区冠军；女子啦啦操代表队 2014 年和 2017 年两次夺得全国啦啦操锦标赛冠军。2019 年，在艾瑞深中国校友会网发布的中国大学排行榜上，沈阳城市学院位居全国民办大学第 18 名，被评为中国顶尖民办大学。

我行
我能

沈阳城市学院坚持用"我行我能"的校训精神锤炼师生自信担当的思想意志，锻造师生志在必得的行动能力，引领学校快速发展。图为2015年9月23日，校董事局主席徐伟浩点燃火炬，为校训塔落成揭幕。

南方都市报

15-06-09 21:50 来自微博 weibo.com 已编辑

全国909所高校校训多撞车 学与德受青睐

教育新闻 | 南方都市报[微博] 2015-06-09 15:47 | 我要分享▼   💬 0

[摘要]900多本科院校的校训用了600个汉字，排列组合存在大量雷同。

[高频词]

励志 精学 敏学
求真 笃志 敦行 进德修业 实学 尚德
博雅 求实 尚行 勤学 知行合一 励德
尚新 明德 求是 积学 海纳百川 求真 厚学 崇实
求精 厚德 博闻 求强 笃行 立德 树人 远志
卓越 求新 励学 博学 厚生 自强不息 创新
创新 济世 敏行 弘毅 尚学 正德
精诚 笃学 励志 力行 务实 博修
创业 求是 济生 进德 继承

南都有数

最爱国校训: 西安科技大学

祖国利益高于一切
ㄐ.ㅇ.ㅑ
南都有数

最爱乡校训: 郑州师范学院

与中原一同崛起 O(∩_∩)O
南都有数

最有觉悟校训: 中国科学技术大学

红专并进 理实交融
ヽ(´3`)ノ
南都有数

最自信校训: 沈阳城市学院

我行，我能 (^o^)/YES!
南都有数

◎ 2015 年 6 月 9 日，《南方都市报》刊登以《全国 909 所高校校训多撞车　学与德受青睐》为题的报道，沈阳城市学院校训 "我行我能" 被评为中国 "最自信校训"。

不引经据典，无照搬雷同，沈阳城市学院校训获评中国高校"最自信校训"

"我行我能"：看"最自信"大学如何培养应用型人才

独特育人法："三位一体"引导学生自己做主人

"我行，我能"，没有引用经典著作，也没有照搬雷同，而是结合学校办学特色融入人才培养理念上，将"我"这一校训的实践主体放在第一位，以主体人的"勇气"与"能力"为核心展示出树立信心、追求成功的精神，塑造学生要增强自信，勇于创新，突出了心态观念的改善。

"我行我能"将便捷根植地诠释在了学校的育人理念上。老师全天候，爱心无距离，社区辅导员24小时倾身服务……沈阳城市学院在全国首创了高校生活导师、专业班主任、政治辅导员"三位一体"全员育人体系，践行了严格管理、真情关爱、学生自治、家长参与的办学理念。

在"三位一体"全员育人体系中，独立建立的学生自治组织——学校学生会第六届主席团全校党选、实行公开了。学生自由报名、自由组队、自我竞选，430名学生代表当场投票，当场唱票，当场颁布。全校1300名的校园学生专职辅导员、数百名的学生自治小管区，实现了自我服务，学生是校园的主人。

在沈阳城市学院，人人都在践行：我行！我能！

的主体作用。学校成立了大学生创业中心，把所有服务职能、窗口提供都的职能分化出本来，学业服务、就业服务、留学服务……共有80多项。学校还创建了一些特色岗位创业，缺乏个性助教、斑主任助理、宿舍管长……改变了传统大学老师管理学生的传统方式。

学生自我管理委员会、大学生自律委员会……学院下令个性团委党选、实行公开了。

"博学、厚德、笃行、求实、创新"十大高频字，你的母校占几个？近日，《人民日报》报道，全国909所高校的校训严重"撞脸"，千校一面，缺乏个性的大学校训引来批评，发帖纷纷吐槽。相比于绝大多数高校的"团购"版校训，沈阳一所大学的"我行，我能"则因其"不走寻常路"的风格，在近千所高校中脱颖而出、走红网络，被媒体和网友评为"最自信校训"。这所高校就是被誉为"中国最美丽的大学"之一的沈阳城市学院。

获评"最自信校训"而且没有"之一"，沈阳城市学院的"我行我能"绝不是靠嘴上说说，而是要实力说话，学校前身是沈阳大学科技工程学院，经教育部审评通过上，正式更名为沈阳城市学院（二本）。

"接地气、上乎快"，实现学业与就业的无缝连接，是该校的一大办学特色。2013年，学校应届毕业生最终就业率突破95%，2014年，95.17%，远远超过全国高校平均水平。历届毕业生基本受到了用人单位的好评。

短短10余年，使快速跻身于全国同类院校前列，为省内外瞩目。沈阳城市学院是如何做到的？6月18日，记者深入探访，看这所定位为"应用型大学"的"最自信"高校如何培养应用型人才？

拒绝死读书：实践化教学　学生练就真本事

对于沈阳城市学院来说，"我行，我能"的校训不仅仅是思想上的主体、是学术、实践上的主导。

为此，学校着了应用型人才培养的层级分工，从目标、培养规格、培养过程、培养方式和评价标准，探索形成了以岗位能力为核心的职业情境化人才培养模式，贯穿了从课程设置改革、校内实践基地建设、社会顶岗实习与合作体系以及"真实项目驱动教学改革"的始终。

在沈阳城市学院，全媒体传播实践教学中心、酒店实训中心、实训教学中心等……学生亲自进酒店操作设备使用，进行展览演示使用，进行拍摄、远程目标、客房部经理、餐饮部经理等等职务都是由学生的副院长、老师亲自兼任的，学生就是学生。

建工学院让每名学生在课堂上"有事干"，课堂就是真项目设计室，机电学院每位学生在项目的运行过程中都实现，各项目基地实训基地、网络综合布放实验室等多个实验室全天对学生开放；信息学院用"真配业务项目贯穿教学始终；语言文化学院、经济学院的"能力培养平台"实训如火如荼……

"我行，我能"不盲目的自信，而是鼓励学生充分利用身边一切可以根据自己的机会，苦练本领。

企业给点赞：学生有能力　上岗就顶用

2013年，沈阳城市学院应届毕业生最终就业率突破95%，2014年，95.17%，远超全国高校平均水平，其中土木工程、自动化、建筑学和旅游管理等专业就业率100%，历届毕业生更是受到了用人单位的好评——"有能力，肯吃苦，上岗就顶用！"

省城各沈阳城市学院学子是的毕业生质量，黄得是学生扎实的专业技能和过硬的职业素质，这一切得益于学校将实习、实训贯穿于人才培养的全过程。

"我行，我能"还是"我知，我懂"，还是"我知，我会"，而实习，能力，意味学校实力，专业素养实训、专业本领的实训使沈阳城市学院的学生无论就业还是创业都能赚到手中有"活儿"，心中有底。

据了解，目前，学校共计有百余家大型校企合作实习、实训基地，机电学院开设……专门人才，实现学业与就业的无缝连接。

沈阳机床集团、沈阳华润万洋压缩机有限公司等建立订单式培养。

建工学院大量毕业生到中建一局集团（辽宁）建设有限公司、中铁三、五、九局集团到各省建筑规划设计院实习实训；

酒店学院毕业大部分毕业生走向上海金茂君悦酒店、北京柏悦酒店、海南三亚柏悦酒店、沈阳香格里拉大酒店等五星级酒店等实习实训……

传媒学院与辽宁卫视、辽宁广播电视台都有输送，沈阳广播电视台合作、毕业生中过半数都在各级单位、电台、影视剧制作公司……各公司相关的多媒体材料都实现实训；贯穿教学始终的实习、实训将实践量化每个教学环节之中，使毕业生要踏心必备能力要求，培养出一"专多能"的专门人才，实现学业与就业的无缝连接。

办学国际化：双向互通　学生更显"国际范儿"

自信，少不了有宽广的胸怀，作为一所年轻的大学，沈阳城市学院的眼向世界一流的大学看齐，为实现时有真的超越。

连续三年，学校举办"全球城市大学（沈阳）论坛"，与全球百所高校代表齐聚一堂，签署了合作框架协议书，并针对这些实贴连的合作项目，进行定同联盟招生，拓展教育国际化之路。

影响保学的开设"贴身教学法"，学生从大一即开始进行提升、采访、出镜、编辑等训练，学校将辽宁电视台（县土地）、《成长进行时》等节目引入实践化教学体系中，日播播的"绿电视台"、"绿品电台"让学生从创意到制作、播出，从选题到专访的过程中享受专业实训的乐趣。

目前，学校与美国加州大学、澳洲悉尼科技大学、莫纳科学院、澳洲国立大学、英国南威尔士大学、法国夫妇市大学、巴斯斯匹大学、法国南卡大学等30多所学校开展深入合作，进行专业课程衔接，学生实现"3+1本科双学历、"3+1+1"本硕连读国际化。

学校以英语提升学生的英语语水平为目的，推行实施"十级制"最快英语教学

法，国际交流中心主任解释说，8级等同于CET-4水平、9、10级则是给予同学们更大的提升空间，采取摸清开展涵盖、夯实应试训练和考评生英语培训，创造条件开展"双语教学"。

为了真正推行国际化，让学生在校四年期间有一次出国留学、访学、研修、游学的机会，沈阳城市学院建立了"2014年至2017年，与外国300所大学建立国际联合交换院校关系，建立广泛的国际交流与合作网络"的长远计划。

借力互联网+：打造"科技通才+行业专才"

在"我能"时代，拼搏才能崛起，创新才会突破。今年3月，沈阳城市学院顺应高等教育变革，以"互联网+"开始的大潮，成立了全国本科类第一个互联网应用二级学院。

新成立的互联网应用学院按照学校的机制，以新闻学、传播学、中文、国际贸易和工商管理、软件工程等专业为支撑，用互联网技术作为它的整体外力，致力于培养互联网应用人才的培养与产业融合的配合，与产业融合的配合为出发点，将全校30个专业的学生制定"互联网应用+10项全能"，形成"科技通才+行业专才"的人才培养模式，力争全校30个专业的学生踏上互联网应用的征程。

无论在教学过程中、还是在育人过程中，沈阳城市学院实践和培养的始终是"我行，我能"的校训精神，它激励学生和教师要增自信，展才能，勇于创新，一专多能，奋发成才。

校董事长王宝璋传达教授给09届毕业典礼上说："过去四年的大学生活可以用四个字来概括，那就是——我行我能。我行我能，是这所大学给你们的全部教育，我行我能是一种品质，我行我能是一种意志，我行我能是一种追求。愿你们把我行我能当作一生的追求去践行我行我能的校训精神，谁就成为我行我能的人，谁就能当之无愧的绿色学子。"

沈阳日报、沈阳网记者　杨主格

◎2015年6月24日，《沈阳日报》刊登长篇报道，介绍沈阳城市学院用校训精神激励学生奋发成才。

2017年4月18日，沈阳城市学院与辽宁大学签署战略合作协议，两校共同开展本科生学分互认、硕士研究生联合培养、师资交流培训、科研项目联合攻关。上图左一辽宁大学党委书记周浩波、左二徐伟浩。下图前排左一辽宁大学校长潘一山、左二徐伟浩，后排从左至右辽宁大学研究生院副院长陆辉、辽宁大学党委宣传部副部长李玉华、辽宁大学党政办公室主任孙国庆、沈阳城市学院副校长孙永新、辽宁大学党委书记周浩波、沈阳城市学院校长于存雷、辽宁大学教务处处长夏立新、辽宁大学新闻与传播学院副院长程丽红。

◎ 2018年4月26日，沈阳城市学院与中共沈阳市委宣传部共建新闻与传播学院举行揭牌仪式。左一沈阳市委常委、宣传部部长、市委教科工委书记冯守权，左二徐伟浩。

◎ 部校共建新闻与传播学院举行第一次院务委员会会议。首届院务委员会主任为时任沈阳市委常委、宣传部部长、市委教科工委书记冯守权，常务副主任为沈阳城市学院党委书记张学广，副主任为沈阳市委宣传部副部长陈波、沈阳城市学院校长于存雷，委员由沈阳市委外宣办主任刘壮野、沈阳市网信办专职副主任赵晖、沈阳市委宣传部新闻出版处处长杨建学、辽沈晚报社总编辑徐晓民、网易辽宁总编辑初阳、沈阳日报报业集团总编辑兰宝刚、沈阳广播电视台总编辑关金、沈阳市新闻工作者协会主席梁利人、沈阳出版社发行集团董事长王京、沈阳城市学院新闻与传播学院院长李刚、腾讯大辽网总编辑周宇担任。

◎ 2013 年 5 月 30 日，沈阳城市学院举办"全球城市大学（沈阳）论坛"，与英国西英格兰大学、美国哥伦布州立大学、美国西北密苏里州立大学、美国加州富乐敦大学、美国俄克拉荷马城市大学、葡萄牙里斯本工商管理大学、中国澳门城市大学、日本北九州市立大学等 28 所大学签署交流合作协议。

◎ 2017 年 9 月，沈阳城市学院与曼彻斯特大学、布里斯托大学、利兹大学、伯明翰大学、谢菲尔德大学、利物浦大学等英国北方大学联盟成员合作开设硕士预科课程。图为英国 NCUK 名校巡展。

○ 2019 年 7 月 27 日，沈阳城市学院举行"戴琼海院士工作站"揭牌仪式，戴琼海院士在南楼会议厅作题为《从脑科学到人工智能》的学术报告。

○ 戴琼海院士参观沈阳城市学院大学生创新创业工场。左一党委书记张学广、左二戴琼海院士、左三徐伟浩。

艾瑞深研究院　中国校友会网大学评价丛书

2019中国大学评价研究报告

高考志愿
填报指南

（校友会版）

赵德国　蔡言厚　党亚茹　著

选择大学　**挑选专业**　**权威参考**

中国1300所公办大学、独立学院、民办大学综合实力排名
中国12大学科门类、92个专业大类、500个本科专业排名
中国31省（自治区、直辖市）大学综合实力排名、本科专业排名
中国香港、澳门和台湾地区最佳大学排名

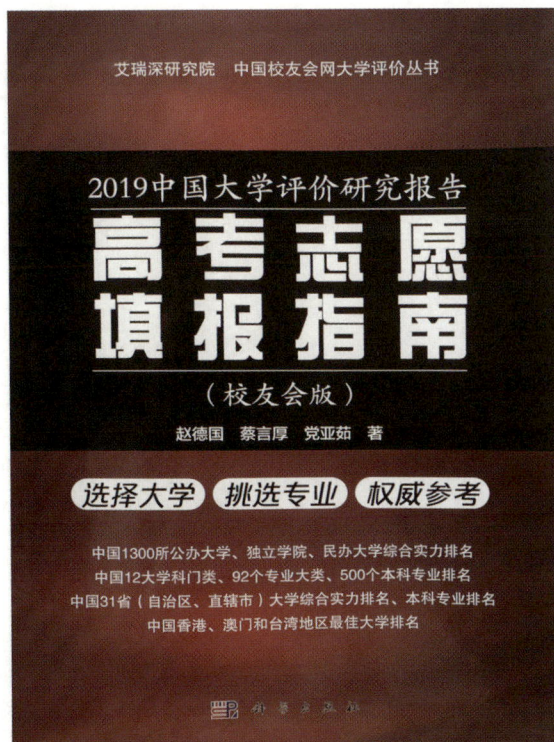

◎ 2019年，艾瑞深中国校友会网发布中国大学排行榜，沈阳城市学院位列全国民办大学第18名，被评为"中国顶尖民办大学"。

校友会2019中国民办大学排名100强

名次	学校名称	综合得分	星级排名	办学层次
1	武昌首义学院	100	6星级	中国顶尖民办大学
2	文华学院	99.93	6星级	中国顶尖民办大学
3	山东英才学院	99.83	6星级	中国顶尖民办大学
4	西安欧亚学院	99.63	6星级	中国顶尖民办大学
5	三亚学院	99.62	6星级	中国顶尖民办大学
6	山东协和学院	99.60	6星级	中国顶尖民办大学
7	郑州工商学院	99.58	6星级	中国顶尖民办大学
8	武汉学院	99.55	6星级	中国顶尖民办大学
9	西安培华学院	99.54	6星级	中国顶尖民办大学
10	齐鲁理工学院	99.53	6星级	中国顶尖民办大学
11	湖南涉外经济学院	99.50	6星级	中国顶尖民办大学
12	上海建桥学院	99.48	6星级	中国顶尖民办大学
13	汉口学院	99.43	6星级	中国顶尖民办大学
14	武汉工商学院	99.38	6星级	中国顶尖民办大学
15	福州外语外贸学院	99.27	6星级	中国顶尖民办大学
16	吉林华桥外国语学院	99.22	6星级	中国顶尖民办大学
17	西安外事学院	99.20	6星级	中国顶尖民办大学
18	沈阳城市学院	99.19	6星级	中国顶尖民办大学
19	北京城市学院	99.13	6星级	中国顶尖民办大学
20	黄河科技学院	99.12	6星级	中国顶尖民办大学
21	江西科技学院	98.81	6星级	中国顶尖民办大学
22	黑龙江财经学院	98.64	5星级	中国一流民办大学
23	长春财经学院	98.61	5星级	中国一流民办大学
24	黑龙江外国语学院	98.60	5星级	中国一流民办大学
25	武昌理工学院	98.59	5星级	中国一流民办大学
26	河北科技学院	98.58	5星级	中国一流民办大学
27	仰恩大学	98.57	5星级	中国一流民办大学
28	湖北商贸学院	98.52	5星级	中国一流民办大学
28	大连东软信息学院	98.52	5星级	中国一流民办大学
30	大连科技学院	98.44	5星级	中国一流民办大学
30	商丘学院	98.44	5星级	中国一流民办大学
32	河北传媒学院	98.41	6星级	中国顶尖民办大学
33	武汉东湖学院	98.40	5星级	中国一流民办大学
34	青岛滨海学院	98.35	5星级	中国一流民办大学
35	西安翻译学院	98.24	5星级	中国一流民办大学
36	宁波大红鹰学院	98.23	5星级	中国一流民办大学
37	西京学院	98.20	5星级	中国一流民办大学
38	安徽新华学院	98.18	5星级	中国一流民办大学
39	海口经济学院	97.52	4星级	中国高水平民办大学
40	上海杉达学院	97.51	5星级	中国一流民办大学

建设一流应用型大学

陈至立

2017.8.10

◎ 2017年8月10日，教育部原部长、国务委员、全国人大常务委员会副委员长陈至立为学校书写"建设一流应用型大学"的题词。

目　录

001_　序

001_　**第一章**

　　"绿岛"的前世今生

002_　沈阳第一家五星级酒店

006_　办学情缘

010_　酒店新生

037_　**第二章**

　　起步那一年

038_　累并快乐着

042_　矛盾与冲突

047_　"晓桥图形"

064_　绿岛"黄埔"一期

我能我行

081_ 第三章

别人家的大学

082_ 教育不能吃偏食

086_ 体育不是课

107_ 美育变成课

117_ 劳动也是课

123_ 校园有个"家"

137_ 三个"保姆"

153_ 从地里长出的建筑

239_ 第四章

十年磨一剑

240_ 珍贵的文件夹

252_ 从情境到实境

273_ 小组学习有多难

292_ "最后一公里"

313_ 第五章

烧烤文化

314_ 绿岛湖畔的疯狂

322_ 草坪上的晚宴

331_ 别样的文化主张

355_　　　第六章

　　　　　不得不提的"九字箴言"

356_　　　缘　起

360_　　　落　地

367_　　　成　效

393_　　　第七章

　　　　　山头主张

395_　　　从足球机器人到人工智能

401_　　　BIM 技术

409_　　　中国"好莱坞"

413_　　　打造"辽学"

425_　　　中国酒店管理绿岛品牌

431_　　　媒介融合

438_　　　现代商务人才培养

459_　　　第八章

　　　　　徐伟浩这个人

460_　　　不一样的经历

468_　　　摄影家

478_　　　"审美洁癖"

485_　　　为父之道

488_　　　"大家"眼中的徐伟浩

505_　　　后　记

我行

我能

一所新型大学的十年探索之路

第一章

「绿岛」的前世今生

沈阳第一家五星级酒店

走进沈阳城市学院，你会发现一个有趣的现象，无论是教师、行政管理人员，包括校级领导，还是学生，对自己的学校，他们似乎很少使用学校本名，而喜欢称之为"绿岛"。这固然因为沈阳城市学院这个校名，无法像国内外许多大学那样可以简称，比如哈佛、耶鲁、牛津、剑桥、北大、清华、辽大，更主要的原因在于："绿岛"二字富有诗意，读来亲切，而且还承载着对办学人早期创业获得成功的一种敬意，一种情怀。另外，从地缘的意义上，"绿岛"还体现了一种历史记忆。

沈阳城市学院所在地——沈阳绿岛森林公园，是沈阳市第一家五星级酒店，建于 1996 年。

20 世纪 90 年代初的一天，从事对美贸易的徐伟浩，陪同美中商会的负责人彼得·保罗到沈阳考察，"一路上，我都在和他讲沈阳这个城市很好、很重要、很适合投资"。

那时，沈阳没有五星级酒店，"我带他来到当时沈阳最好的一家酒店。前台的接待人员不会英语，对此，保罗十分不解。入住之后，他随手打开空调，声音很大，吹出来的不是冷风，卫生间水龙头流出的是黄色的锈水，我站在一旁红着脸，像一个撒谎的孩子"。

在那一刻，他萌生了要建一家五星级酒店的念头。

1995 年，徐伟浩要为过世的父亲选一块墓地，"从空中看，它是浑河南岸的第一座山，周围是大片已收割完的玉米地，当时正值初冬，万物萧瑟，一片苍黄，唯有那座山在大地上隆起，像一座小岛，山上依稀可见几处松绿"，这个地方叫"荒山子"，是一个靶场，不适合做墓地，倒是个建度假酒店的好地方。"从东到西依次两个山头，两山之间一条大道贯通南北，道的西侧是一块高低起伏的向阳坡地。我瞬间冒出一个念头，要把荒山变绿岛！"

这样，"孩子"还八字没一撇，名字就起好了。

他买下了那块地。

你还别说，这块地还真让他买对啦。后来才知道，这块地并不是一块普通的地，而是清代盛京著名的皇家围场。据 1994 年编撰出版的《沈阳市志》第 16 卷风俗篇记载，"清代沈阳著名的围场，为城南 30 里的黄山（又称荒山、荒山子）围场"。[1] 康熙年间"留都（盛京）十六景"之"黄山秋猎"指的就是这里。清代著名诗人陈梦雷、戴梓均有《黄山秋猎》诗，记述当时皇家狩猎的雄奇景象。陈梦雷的诗："黄山秋气好，较猎喜新晴。铁骑追星急，苍鹰逐电轻。千骑朝列队，万火夜古营。自是英雄事，应惭白面生。"戴梓的诗："卷帐日初明，呜呜画角清。封狐经羽困，苍隼掠云轻。白草新开障，空台列旧营。夕阳连野烧，百里照襄平。"奇人自有奇缘，似乎冥冥之中，上苍要借徐伟浩之手让昔日皇家围场变身为现代风景园林。

1996 年破土动工，1997 年酒店就建成并投入使用，徐伟浩没忘初心，为酒店起了个名字叫绿岛森林公园。

虽然为办学需要，几经改造、扩建，绿岛已没有了昔日五星级酒店的模样，但今天我们仍然可以从百度百科中领略它当年雍容、华贵、大气的风采。

> 沈阳绿岛森林公园酒店是一座国际标准的五星级度假酒店，位于沈阳南郊 16 公里处，毗邻桃仙机场，占地 80 万平方米，建筑面积 8 万平方米，湖水面积 2 万平方米，草坪 3 万平方米，森林覆盖率 70% 以上。
>
> 绿岛森林公园汇数位建筑艺术大师智慧之精粹，融欧陆设计风格于一炉，集居住、休闲、商务功能于一体，形成六大建筑群，循山势而有高低起伏，沿地形而呈鳞次栉比，星栏斗拱，摩云戟天。登高而望，亭台楼宇，湖光山色，茂林碧草尽收眼底。
>
> 绿岛庄园欧式别墅点缀于茵茵草坪之上，甬道牵花，红瓦涂朱，白墙如雪掩映于绿树丛中，造型美轮美奂，设计超前实用。绿岛国际俱乐部与绿岛体育中心，是高雅运动与休闲娱乐的时尚总汇。五星级超豪华的绿岛假日酒店，高雅气质与超俗品味兼备，为成功人士营造了高品质的生活空间。
>
> 主要设施有森林浴场、钓鱼场、跑马场、九洞高尔夫球场；网球馆、游泳馆、健身馆、保龄球馆；国际会议厅、音乐厅；中西餐厅、夜总会、啤酒屋；标准客房、公寓式客房和豪华别墅等。[2]

1　《沈阳市志》，第十六卷，397—398 页。

2　参见百度百科。

　　提起当年创建的绿岛酒店，徐伟浩十分自豪，"绿岛结束了沈阳没有五星级酒店的历史，也是当时国内唯一一个有高尔夫球场的五星级酒店"。

　　笔者在和徐伟浩交谈时，曾经问道，当年酒店选址时，是否了解荒山子的历史文化，徐伟浩坦诚地承认不知道。直到酒店变为大学，2018年成立辽河文化研究院，开展辽河文化研究时，才了解到荒山子这段历史，并且发现山上还有一座文林寺遗址。不禁暗自思忖，从皇家围场到五星级酒店再到现代大学，是历史的偶然，还是现实的必然？时耶？幸耶？不得而知。

　　和绿岛同年，在中国的南方，有家房地产开发公司叫雅居乐，在广东中山的一个山岭上也建了一个高尔夫球场，但它没有豪华的五星级酒店做配套，而是在球场周边建起了住宅。20年后的一天，因为招商引资活动，绿岛和雅居乐的两位老板还有香港九龙仓的老总在中山高尔夫球场见面了。据当时在场的沈阳市委原副书记刘迎初回忆，"头一回见到徐老师满脸惆怅的样子"。那个时候，雅居乐已经在高尔夫球场周边进行了12期住宅项目的开发，并已成为全国最大的房地产企业之一。而绿岛则从一座五星级酒店变身为一所万人规模的大学。不同的发展走向，徐伟浩是不是在想孰重孰轻、孰是孰非，不得而知。

　　建设绿岛，是徐伟浩个人性格使然。它超前，"即便是在20年后的今天，绿岛的功能设施也是超前的"，这是中国名酒店组织秘书长奚晏平对绿岛的评价。

　　"我们第一次听徐总讲他要建的酒店项目时，感觉就是天方夜谭，听完了一头雾水。"时任东北建筑设计院二所建筑设计师、后来的绿岛酒店项目设计负责人张立峰说，"他要把啤酒生产线放到俱乐部大厅里，高尔夫练习场要建在水上，音乐厅不用音响也要达到专业欣赏效果，别墅里5米长的泳池要有50米的感觉"，"听起来难度确实不小。不过，和徐总的合作非常愉快，他的最大特点是不光提出问题，还帮你找解决问题的办法，泳池的逆流设备、德国的啤酒生产线、水上高尔夫和西桦厅（音乐厅）的详细方案都是他提供的，给人的感觉是，他在提出问题的时候好像已经有了解决问题的办法了，只是在寻找是否有更好的方案"。[3]

　　鲁迅美术学院工艺美术系主任林栋教授对此则有不同看法，"我和马克辛（鲁迅美术学院环艺系主任）、黄亚奇（鲁迅美术学院染织系主任）参与了绿岛酒店的环境设计。徐总当时提出来的要求是：房子要在大树的掩映下，道路不能有路边石，园区不做有组织排水，要充分体现建

　　3　引自绿岛森林公园酒店史料。

筑与环境自然结合的美感。为了表现这种'美感',我们尝试了很多种方案,手绘了很多效果图,可能是出于对老师的尊重,徐总很客气,但每次沟通后,总会说一句话'再完善完善'。直到最后,他按照自己理解的'美感',把树一棵棵地栽上了"。林栋并不认为徐总固执己见,当看到他认为好看的东西,接受之快,也让你来不及反应。"绿岛的凯旋门原是马克辛老师画的景观效果图,没想到,两个月后,它就被等比例地建在了绿岛园区的入口处,成为象征性的绿岛大门了。"[4]

作为沈阳市第一家五星级酒店,绿岛于1997年开业。"那时,这里简直成了沈阳的国宾馆,省里、市里的重要会议都在这里开,甚至国际的各种大型活动、会议也在这里举办。"

1998年,中国(沈阳)亚洲体育节在绿岛盛大开幕,亚体联秘书长乔度里,国家领导人王光英、李贵鲜及国家体委主任伍绍祖等国内外知名人士出席开幕式,绿岛宾馆南草坪举办了3000人规模的露天酒会,盛况空前。

1998年,中国城市市长论坛在绿岛举行,包括北京、上海等在内的几十个中心城市的市长参加论坛,展望新世纪城市发展,共商城市建设大计。

1999年8月,国际象棋世界冠军资格挑战赛在绿岛西桦厅举行,中国选手谢军对弈俄罗斯选手加利亚莫娃。比赛开始1小时后,因加利亚莫娃未能出席比赛,在国际棋联和中外媒体的见证下,裁判长、新加坡棋协秘书长梁志荣宣布谢军不战而胜,赢得向世界冠军苏珊·波尔加挑战的资格,并与副裁判长、波兰人菲利波维奇和仲裁委员会主任、日本人松本康司一同在比赛结果上签字,书写了国际象棋史上的一段传奇。

2001年6月,为参加在沈阳举办的2002韩日世界杯亚洲区预选赛,由米卢率领的中国国家男子足球队在绿岛进行了四个多月的封闭训练,于10月7日在沈阳五里河体育场1:0战胜阿曼队,提前出线,成功挺进世界杯决赛,首次实现了国人"冲出亚洲、走向世界"的足球梦想。由此,绿岛成为了全国球迷心中的足球福地。

现代化的设施、花园般的景色,引无数单位和个人纷至沓来,趋之若鹜。优美的风光也引起了长春电影制片厂的关注,在这里拍摄了纪录片《心灵的约会》,由著名电

---

4 引自绿岛森林公园酒店史料。

影视演员于小慧担任解说，将绿岛的钟灵毓秀演绎得淋漓尽致，完美地呈现给了全国的观众。

1998 年，绿岛森林公园被国家旅游局评为五星级酒店，2002 年被评为国家 AAAA 级旅游风景区。

绿岛开业后，徐伟浩的老朋友美国人保罗来了，还带来了他的一个朋友。"他们在这里住了一天。坐在宾馆门前草坪边的长椅上，看着夏日斜阳透过树林打到绿草地上的一缕缕暖光，保罗说，这里有一种大学校园的感觉。"

把绿岛和大学联系在一起，保罗是第一人。此后，还有一个人，也表示绿岛适合办大学。

亢亮，天津大学教授、城市建设规划专家、国家一级注册建筑师。1993 年创建中国第一家风水研究机构——中国易学堪舆研究院。他用一生时间为风水正名，先后为鞍山玉佛苑等重要建筑工程项目选址，被誉为"易学堪舆泰斗""中国建筑风水第一人"。

绿岛开业之后，徐伟浩把亢亮请了过来。"他是冬天来的，在园区里四处转。"南面大墙外就是村子，他来到村里，走进农民家，这里的农民靠产量不高的玉米地为生。亢亮坐到炕上和老乡唠家常，交谈中他得知，老辈人把这个地方叫"王八岗"，从这再往西南，一马平川，是辽河入海口，那里没有山。"听老乡这么一说，他特别高兴，验证了他的一个想法。他说，你这儿的风水好，这里的地形有些像神龟入海图，'两山加一岗，辈辈出皇上'。我说，皇上在哪儿呢？他说，如果你在这里办一所大学，说不定就能出个主席、总理啥的。"

办学情缘

或许是应了亢亮的话，绿岛办学的机缘接踵而来。

20 世纪末，中国的高等教育进入了快速发展时期，面对着经济高速增长和招生规模的扩大，中国的大学开始迎来了一轮迅猛的扩张。许多大学采取腾笼换鸟、资产置换的方式，将位于城市黄金地段的老校区进行商业置换，在城市新区建设新的更大的校园，实现了教育和经济的双赢。徐伟浩也敏锐地注意到了这一趋势，在谋划绿岛酒店未来的发展时，他提出了一个大胆的设想。"当时，我计划把绿岛以南、塔山以北、沈丹公路以西、沈丹铁路以东将近20平方公里的区域建设成一个大学园区，准备将东北大学、辽宁大学、中国医科大学等高校都搬到这里，按照斯坦福大学的模式打造一个沈阳的'硅谷'。这个规划很吸引人，也得到了沈阳市政府和辽宁省领导的大力支持。那是1998年，东大、辽大都积极响应，辽大还签了协议，有的学校因没被列入名单还有意见。但后来由于沈阳市政府主要领导更换，发展战略转向沈北，这个项目也就夭折了。"

几年后，又有人相中绿岛这块风水宝地，这次提出在这里办大学的不是沈阳的学校，而是大连的一所大学。"2003年，东北财经大学党委书记于洋和一位副校长找到我，要和绿岛联合办学。"

原来，该校要把旅游和酒店管理专业拿出来，找一个条件好的酒店合作办学，在省内四处考察，最后选择了绿岛。"为了这事，我把高尔夫会所（现在的宏志楼）改成了酒店管理学院的教学楼，后来因为东财内部意见不一致而作罢。"

没多久，时任沈阳市副市长吕亿环出任沈阳大学党委书记，他就任后，开始研究股份制办学，并亲自率全体中层干部到绿岛考察，尝试和绿岛的合作。"当然，这事儿难度很大，后来也就不了了之了。"

虽然美国朋友保罗和"风水大师"亢亮都认为绿岛适合办大学，东北财经大学和沈阳大学甚至找上门来要与徐伟浩联合办学，然而，或许是条件不够成熟，或许在等待一个机遇，总之，那时，办一所大学，对徐伟浩来说是有"缘"无"分"。但教育的情缘却似乎注定要和徐伟浩连在一起，一件偶然的事情，让他把目光投向了基础教育。

2003年，徐伟浩办了一所学校。办学校，正如办五星级酒店，缘于徐伟浩的一个偶然发现。

他的小女儿叫闹闹，当时读小学三年级。"放学回到家里，她喜欢和我做游戏，玩'石头剪子布'，谁赢了就上一阶楼梯。我问她在哪儿学的，她说在学校学的。我问她在学校还学会了玩啥，她说还会'旱地拔葱'（立定跳远）。我问，还有什么？她说，没了。"

一个小学生怎么只会玩这种原地运动呢？徐伟浩觉得很奇怪。于是，他决定到闹闹所在学校看个究竟。"我到学校一看，操场、路面全是硬覆盖，为了避免学生摔倒受伤，学校不许学生在室外跑动。"

这所学校，是当时沈阳有名气的学校。它尚且如此，其他学校可想而知。

"孩子的学习成绩由她妈妈管，我关心的是从小学的运动项目不能丢了，于是萌生了办一所体育设施先进、教学特色鲜明的寄宿制小学的想法，让闹闹来这里上学。"

说干就干。2003年4月，徐伟浩开始改造绿岛体育博览中心。

沈阳绿岛体育博览中心是徐伟浩继绿岛森林公园之后投资的又一个项目。该项目占地1200亩，建筑面积23万平方米，拥有一个室内足球场地和8条400米长的室内田径跑道，同时还有室内网球场地4片，篮球场地4片，排球场地2片，室外标准天然草坪足球场15片。该中心的室内足球馆，东西宽144米，南北长244米，足球场地上空室内屋面高度距地面51米，据说，为了避免守门员一脚把球踢到房梁上，专门找国家队守门员放大脚测出的这个高度。足球馆四周设有265个包厢，加上看台和伸缩座椅，最多可容纳3.3万名观众，这是当年世界最大的室内足球场馆。室内的人造草坪是从德国波利坦公司定制的，草皮为两层，第一层为3厘米厚的橡胶垫层，是为草皮的弹性设计的；第二层为人造草皮，草皮中填充着增加土地质感的石英砂和橡胶颗粒，整个场地可达到湿润时真实草坪的质感。

据悉，沈阳绿岛体育博览中心是国际足联认可的世界唯一可以在室内举办世界杯比赛的室内足球场，时任国际足联主席约瑟夫·布拉特还亲自签发了证书。

尽管这个足球场创下了世界之最，但当时的利用率并不高。于是，徐伟浩将体育博览中心的部分建筑改建成学校，既盘活了资产，又为沈阳打造了一所前所未有的超级学校——绿岛学校。学校设有小学、初中和高中部，教室宽敞、明亮，上下共10层楼，走廊有12米宽，雨天可以在那里做间操，体育博览中心的体育设施都被学校用上了。难怪当时有家媒体把绿岛学校称为沈阳民办学校的"航母"。

学校的硬件条件可谓一流。可是"软件"——教师队伍怎么办？尤其是得选一位得力的校长啊！徐伟浩想到了一个办法——"挖墙脚"，对象，就是闹闹所在学校。徐伟浩办事真是有意思，如此大事，他竟然交给三年级小学生闹闹去办，而闹闹还真就把校长请了出来。"她来现场看了看，"徐伟浩说，"想请她来主持学校工作，她表示可以考虑。不过，她提出了一个要求，她说，我在学校干了一辈子，就希望自己管理的学校能有一个游泳馆。"徐伟浩说："这个好办，我可以建。"她说："你如果建，我就过来。"徐伟浩说："没问题，不仅建，而且要建标准的，50米、10条泳道。"

这番谈话的时间是2003年4月，三个月后，徐伟浩又把她请来。她一看，真的建了一个游泳馆，钢结构，全玻璃幕墙，宽敞明亮很现代。

这位校长没有食言，她辞去原来的工作，来到绿岛学校。她不仅自己来了，还带来了几位主任、副校长。此事引起当地媒体的关注，某报以"某某学校领导班子集体出走"为题刊发了消息，在沈阳市教育界引起了不小的震动。

有了班底，他们开始招募教师。9月，学校如期开学。小学、初中、高中各四个班，全部招满。"闹闹也转到了绿岛学校，还从原来的学校带过来一个同学。"

绿岛学校与绿岛体育博览中心成了一体同心的"连体婴"。这种状态延续了近10年。2012年，由于种种原因，体育博览中心被拆除，绿岛学校存留了下来，并且办得有声有色。

绿岛学校建校伊始，徐伟浩制定了办学方针：培养学生热爱生活，掌握科学学习方法，养成从事文体活动的良好习惯，树立领袖意识，学好两门外语。"上周在朋友圈里看到，我当年定的那几条，现在还贴在教室的墙上。虽然过去10多年，可我的主张仍然没有变：强调学习方法的重要性；注重体育活动，足球、网球、游泳是学校确定的三大运动项目，并且做出硬性规定，不达标不发毕业证书；培养学生的领袖意识；还有，就是要学好外语，从小学开始，不仅学英语，还学法语，并且要加大课时量。"

如今，徐伟浩一心扑在大学上，无暇顾及绿岛学校事务，但登录绿岛学校网站，浏览学校简介，可以看出，学校现在的办学理念，不仅基本保留了他当初的办学构想，而且还融入了他在办大学过程中获得的好经验、好办法。

作为沈阳最早的十二年一贯制寄宿式学校，绿岛学校经过10多年的发展，如今因具有鲜明的办学特色而广受社会好评。

学校积极构建"面向全体学生、倡导全面发展、承认个性差异、提高综合素质"的绿色教育体系，以行为规范养成为重点，对学生进行爱国主义、集体主义、文明守纪、公德意识、环保意识、亲情伦理等教育，让学生学会做人、学会学习、学会健体、学会生活，成为品质好、学业精、身体强的一代新人。

学校面向现代化、面向世界、面向未来，突出英语教学，培养学生的国际视野。在教学计划中增加外语课时，注重对学生词汇积累、会话交流、听力训练等方面的培养，小学五、六年级还开设第二外语。适应现代信息技术发展，开设计算机课程，培养学生的互联网基因。

学校大力开展体育美育活动，开设了足球、网球、游泳、篮球、排球、羽毛球、乒乓球、棋类以及声乐、钢琴、舞蹈、国画、素描、儿童画、书法等文体活动，激发学生的兴趣爱好，深入开发学生潜能，提高学生综合素质。

学校通过开展丰富多彩的集体活动，培养学生的团队精神、协作能力和独立人格，培养学生的领袖意识和创新能力，促进学生德、智、体、美、劳全面发展。

学校先后获得"辽宁省民办教育优秀学校""辽宁省依法治校示范学校""沈阳民办双星级学校""沈阳市教育优秀学校"等荣誉称号，小学部还被评为"全国小学生英语教学示范校"。

酒店新生

进入新世纪，办学的机会好像很眷顾徐伟浩。

沈阳大学校内有个"三本"学院，名为沈阳大学科技工程学院，是沈阳大学成立的国有民营二级学院。学院于 2001 年 4 月成立，2003 年 12 月，经教育部确认成为国家首批独立学院。

2008 年 2 月 22 日，教育部颁布《独立学院设置与管理办法》，即教育部第 26 号令，开始对独立学院进行规范管理。该办法规定"独立学院，是指实施本科以上学历教育的普通高等学校与国家机构以外的社会组织或者个人合作，利用非国家财政性经费举办的实施本科教育的高等学校"。"独立学院是民办高等教育的重要组成部分，属于公益性事业"，应具有"独立法人资格、相对独立办学条件、独立招生、独立颁发文凭、独立校园、独立财务核算"，"参与举办独立学院的个人，总资产不低于 3 亿元，其中货币资金不少于 1.2 亿元"，"申请独立学院，须提交资产来源、资金数额及有效证明文件，并载明产权，其中包括不少于 500 亩的国有土地使用证或国有土地建设用地规划许可证等"。

即是说，举办独立学院，无论是社会组织还是个人，不仅要有足够的经费，还要有不少于500 亩的教学用地，并且要做到"六个独立"。

虽说沈阳大学科技工程学院自成立以来运行平稳，沈阳大学也积极想办法创造条件满足国家要求，甚至将原沈阳大学师范学院的整个校园划归到沈阳大学科技工程学院名下，办学场所由校内迁到校外，但新的办学场所只有 110 余亩，距离教育部的要求相去甚远，况且，由于同是国有资产，无法过户，所以，沈阳大学必须寻求真正的办学合作者。

2009 年春节后的一天，沈阳市原副市长、时任沈阳大学党委书记吕亿环约见徐伟浩。两人见面后，吕亿环说："沈阳大学的'三本'学院，想找个合作伙伴，不知你是否有兴趣。"徐伟浩表示可以考虑。为慎重起见，他到辽宁省教育厅了解情况。"接待我的是位副厅长，他说，如果你是为了挣钱，就别干。"

其实，沈阳大学物色办学合作伙伴，最初找了三家。负责此事的是沈阳大学已退休的老领导、原党委书记周广有。

周广有，东北大学原党委副书记、副校长。为加快沈阳大学发展，沈阳市委、市政府决定从部属院校引进人才。"1999 年 5 月，教育部要我去合肥工业大学当一把手，家人不同意，我就没去。"10 月，他去美国考察，回来不久，被教育部领导约到北京见面。"部里要我去沈阳大学，家里倒是没有意见，可老赫不让我去（老赫，即东北大学校长赫冀成），我说我还是去吧，我想干点儿事。"[5]

这样，周广有就于 2000 年调到沈阳大学任党委书记。"我 2000 年 1 月到沈阳大学上班，2005 年退休。吕亿环接替了我的位置。"

周广有退而不休，2005 年，学校成立沈阳大学科技工程学院改革领导小组，聘他当组长，负责研究制定科技工程学院未来的改革发展方案。"教育部的要求很明确，此类学院，国有民营，要有实质性的合作方。"校方知道，教育部的指令不可违，可他们又不想轻易放弃这个学院，因为学生的入学门槛低，却可以高收费。"我们想了一些办法，比如搞个校办企业，将科技工程学院与其捆绑在一起。考虑再三，感觉此路不通，无法运作。"

于是，学校才下决心寻找合作方，并将此事交给周广有。"当时选了三家，一家是沈阳市总工会，一家是庄毅，一家是徐伟浩，我与三家分别沟通，然后向校领导汇报。"

"最后，校方选择了徐伟浩。"

"沈阳市总工会显然不合适，首先放弃了。"

"庄毅当时已经与多所大学合作举办独立学院，他的优势是有办学经验，但同他合作，我们担心他忙不过来。而徐伟浩的名下还没有大学。"

更令沈阳大学动心的是，徐伟浩的绿岛森林公园拥有 1000 多亩土地。权衡再三，校方选择

---

5 引自 2019 年 4 月 10 日笔者与周广有的谈话记录。

了徐伟浩。于是，就有了前面讲到的吕亿环约谈徐伟浩一幕。

其实，沈阳大学选择与徐伟浩合作，还缘于徐伟浩在同学校沟通过程中表现出的真诚与大度。

联合办学，涉及利益分配，具体说来，即出资方要从收取的学费中向沈阳大学交管理费。沈阳大学的预期是 10% 到 15%，而徐伟浩直接给到 20%。

徐伟浩在此表现出的真诚与大度，体现出他对合作办学的真心和决心。也许有人会问，作为商人，徐伟浩办学为什么不计较经济上的得失？在同徐伟浩的交谈中，笔者曾多次向徐伟浩提出这一问题，他从未做正面回答。

那么，他究竟为什么要办大学？

表面看来，他是在整合资产，多年经商，他有了可观的资本积累。但人到了知天命之年，想的问题可能是更深层次的。也许，他骨子里的文人情怀占了上风。

在同徐伟浩接触期间，笔者曾在记事本上随手记下这样一段话：他是一个成功的商人，一个有较高造诣的摄影艺术家和把学校办得有声有色的教育家。在当今这个以金钱多少作为衡量人价值的重商时代，他不以商人自傲，反倒以艺术家、教育家为荣，因为在他看来，精神重于物质，文化高于金钱。

做文化人、教育人，干文化事、教育事，这也许就是他执意办学的动因，或者说，就是他为自己选定的未来人生之路吧。

徐伟浩说："再过些年，也许这所学校就不知道是谁的了。但，我希望它能成为百年名校。"

2009 年 3 月 28 日，沈阳大学与沈阳万和投资管理有限公司正式签订《关于合作举办沈阳大学科技工程学院协议书》。

2012 年 8 月，沈阳大学与沈阳万和投资管理有限公司签署终止合作办学协议，支持沈阳大学科技工程学院转设为独立设置的普通高等学校。

2012 年 12 月 12 日，教育部高校设置评议委员会专家组一行 11 人来到绿岛进行转设评估，组长为教育部教育信息中心原主任咸立亭。

2013 年 1 月 13 日至 18 日，教育部高校设置评议委员会评审会在四川成都召开。

徐伟浩和其他被评审学校的校长一样，也赶到了成都，等待评审结果。可就在大家都在关注、打探评审进程的关键时刻，徐伟浩不见了。"来成都的第二天晚上，时任辽宁省教育厅副厅长唐国华问我，想不想去汶川地震灾区看看，我说能去上当然好了。尽管大地震已经过去五年了，还是一派重建待兴的景象，在唐厅长的组织下，我临时决定向当地的一所小学捐赠 20 万元，因为事先没有准备，我写了个'欠条'，捐赠款是一周后汇到的。"

"2013 年 1 月 18 日，当我们回到成都的时候，评审会传出消息，沈阳大学科技工程学院以高票通过转设评审，这意味着沈阳大学科技工程学院从'三本'的独立学院转升为'二本'的省属普通高校，从此，学校更名为沈阳城市学院。"

对于绿岛，这是值得永远铭记的激动人心的日子。

此时，学校领导班子和中层干部正在美国加州富乐敦大学考察学习，已是凌晨 2 点，他们在宾馆里焦急地等待着。"徐老师第一时间把这一消息告诉给了我。成功了！小小的房间沸腾了，有人提出'我们写一个庆祝条幅吧'！可上哪儿找红纸、红颜料呢？这时，会计学院郝桂岩院长灵机一动，说'用口红，我有口红'。于是，建筑工程学院胡铁明院长在纸上用口红精心地勾勒出'庆祝转设成功'六个大字，真情实感跃然纸上。"[6]

2013 年 4 月 24 日，教育部致函辽宁省人民政府，"根据国家相关教育法规，以及全国高等教育评议委员会六届二次会议的评议结果，经研究，同意沈阳大学科技工程学院转设为沈阳城市学院。沈阳城市学院为独立设置的民办普通本科学校"。函中还对沈阳城市学院的办学提出了具体要求："积极探索民办高校的办学体制、管理体制和运行机制，为我国民办高等教育的发展提供有益的经验。围绕服务加快转变经济发展方式这条主线，重点培养服务区域经济社会发展需要的应用型、技术技能型人才，办出特色，办出水平，为辽宁省的经济建设和社会发展做出更大贡献。"[7]

说起学校转设后的校名"沈阳城市学院"，还有一段小插曲。最初转设时，学校拟沿用"科技工程学院"的校名，但当时沈阳已有一所高校名为"沈阳工程学院"，还有一所拟转设的高校已定名"沈阳科技学院"，省里觉得不妥。后来，徐伟浩和领导班子商定，采用"沈阳城市学院"的校名，报到省厅，一位主要领导以另一所拟转设高校已定名"沈阳城市建设学院"为由，没有批准。最终，学校是以"沈阳工商学院"的名字申请转设的。但徐伟浩不甘心，在教育部高校设置评议委员会专家组进校考察的汇报会上，他再次阐述了学校学科专业设置的基本情况和转设后学校的发展规划，提出要建设一所"具有广阔国际视野、广泛应用信息技术，面向城市

6　引自 2019 年 4 月 10 日笔者与周广有的谈话记录。

7　《教育部关于同意沈阳大学科技工程学院转设为沈阳城市学院的函》（教发函〔2013〕82 号）。

未来、服务城市发展"的特色鲜明的一流应用型大学。徐伟浩对学校转设后的发展规划和学校取得的建设成就，赢得了专家组的首肯。专家们认为，"沈阳工商学院"这个校名，不符合学校现状和未来发展，回到北京后，主动向部领导汇报。最后，评议委员会一致通过，同意学校采用"沈阳城市学院"这个校名。

2013年5月17日，在清华大学、中国人民大学、上海交通大学、浙江大学、吉林大学、四川大学、大连理工大学、东北大学、辽宁大学、沈阳大学等60余所省内外高校校长们的见证下，隆重地举行了沈阳城市学院揭牌仪式。

绿岛有了新的名字，它的意义非比寻常。绿岛人认为，由沈阳大学科技工程学院更名为沈阳城市学院，这不仅仅是名字的变更，对于成长中的大学更是一次跨越式飞跃，预示着学校迎来了新的起点和方向。

对于徐伟浩而言，更名，是一种新生，获得的是一个全新的自我；更名，提供了一个全新的舞台，可以在这个舞台上实现更快的发展，上演一部部大剧。

◎ 1996 年 4 月，沈阳绿岛森林公园开工建
设。图为绿岛宾馆施工现场。

◎ 建成后的沈阳绿岛森林公园大门、宾馆、宾馆大堂、室内高尔夫球练习场、国际俱乐部。

沈陽日報
Shenyang Daily

沈阳日报社出版

农历丁丑年十一月十七
16
1997年12月十六日 星期二

天气预报
白天 晴
西南风3到4级
夜间 晴转多云
最高气温 6℃
最低气温 -5℃

国内统一刊号：CN21—0003
国外报刊代号：D1016
总第17031号

江泽民在东盟—中日韩首脑非正式会晤时强调
中国重视并积极参与东亚合作

为做好今年市人大常委会、市政府、市政协等班子换届人选推荐工作
市委邀请各民主党派、群众团体负责人进行民主协商

让广大群众过一个祥和愉快的春节
市政府第十五届十二次全体会议强调

沈阳军区官兵再次
为扩建"九·一八"事变纪念馆

市领导观看《公仆形象...

市纪委等下发通知

"荒山"何以成"绿岛"
——苏家屯区为外商营造投资环境纪实

本报记者 邹宏

在苏家屯区佟沟乡，这个被当地老百姓习惯地称为"荒山子"的地方，如今已换上了一个充满诗情画意的名字——绿岛森林公园。这是一个有着国际水准的集酒店、娱乐、旅游服务为一体的大型、高档次商务、休闲场所，不仅在沈阳绝无仅有，在全国也是首屈一指的。

看过"绿岛"的人，都为这里的典雅建筑、童话般的景色所陶醉，都为这里天然美景与人工智慧的完美结合而折服，为沈阳这座古老城市面向21世纪展现的优美人文景观而感叹。然而，人们同时也在惊叹，按常规，在80万平方米的荒山上投资3.3亿元人民币构建八万平方米的建筑，仅土建就需要两年时间，而如此复杂的工程竟然只用了一年零七个月的短暂时间就大功告成，这真是一个奇迹。美国杜邦公司一位高级管理人员在参观"绿岛"时发出感叹：这真是不可思议！

绿岛森林公园之所以能在苏家屯区迅速崛起，投资方新加坡负责人徐炜晗形象地将苏家屯区委、区政府与绿岛森林公园比喻为"两个巴掌"。如果离开区委、区政府的大力支持，像"绿岛"这样投资巨大、工程复杂的项目单靠投资方一个巴掌是拍不响的。

一个心愿与一种思路

建设一个属于沈城的，有着国际水准的集酒店、娱乐、旅游于一体的高档次的服务场所，这样的心愿最早出现在新加坡商人徐炜晗的脑海里，可以追溯到七年前。

作为出生在沈阳的华侨，1990年，徐炜晗怀着一颗回报家乡的赤子之心回到沈城，应邀与他同行的是美国一家大公司的老板。徐炜晗一路都在向这位老板介绍沈阳，希望这位老板能在沈阳投资。他们下榻在当时我市最高档的酒店，然而却令徐炜晗有了一次脸红心跳的尴尬经历。由于当时到沈阳的外商比较少，酒店总台的服务小姐缺乏经验，连登记卡都不会填，进了房间，一按空调开关，噪音震耳，但凉风却很长时间送不出来；再拧开水龙头，由于长时间不用，水管锈蚀，一股黄水流出来。同行的美国客人大摇其头，言外之意，这样的环境怎么让我来投资？站在一边的徐炜晗闹了个大红脸。他暗下决心，将来一定要让沈阳拥有一个让外商满意的下榻地方。

在国外几经奋斗，徐炜晗的实力进一步增强，但是他从来也没有忘记对自己许下的诺言，他带着自己的成功又回到了沈阳。

经过反复对比选择，徐炜晗看中了这个号称沈南第一山的"荒山子"，一个大胆的设想展开了：要将这片荒山建成一座绿岛，一座沈阳的绿岛，中国的绿岛。

（下转第四版）

◎ 1997年12月16日，《沈阳日报》以《"荒山"何以成"绿岛"》为题，报道绿岛森林公园建设历程。

国内新闻　　　　　沈阳日报　　　　1997年12月16日 星期二 第四版

今年三季度

国有工业企业扭亏增盈取得明显成效

我国开展农业产业化综合改革试点

天津大学考核"博导"

（上接第一版，"荒山"何以成"绿岛"）

徐晔晗的愿望与苏家屯区委、区政府的想法不谋而合。近几年，苏家屯区经济保持了稳定的发展势头，但是，区委、区政府清醒地看到，要在新一轮竞争中取得突破性进展，就要立足自己的优势，确定具有特色的发展之路。他们总结过去经济工作中的实践，认识到大力发展第三产业，就必须抓住沈阳城区向南拓展的历史机遇，将旅游业作为今后一个时期发展的重要内容，加快东部山区旅游资源开发，将其培育成新的支柱产业。但是区领导也认识到，如果单靠自己有限的力量，发展起来肯定速度缓慢，会贻误历史机遇，这是一条行不通的路。唯一的办法就是靠引进外资求得自身发展。

苏家屯区领导的思路与徐晔晗先生的愿望撞击在一起，燃起了火花。

政策、最优先的态度、最灵活的办法去办理涉及项目建设的有关手续，形成了区领导主抓、各部门协同作战支持项目的格局。

最让徐晔晗先生难忘的是，去年农历正月初九，当许多人还沉浸在祥和的节日气氛中时，区政府主要领导就带领17个部门负责人上门，到他设在河畔花园的办公总部专题研究办理开工手续问题。正月十五，在区委会议室，17个委、办、局联合办公，对于属于苏家屯区职权范围之内的有关手续，只用了三个小时就办理完毕。苏家屯区政府考虑到这个项目大，涉及审批的部门较多，如果让其先去办理各种手续，再按部就班地走，必然会浪费掉大部分时间，势必影响工程建设。为了确保工程进度，苏家屯区让"绿岛"采取边建设施工、边办手续的办法。为此，苏家屯区多次采取这种区长办公会议的形式，将涉及项目审批的各部门集中在一起现场办公。

由于这个项目太大，区里的权限有限，很多手续要到上级部门去办理。区里要求有关手续要条条对口，落实到区内相关部门，而且要负责到底，向上级主管部门汇报、沟通，争取支持，要争取在规定的时限内将审批结果拿出来，完成任务，相关领导免职。这样做大大地增强了各部门领导的压力，提高了办事效率，确保了工程顺利进行。

到12月初，在徐晔晗的工作日记上记载，主管这一项目的苏家屯区副区长杨惠纯已经第38次到"绿岛"工地上来了。可以说，建设"绿岛"这样一个大型项目就像建设一座小城市一样，方方面面需要考虑和办理的事情不计其数。对于绿岛森林公园建设过程中涉及的水、电、通讯、公路、交通、规划用地、南移串段、

建筑施工、绿化、林地、公安等方面面需要解决协调的问题实在是太多了。为了解决好这些，区政府领导先后70多次到施工现场，组织召开区长办公会议，进行现场协调，用最少的费用支出，最快的速度将涉及的各种问题协调到位。建设工地条件艰苦，来自各个部门的领导就和徐晔晗一样，饿了就在工地上吃一碗方便面。

总结"绿岛"的成功，徐晔晗曾深情地说，奖章上有苏家屯区委、区政府的一半。这方面从副区长一支笔的检查审批制度就可窥见一斑。

那是"绿岛"刚刚开工不久，整日忙碌在工地上的徐晔晗一天中就接待了好几拨方方面面来检查的人员。是啊，如此浩繁的工程涉及范围广泛，有关部门来检查工作无可厚非，可是徐晔晗犯难了：接待吧，实在没有那么大精力，不接待吧，又怕有所"冒犯"。当晚，徐晔晗将电话打到区委书记张世斌的家中，向他诉说自己的苦衷。没想到，张世斌当即拍板，对于这个项目，未经主管区长批准，任何单位和部门不得随意检查工作。由于这个项目有了特殊的保护措施，工地上安静多了，徐晔晗可以安心组织施工。

如今，昔日荒山已成绿岛。而此时，被苏家屯区良好投资环境深深感动的徐晔晗，与苏家屯区再度携手合作，他又投资3.7亿元，建设中国浑河商品交易市场。

一花引来万花开。由于绿岛森林公园的建设，带动了苏家屯区东部山区旅游开发的快速发展，随着紫薇山庄、招商局别墅区、高尔夫球场、陨石山公园等一批大项目的建设和洽谈，使苏家屯区东部山区初步形成了以绿岛森林公园为龙头的20平方公里的旅游开发区，这对完善城市功能、加快城市南移都起到积极作用。苏家屯区东部山区正在成为一方旅游热土。

◎ 1997年12月16日，《沈阳日报》以《"荒山"何以成"绿岛"》为题，报道绿岛森林公园建设历程。

绿岛高尔夫会馆　　在寒冷的冬季，您仍将领略高尔夫的神韵——绿岛室内高尔夫球场。
Green Island Golf Club. At the indoor golf links, even in the cold winter, you can still comprehend the spirit of golf.

绿岛国际俱乐部大堂——永远的绿色
The Gallery of International Club—Everlasting Green

Green Island Hotel luxury Single Room comfort

沈阳绿岛森林公园位于沈阳市东南方，距沈本高速公路桃仙机场出口处2公里。平均海拔高度86米，冬季最冷月平均气温-12℃，夏季最热月平均气温24.6℃。公园占地80多万平方米，建筑面积8万多平方米，湖水面积6万多平方米，森林覆盖率70%。

沈阳绿岛森林公园按国际五星级酒店标准建设，主要设施有森林浴场、钓鱼场、跑马场、赛狗场、高尔夫球练习场、网球馆、壁球馆、游泳馆、健身馆、保龄球馆、国际会议厅、音乐厅、展示厅、中西餐厅、夜总会、啤酒屋、标准客房、公寓式客房、豪华别墅等。

沈阳绿岛森林公园致力于提供高品质生活空间，创造欢乐、祥和的人文环境。

○ 1997 年 12 月 25 日，沈阳绿岛森林公园试营业时的宣传图片。

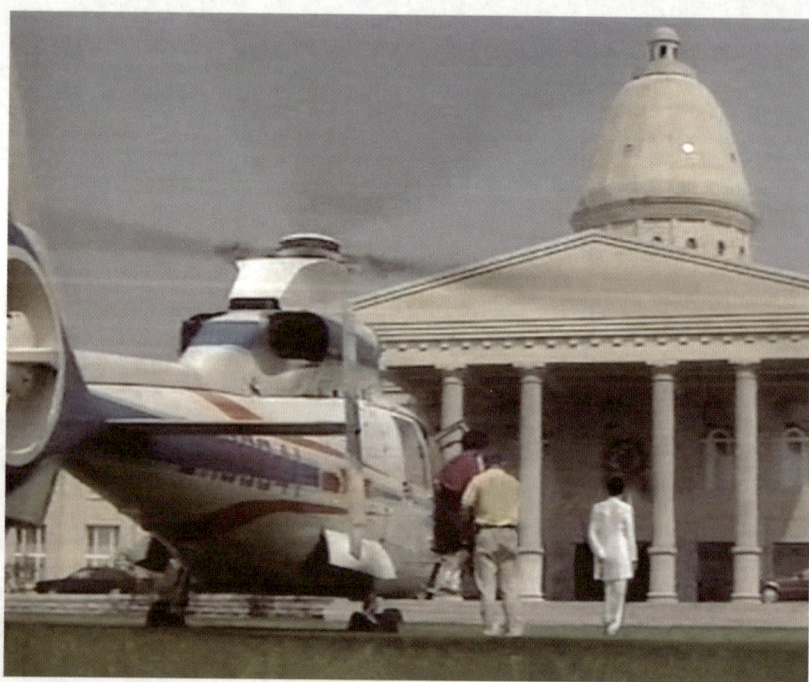

○ 1998 年 6 月，长春电影制片厂在绿岛森林公园拍摄纪录片《心灵的约会》，载有著名电影演员于小慧的直升机停落在绿岛宾馆南草坪上。

◎ 1997 年 12 月 25 日，著名音乐指挥家尹升山先生带领长春电影制片厂交响乐团在西桦厅演出。

◎ 1998 年 8 月 29 日，绿岛宾馆南草坪举行中国（沈阳）亚洲体育节开幕式露天酒会。

◎ 1998 年 7 月，绿岛森林公园高尔夫球场落成。左二起美国巴特勒公司亚太区总裁迈克·艾罗希、沈阳市体育局局长隋路、时任国家体委主任伍绍祖、徐伟浩夫人李侠和女儿闹闹、徐伟浩、兰星高尔夫工程有限公司总经理马达。

◎ 2001 年 6 月至 10 月，国家男子足球队入住绿岛森林公园，备战 2002 韩日世界杯亚洲区预选赛。

○ 2001 年 10 月 7 日, 绿岛宾馆南草坪举行篝火晚会, 庆祝国家男子足球队在沈阳五里河体育场战胜阿曼队, 提前出线, 首次成功挺进世界杯决赛。

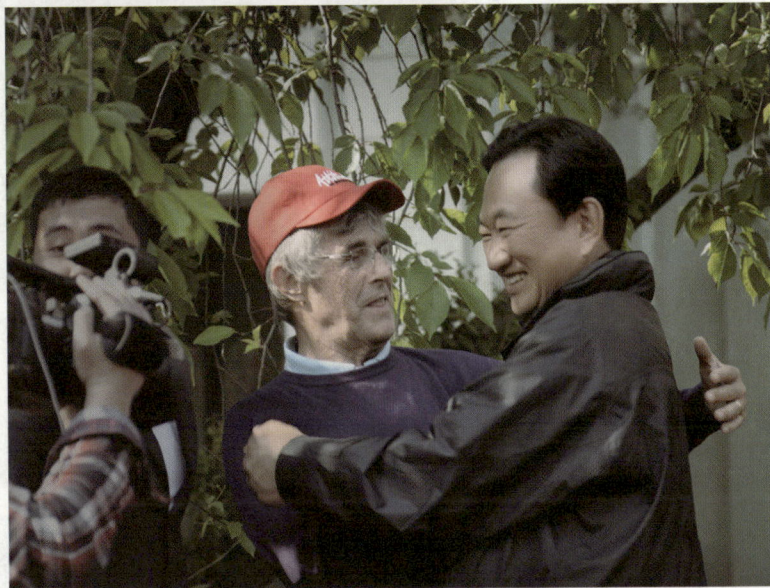

○ 2011 年 10 月 7 日, 米卢率原国家男子足球队重返绿岛, 纪念世界杯出线十周年, 与绿岛足球队合影。10 月 7 日被定为"校园足球日"。

2002 年 5 月 14 日，大型纪念雕塑《国足在绿岛》在绿岛宾馆南草坪隆重揭幕。左上揭幕典礼徐伟浩致辞，左下国家男子足球队主教练米卢，右上队员杨晨、沈祥福。

零零一年,中国国家男子足球队下榻绿岛宾馆,参加二零零二世界杯足球预选赛亚洲区决赛。十月七日,中国队在沈阳五里河育场战胜阿曼队,首次获得世界杯决赛资格。【国足在绿岛】大型塑名永远地纪念着曾给我们带来欢乐的足球将士们。

THE SCULPTURE IS ERECTED IN COMMEMORATION OF
PLAYING OF CHINESE NATIONAL MEN FOOTBALL TEAM IN
GREEN ISLAND HOTEL IN 2001 WHEN THESE FOOTBALL
HEROES PARTICIPATED IN THE FINALS OF ASIAN AREA OF
FINAL MATCH FOR 2002 WORLD CUP HELD IN SHENYANG.
THEY GAINED A VICTORY OVER OMAN NATIONAL TEAM IN
WULIHE STADIUM IN OCTOBER SEVENTH, THUS CHINESE
NATIONAL FOOTBALL TEAM WAS QUALIFIED FOR
PARTICIPATING IN THE FINALS OF WORLD CUP FOR THE
FIRST TIME IN THE HISTORY OF CHINESE FOOTBALL SPORT.

XU WEIHAO MAY 15, 2002.

◎ 徐伟浩撰写的《国足在绿岛》纪念雕塑铭文。

LICENSING CERTIFICATE

FIFA is pleased to confirm herewith that the artificial turf

Brand Name　　**Model Name**　　**Authorisation No.**
Monoslide　　　2050 ACS 75　　　AE-10.04

installed at the **SHENYANG GREEN ISLAND SPORTS CENTER'**, **SHENYANG** (**CHINA**)
of the company **POLYTAN SPORTSTÄTTENBAU GMBH**
has successfully passed the tests and
qualified for the "**FIFA RECOMMENDED**" mark
for the period of 20 October 2003 to 19 October 2006.

Licence No. AE-10.04

Mr. Joseph S. Blatter
President Fédération Internationale de Football Association

Zurich, 23 October 2003

◎ 2003 年 10 月 23 日，时任国际足联主席约瑟夫·布拉特为绿岛体育博览中心签发场地使用证书。

◎ 1999 年 10 月，沈阳绿岛体育博览中心进行钢结构吊装。左二美国巴特勒公司董事长唐纳德·普拉特、左三亚太区总裁迈克·艾罗希、左五徐伟浩。

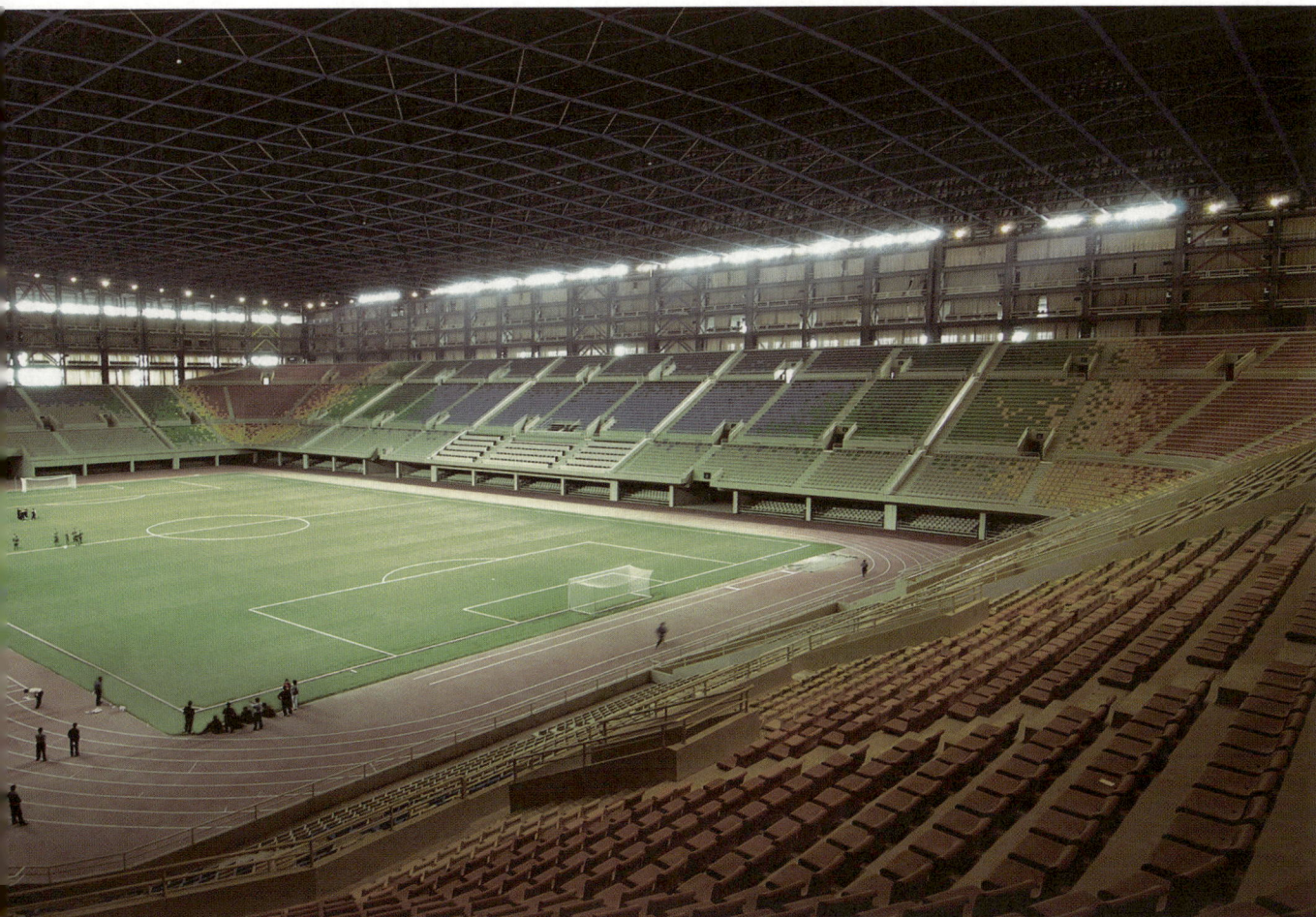

◎ 2003 年，沈阳绿岛体育博览中心建成并交付使用。该中心长 244 米，宽 144 米，高 51 米，拥有当时世界最大的室内足球馆，馆内设有国际足联认可的世界唯一可以举办世界杯比赛的室内人工草坪足球场、8 条 400 米田径跑道、265 个包房、3.3 万个观众座席。

◎ 2001 年 10 月，徐伟浩（右一）陪同时任中国国家男子足球队主教练米卢（左三）参观绿岛体育博览中心。

◎2003年9月，绿岛学校建成投入使用，成为沈阳第一所十二年一贯制寄宿式学校。

◎绿岛学校教学楼大厅。

◎绿岛学校室外足球场。

◎绿岛学校主楼和多媒体教室。

◎绿岛学校50米长10泳道的游泳馆。

◎绿岛学校教学楼12米宽的室内走廊。

合作经营《中阿友好绿岛国际足球学校》
Joint Venture 〈Sino-Argentine Friendship Green-Island International Football School〉
签 约 仪 式

◎ 2004 年 10 月，"中阿友好绿岛国际足球学校"举行签约共建仪式。上图前排左二阿根廷驻华大使胡安·卡洛斯·莫雷利、左三徐伟浩。下图前排徐伟浩女儿闹闹，后排从左至右阿根廷博卡青年队主教练卡洛斯·比安奇、徐伟浩、阿根廷驻华大使胡安·卡洛斯·莫雷利。

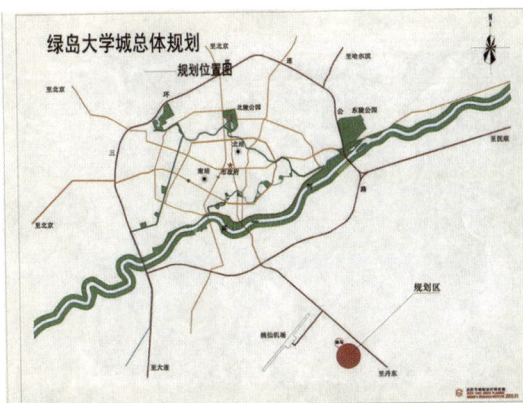

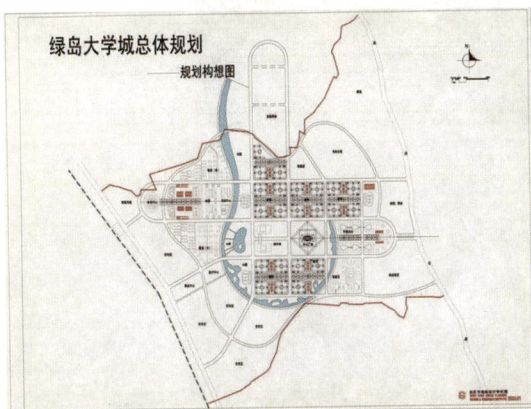

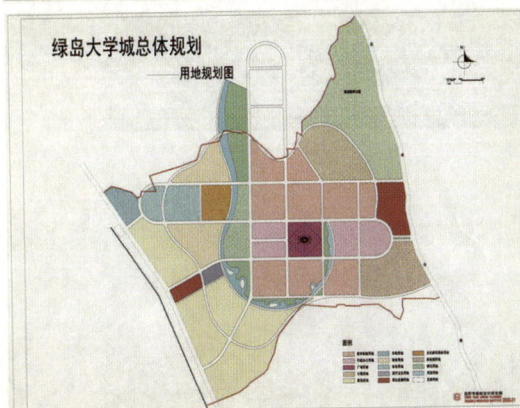

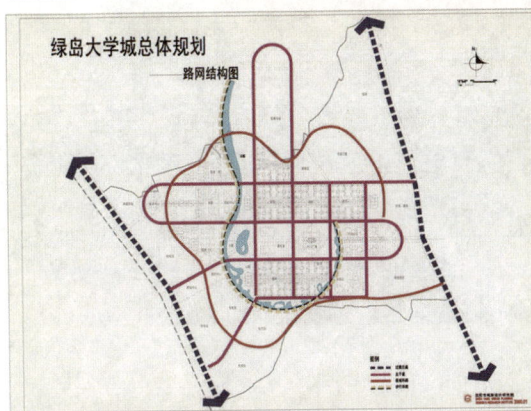

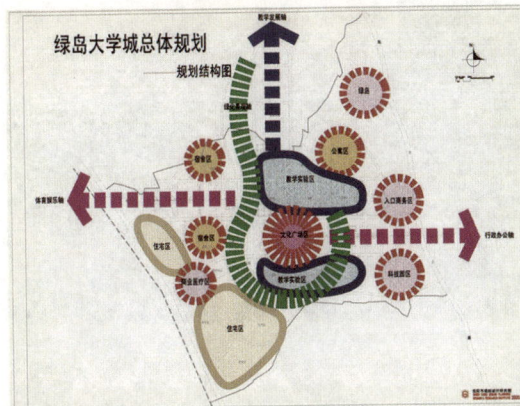

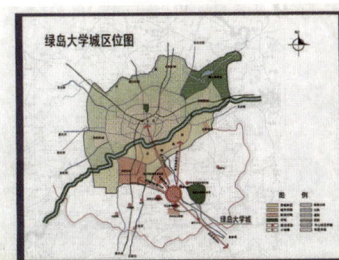

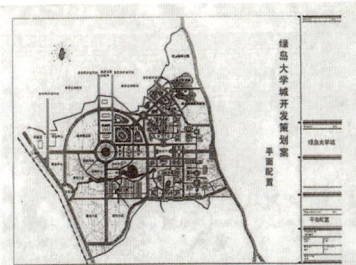

1998 年，"绿岛大学城"总体规划图设计完成，拟以沈阳绿岛森林公园为依托，在塔山以北、沈丹公路以西、沈丹铁路以东近 20 平方公里区域，按照斯坦福大学模式打造"沈阳硅谷"。2000 年，该项目被列入沈阳新世纪城市建设规划。

◎2013年1月18日，正在美国加州富乐敦大学考察的校领导和中层干部一行得到学校成功转设的消息后，在酒店房间庆祝。前排从左至右外国语学院院长李超、党委书记孙永新、董事局执行董事周广有、校长于存雷、教务处处长李晓桥、后排从左至右学生处处长张春伟、会计学院院长郝桂岩、机电工程学院院长李连德、建筑工程学院院长胡铁明、酒店管理学院院长丁旭、经济学院院长魏旭阳。

◎2013年5月17日，沈阳城市学院举行更名揭牌仪式，来自清华大学、中国人民大学、上海交通大学、浙江大学、吉林大学、四川大学、大连理工大学、东北大学、辽宁大学、沈阳大学等60余所大学校领导出席仪式，并在白卿宫南草坪合影留念。

我行我能

我能

一所新型大学的十年探索之路

起步那一年

第二章

累并快乐着

2009 年 3 月 28 日，徐伟浩与沈阳大学签下联合办学协议，时任校长周广有最担心的是 1500 名新生能不能如期在绿岛开学。

尽管绿岛酒店有完善的配套设施，但作为一所大学，它还需要新建拥有 6000 张床位的学生宿舍（按当时的招生规模），200 个教学班使用的教室，以及与之配套的图书馆、实验室、体育场馆等一系列教学生活设施。所有这些，距最后设定的 9 月 9 日开学时间，只有 161 天。

"徐伟浩对我的担心总是淡然一笑，'放心，没问题'，徐伟浩对这些问题表现出来的淡定，让我心里更矛盾、更焦灼了。"[1] 不仅周广有这么想，沈阳大学的领导也是忧心忡忡——按常规，161 天能把建筑规划手续办下来就是快的了，何况还要完成图纸设计、土建施工、装修布置、家具用具和教学设施购置摆放等省略不了的繁杂琐事。

徐伟浩拿出了一个分三期完成绿岛建校的方案，一期工程先建五幢共 3.5 万余平方米的学生宿舍，即现在的园中园 1、2、3 号楼和梧桐园的 4、5 号楼，把宾馆改建成白卿宫教学楼，把高尔夫会馆和网球馆改造成为现在的宏志楼，把绿岛俱乐部改成学生餐厅，并在原地下停车场的位置新建图书馆——苹果书屋，最后，把那些带游泳池的别墅改成老师的办公室。

为了确保 1500 名新生有房子住，徐伟浩决定 1、2、3 号宿舍楼采用传统的砖混结构，在没有全套图纸的情况下，可以凭借经验先行开工。工地 24 小时不停，瓦匠分黑白两班倒，一个大工每天砌完 3800 块砖，钢筋工、木工跟进流水作业，模板从一楼支到六楼，不拆除、不周转。施工现场上演了一场帽子戏法——四天半一层楼，不到一个月，三幢六层高的宿舍楼主体封顶了。当年的施工现场负责人代兵对笔者说："这个施工进度你可能不信，当时，听徐总布置施工计划时，我也不信，施工单位的工头和干活的工人都不信。"[2]

徐伟浩的自信到底来自哪里，值得深究。

---

1 引自 2019 年 4 月 10 日笔者与周广有的谈话记录。
2 引自 2019 年 5 月 30 日笔者与代兵的谈话记录。

不仅进度快，标准还要高。徐伟浩要求新建的学生宿舍 4 人一间，每个房间都要有独立的卫生间，要有坐便，要能 24 小时洗热水澡。"那个年代，别说本科生宿舍，就是博士生宿舍也保证不了能 24 小时洗上热水澡。"[3] 时任沈阳大学科技工程学院党委书记于存雷建议徐伟浩，别把卫生间放在室内，很可能弄得满屋异味。但徐伟浩没有采纳这个建议，而且在以后的绿岛校园建设过程中，徐伟浩越来越主观了，做了很多在当时看来很超前和不可为而为之的事情。

改造工程完成后不久，《沈阳日报》以《从星级宾馆到"星级大学"》为题刊登了绿岛森林公园变身大学的专题报道。文中写道："出桃仙机场高速再往南不远，曾有一处沈阳人引以为豪的地标——绿岛森林公园。2001 年，中国男足以绿岛为大本营，实现了'冲出亚洲，走向世界'的夙愿。那时的绿岛人来人往，草坪上的国家队群像是对这段历史最好的注解。时隔多年，当记者再次来到绿岛，昔日的五星级宾馆已经完成了一次华丽转身——沈阳大学科技工程学院已完成改扩建并投入使用。清净的校园、独具匠心的建筑和浓郁的文化气息取代了昔日的喧嚣。"[4]

9 月 9 日，学校如期迁入绿岛。

按沈阳大学与徐伟浩的双方协议，老人老政策，新人新办法，科技工程学院原有的学生仍留在沈阳大学，新生进入绿岛新校区。

校园里没有老生，新生进来之前，迎接开学的一切事情都得老师亲自动手。

现任商学院副院长，研究生毕业就来到绿岛工作的孟娜回忆："绿岛当时路刚铺好，还没干透，女老师的高跟鞋踩上去就是个小坑。校园里没有学生，工人也少，很多事情都得老师干。教室的桌椅都是老师搬，学生宿舍的椅子，也是我们摆，挨个屋摆，让学生住进来感到温暖。那些椅子都是摞在一起的，往上抬，特别沉。党委书记于存雷带头搬，年龄大的教师也和我们一起干，大家累得够呛，但没有一个人抱怨，都干得热火朝天。校园绿化，挖树坑，我们也参与，几人挖一个。老师们什么都干，可是我们都很兴奋，干劲足。"[5]

行政处洪岩也对当时的经历记忆犹新："建校初期，我的岗位是校办秘书，面对从零开始的每一项工作，我在校办主任的带领和指导下，按部就班、逐项落实。搬迁工作是第一步，材料、物资打包、装车、运输、分类整理；班车路线规划、乘车人员统计、落实，反复推敲；各部门

3 引自 2019 年 4 月 12 日笔者与于存雷的谈话记录。

4 《从星级宾馆到"星级大学"》，《沈阳日报》2010 年 5 月 20 日，A16。

5 引自 2019 年 4 月 15 日笔者与孟娜的谈话记录。

办公室确认、办公环境规划；办公家具、物资配备；各种制度建设、制定；办理教师入职等的一切筹备工作，构成了日常工作的全部。已经记不清多少个白天黑夜，我和主任穿梭在校园的每一个角落，渴了，从果树上摘个梨子，不洗了，直接吃，解渴、香甜，甜在心里；饿了，面包、香肠，顾不上洗手，赶紧吃，还有下一个工作。每一名教师，我都能叫得出名字，每一个角落都有我走过的足迹，和当时的每一名绿岛人一样，我们日夜兼程，快马加鞭。"[6]

迎新，也是教师亲自上阵。

9月12日新生报到。头天晚上下了一场小雨，给新建的校园带来了特别的洗礼。雨后的绿岛空气特别清新，彩色气球悬挂着迎新条幅高高飘扬，各色花朵盛开在花坛里迎风舒展。老师们早早来到迎新现场，翘首以待，紧张、兴奋和期待的心情不亚于即将步入大学校园的新生们。因为没有老生，为数不多的老师们既是引导员也是接待员，碰到没有家长跟着的新生，还要帮学生办手续，搬行李，帮忙铺床，买生活用品。"一共报到了1336名学生，全是我们老师迎进来，安顿好的。那两天根本不记得在校园的各条甬路上跑了多少趟，胳膊和腿已经不属于自己了，精神头却很足，只是晚上倒在床上的时候，想再过一遍白天发生的事情，还没起个头，就已经昏昏睡去。"[7]

累，并快乐着，这是建校初期绿岛人的真实感受。他们满心欢喜，像迎接自己的孩子一样，迎来了绿岛的第一批新生。

而作为绿岛校区的第一届学生，他们又是怀着怎样的心情踏入这个新校区的呢？我们来看一篇新生的入学感言《我的青春我的梦，将从这里开始扬帆起航》。

抖落一身的风尘仆仆，将一将额前散乱的头发，还没有来得及仔细打量那几排白色过廊组成的雄伟壮观的大门，我已经一脚踏进了这幻想和憧憬了无数次的，只在我梦中出现过的我的大学校园——沈阳大学科技工程学院绿岛校区。

经过一段缓坡，首先映入眼帘的是山峦起伏间现出的一片澄净明澈的湖水，微风轻拂、水波荡漾，长途奔波的喧嚣和烦躁刹那间消失得无影无踪，我的心仿佛也随着那微微荡漾的湖水飘飘然而欣欣然起来。绕开绿岛湖右转，远远看见前方两排尖顶的

6　引自时任学校办公室干事洪岩的回忆：《印象深刻的事》（未刊文）。

7　引自时任辅导员萨晓蕾的回忆：《匆匆那年》（未刊文）。

橙色小棚子分立两侧，人群熙熙攘攘，显现出一派热闹非凡的生机和活力。还没有走近，已经有两个戴着标牌的人迎了上来，接过爸爸妈妈和我手中的行李，关切地询问我们累不累，是哪个院系的，然后把我们领到了所在学院的接待台前。我领取了几张表格后，他们又一边介绍校园环境，一边把我们引进了一道欧式拱门——凯旋门，看这名字就能想到这门有多气派了吧！进了门，我眼前又是一亮，一栋精致的红白相间的钟楼矗立眼前，配上满园艳丽的花花草草，仿佛一幅巨大精美的欧洲风景画摆在了面前。顺着钟楼向右走，一片绿茵场上的几十个摆出踢球姿势的一人多高的铜像再次让我惊叹不已，那栩栩如生的身姿让我不自觉地分辨着：范志毅……嘿嘿，我可是个超级球迷呢。到了新生接待大厅，依然是气派的欧式风格，不是说学校建筑也是校风的一种体现吗？看来我选择了一个非常开明的学校啊。办完入学手续，领了备品，我们来到了寝室，干净整洁不说，洗漱间和卫生间分离的设计，热水器、淋浴房和上床下桌的周全而精致的现代化设施让一向挑剔的爸爸妈妈都赞不绝口，笑眯眯地忙着帮我整理床铺和行李。直到这时我才知道一路领我们来的两个工作人员竟然就是学校的老师，这一知情不打紧，我是又感动又歉疚，一下子拘束起来，手足无措地送他们出了房间，爸爸妈妈也是连连慨叹。陆续又有同寝室的同学进来了，我们相互打着招呼，询问着对方的情况，很快就熟络起来了。

安顿好以后，爸爸妈妈就要走了，看得出来他们在强忍着泪水跟我告别，我的心一下子伤感和沉重起来，但我告诉自己，我已经是个19岁的男子汉了，我应该有独立生活的勇气，应该离开爸爸妈妈的翅膀，去搏击出自己的一片天地了。送走他们，躺在床上看着洁白的天花板，我的思绪飘远了：这么多年的寒窗苦读终于迎来了期待已久的大学生活，在这所充满希望的美丽校园里，我该怎样继续下面的路？是放纵自己享受不再有压力的生活，还是继续一往无前地向前拼搏？想起校园路上看到的标语"经世济民做栋梁，海阔天空展雄才"，我想，这就是我的答案了，未来的四年里，我要努力自己的努力，追求自己的追求，不断朝着梦想前进再前进，我相信，在这崭新的绿岛校园里，我将会有一个精彩的青春！

9月16日，绿岛迎来了首届2009级新生开学典礼，这也是沈阳大学科技工程学院迁到绿岛校区后的第一次开学典礼。

"在庄严肃穆的国歌声中，沈阳大学科技工程学院董事局主席徐伟浩、独立董事刘迎初、沈阳大学党委书记吕亿环三位领导缓缓升起了沈阳大学科技工程学院的第一面五星红旗，也升起了绿岛明天的希望。鲜艳的五星红旗飘扬在蓝天白云间，19 响震耳欲聋的礼炮声响彻云霄，宣告着这所新世纪的大学在绿岛正式启航啦。"[8]

矛盾与冲突

从建校初期的故事中，我们可以感受到刚刚步入工作岗位的年轻人固有的朝气与活力，以及不畏辛苦、积极肯干的精神。而这种朝气、活力和精神，对于一个单位，尤其像绿岛这样的新建学校，是至关重要的，因为它体现的是一种爱，一种对单位和工作的爱，而当富有感性色彩的爱，转化为具有理性意味的责任，它就会变成尽心竭力做好工作的强大力量。

但是，孟娜和洪岩只是建校初期青年教工中的代表，而非全部。那时绿岛员工的情况比较特殊，而且思想、观念也存在巨大的差异。

因为是联合办学，当时，学校的基本教学和管理队伍大部分来自沈阳大学，加之时间仓促，徐伟浩也没有时间组织自己的教师队伍。于是，周广有为校长，于存雷为党委书记，丛东华为副校长，他们带领 112 人——包括干部、教师、辅导员，来到绿岛。绿岛自己仅招聘了 20 余名教师和行政人员。

据了解，原计划派到绿岛 150 人，采用的办法是校内选派。可是，由于学校远在郊区，又是民办管理体制，选派工作并不顺利。最初只有 10 余人主动报名，后来没办法，沈大只好将指标硬性下达给各学院，各学院选派的方式则各有不同，有的学院采取奖励政策，给予一定的补助，有的学院协商解决，选派一些年轻教师，有的学院则强行指派，或者干脆抽签决定。

如果说不愿意来绿岛工作，还仅仅是因为工作地点太远，他们抱怨的是沈阳大学，但是，当体制机制改革触及根深蒂固的传统工作模式和思想观念时，则必然会引起更大的矛盾和冲突，这

8　引自 2009 级新生开学典礼报道《托起绿岛新的朝阳　共庆 2009 新的开始》。

一次，他们把矛头对准了徐伟浩。

出现的第一个矛盾是"坐班"。

学校迁入绿岛实施独立办学后，在顶层设计中确立了"坚持育人为本，注重能力培养"的办学理念。为了真正将育人工作落到实处，徐伟浩提议，学校的工作模式应实行"坐班制"。

坐班还是不坐班，在徐伟浩看来是个大问题。

他认为，教书育人是老师的天职，教育的主要方式是言传身教。如果老师都忙着自己的事，不坐班，课下和学生连个面都不见，还怎么育人？如果老师上完课就走人，只剩下学生在偌大的校园里，还叫什么大学？这个问题必须解决。

道理固然如此，但真正实行起来，还是面临重重困难。

坐班制一经提出，就在教师中引起了轩然大波。在他们看来，大学教师不坐班，是我国大学的普遍做法，天经地义。对此，教师们十分抵触。

如何解决这一问题，徐伟浩没有硬来，而是采取迂回的方式加以引导。为此，学校出台了5号文件，规定教师可自愿选择坐班还是不坐班，凡是选择坐班的教师，实行月薪制，工资翻一番。

在政策的驱动下，绝大多数老师选择了坐班。虽然表面上接受了，但对于坐班制，很多人心里仍然有意见。

如果说，处理坐班制的矛盾，展示了徐伟浩理性思维的性格特点，那么另一个矛盾冲突的解决，则显示了他刚性的行为风格。

一天，外语学院的11位教师因工作量分配不均衡，集体找徐伟浩讨说法。

当时，学校出台的5号文件明确规定，坐班教师实行的是月薪，无论课时多少，工资标准是一致的，可外语老师不接受。

教学任务落不下去，徐伟浩认为是院长不作为，直接把他岗位调整了。

此事犹如在绿岛湖投下一块巨石，在校内掀起巨大波澜：即使责任在这位院长，可以批评他的过失，怎么能撤职呢？

他们第一次领教了民办学校、民营体制的管理风格。

徐伟浩尊重知识分子，尊重教师，但有一个底线不能突破：必须认同学校的理念、文化。突破了这个底线，他就会不留情面。

曾经，有一位绿岛自己招聘的还在试用期内的教师在转正汇报会上，对学校的坐班制公开质疑，徐伟浩闻听后，当即决定将其劝退。事后，那位教师所在学院的院长找徐伟浩求情，这是一位有教学经验的教师，课讲得也很好，徐伟浩不为所动。几天以后，徐伟浩在一个干部会议上说，不接受学校的文化，挑战学校的价值观，只在课堂教书不愿课后育人，水平再高也不行。

当然，为达目的，他也会"循循善诱"。绿岛坐班是分阶段实施的，徐伟浩有时间就找教师谈话，解决思想情绪问题。体育教学部的教师何柳教学能力强，工作认真，但她对坐班有抵触，即使工资翻番也不坐班，到 2010 年，全校只剩下她一个人还在坚持。年底的春节联欢晚会上，抽奖的奖品是 34 寸液晶电视，徐伟浩笑呵呵地指着电视对何柳说："你要是坐班了，这个奖品就归你。"何柳以为是开玩笑，没有反对，结果他说到做到，当场奖励给她一台 34 寸液晶电视。至此，绿岛终于实现了全员坐班。

上述这些事情虽然有时令徐伟浩心中不快，但对他而言，这些都是小事，都可以一一化解。他感到最大的难题，还是如何转变教师的思想观念，认同他的办学主张。

前面我们提到，建校初期，教师们普遍存在着思想不统一、观念复杂的情况。这种情况的根源在于体制机制上的不同，也在于思想观念上的差异。当时校内绝大部分教师对于徐伟浩投资办学的意图还是不明确，甚至心存怀疑。

如何破解"办学"之痛，《绿岛大事记》中记载："2010 年 12 月 8 日，校董事局主席徐伟浩在绿岛国际会议厅为全校教职工作专题报告，报告长达五个半小时，详细阐述了他的教育理想、办学主张和绿岛倡导的教师价值观，统一全校教师的思想和认识。通篇围绕三句话、九个字——有爱心、会讲课、肯奉献。"这就是绿岛"九字箴言"的由来，对此，后面我们会展开介绍。

对于如何办好绿岛，徐伟浩事前做了很多功课，经过认真调研、反复思考，在办学之初即提出了"坚持育人为本，注重能力培养"的办学理念、"我行我能"的校训和"团结、紧张、严肃、活泼"的校风等，并在之后的办学实践中提出了"加强教师与学生紧密接触，加强教学与实际紧密联系，加强创新与传承紧密结合"的办学方针。学校转设后，又明确提出了建设一所"具有广阔国际视野、广泛应用信息技术，面向城市未来、服务城市发展"的特色鲜明的应用型大学发展目标。

绿岛十年的教育实践证明，徐伟浩当初为学校所做的顶层设计，是超前的、具有创造性的、切实可行的，并且丝丝入扣，富有逻辑性。

如果说"坚持育人为本，注重能力培养"是纲，那么，"三个紧密"则是将"纲"落到实处的工作指导方针。他认为"大学的根本在于加强教师与学生的紧密接触，大学的生命在于加强教学与实际的紧密联系，大学的文化在于加强创新与传承的紧密结合"[9]。只有加强教师与学生的紧密接触，才能充分发挥教师对学生言传身教和潜移默化的教育引领作用，将育人工作落到实处，完成大学立德树人的根本任务；只有加强教学与实际的紧密联系，才能根据社会发展，不断为大学注入原动力，推动大学自我革新，提升服务社会能力；只有加强创新与传承的紧密结合，才能彰显大学存续的独特价值，实现知识传播与文化传承，推动科技创新与社会进步。

尽管"三个紧密"的办学方针是在2014年正式明确的，但它是在办学过程中逐渐形成的，是探索与实践的结晶。"三个紧密"成为绿岛十年取得成功的基本经验，立校之本。

有了应用型人才培养的"纲"，以及将这个"纲"落到实处的具体方针"三个紧密"，那么，达成目标的做法是什么呢？这就是以岗位能力形成为核心的职业情境化人才培养模式。这一模式，即按照社会和企业需求确立人才培养目标，根据岗位要求和职业标准确定能力培养标准，采用职业情境化模式进行能力培养。学校按照真实生产流程和业务标准，建设集实验、实训、实战为一体的校内实践教学平台，真正实现产教融合、工学一体，使学生在真实的职业情境中完成真实的项目，形成专业岗位能力。

实践证明，采用以岗位能力形成为核心的职业情境化人才培养模式这一做法，是切合应用型人才培养实际并收到显著成效的，学生在学习专业基础知识的同时，在学校为其搭建的真实工作岗位情境中，了解岗位需求，学习、磨练工作技能，形成了适应能力强，上手快，与工作岗位无缝对接的能力，无须二次培训即可上岗，因而受到用人单位的欢迎，绿岛的学子，有的甚至在与"985""211"高校毕业生的"PK"中胜出。

办好一所大学，除了要有清晰的办学理念、将其落到实处的指导方针以及具体做法，还要有精神、文化层面的东西，这就是校训。

我们已经知道，绿岛的校训是"我行我能"。作为一所新建的大学，办学时间短，文化积淀薄，如何能在高峰耸立的大学之林里，快速发展，迎头赶上，需要有一种充满自信、蓬勃向上的精神，激励和引领全校师生坚定信心、奋发有为。"我行我能"的校训，言简意赅，直切主题，铿锵有力，别具特色，能够有效地锤炼师生的思想品格，锻造师生的意志能力，鼓舞和激励全校师生增加

---

9 周星、徐浩伟：《沈阳城市学院·全员育人与艺术教育精神的实践探寻》，《艺术教育》2019年10月总第350期，第34-35页。

自信，勇于担当，敢于创新，夺取胜利。

从以上介绍可以看出，徐伟浩办学的整体设计——无论是应用型人才培养的定位，"三个紧密"的指导方针，还是以岗位能力形成为核心的职业情境化的人才培养模式和"我行我能"的校训，都具有鲜明的特色，切实可行。我们说，一所学校的精神和文化，决定了一所学校的格局和前途。而作为一所民办院校，出资人的理想和抱负，又直接影响着学校的精神与文化。幸运的是，沈阳城市学院遇到了徐伟浩这样一个热爱教育、倾心教育、有理想、有抱负并且善于独立思考、敢于改革创新的办学者。学校从独立办学伊始，就有一个宏伟的发展规划和完整的顶层设计，从而有效地保证了学校一张蓝图绘到底，在发展建设中始终沿着正确的方向前进。

遗憾的是，办学初期，他的这一套主张，或因过于超前，或因创新的步子迈得过大，校内大多数老师包括干部，不理解、不接受。

比如，对于人才培养定位，大家认为，所谓应用型，说白了就是技能型，就是普通劳动者。这个定位，会降低大学层次，学生家长也会不高兴。再说，还会拉低教师的学术水平。比如，"情境化"模式，基础理论课怎么上？课时比重是多少？在"情境"中，老师讲什么？

这是能够说出口的理由，难以启齿的潜台词是：不愿进行教学改革。传统的教学模式轻车熟路；应用型、技能型人才培养，从未涉猎，不知从何处入手。

还比如，徐伟浩提出的"我行我能"校训，在当时也招来众多质疑、反对甚至嘲讽之声，有人说它过于俗气——当时满大街竖立、张贴的某广告，广告词为"神州行，我看行"，"我行我能"与此有相似之处；有人说它不够严肃，简直就是一句流行语、顺口溜；有人说它太直白，缺少学术味道；也有人说它没有传承，离经叛道，校训应该是八字对仗或两字一组的四六句。

由于校训的通俗易懂，也经常有人拿它来调侃。在学校庆祝教师节的宴会上，劝酒的人经常会说："赶紧干了，你还行不行，能不能？"旁边的人起哄："你行，你能！"几年下来，绿岛的老师，无论男女，酒量大增。这也算是校训带来的意外收获吧！

"晓桥图形"

徐伟浩认为，以上反映出的种种矛盾与冲突，表面看来针对的是学校的办学理念、做法，其实，隐藏在这些矛盾和冲突背后的，是传统与现代、新与旧两种不同教育观念的博弈、碰撞。对于一所提倡创新，走个性化发展道路的大学而言，不扬弃传统教育中陈旧的东西，以新理念、新做法取而代之，将寸步难行。因而，正确认识传统教育，树立适应时代发展需求的新教育观，迫在眉睫。

为此，经徐伟浩提议，学校于 2009 年 10 月至 2010 年 6 月，以"教学改革与体制创新"为题，展开了为期 9 个月的大讨论。

在大讨论上第一个发言的是机械电子工程学院的李晓桥，发言的题目是《习学并进——探索数控技能人才培养模式》。

李晓桥是沈阳大学派往绿岛的 112 名教师中的 4 位教授之一，也是上文提到的主动要求到绿岛工作的 10 余人之一。"我工作了 30 年，已经 50 多岁了，做过 10 余年系主任（四个专业），对传统高校太了解了，来之前所在的材料系，是学校的第一大系，我想搞工作创新，找不到渠道。听说绿岛是新体制，可以放手开展教学改革，我想来尝试一下，实现自我，把没做成的事儿做一做。"[10]

所以，来绿岛，沈阳大学高兴，徐伟浩高兴（来的是位教授啊），李晓桥也高兴。

来到绿岛之后，李晓桥与徐伟浩多次长谈。徐伟浩给他留下了很深印象。"他没有高校工作经验，但是，他热爱这项事业，并且非常用心，对于如何办好大学，下了很大功夫，有许多思考。他的很多想法，既令人振奋——新鲜、富有创意，又让人感到有些摸不着边际——不因循传统，不受规矩所限，所以，觉得有些脱离现实，很难实现。"

但是，对于徐伟浩的基本办学理念，他是赞同的。"我认为他的想法、他要走的路，对。虽

10　以上及以下李晓桥的讲述，均引自 2019 年 4 月 13 日笔者与他谈话的记录。

然也担心这么干能否成功——沈阳的民办大学，没有一家走这条路：首先，成本高——'情境化'教学，工科要建工厂、车间要购买工具；影视传媒要建演播厅，还要配置全套相应设备。其次，从教师的角度看，讲述基础理论，轻车熟路，应用型所需的东西，教师基本不会。"

所以，对于徐伟浩组织的全校大讨论，他非常重视，并做了精心准备。

他的发言，不是宣读文稿，而是采用被徐伟浩称为"晓桥图形"的PPT课件的形式。

在笔者看来，这次大讨论极为重要，因为它关系到绿岛将来走什么路，如何走。传统教育中，哪些是好的，需要继承，哪些已不适应时代发展，必须抛弃。事实上，大讨论正是围绕着这些问题展开的。可遗憾的是，对于绿岛十年具有历史意义的大讨论，没有留下完整的记载。笔者所能见到的，只有李晓桥的PPT以及徐伟浩的两次讲话。所以，这三份历史文献，就显得弥足珍贵，从中可以窥见绿岛教育教学改革的发端和徐伟浩的教育思想。

李晓桥在发言中，首先对大学生"厌学规律"进行分析，认为导致大学生进入大学不久即厌学的原因，是传统的大学课程设置出现了问题。首先，传统的大学课程设置是宽基础，重理论，基础理论课占比50%，专业基础课占比30%，专业课占比仅为20%，呈现为金字塔图形（"晓桥图形"）。学生在一、二年级学的多是基础理论课和专业基础课，对专业不了解，没有努力方向；对人生前途迷茫，学习没有动力，学习兴趣逐渐低落。其次，针对当时大学重理论讲授、轻实践培训的现象，李晓桥介绍了中国近代工程教育创始人、著名桥梁专家茅以升提出的"习而学"课程模式，该模式与近代世界各国通行的大学设课次序完全倒置：由简单到复杂，由具体到抽象，先习后学，再习再学，循环往复，螺旋上升。设课的基本原则是先习后学，即实践在先理论在后，专业课在前基础课在后。借鉴"习而学"课程模式，李晓桥认为，为使学生尽早形成"专业意识"，第一学期就开设一些专业常识性课程，实行专业课前置。为实现应用型人才培养目标，专业技能训练应该是课程体系中的重要内容。"习学并进"是习学课程体系中始终贯穿的一项原则，边习边学，技能训练四年不断线，理论教学循序渐进，螺旋上升。最后，李晓桥还给出了"习学并进"的数控技术高级应用型人才培养模式的具体设计。

以上是李晓桥发言的基本观点，作为那次大讨论中留存的唯一原始记录，它严整的逻辑性，它对传统高等教育（人才培养目标以及与之相应的课程设置）的深层次思考与清醒认识，以及它给出的与应用型人才培养相契合的具有颠覆性的课程设置和具体做法的构想，尤其是关于"习"与"学"何者为先，实践与理论孰轻孰重等问题的思考，对于绿岛新一轮教学模式的建立，具有重要的启示。

据介绍，绿岛这次大讨论，参加者为校领导、各二级学院院长、学校相关处室负责人以及各学院教师代表。由于没有原始记录，我们无法知道李晓桥的发言在与会者中引起怎样的反响。所幸，在徐伟浩的讲话记录中，有两处提到了李晓桥。

人才培养目标决定人才培养模式，人才培养模式要有课程体系、教学内容支撑。现行培养模式的课程体系，大多表现为宽口径、厚基础，正如工学院晓桥院长画的那个类似金字塔的梯形图形，我看就把它叫作"晓桥图形"吧。它的底部是公共基础课，依次递减为学科基础课、专业课。在这次大讨论中，大家针对"三本"院校培养技术应用型人才的需要出发，主张在课程体系建设中减少公共课，加大专业课比重，把"晓桥图形"变为矩形，或者变为倒金字塔形。关于公共基础课开多少，怎么开，大家已经形成了一定的共识，比如高等数学，高考 650 分进入北大的同学和高考 400 多分进入三本院校的同学，用同样的课时学同一本教材，肯定是不切合实际的。我的观点是，课要开，怎么讲，讲到什么程度，要改。

育人为先的培养目标，需要什么样的课程体系呢？针对沈阳大学科技工程学院的培养目标，我想对"晓桥图形"做一个修正，即两头大，中间小。所谓两头大，是指加大公共基础课的比重，适当减少学科基础课的比重。我主张加大公共基础课的比重，不是指在原有的公共基础课的范围内来加大，而是要根据育人为先的培养目标，赋予公共基础课更宽泛的内容，也就是要创造性地开展通识教育，把应试教育的欠账补回来。[11]

从徐伟浩以上两段话中可以看出，他对"晓桥图形"做了修正，提出"两头大"的一头，是指加大公共基础课的比重，另一头，他虽然没有提，但自然是指专业能力训练。值得注意的是，他提到的"加大公共基础课的比重"中的"公共基础课"，"不是指在原有的公共基础课的范围内来加大，而是要根据育人为先的培养目标，赋予公共基础课更宽泛的内容"。那么，"更宽泛的内容"有何含义？"就是要创造性地开展通识教育"，目的在于"把应试教育的欠账补回来"。

---

11 《教育的缺失和我们的责任》，2009 年 10 月 21 日—11 月 26 日徐伟浩在沈阳大学科技工程学院教改大讨论期间有关通识教育的讲话记录。

这里释放了一个重要信号：徐伟浩高度重视通识教育，他不仅要加大课时比重，还要富有"创造性"。

徐伟浩为什么把通识教育看得如此重要？

这从他在大讨论期间（2009年10月21日—11月26日）的讲话《教育的缺失和我们的责任》可以看出端倪。（其实，他高度重视通识教育，在于他认为，大讨论的最终目的，就是要解决两个问题，一是怎样育人，二是怎样培养能力。而通识教育又是育人——塑造完美人格的重要手段。）

对　话

笔者：徐校长，你提到的教育的缺失，指的是什么？

徐伟浩：这得从我自己家的情况说起。办学的时候，最小的儿子还不到4岁，但他所在的幼儿园已经开始为孩子升沈阳最好的小学进行考试训练了。

笔者：竟然有这事儿？这确实太过分了。

徐伟浩：老三是个女孩儿，当时在一所学校的初三英语特长班，每天一小考，一周一大考，小时候学的网球、游泳、手风琴、架子鼓等，全都荒废了。老二是个男孩儿，在北京的一所大学读大四，由于挂科，整天忙着大补呢。他把造成这种状况的原因归结为：上大学以后，没有老师管他了。

我家孩子的现状，可能就是当前我国学校教育、家庭教育和社会教育现状的缩影。

这些年来，党和政府大力推行素质教育，提倡学生要有理想，有道德，有文化，有纪律，鼓励学生德、智、体、美、劳全面发展。但实际状况是，素质教育喊得轰轰烈烈，应试教育抓得扎扎实实。

现在，我回答你刚才提到的问题：教育的缺失指的是什么，指的就是素质教育。应试教育给学生造成的硬伤不可低估，小学、初中、高中对学生欠下的素质教育债，总是要还的。

笔者：其实，应试教育大行其道，素质教育严重缺失，不仅仅表现在基础教育阶段，高等教育阶段也好不到哪儿去。

徐伟浩：是啊，高等教育阶段，变异了的应试教育仍然大行其道。以市场为唯一导向，以就业为唯一目的，以专业知识传授为唯一手段，以科研、论文为主要评价标准的教育实用主义和教育功利主义，继承着应试教育的衣钵，仍在主导着教育的全过程。

笔者：你认为应试教育的最大弊端是什么？

徐伟浩：就是不重视提高学生的综合素质，只教书，不育人，或者将教书和育人割裂开来，甚至对立起来。这就是我当时搞教改大讨论所要解决的问题，简单说来，就是真正弄清培养什么人和怎样培养人的问题。所以，我在一次发言中讲道：

> 沈阳大学科技工程学院在近年的实践中，逐步确立了培养学生具有较强的阅读写作能力、计算机应用能力、外语交流能力和所学专业的实践能力的教育目标。这四种能力的培养，体现了科技工程学院的办学特色。但是，依照我对高等教育的理解，在这些能力培养之上，应当赋予一个统筹全局的、终极的教育目标，这就是要培养学生成为具有完美人格的有用之才。塑造完美人格，首先强调的是育人，要教育学生既会做人，又会做事。我清楚地懂得，作为一所三本院校，在它还在为生存条件挣扎的时候，坚持育人为先的主张，似乎有点涉嫌高谈阔论；我也知道，坚持育人为先的教育实践所承担的责任和不成比例的投入产出关系。但是，作为深感教育缺失之痛的家长，作为一个还有一点儿办学能力的出资人，我愿意真正实践育人为先的教育理念。[12]

笔者：作为一所民办大学，能提出育人为先，并且不是作为口号，而是要认真践行，真是难能可贵。我曾做过几年大学老师，对大学有些了解。现在的大学里充斥着一些例如"一切为了学生，为了学生的一切""教书、育人"之类的套话。第一次听到这些话，觉得既新鲜又感动，时间一久才知道，这些话固然好听，是否按照这些话去做，做得如何，则是另一回事。从你上面这段话中可以看出，你真的把育人当作办大学的头等大事，并真的打算脚踏实地、认认真真去做。

徐伟浩：都说大学要育人，可是，怎么育人，大家还都在探索，我们就是要找到一些办法，甚至创造一些办法，就是说，用一系列有效措施来解决育人的问题。

笔者：仔细想想，育人，确实是大学里的一件要紧事。连北京大学这样国内顶级学府的学子，

---

12 《教育的缺失和我们的责任》，2009年10月21日—11月26日徐伟浩在沈阳大学科技工程学院教改大讨论期间有关通识教育的讲话记录。

都被称为"精致的利己主义者",不育人怎么行。

徐伟浩：美国企业界的一位领袖人物在评价哈佛的时候说，只要你进了哈佛，随便把你放在那里待上四年，20年后，你仍然是同龄人中的佼佼者。原因很简单，不在于哈佛给了你什么，而在于哈佛选择了什么样的人。就哈佛而言，他说得也许有道理。但我们的情况恰恰与此相反，因为我们不是哈佛也不是北大，连培养"精致的利己主义者"的资格都没有，我们这类三本院校，弄不好，培养的或许也是"利己主义者"，却不可能"精致"。所以，必须从我校学生的实际情况出发来设定培养目标、培养模式和课程体系。

笔者：于是，你提出了"哑铃形"课程体系和"两头大、中间小"原则。在"哑铃形"底层的通识教育，包括哪些具体内容？

徐伟浩：近年来，我国教育界、理论界对通识教育这个舶来的名称，在概念和内容上有了一些初步的解读。就性质而言，通识教育是高等教育的组成部分；就其目的而言，通识教育旨在培养积极参与社会活动、有社会责任感的社会公民；就其内容而言，通识教育是一种广泛的、非专业性、非功利性的基本知识、技能和态度的教育。在上述理论框架下，我国的一些研究型大学，复旦和北大等院校早在几年前就已经开展了通识教育的探索和实践，并且已经形成了相对稳定的课程体系。那么，既然名牌大学在通识教育方面已经做出了榜样，我们开展通识教育是否就有章可循了呢？或者我们干脆把美国的通识教育课程体系拿来，是否就无可非议了呢？我的回答是否定的。因为，各国国情不一样，各校校情也不一样，教育对象千差万别。我们只能根据我校学生和教师的实际情况，设计通识教育的内容和方法。但是，我们必须遵循一个原则，那就是我们主张的通识教育，应该是一种教育理念，是一种大学思想，是针对人的思想意识，针对人的行为能力，针对人的文化传承而施行的教育。因此，通识教育是一个教育体系而不是一个学科体系，如果我们只是从学科体系的建设上开展通识教育，那就偏离了大学育人为先的根本属性，其结果是把统领全局的系统建设，变为可有可无的选修课了。

笔者：我知道，国内外许多大学开展通识教育，就是开设了大量的通识选修课程，是按照学科体系进行建设的。如果将通识教育建设成教育体系，那又该如何进行呢？

徐伟浩：如果把通识教育作为一个教育体系来建设，我们就要打破许多大学里面现有的模式、体制以及习惯做法。

笔者：打破？你指的是什么？

徐伟浩：比如，高校教师不坐班。我问过新入校的大一学生，你觉得大学和高中最大的区别是什么？他的回答和我家老二的回答差不多：老师管得不严了。是不严啊，一下课，整个校园都看不到教师的身影啊。我和周校长说，这是一个挺可怕的现象啊！大学教师，不知从什么时候开始，怎么就可以不坐班了呢？世界公认的大学先哲亚里士多德就是站在大街上，面对面地解答弟子们的问题，我们的孔老夫子教育学生也是言传身教啊！师者，传道授业解惑也，育人、教书、做学问都是老师分内的事儿。可现在，我们的专业老师只争着做学问了。

笔者：其中的许多"学问"，我只能"呵呵"了。做学问不是也得育人吗？

徐伟浩：和学生连个面都不见，还怎么育人？我认为，忽略或是完全丧失对学生的教育，是我国高等教育领域里的严重弊端之一。所以，在构筑通识教育体系，强调育人为先的教育方针时，首先要请我们的教师回归到大学的本质属性中来，承担起育人的责任。

育人，不能停留在口头上，而要有制度作保障。所以，我在大讨论中建议在全校实施通识教育导师制，即每一位教师，每一位管理者，都要承担起育人的责任，每个人包干负责几名学生，这几名学生就是你的真传弟子，你就是他们的监护人，把这项工作纳入到考核体系当中，在我们暂时还没有更好的办法解决教师坐班的问题之前，先让老师们把育人的责任承担起来。

笔者：这就对老师提出了新的要求。

徐伟浩：是啊！现在大学里的教师，大多是受过严格的专业教育，取得了某一专业方向的博士、硕士学位的专业人士。进入大学之后，涉及老师切身利益的指挥棒，如晋级、评职称等，又一直朝着重科研、轻教学、轻自身职业素养提升的方向倾斜，这就造成了我们的教师，尤其是非师范专业的教师，忽略或是失去了教师专业或者说是教师职业的基本训练。因此，在实施通识教育的过程中，也要注重培养我们的老师具备较高的教育科学知识和教师职业修养——对学生要有责任心，要善于和学生相处，要提高育人的能力，能教书、会育人，应该是当代大学老师最完美的职业品格。

笔者：所以，许多大学新入职的非师范类教师，都要考取教师资格证。

徐伟浩：可是，长期以来，传统的教育体制把教师的完美品格给割裂了，教育学生的工作从教学环节游离出来，成了学生处、辅导员和党团组织的专门工作。在专业教育居主导地位的高等教育阶段，育人和从事育人的教师队伍被边缘化、格式化。教书、育人两套马车的做法，是阻碍育人为先的体制障碍。

笔者：你说的倒是实情。我们的大学，也要求老师要教书育人，但他们的重心还是放在教书上，因为育人的事有专门的人来管。

徐伟浩：所以，这种状况必须改变。怎么改？只有一条路：在体制上创新。我的想法是，实施通识教育，要有一个专门的机构——成立通识教育学院，与学生处合署办公。这样做起码有三个好处：一是把学生日常管理和通识教育紧密结合起来，最大限度地实践知行统一；二是在通识教育的统领下，把辅导员队伍拉回到教学中心区来，赋予辅导员更多的教学任务，把"空洞的说教"变成有声有色的知识传播；三是可以充分整合教师资源，提高大学工作效率。导师制要解决既"教书"也要"育人"的问题，通识教育学院的这种体制，要解决的是既"育人"也要"教书"的问题。还有，实施通识教育，要有学分作保障，要把通识教育内容量化为学分，把通识教育融入教学体系，使我们的教学内容和教学形式更丰富、更多样化。比如劳动课，学生宿舍的卫生清扫算不算劳动课内容？我看要算。一个宿舍能四年保持室内清洁，每次检查都达标，住在这个宿舍的几个学生，劳动课的分就应该给。反之，他们在劳动课上表现很好，宿舍却常年混乱，劳动课的分就应该打折。养成教育是一个艰苦而漫长的过程，学分要有所倾斜，要起积极的引导作用。

笔者：看得出来，为搞好通识教育，你动了很多脑筋，有很多想法，要走出一种新路。我知道，这都是缘于你对我国学校现行通识教育现状的不满意。

徐伟浩：可以这么说。教育界早就有"授之以鱼"还是"授之以渔"之争。无论是知识的传授还是能力的培养，最终要体现在个人的素质上。我们的先人早就讲过，"君子之学也，以美其身；小人之学也，以为禽犊"。好人、君子可以学圣人而做好事，坏人、小人可以学圣人而干坏事。有的学生在"思想道德修养与法律基础"课程的试卷上得满分，但他同时又可能经常违反校规，甚至做出有悖于社会公德的行为，这就是教育与教学的脱节。就像最近媒体的一个热门话题——小学生的第一次撒谎是从写作文开始的。这些都是教育的悲哀。

还有一点，就是通识教育要帮助学生树立自信。大讨论中，文法学院院长谈到如何提高英语教学质量的时候，提出首先要解决学生树立学好英语的自信心的问题。帮助学生树立自信心，教育学生怎样树立自信心，无疑也是通识教育的范畴，而通识教育则应当贯穿在教育教学的全过程。

以上，我们通过对话的形式，还原了徐伟浩第一篇讲话的主要内容。现在我们来看看他在第二篇讲话中都讲了些什么。这篇讲话的时间是 2010 年 6 月 4 日，从内容和篇幅的长度看，它应该是这次长达 9 个月的大讨论的总结。

他讲话的题目是《教学改革与体制创新的哲学思考》。他讲道：

在中国，哲学已经从哲学家的课堂上和书本里解放出来了，哲学已经成为人们认识世界和改造世界的强大思想武器。今天，我们从哲学的角度来审视教学改革和体制创新，就是要用马克思主义哲学的立场、观点和方法来分析、研究、解决沈阳大学科技工程学院在自身发展中遇到的问题。

那么，我们现在面临的最大问题是什么呢？我认为，当前，最大的问题就是要解决"怎样培养人"的问题。自从去年10月开始，经过八个多月的"教改"大讨论，"培养什么人"的问题，在沈阳大学科技工程学院的办学层面上，已经得到了基本解决，大家对我们提出的培养学生有教养、有涵养、有素养，培养学生有较强的中文写作能力、英语沟通能力、计算机操作能力和专业技术实践能力的技术应用型人才的培养目标，也取得了广泛的共识。剩下的问题，就是要研究解决怎样才能真正培养出具有"三养四力"素质的技术应用型高级人才。

记得上小学的时候，老师经常跟我们讲"种瓜得瓜，种豆得豆"的道理，说的是，只有从小好好学习，长大了才能怎么怎么样。其实，这里面讲的是一个因果关系。我上中学的时候，正赶上全国人民学"毛选"，而且，也是经常利用礼拜天开论坛。不过那时候人们比较实在，把论坛叫作"讲用会"。当时，有一句很流行的话，叫作"一把钥匙开一把锁"。这里面讲的是具体问题要具体分析。今天，我们联系沈阳大学科技工程学院的教学改革和体制创新的实际，无论是从事物发展的因果关系来分析，还是从矛盾特殊性的本质来研究，我们都会得出一个同样的结论，那就是，不同的教育模式，不同的教学方法，会培养出不同行为能力的人。

那么，在此之前，我国高校沿袭至今的教学模式、教学方法有没有问题，它对学生的行为能力产生了什么样的影响呢？[13]

笔者： 读你那篇讲话稿，发现你没有直接回答上述问题，而是讲述工作中遇到的几件事。

徐伟浩： 因为这几件事很有意思，也很能说明问题。

---

13 《教学改革与体制创新的哲学思考》，2010年6月4日徐伟浩在沈阳大学科技工程学院教改大讨论期间的讲话记录。

当时，为了充实教师队伍，我们进行了一次大规模的招聘工作，从1000余名应聘者当中挑选出了500余名"985""211"院校的研究生，又从500余人当中挑选100余人进行面试，最后留下20余人在学校见习。我讲话时，他们就坐在会场。现在想来，我当时的讲话有些不顾及情面。

我必须坦白地、负责地告诉大家，你们虽然已经有机会成为一名光荣的大学老师，但并不是因为你们已经很优秀了，而是因为在诸多应聘者当中，你们是比较好的。所谓比较好，就是在你们当中，没有一个人获得全体评委的一致赞许，也没有一个人，因为你的出现，让全体评委眼前一亮，觉得非你莫属。用句伤自尊的话来形容，就叫作"矬子里拔大个儿"了吧！

笔者：据我了解，你们最初招进来的20余人都很优秀，大多数人已经成为学校的骨干。

徐伟浩：这说明我们评委的眼光还不错，没有看走眼，也可能是我那番话刺激了他们，入职之后他们加倍努力了。当然，这是玩笑话，主要还是因为他们不甘平庸，积极进取。

笔者：那么多的"985""211"的硕士研究生，没有入你们的"法眼"，你觉得问题出在哪里？是他们不够优秀，还是其他什么原因？

徐伟浩：我觉得他们身上不同程度地存在以下几个问题。

首先，在他们身上表现出严重的缺乏心理素质和职业素养。

笔者：具体表现在？

徐伟浩：他们的穿着打扮、举止言谈，不像大学里的人。这几次面试，都安排在"白卿宫"的会议室，应聘人员从进门到入座，大约要走十一二步。他推门进来，全体评委正襟危坐，目光一齐投向他，这时你会发现，他突然变得不自然了，走路的频率幅度都不对了，乱了，走着走着，好像手都没地方放了。当他坐下来交谈时，他可能东张西顾，看遍会议室的各个角落，唯独不和提问的人进行目光交流。

笔者：你观察得太细了。

徐伟浩：你不觉得这些非常重要吗？

在面试过程中，应聘的同学都有一个不限时的自我介绍的机会，但是大多数同学没有很好地抓住这个全面表现自己的机会。只是说，我叫某某某，某某大学某某专业硕士研究生，今年

6月毕业，我的本科是在某某大学就读，以上是我的自我介绍。这时候，周校长就启发他，你再说说自己的情况。他说，我的导师是某某某，我的论文的题目是什么什么。周校长进一步启发他，你说说为什么应聘辅导员这个岗位。他说，哎呀，这个我还没太想好，反正我挺喜欢在大学工作。说到这儿，全体评委都没话了。当然，我举的是几个比较极端的例子。

他们身上存在的第二个问题，就是学非所用，缺乏竞争力。我们那次面试100多个同学，涉及10余个学科、30多个专业，物理、化学、马列、考古，还有社会保障、地球物理、国际关系等。有一位学国际关系的同学，她的研究方向是东北亚大国政治。那时，正赶上东北亚有点乱，我就请她谈一谈怎样看待中、日、韩三国关系。这位同学沉默了一会儿，然后很郑重地回答说，我在研究生阶段主要是学习研究的方法。嘿，干净利落地表示了拒绝回答问题，一下子说得我哑口无言，而且有点无地自容。人家学的是研究方法，我们非要和人家谈研究成果，显得我们也太没有文化了。

笔者：呵呵，这位同学的反应也真是够快。我带过研究生，也知道带研究生是怎么回事，还没听说过哪个学校、哪位老师，只要求学生掌握研究方法，不研究具体问题。

徐伟浩：还有一个应聘辅导员的同学，是吉大化学系的，本科和硕士都是在吉大完成的，她的"出身"也不错，毕业于沈阳市120中学。和这位同学交谈时，我的内心很矛盾：录用了吧，可能会因为我们的决定使中国由此失去一位伟大的化学家，这是多大的人力资源浪费？同时我还担心，她即使不当化学家，就适合当我们学校的辅导员吗？根据我们全员育人的主张，我们想尽量选拔一些专业对口的、最起码和我们学校现有的专业相关或者相近的教辅人员，对我们学校而言，她的专业实在是太偏了。但是这位小同学看起来确实不错，应了"三国"里的那句话："食之无肉，弃之有味"。

研究生就业率低，还有一个重要原因，就是他们的实践经历、适应应聘岗位的能力太差。在这次招聘中，有相当多的同学，他们所学的专业和我们所需工作岗位相符或接近。但是，当你仔细阅读他们设计得堪称精美的求职简历，就会有一种味同嚼蜡的感觉。在这些同学的简历中，写的大多是什么时候入学，都学了什么课程，获得了什么荣誉，得到了多少奖学金。在谈到用人单位最关心的社会实践方面，就显得苍白无力了。当然，有的同学还是很会包装自己，在实习、实践这个栏目里能列出10余项内容。但是你仔细一看就会发现问题，比如，6月10日至17日在某某工厂实习，实习内容为铸造、锻压、热处理。呵呵，十天时间干遍了冶金行业三大工艺流程。当我们再问他，这几天你都具体干了什么，他会说，工厂安全制度很严，我们只在一旁看看，算是考察吧。再有，7月25日至8月3日在某某地区研究旅游资源规划与开发。哎哟，整个儿一个国务院研究发展中心的研究员啊！再一分析，七八月正是假期呀，没准儿他是在哪个旅游景点游玩呢。

一般遇到这种情况，我们就会启发同学们谈点具体的，比如说，在学校担任过什么干部，组织过什么活动，有没有顶岗实习的经历。刚才提到那位专业"跑偏"的吉大化学硕士，在我们的启发下，谈到了在本科毕业前，她曾组织班里的同学进行过一次非常成功的旅行。她讲到如何制订旅行计划、选择交通工具、采购生活用品、加强安全保障等。由于她的精心策划、周密组织，这次集体旅行给每个同学都留下了难以忘怀的回忆。这件事，听起来还真让我有点兴奋了。一个学化学的，能组织起这么一项成功的大型旅行活动，也算不错了，最起码能证明她有一定的旅游组织能力。秉承我一贯的用人原则，那就是，如果你是一名打扫卫生的，只要你在每次卫生检查中都能评上先进，就可以提拔你当管理卫生的领导了。当时，我就小声和周校长说，这个人可以留下，到酒店管理学院搞旅游吧。周校长也表示同意。等这位小同学讲完了，我就问她，你们那次旅行的目的地是哪呀？你猜猜，没准儿穿越五大洲四大洋的环球旅行吧？这位小同学的回答肯定会让你大跌眼镜，这次成功的旅行，就是从吉林的长春出发，到丹东的大鹿岛。别小看这一次小旅行，就是因为这次500多公里的旅行，使一位专业"跑偏"的应届毕业生，以最短的路程，完成了她成为一名大学教师的归途。

笔者：响当当的名牌大学"贵族"出身没有打动你，不起眼的组织能力倒被你看得那么重。你的用人理念真的很有意思。

徐伟浩：还有一位西北农大的同学，由于她的"出身"不对，压根就没有可能进入我们的面试名单。那时，为了分析招聘成功率低的原因，我让办公室给我拷下了500余人的简历。我用了一个下午加一个大半夜的时间，从头到尾认真看了所有人的简历，就像淘宝一样，把这位同学给淘弄出来了。其实，找到她的原因很简单，就是因为她的简历里有那么几个不起眼儿的字：曾任学校乐队队长。我立即让办公室主任找到这个人，安排面试。可是，联系不上。后来才知道，这位小同学投了简历后，见没有消息，就回陕西了，沈阳的手机号也停用了。办公室主任很聪明地用QQ联系上她。面试时得知，她是上了大学以后才练习吹号的，大二就当上了乐队队长，算是进步很快的。后来我们搞清了，她现在的男朋友，当时是学校乐团的团长，让她当乐队队长，肯定是任人唯亲了。尽管这样，我们还是决定录用她，因为她有一技之长啊。其实这位小同学的一技之长很简单，就是在学校吹个圆号、谈个小恋爱，然而，就是这点小爱好，改变了她的人生轨迹。

在这次发言中，他继续讲道：

在中华民族浩瀚的词海里还有两个最具有哲学性格的字——但是。一切事物都有它矛盾的、对立的一面，我们在庆幸因为实践带给吉大化学系和西北农大的这两位小同学好运的同时，更应该反思一个问题，那就是，在中国，在成百上千万的大学生当中，还有多少人连这么一次小小的旅行经历都总结不出来，还有多少人在大学四年乃至七年的校园生活里，因为一点儿兴趣、爱好都培养不出来，而失去了宝贵的就业机会。由此，我们可以得出一个结论：大学生就业率低下的一个主要原因，就是大学生的就业能力低下。

造成大学生就业能力低下的原因很多，其中，僵化的教学模式、脱离实际的教学方法是导致大学生行为能力缺失的一个重要原因。传统教学模式，除了在行为能力上给学生造成了一些"硬伤"以外，它在理论上也犯了一个错误。大家都知道，传统教学模式更多关注的是如何把知识转化为能力，因此，在课程体系的设置上，就是先理论后实践，在理论课教学中，又是先基础理论后专业理论。这种延续了数十年的教学模式，把如何将知识转化为能力的教学目标绝对化了，教条化了。目标即是手段，目标即是过程，目标即是全部。他们认为，既然要把知识转化为能力，当然就要先学知识，然后再培养能力了。在这种思维逻辑下，把知识当成能力的唯一来源，它忽略了能力也能提升为知识的辩证关系，进而忽视了实践在认识过程中的决定作用。尽管传统教学模式也强调加强学生的实践教学环节，但那往往流于表面。一名大学生，入校一两年了，还在基础理论里折腾呢，两课、英语、物理、化学，等到他们开始接触专业课的时候，他可能对学习已经毫无兴趣了，虚度的光阴和抽象的理论，已经消磨了他的学习意志了。然而，即使是进入了专业课，又是一派新理论。比如，在课堂上大讲摇臂摄像机的理论，谁能说出来倾斜35度角、水平旋转250度能拍出什么画面？没有人能说出来。而且学生还会反驳你：那本身就是一个二百五的命题。反过来，如果你先给学生一台摇臂摄像机，你让学生在摇臂的过程中看看镜头中的画面有什么变化，然后你再提出那个250度的问题，情况可能就完全不同了。在这里我想引用毛泽东的几段话来批驳一下传统教学模式、教学方法中的主观主义表现。毛泽东说："教条主义和经验主义，都是违背辩证唯物主义认识论的。教条主义否认认识开始于实践，否认感性认识的必要性。他们总是从书本出发，忽视对实际情况的具体分析……"毛泽东还指出："通过实践而发现真理，又通过实践而证实真理和发展真理。从感性认识而能动地发展到理性认识，又从理性认识而能动地指导实践，改造主观世界和客观世界。实践、认识、再实践、再认识，这种形式，循环往复以至无穷，而实践和认识每一循环的内容，都比较好地进到了高一级的程度，这就是辩证唯物主义的全部认识论，这就是辩证唯物论的知行统一观。"毛泽东还有一句更加高瞻远瞩的至理名言，那就是"读书是学习，使用也是学习，而且是更重要的学习"。

为了批判传统的教学模式，我搬出毛泽东他老人家来为我站脚助威，原因是他的话说得在理，他的观点正确。

其实，我讲这段话，已经朴素地表达了我们酝酿已久并且正在试行的职业情境化教学模式的基本主张。这个主张，有两方面的含义：第一，最有效的培训方法是在实际岗位上开展的，因为它离客观实际最近。第二，在岗位上培养出来的学生适应能力最强，因为他接触实践的机会最多。[14]

随后，他从专业思想、职业精神、技术价值和管理能力四个角度阐述了这一教学模式的内涵与功能。

我们主张的企业情景化教学模式就是针对现行传统教学模式造成大学生行为能力缺失的实际情况，为实现沈阳大学科技工程学院既定的培养目标提出来的。所谓企业情景化教学模式，就是在大学里，结合学科和专业设置的特点，搭建若干个能涵盖专业特征的企业情景机构，这些情景机构能承载和实现企业或模拟企业运行，老师和学生都是这一情景机构的成员，教学随着这一情景机构的运转而展开，并对这一情景机构的运行提供理论支持和技术保障。老师和学生随着情景机构的运转，教学相长。这些就是我对企业情景化教学模式的基本定义。影视传媒学院基于绿岛电视台展开的全

---

14 《教学改革与体制创新的哲学思考》，2010年6月4日徐伟浩在沈阳大学科技工程学院教改大讨论期间的讲话记录。

程实训教学，酒店管理学院基于绿岛教学饭店展开的实景化教学，都是企业情景化教学模式的具体表现。

从影视传媒学院的教学变化中，我们可以看到，企业情景化教学模式有助于树立学生的专业思想。当学生走进校园电视台，承担起属于他自己的那一份工作任务的时候，专业和专业思想就再也不是一种空洞的说教了，我在干什么，我要学什么，一下子就成为学生实实在在的感受了。正是由于这种专业思想的确立，在根本上解决了学生为什么学和怎么学的问题。

企业情景化教学模式还有助于打造学生的职业精神。职业精神的培养，是一个养成教育的过程，你不置身其中，就很难领悟到其中的真谛。上周三，我问我的几个酒店管理学院的亲传弟子，穿上职业装有什么感受啊？有的说，在路上看到老师问好啦，我说为什么问好啦，她说，穿得这么正式，见到老师不打招呼，挺不配的。还有的说，穿上这身衣服，好像心里静了，在教室里不好意思干别的了，就老老实实学习吧。还有位浙江的"小眼镜"说，我长这么大，第一次穿皮鞋，一下子就觉得我是大人了。最近，为了配合对学生进行职业素养教育，酒店管理学院还成立了一个社团组织，叫职业社，首批18名社员举行了庄严的入社宣誓仪式，大家表示要学以致用，为中国酒店业的发展奋斗一生。多豪迈呀！这就是职业精神。职业精神的确立，解决了学生毕业以后做什么和怎么做的问题。

企业情景化教学模式还有助于增强学生对技术价值的认识。在现代企业乃至现代社会的运行中，知识大多表现为技术，这和我们在传统课堂上大讲科学、大谈理论有着不同的价值取向。我认为教学模式要为培养目标服务，既然我们确立了培养技术应用型高级人才的目标，我们就要在教学实践中，提升学生对技术价值的认识。在这方面，我们应该向日本学习，日本已经把技术上升为立国之本的高度了。面对日本的综合国力，你能说日本不讲科学吗？你能说日本没有文化吗？尽管我们是一所全日制本科大学，但是，我们有我们的追求和目标，我们不能形而上学地空谈科学研究，而忽视对技术价值的认识，相反，我们要放下身段，脚踏实地，走出一条培养技术应用型人才的康庄大道。

企业情景化教学模式还有助于提高学生的管理能力。我们强调专业思想、职业精神、技术价值，更要强调培养学生的管理能力。学生的管理能力是从哪里来的，是从课堂上、书本中来的吗？不是。知识转化为能力，还有一个重要的环节，那就是实践，所以说，学生的管理能力只能从社会实践中来。在传统教学模式下，学生管理能力低下的一个重要原因，就是学生没有更多的机会从事真正的实践活动。当个学生干部，组织了一次学雷锋做好事活动都写进简历了，多么可怜呀。相反，在企业情景化教学模式下，情况将发生本质的变化了。我们酒店管理学院的同学，在6月下旬，就将进入实景化的教学饭店实践，大一的实践项目是怎样当好一名服务员，大二他就是领导新大一同学的领班了，大三他升为主管，大四他就可以做到部门经理了，四年的教学实践，就是四年的管理能力的培养。我相信，在这种教学模式的培养下，酒店管理学院的大多数同学毕业之后，不用再培训，就能直接走上高星级酒店的管理岗位。

专业思想、职业精神、技术价值、管理能力构成了企业情景化教学模式的核心价值观。在这一价值体系下，构建的企业情景化教学模式，就是我们找到的解决沈阳大学科技工程学院"怎样培养人"的一把钥匙。可能有的人会说，你的这把钥匙只能开广电专业和旅游专业的这两把锁，那么汉语言、外语呢，国际贸易、工商管理呢？今天，站在这个讲台上，我要说，这个模式不仅适用于广电和旅游专业，它也适用于我们学校所有的专业，如果大家还有疑惑，我建议大学重新学习一下毛泽东的两篇光辉哲学著作《实践论》和《矛盾论》，如果有兴趣，建议再读一读《反对本本主义》，我相信，凭着各位老师的学识水平和理解能力，只要你拿起哲学这个思想武器，就一定能够打开你心智里的那把锁，那把禁锢你改革创新的锁。当你能够站在改革的立场上，用改革的思维来看待改革中的问题，我们就一定能够对新的教学模式和教学方法达成共识。

这时候，可能还会有人说，毛泽东著作早就学过了，而且学得很好，你们搞的改革创新我也举双手赞成，但是，具体涉及我的专业怎么落实，我的下堂课怎么上呀？这里，实际上提出了一个改革的能力问题。我觉得，解决改革的能力问题要比解决改革的认识问题要简单得多了。解决改革的认识问题我讲了大半天，最后还得请大家再学两篇哲学著作；而解决改革的能力问题，只要大家随着我喊一句口号，并且去实践这个口号，保管你的一切问题都会迎刃而解。

什么口号有这么大的作用？当然，它既非心魔也非咒语，它就是我们的校训"我行我能"啊！"我行我能"这个校训，是有两个针对性的，一个是针对我们的学生，鼓励他们相信自己，敢于承担，另一个就是针对我们尊敬的各位老师，还有我们的大教授们，不光要做到我知我懂，还要做到我行我能。

今天，作为校训的始作俑者，我要着重阐述一下"我行我能"的学术意义。长期以来，在我国高等教育领域，无论是在学术研究方面还是在教学实践中，都表现出了严重的理论与实践相脱离的现象。我们的老师，他可能把马克思主义哲学的经典著作背得滚瓜烂熟，但是他不懂得如何教会学生应用马克思主义的思想、方法来解决学生在成长道路上所遇到的问题；我们的老师，他可能把财务管理的原理讲得头头是道，但是他不懂得如何教会学生树立成本意识，学会精打细算，节省开支；我们的老师，他可能已经出版了应用文写作的专著，但是他不会教学生怎样才能写出一份成功的就业自荐信。总之，林林总总，举不胜举。原因只有一个，那就是，我们的学风问题一直没有得到很好的解决，正如毛泽东指出的那样，"对于马克思主义理论，要能够精通它，应用它，精通的目的在于应用"。一个好的老师，不光要有专业学术水平，而且，还要有帮助学生掌握和应用这种专业学术的能力。"我行我能"的学术意义，就在于它真正地坚持并弘扬理论联系实际的马克思主义学风。学风问题解决好了，改革的能力就会迸发出来，而且是雷霆万钧，一发不可收。究竟什么是改革？改革就是扬弃！一切好的、向上的，我们都要发扬光大；一切落后的、迂腐的，我们都要丢弃。扬弃，就是我们主张的教学改革和体制创新的全部哲学意义。

现在我们正处在教改的大潮当中，如果你是真心实意拥护教改的主张，那么，就请赶快拿出实际行动来，千万不要被别人说成是口头革命派。[15]

细读徐伟浩在教育教学改革大讨论中的两篇讲话，你会有诸多发现：你很难相信讲话者是个教育的"门外人"，相反，你会觉得他是个对教育有深入研究的行家；他对传统大学教育的弊端深恶痛绝，因而要走一条新路；他设计的大学新路，确有许多新创意、新探索；这些新创意、新探索不是只说不做的华而不实的"套话""大话""漂亮话"，而是切实可行的实在事，并且桩桩有支撑，件件有措施；无论是对传统的、陈旧的、落伍的东西的反叛，还是对新的理念、做法的推崇和张扬，他都充满激情，这种激情，体现的既是出资人的社会担当，也是教育家的神

---

15 《教学改革与体制创新的哲学思考》，2010年6月4日徐伟浩在沈阳大学科技工程学院教改大讨论期间的讲话记录。

圣职责。

尤为重要的是，透过他的两篇讲话可知，这次大讨论，基本从认识上，包括从具体做法上解决了培养什么人和怎样培养人的问题，使得绿岛的发展目标明晰，有章可循，有"法"可依，从而避免了"摸石头过河"的盲目。少走甚至不走弯路，使绿岛在此后的十年得以健康、顺利、快速发展，取得了丰硕的办学成果。

如果把绿岛十年的故事比做一部生动有趣、跌宕起伏的"大戏"，那么，徐伟浩无疑在其中起到了至关重要的作用。与一些民办高校的出资人只是在幕后监管资金——担任"制片人"不同，徐伟浩喜欢站到台前，于是，他就有了三重身份。他是"编剧"，整部"戏"的总体设计出自他的手笔；他是"导演"，指挥、调度"舞台"上的"千军万马"；他是"演员"，并且是男一号，不仅要念"台词"，还要唱"咏叹调"。

由出资人徐伟浩担任"编剧""导演""演员"，绿岛十年这部大戏，注定好看。

绿岛"黄埔"一期

针对建校初期绿岛员工思想、观念出现的种种问题，除了教学改革大讨论，徐伟浩还想打造一支能够认同他的办学理念，践行他的办学主张的青年教师队伍，为学校的可持续发展提供坚实的后备力量。或许徐伟浩希望经历绿岛培训的青年骨干能像黄埔军校培养的人才一样自信、果敢，能够为中国的高等教育做出贡献。第一期培训班的18人都是刚刚参加工作的青年骨干，有教师，也有管理人员，有学校自己聘任的，也有沈阳大学派来的。

培训班的形式，也如同徐伟浩的风格一样，不走寻常路。他亲自担任班主任，亲自确定培训内容和考核方式。据参加培训班的孟娜回忆说："培训时间为三周，工作都放下，看励志纪录片，写感想，听报告，讨论。我们自己采购，饭菜自己做。"[16]培训，还有别的花样：要求每人完成1万米跑。这还不算，还要求每人以"秋天的落叶"为题，写一篇散文。"虽然我有些胖，1万

16　引自2019年4月15日笔者与孟娜的谈话记录。

米还是咬牙跑下来了，但那篇散文可把我难住了，憋了很长时间才写出来。讨论，我最后一个发言。我就坐在徐老师（即徐伟浩——在绿岛，大家喜欢这样称呼他，他也喜欢）的身边。因为参加工作时间短，不知道该说些啥。"对于那次糟糕的发言，此后的很长一段时间，孟娜都耿耿于怀。

关于培训班，孟娜的讲述有些过于简单。所幸，在学校提供的大量电子文档中，笔者发现了同她一起参加培训的工商管理学院刘淑伟的《绿岛一期培训总结》。这份长达 1.4 万字的《总结》，为我们了解此次培训提供了有益的帮助。

通过《总结》可知，培训包括以下内容：观看纪录片《大国的崛起》和《公司的力量》；徐伟浩讲述个人经历；刘迎初书记作报告；完成 1 万米跑和一篇以"秋天的落叶"为题的散文。

刘淑伟的《总结》共分三大部分：一、《大国的崛起》和《公司的力量》带给我们的启示；二、徐老师的创业故事和传奇人生带给我们的思考；三、刘书记的报告教会了我们该如何工作。全文条分缕析，言之有物，感悟真切，思考深刻。

《总结》还记述了徐伟浩对参加培训人员的几点建议：

（1）多读书

徐老师人生的每一个重要转折点几乎都离不开他当年研读马列主义全集的知识积淀。他建议我们静心看一年马列全集，还建议我们广读书，不仅涉及专业的书要读，其他方面的书如《羊的皮》《西单女孩》等书籍也要读。

（2）勤思考

徐老师建议我们每天要给自己一些"发呆"的时间，否则成不了大师和好老师；还告诫我们要专注，要能将问题想透。

（3）执着

徐老师说对想做的事情一定要坚持。也许人生发展的经历不同，但想做的事情一定要专注；要找到自己的位置，制定发展目标，在一个领域执着地做下去。

（4）实践

徐老师反复强调必须实践，他说只有实践才能感受到成功的喜悦，也只有做了之后提出的问题才是客观的，要求我们不管有什么想法，先做起来。

针对学校教育，徐老师又提出两点建议：

（1）把学生教育好，育人为先

他要求老师们拿出全部精力，用老师的内涵、修养和风范感染、熏陶、教育学生。

（2）上好课，现在可以不称职，不可以总不称职

徐老师要求我们对专业不能满足于课本，要对本专业有深刻的认识，不断提高专业水平和讲课水平。

她在《总结》中最后写道：

通过梳理整个培训过程，发现整个培训经过精心设计、策划，可谓用心良苦：

1.《大国的崛起》和《公司的力量》主要从精神层面给我们以影响，增强我们的竞争意识、危机意识、合作意识，唤起我们的"野心"——努力奋斗，争取使我们学校崛起为一所名校，实质是在对我们进行企业文化的影响和熏陶。

2.徐老师通过创业故事和传奇人生的现身说法，给我们更真实的震撼和鼓舞，告诉我们：一个成功的人是勤奋的；一个成功的人是善于学习的；一个成功的人是敢于抓住机会的；也告诉我们成功是坚持的结果！听了徐老师和他的绿岛故事，更让我明白了为什么要看《大国的崛起》和《公司的力量》，因为他心中有一个很大的梦想——他希望通过绿岛一期、二期和以后更多期培训的教师们、干部们的努力，共同创造一个名校崛起的传奇。

3.刘书记的报告主要是帮我们增强信心，给我们的具体工作指明方向。

4.万米长跑是希望培养我们坚强的意志和团队精神，增进我们的了解和友谊，使我们这些一起战斗过的兄弟姐妹们在以后的工作中，能携手面对种种困难和挑战。

5.《绿岛的落叶》是在推测我们内心的真实情感，考察我们是否具有浪漫主义和人文主义情怀。

这次培训的经历，我想将给我们绿岛一期的每一个人留下深刻的印象和美好的回忆，这次培训也唤起了我们心中的理想主义激情。我们是幸运的，因为我们赶上了绿岛创业的激情年代，我们应该珍惜，和绿岛在一起，一直到胜利！记得海尔集团总裁在他的一位高管要离开海尔去美国一家知名公司时说："离开海尔，你可能会找到一份

理想的工作，但有一样东西你恐怕很难再找到了——一种创业的激情和成就感。"我想如果我们离开了绿岛，肯定也会存在这样的遗憾。所以我们一定要克服种种困难，和绿岛在一起，一起努力，去实现我们和绿岛共同的梦想！如果说这次的万米长跑让我们每个人难以忘怀，我想如果我们能一起陪着绿岛跑上十年、二十年甚至三十年，这种经历将是我们生命中无可替代的财富！

最后，我想用一句话结束我的总结：只有一次生命，我们都会珍惜；只有一次人生，我们都会奋斗。既然绿岛是我们梦想起飞的地方，就让我们在这里，团结起来，一起奋斗！[17]

不知当年徐伟浩是否看到过这份《总结》，看后有何感想。笔者相信，他，以及见到最后一段文字的任何人，都会被其中渴望成功、追求梦想、不畏困难、勇往直前、奋力拼搏的激情所感染。这种激情，是一个群体的魂，有了这个魂，注定我行、我能！

这期培训班不仅对全体学员影响巨大，而且给全校也留下了深刻的印象。这就要归功于徐伟浩设计的特殊考核方式——万米长跑。

标准运动场一圈长度是400米，1万米意味着要绕着运动场跑25圈。刚听到这个任务时，大家一片哗然，面面相觑，对于天天坐在办公室的他们来说，别说跑，就是走，也不见得能走下来25圈！校领导们也担心，怕大家身体吃不消，万一出现意外怎么办，但见徐伟浩丝毫没有动摇的意思，也就不再劝了，许是他们也想看看，这些学员能不能完成这个看似不可能的任务。

开跑那天是个下午，阳光和煦，微风拂面，天气正当好。学员们穿着运动装，有的怕晒戴上了帽子和墨镜，操场周围是闻讯赶来的加油助威的老师和学生，他们看起来比学员们还兴奋和紧张，一个个摩拳擦掌，仿佛马上要上场的是自己。

随着发令枪响，万米长跑开始了，学员们攒着劲儿，匀速前进，都知道硬仗在后头。

一圈、两圈、三圈……最初，大家跑得还算轻松，但随着圈数的不断增加，差距开始逐渐拉开，有的人更是表现出疲劳的状态和痛苦的表情。跑的人有多累可想而知，看的人也不轻松，

---

17 刘淑伟：《绿岛一期培训总结》（未刊文）。

尤其是校领导们，或许是出于心疼，或许是出于担忧，表情都渐渐凝重起来。但徐伟浩依然神态自若，静静地观察着场上的情况，不时地还和大家议论一下。

伴随着万米终点的最后冲刺，现场最壮观的一幕出现了。有感于学员们的坚持和努力，围观的师生也不再是赛场的观众，他们自发加入加油队伍中，有学员过来，不管熟不熟悉，都拼命加油鼓劲儿，有的干脆上场陪跑。最引人注目的还是张健，他所在学院里的老师、班级里的学生差不多都来了，声势浩大的陪跑团跟在他身边不停地为他加油，张健满头大汗，气喘吁吁，红着眼睛，说不出话，在大家的簇拥下，艰难而执着地不停地跑着，一圈又一圈，坚定地奔向终点。

最终，18 名学员，不分男女，无论胖瘦，都坚持了下来。当最后一名学员孟娜到达终点，喊出"我行我能"的时候，全场响起了热烈的欢呼声、喝彩声、叫好声，在每个人的心中盘旋回荡，经久不息。

唤起激情——"铸魂"，也许就是徐伟浩举办培训班的初衷。旨在"铸魂"的培训，不仅像"黄埔军校"一样，为学校打造了一批"能征善战"的中坚，更为学校的崛起熔铸了魂魄——一种敢于超越自我、大胆创造奇迹的强大精神力量。

这是一次绿岛文化的播种。这种独一无二的情怀是绿岛式的培训缔造出来的，从当年张健写的《绿岛的落叶》似乎能看出培训对一期学员的深远影响。

入秋，白卿宫门前的草地脱去绿色的外衣，渐已枯黄；校园里成片的梧桐也褪去了绿色的戎装，树叶渐渐飘落，撒在地上厚厚的一层。秋季绿岛校园景色呈现出别样的风情。

我们的校园远离市区，植被很多，因此温度会比市内略低一些，早晚更显现出深秋的寒意。

伴随着新生的入学，在学校，秋季成为迎接新一年的开始。四季的交替也因此发生了变化，从以往春夏秋冬，变成了以学生开学和毕业为周期的秋冬春夏。

到学校已经一年多了，作为教师也有一段时间，从没想过自己与教师这个职业能够联系在一起，也从没想过自己的人生轨迹能够与大学相交。

无数次地问自己，为什么选择大学作为自己人生的又一次起点？为什么选择教师作为自己职业生涯又一次征程？

走在梧桐园的小路上，一片梧桐叶在秋风微微中无声地飘落，它细致入微的动作极似舞蹈，这舞蹈的起始便是它脱离枝条羁绊的刹那，厚重的大地将是舞蹈的结束。没有音乐，没有喝彩，只有这落叶多姿的倩影在飘摇，青青的天上，印下了落叶的一个个优雅的影像。年复一年，无数落叶的重复运动过程构成了绵绵不断的秋的乐章。它尽量将飘落的时间拉长，将飘落的空间增大，以更多地熔铸进自己对树木的依恋。

都说春天是新的开始，新的希望，而我却唯独喜欢这深秋之后，凋零的黯淡。看到这片片飘落的枯叶，仿佛看到春风带来的新绿，嫩芽在襁褓中萌生，春风抽动，展现出生命舞动的赞歌；仿佛看到由浅变深的绿色，叶脉分明，伸展裕如，楚楚动人，在风中无尽摇摆，现出骄人的灵动；仿佛看到秋风袭过，由绿转黄，在生命的最后一刻，演绎着金色的华彩乐章；仿佛看到深埋在皑皑的白雪下，寻找自己最后的归宿，用残存的能量滋润着母体，孕育希望。

细细体味，若有所思，若有所感。

生命是一个自然的过程，叶子的荣枯便是一个极好的证明。落叶飘零，落下的是虚夸、是浮华，是绚丽的色彩，是仰望的枝头，而留下的却是生命的延续，是生命的希望。

也许这正是浮华殆尽方显本色的真谛。

人一生追求的不仅是金钱与权力，马斯洛需求层次理论提出，人的最高层次需求是自我实现的需求，也就是实现自己的人生价值。人生价值的评判标准并非索取多少，而是能够带给别人多少，能够为他人创造多少价值。正如这落叶，它毫不犹豫地告别枝条，向大地飘去，孕育新的生命。

突然意识到，为什么选择教师作为自己职业生涯的又一个起点，教师不正像落叶一样，于默默无闻处，用自己所学培养一批批学生，使他们得以成才；不正如落叶一样，褪去了光鲜的色彩，离开了翘首的枝头，扑向大地，用知识与文化哺育了一代代年轻人。

这不正是人生价值的最好实现，自我价值实现的最高层次吗？

终于知道为什么在学校里，四季的起始不是春天，而是秋天，他人取得丰硕果实之后，才是教师又一个新的开始。教师正是以秋末冬初为起始，给别人带来温暖；以夏末秋初为结束，他人的硕果正是自身价值的升华与延续。

"四度春风化绸缪，几番秋雨洗鸿沟。黑发积霜织日月，粉笔无言写春秋。蚕丝吐尽春未老，烛泪成灰秋更稠。春播桃李三千圃，秋来硕果满神州。"

在秋风中，紧裹衣衫，躯体的寒意并不能阻挡内心踏实而带来的一丝温暖。

又一片叶子自枝头飘落，它向自己最后的归宿——大地缓缓接近，它受枝条的禁锢太久了，一旦脱离羁绊，它是如此舒畅自在，它在尽情展示自己生命历程中所获得的最后也是最大的自由，它飘着，舞着，在阔大无边的天地间留下自己的美丽。[18]

这种情怀影响了包括孟娜、张健在内的一大批绿岛人，培训班 18 名学员，陪绿岛走到今天的，都已经成长为学校的中坚力量。

这种绿岛式培训也成了绿岛响当当的干部培训品牌，之后，徐伟浩又相继组织了几期培训，为学校发展源源不断地充实力量、打磨精神，这都是后话了。

秋天是收获的季节，绿岛之秋，可谓硕果累累。

18　张健：《绿岛的落叶》（未刊文）。

校 门

梧桐园

苹果书屋

凤凰酒店

◎ 2009 年 4 月，学校实施一期改扩建工程。图为施工中的新校门、梧桐园主干道、苹果书屋、凤凰酒店。

金菊园6号学生公寓

机电楼

体育馆

水晶宫

水晶宫

绿岛讲堂

建工楼

传媒楼

经管楼

◎ 2010 年 5 月，学校实施二期建设工程。图为金菊园 6 号学生公寓、机电楼、体育馆、水晶宫、绿岛讲堂、建工楼、传媒楼、经管楼。

校训塔

绿岛传媒中心

南　楼

环境资源研究所

◎2014 年 6 月，学校实施三期建设工程。图为校训塔、南楼、绿岛传媒中心、环境资源研究所。

◎ 2009 年 9 月 16 日，沈阳大学科技工程学院在绿岛校区举行首届新生开学典礼。上图从左至右徐伟浩，沈阳市委原副书记刘迎初，沈阳市原副市长、沈阳大学党委书记吕亿环。

◎ 2010 年 6 月 4 日，徐伟浩在教学改革与体制创新论坛上发表《教学改革与体制创新的哲学思考》重要讲话。

◎ 机械电子工程学院院长李晓桥在论坛上作题为《习学并进——探索数控技能人才培养模式》主旨发言。

○2010 年 9 月 23 日至 10 月 12 日，学校举办"绿岛一期"青年教师培训班，徐伟浩担任班主任。图为培训班举办的万米长跑和结业联欢活动。

◎ 2009 年 9 月 9 日，为纪念沈阳大学科技工程学院在绿岛森林公园校区办学，徐伟浩在巨石上题写"绿岛湖"。9 月 9 日成为绿岛校庆日。

我行
我能
一所新型大学的十年探索之路

第三章

别人家的大学

教育不能吃偏食

从笔者与徐伟浩的对话中，我们知道，在他的办学主张中，高度重视通识教育，强调要重视素质培养，促进学生全面发展。对他以立德树人为核心的"五育并举"的"大通识"概念和构想，以及构建这个宏大的通识教育体系的决心与举措，我们已有充分了解，笔者在这里不妨再梳理一下：

通识教育是一种教育理念和大学思想。作为一所应用型大学，在培养学生具有较强的专业能力基础上，应当赋予一个统筹全局的、终极的教育目标，就是要培养学生既会做人，又会做事，使其做一个脱离了低级趣味的人，做一个对生活充满希望的人，做一个对社会有所贡献的人，做一个具有完美人格的人。通识教育作为旨在培养积极参与社会活动、有社会责任感的社会公民，把有关人类共同生活最深刻最基本问题作为教育要素，就其性质而言是人本教育，属于高等教育的基本范畴，是塑造完美人格的重要手段，是完成育人目标的主要载体。

通识教育是一个教育体系而不是学科体系。通识教育是针对人的思想意识、行为能力、文化传承而施行的教育，宗旨是从学生的知、情、意、行出发，促进其德、智、体、美、劳全面发展。如果只从学科体系的角度建设通识教育，就仅限于建设通识课程体系，这就不能实现通识教育潜移默化、知行合一的目的，达不到应有的效果，偏离了通识教育的初衷。只有站在育人的高度，以大通识的视角，将通识教育建设成统领全局的教育体系，贯穿于育人全过程，才能真正发挥知识传授、能力培养、价值塑造的育人功能。

开展通识教育的关键是要解决教书和育人"两层皮"的问题，这就需要加强制度创新，进行体制机制改革。要建立全员导师制，切实发挥教师主体在育人中的主导作用，解决既"教书"也要"育人"的问题。要成立通识教育学院，统筹组织实施通识教育。要把通识教育的理念、目标、内容量化为学分，纳入人才培养方案，融入教学体系，使教学内容和教学形式更加丰富，更加多样化。[1]

可以看出，从总体构想到具体方略，徐伟浩已成竹在胸，剩下的事，就是按照他的想法具体实施了。

建校伊始，在徐伟浩的主导下，学校就确立了"坚持育人为本，注重能力培养"的办学理念，实施全员坐班制，构建"导师—班主任—辅导员"三位一体的育人体系，明确教师教书育人职责。

2009 年，学校成立了通识教育学院。当时的通识教育学院与学生处合署办公，时任学生处处长李明兼任通识教育学院院长。通识教育学院以学生素质教育为突破口，设计了以"信仰信念、文化文明、生命生活、人际人事、社会社情、常理常识"为内容的六大板块素质教育和以主题教育、行为管理为形式的养成教育的大通识教育体系，首次开设通识选修课程 40 余门，开出通识教育讲座 200 余个。将学生的日常行为养成教育纳入到通识教育体系之中，通过对学生在言谈举止和衣食住行等方面的规范引导，培养学生良好的行为习惯。

同年，学校启动体育俱乐部教学改革，设立"公益劳动周"，实施劳动教育。

2010 年，学校成立体育美育教学部，全面开展体育俱乐部教学和美育艺术团教学，通过培养学生的体育技能和艺术才能，提高学生的综合素质。

2013 年，学校探索建立学生社区管理模式，将全员、全过程、全方位育人落到实处。

2015 年，学校进一步完善通识教育体系建设，下设思想政治理论教学部、体育教学部、美育教学部、公共外语教学部、基础课教学部及劳动与社会实践部。这样，通识教育学院不仅承担全校公共课程和通识课程管理建设，而且能够以大通识的视野，构建和完善通识教育体系，将知识传授、能力培养、价值塑造融为一体，不断提高学生思想政治品德修养和综合素质，促进学生德智体美劳全面发展。

2019 年 4 月，结合新时代育人要求，学校成立了马克思主义学院。这是沈阳市首个民办高校成立的马克思主义学院。学院下设思想政治理论课教学部、劳动与社会实践部、时事政策研究所，承担全校的思想政治理论课教学。

1　《教育的缺失和我们的责任》，2009 年 10 月 21 日—11 月 26 日徐伟浩在沈阳大学科技工程学院教改大讨论期间
　　有关通识教育的谈话摘录。

新成立的马克思主义学院，立足政治性，体现时代性，突出针对性，强调实效性，确立了"精讲多读重实践"的教学原则，通过构建"课堂讲授、课外阅读和社会实践"三位一体的教学模式，激发学生理论学习的积极性和主动性，着力塑造学生正确的人生观、价值观和世界观，培养有理想、有道德、有文化、有纪律的社会主义建设者和接班人。

学院充分发挥思想政治理论课的主渠道作用，积极开展对思政教育的教学改革，推动思想政治理论课改革创新，不断增强思政课的思想性、理论性、针对性和亲和力。将学生的成长成才与"坚持育人为本，注重能力培养"的办学理念相结合，以课程为载体，以创新教学组织形式为突破口，实施了"教师队伍全员化，教学内容实践化，教学过程育人化"全要素教学改革，按照"精讲多读重实践"的原则，建立了有滋有味的课程教学体系。

"精讲"旨在改变传统教学的教师一言堂模式，学校坚持"以学生为主体，教师为主导"的现代教学理念，通过精准把握理论体系、精确选择教学内容、精心组织教学环节、精彩开展课堂讲授，使教学更加贴近生活、贴近实际、贴近学生，打造精彩课堂。另外，学校抓住大一学生思想品德修养和行为习惯养成的最佳机遇期，对"思想品德与法律基础"课程进行理论联系实际的创新改革，要求全体教职工担任本课程的实践指导教师，以导师课的方式组织学生分组开展专题讨论学习，帮助学生正确认识成长过程中遇到的现实问题，增强课程的针对性和实效性。

"多读"旨在注重发挥课外阅读对课堂教学的重要补充作用，引导学生多阅读经典文献，切实走进原著，在字里行间与伟人进行"原汁原味"的对话，让学生正确理解经典著作，掌握马克思主义精髓，切实解决思政课课时有限性和内容丰富性之间的矛盾。学校结合《马克思主义基本原理概论》等马克思主义经典文献，通过布置经典阅读的读书报告作业，举办分享阅读心得的读书沙龙，采取有效的考核形式等方式，引导每名学生做到"三个一"，即"读完一本推荐书目、写好一篇读书报告、参加一次交流活动"，从而拓展学生理论视野，增进学生理论理解。

"重实践"旨在切实做到理论联系实际，使思政课有"虚"有"实"，有滋有味。学院从育人实效角度出发，将思政小课堂同社会大课堂结合起来，构建"课堂教学＋实践教学"的教学体系，更好地助力青年立鸿鹄志、做奋斗者。专设春季社会实践周并赋予相应学分，全体大一、大二学生以小组的方式参与"社会调研、参观考察、志愿服务"等形式多样的社会实践活动。通过精心设计方案、学生组队选题、亲身实践、撰写实践报告等环节引导学生奔赴祖国各地体验社会巨变。

2019年5月1日至7日，学校组织5189名大一、大二学生，成立了1355个社会实践小分队，以"感受新时代，构建大思政"为主题，奔赴祖国各地进行春季实践，让学生在社会实践中认知国情、了解社会、体验民生，感受祖国改革开放的发展历程和伟大成就，把人生抱负落实到脚踏实地的实际行动中。[2]

至此，历经十年的努力，绿岛构建起了以促进学生全面发展为目标的通识教育体系，实现了"全员、全过程、全方位"育人。

绿岛的通识教育硕果累累，遍地开花。

绿岛的思政课建设取得丰硕成果，马克思主义学院的中青年教师全部获市级以上思政课教育教学大赛奖项，其中，4门课程荣获辽宁省高校思想政治理论课"精品教案"奖。

绿岛的青年志愿者活动风生水起。学生们深入到乡村、社区、城市街头，开展下乡支教、扶贫助残、公益服务，为留守儿童辅导功课，帮助自闭症儿童走出孤独，给孤寡老人送去温暖。2012级学生黄琪瑄担任共青团沈阳青春志愿者服务协会负责人，组织策划大型公益志愿服务活动70余场，获"中国青年志愿者优秀个人奖"。2015级学生蔡雨晴组建"沈阳城市学院V爱宣传服务队"，累计参与志愿服务220余次，组织共建校内外志愿服务基地10余个，获2018年"沈阳市十佳社会公益青年"称号和"青年五四奖章"。2016级学生田泽宇和他的志愿者团队，三年累计参加志愿服务活动700余次，个人志愿服务时长1000多小时，服务人数达9000多人次。他和他的团队的事迹被《辽宁日报》等多家媒体多次报道，本人先后获得2018"中国大学生自强之星"和2019全国高校"雷锋式青年"称号。

绿岛的美育艺术团共获省级以上艺术竞赛奖70余项，受邀参加各类艺术文化展演80余场。2017年，戏曲团参加辽宁广播电视台跨年晚会演出。2018年，行进管乐团代表沈阳市受邀参加韩国大邱市城市庆典。2019年，戏曲团获文化和旅游部紫荆花才艺新星大赛金奖，行进管乐团

2　陈桂萍、张红太：《落实立德树人根本任务——沈阳首家民办高校马克思主义学院成立》，中国教育新闻网，2019年4月11日。

获"上海之春"管乐节最高荣誉奖。

绿岛的体育俱乐部代表队更是成绩斐然，共获国家级、省级比赛奖项100余项，其中啦啦操队两次获全国冠军，五次蝉联全国啦啦操大赛沈阳赛区冠军，四次获辽宁省大学生健康活力大赛啦啦操冠军。女子橄榄球队两次获中国大学生七人制橄榄球锦标赛亚军，男子橄榄球队两次获中国大学生七人制橄榄球锦标赛季军。跆拳道、轮滑球等项目也在国家级比赛中获得优异成绩，田径、排球、木球、羽毛球、网球、武术等代表队在辽宁省高校中的影响力日益凸显。

回过头来看，当年徐伟浩坚持把通识教育"顶"在前面，强调德育为基，以通识教育学院为"抓手"，构建了通识教育体系，不仅体现了一位大学"掌门人"立德树人的坚定信念，更展示了他的文化自信与自觉。如果说，创建通识教育学院是徐伟浩实施教育改革的"先手棋"，那么，后来以通识教育学院为平台的蓄力拓展，则是他体系建设的"组合拳"。

体育不是课

以俱乐部代替传统体育课教学模式，这一大胆主张出自徐伟浩。

早在2002年6月，教育部颁布《普通高等学校课程教学指导纲要》，《纲要》对体育课程的性质、目标、结构、内容与方法、评价及课程的建设与资源开发等，都做了较明确的规定。此后，全国各高校根据《纲要》的要求，基本形成每周一次课，自然班上课，以技术、能力为考试标准进行考核的授课形式。

在2009年的教改大讨论中，体美部主任提出我们要按教学大纲要求，通过体育课保证学生身体健康，通过体育课训练学生掌握一定的体育技能。徐伟浩不客气地指出，"体育教学大纲规定的课程要求有些也是形而上学的，如果我们把通过保证体育课时作为体育教育的主要保障，以为只有在乒乓球课上教学生规定动作才能让学生掌握运动技能，那是对体育运动、体育精神的一种误读"。那么，什么是体育运动和体育精神，两者的旨归又是什么呢？他认为："体育活动大多是通过竞赛来实现的，在比赛中，不仅能够提高人的体育运动技能，而且能够锻炼人的意志，树立人们夺取胜利的信心，学会遵守规则的法律意识，养成与人合作的团队精神，培养面对失败和尊重对手的公正精神。所有这些，都能折射出现代社会的基本规则。"[3]这就是他对体育运动及体育精神的理解，而它们的旨归，是"培养学生的完美人格"。

基于这样的认识，就需要重新审视传统体育课。在徐伟浩看来，"体育课绝不是设多少课时、学会哪些规定动作，我们必须努力帮助学生养成从事体育活动的良好习惯，组织学生参加丰富多样的体育比赛，建立适合不同学生需求的体育俱乐部，开展灵活多样的体育活动，这才是体育课"。在这里，他明确提出以俱乐部代替传统体育课。那么，如何给学生计学分？按他的想法，"学生只要参与其中，并有所收获，就要给学分"。采用俱乐部形式，老师扮演什么角色，课怎么上？他认为，老师需要完成角色转换，"从体育技能的教学者变成体育组织、体育活动的指导者"。采用俱乐部，徐伟浩表示，"是想说明，讲课形式、讲课内容要为培养目标服务"。

以俱乐部代替体育课，以"活动、训练、比赛"代替课堂教学，对徐伟浩的这一主张，几乎所有教师都不理解甚至反对。

当时绿岛的体美部共有5名体育老师，这些习惯于传统教学模式的老师，对于徐伟浩这一套自然不接受。有人认为这是不懂行、胡来，这叫什么体育课，这"课"没法上；更多的质疑来自实际考虑——搞俱乐部，怎么计算工作量？无法计算工作量，课时费怎么办？

于是，体美部就和徐伟浩顶起牛来。

这其实是绿岛建校以来，徐伟浩实施教学改革打响的"第一枪"，所以面对阻力，他自然不会退缩。

他把这几位老师召集到一起开会，交流看法，统一认识。一次不行两次，两次不行三次。俗话说，事不过三。三次过后，徐伟浩见他们还不接受，就拍了桌子，不容置疑地表示：此事不再讨论，就按照我的想法做。狠话是说了，能不能办还是心里没底。这时候，他又想出了一个办法，引进新人。

王进国，毕业于沈阳体育学院体育教育专业，先后做过中学、大学体育教师，后考入沈阳体育学院田径专业研究生。2009年12月经人推荐来到绿岛面试。

---

3 《教育的缺失和我们的责任》，徐伟浩在2009年10月21日—11月26日教改大讨论期间有关通识教育的谈话摘录。

"来绿岛之前我已经工作了七年，平淡的生活，磨去我的激情，除了晋升职称，再也没有其他目标。"[4]

"和我一起来见徐老师的还有我一个研究生同学，一见面，他就和我们谈起了对体育锻炼、体育运动、体育比赛的看法，旁征博引、洋洋洒洒，有的时候像是高谈阔论，有的时候像是在追问什么，最后，让我们两人分别根据他的谈话，写一篇在大学生中组织体育俱乐部的工作方案，还说可以当毕业论文来写，他负责指导。直到谈话结束，他只字没提应聘面试的事。""我对徐老师的讲话，产生了浓厚的兴趣，很快就写了一份万余字的体育俱乐部工作方案，尽管没有达到徐老师的预期，但在第三次修改之后，徐老师说你缺少的是教学实践，到校办办理入职手续吧。""和我一起来的那个同学可能是因为'论文'没写好，失去了在绿岛工作的机会。"

2010年3月，《体育课俱乐部教学改革指导意见》出台，标志着体育俱乐部教学改革正式起步。

体育教学以俱乐部形式进行，当年就收到明显的成效：2010年9月，沈阳大学举办秋季田径运动会，绿岛于3月组队。运动会上，绿岛代表队一举拿下男、女团体第一名，这是代表队第一次走出绿岛。同年7月，在全国木球比赛中，绿岛木球俱乐部代表队获高校组女子第六，男子第八，这是绿岛第一次走出辽宁。

此后，学校的各俱乐部代表队踊跃参加各项赛事。2014年，绿岛排球俱乐部代表队首次参加沈阳地区高校女子排球比赛就获得冠军。健美操俱乐部的CS Girl啦啦操队，三年里，在国家、省、市级比赛中捧回15座奖杯；2014年11月，在江苏无锡举行的全国啦啦操锦标赛中，她们与北京体育大学、北京师范大学、中国医科大学、华东师范大学等32所高校同组竞赛，以领先第二名34分的成绩夺冠。

2013年，全校第一次体质测试3090人，2651人一次性达标，通过率85.8%，高于一般高校一次性通过率10个点以上。2014年，一次性通过率达89%。学生体测优秀率从2013年的5.3%提高到2014年的7.8%。

体育俱乐部教学改革于2012年获辽宁省本科教学成果二等奖。2019年全国高校公共体育改革研讨会就在沈阳城市学院举行，体美部主任刘瑞平在会上作了《创新大学体育教学，传承绿

4　引自2019年4月18日笔者与王进国的谈话记录。

岛体育文化》的主旨报告，从中可窥见一斑：

沈阳城市学院作为一所在中国改革开放的大潮中诞生的新兴大学，早在 2009 年实施独立办学之初，就开始积极探索体育教学的创新与改革，以体育俱乐部形式组织开展体育教学。经过近 10 年的教学实践，学校已形成了一整套完整的体育俱乐部教学模式，并取得了显著的教学效果和育人成果。

一、坚持体育教育的本质属性，彰显体育的育人功能

由于历史的机遇，绿岛这块土地与体育运动结下了不解之缘。2001 年，米卢带领的中国国家男子足球队，就是在这里训练，最终夺取了世界杯足球赛的出线权；国际象棋赛冠军谢军，也是在这里不战而胜，重新夺回了失去的王后桂冠。为了继承和发扬这份宝贵的体育文化遗产，学校确立了"爱好体育、崇尚艺术、关心时事、追求时尚"的校园文化建设理念，将体育作为校园文化旋律的最强音，培育学生的体育基因。

由于酷爱体育运动，学校董事局主席徐伟浩教授对于体育有着独到的见解。他认为："体育运动、体育精神是培养学生完美人格不可或缺的教育形式，在竞赛中能够锻炼人的意志，树立人们夺取胜利的信心，学会遵守规则的法治意识，养成与人合作的团队精神，培养面对失败和尊重对手的公正精神等，所有这些，都能折射出现代社会的基本规则。""体育不是教学，是活动，而体育活动大多是通过竞赛来实现的。体育课绝不是设多少课时、学会哪些规定动作的问题，而是研究采取何种形式吸引和引导学生积极参加体育活动、自觉接受体育精神熏陶的问题。因此，努力帮助学生养成从事体育活动的良好习惯，组织学生参加丰富多彩的体育比赛，建立适合不同学生需求的体育俱乐部，开展灵活多样的体育活动，这就是体育课。"正是基于这样的办学主张，学校于 2009 年开始了对体育教学的创新和改革，将体育俱乐部组织形式作为体育教学的方式，将培养学生的体育兴趣、体育技能、体育精神和体育锻炼习惯，作为体育教学改革的主要目标。

二、开展丰富多彩的运动项目，满足学生的个性化需求

学生的体质禀赋不同，决定了学生对体育运动的兴趣爱好不同。只有提供大量的体育运动项目，才能有效激发学生的运动兴趣，培养学生的体育爱好。学校结合绿岛独特的地理优势和良好的基础设施，先后开设了足球、排球、篮球、乒乓球、羽毛球、

网球、田径、游泳、武术、瑜伽、健美操、木球、跆拳道、军事体育、健身、轮滑球、橄榄球、高尔夫球、皮划艇、击剑等20项体育运动项目。这些运动项目，既有传统的体育运动项目，如足、篮、排、羽、网、乒，也有国内新兴的体育运动项目，如轮滑球、橄榄球、高尔夫球等；既有适合体质好的大运动量项目，也有适合体质弱的小运动量项目；既有适合男同学阳刚之气的运动项目，也有适合女同学柔静之美的运动项目。丰富多彩的体育俱乐部，满足了不同体质、不同爱好、不同性别的学生个性化需求。学校规定，学生可以根据自己的身体条件和兴趣爱好，选择自己喜欢的俱乐部，在大一和大二期间，每年选择参加一项运动项目的学习和训练，极大地调动了学生的运动兴趣和学习热情。

为了满足各种体育运动项目的开展，学校为每个体育运动项目都投资兴建了设施先进完备的训练活动场地和场馆。目前，学校共有室内运动场馆13个，室外运动场地32个，总面积近10万平方米。众多的室内外体育运动场所和完备的体育设施，为满足学生多样化的体育运动需求和开展体育教学创新改革，创造了良好的条件。

三、实施俱乐部教学组织形式，突出体育精神和体育技能培养

体育不是课，是活动，是比赛。基于上述认识，学校在体育教学中全面实行体育俱乐部组织形式，制定了《沈阳城市学院体育俱乐部教学改革指导意见》《沈阳城市学院体育俱乐部章程》，按照专项体育运动项目成立了20个体育俱乐部。每个俱乐部配备1—2名指导教师。俱乐部打破原先传统的体育课教学形式，指导教师实行坐堂制，学生按照自己的学习实际自主决定参加俱乐部活动的时间，指导教师根据不同时间段的学生的具体情况组织开展相应的活动。

本着突出培养体育技能和体育精神的原则，体育俱乐部确立了"活动、训练、比赛"六字方针，要求紧紧围绕培养学生体育技能和培育学生体育精神，系统组织开展俱乐部各项活动、训练和比赛，做到活动有声有色、丰富多彩，训练见缝插针、持之以恒，比赛奋力拼搏、勇于争先。

目前，各俱乐部已基本形成了以训练为基础、以比赛为主线、以活动为载体的教学组织形式。各俱乐部结合自身的运动特点，制定了各具特色的比赛机制，通过组织开展个人赛、小组赛、团体赛、俱乐部联赛以及参加校际友谊赛、省市体育比赛，以赛促训、以赛代考、以赛会友。丰富多彩的俱乐部比赛活动，不仅极大地调动了学生

的运动热情，而且激发了学生踊跃参加体育锻炼的内生动力，让学生在比赛中训练掌握体育技能，在比赛中巩固提高技战术水平，在比赛中体验感悟体育精神。

四、强化课内外统一设计，培养学生自我锻炼习惯

增强学生的身体素质，培养学生参加体育锻炼的习惯，始终是体育教学追求的教育目标。为达到这一目的，学校在体育教学改革中，强化课内外统一设计，将早操、活动、训练、竞赛全部纳入教学考核体系。

一是坚持出早操制度。改变传统的由学生工作队伍负责早操管理的模式，统一纳入俱乐部管理，作为体育教学的一部分。根据学校《俱乐部早操管理细则》要求，每个俱乐部按照项目特点制定了各自俱乐部早操活动方案。每天早晨学生沿绿岛湖开展的2000米早操跑步，已经成为绿岛独特的风景线，为学生体育技能与身体素质的提高打下了良好基础。

二是加强课外活动指导。每个俱乐部除安排学生正常的训练比赛活动外，指导老师还根据学生的实际情况布置"课外"作业，要求以小组为单位开展业余体育锻炼活动。学生利用业余时间在队长或组长的带领下，有针对性地开展训练和比赛活动。这种俱乐部小组自主开展的课外体育活动，不仅有效地调动了学生参与体育活动的热情，巩固和提高了小组成员的技战术水平，而且极大地延伸了俱乐部活动的时间和空间，锻炼和培养了学生的运动习惯。

三是强化对高水平会员的选拔与指导。高水平会员是俱乐部的骨干和中坚力量，他们不仅代表着俱乐部的竞技运动水平，而且在俱乐部的活动中发挥着重要的引领和示范作用。各俱乐部在普遍开展训练活动的同时，注重选拔身体素质好、运动禀赋高的同学组建高水平代表队，利用业余时间对他们进行强化指导与训练，激励他们参加全国、省、市体育比赛，他们获取的胜利反过来又极大地提振了俱乐部的声誉和士气，促进了俱乐部的健康发展和良性循环。

五、倡导学生自我管理，提升学生综合素质

学校积极拓展体育俱乐部的育人功能，努力将体育俱乐部打造成学生"自我教育、自我管理、自我服务"的成长平台。在体育俱乐部组织架构设计中，充分体现以学生为中心的理念。在教学关系上，教师由过去体育课程的讲授者，转变成了体育训练的指导者、体育活动的组织者、体育比赛的设计者、体育精神的传播者。学生则由原来

体育课的被动参加者变成了体育活动的主动参与者，学生成为俱乐部的主体和主人。在日常管理中，俱乐部下设的各级组织机构，均由学生负责组建完成，并采取公开选举、自由竞争的方式产生。在俱乐部运行的整个过程中，从器械管理、环境卫生管理到比赛组织、课外活动和早操组织，学生在俱乐部的各项活动中，发挥了重要的自我管理作用。由于俱乐部成员来自不同的班级和不同的年级，这种由教师指导、学生主导的自我管理模式，充分发挥了交流方便、工作高效、组织灵活的特点，不仅使学生在有限的时间内自由组合，在属于自己的体育俱乐部里，找到一种归属感，一份快乐和自信，有效促进了俱乐部"大家庭"的快速融合；而且在参与俱乐部组织管理的过程中，通过发挥学生主人翁的精神，自己组织比赛，自己裁判，自己主动思考，主动参与规划组织各项俱乐部活动，也培养了学生的组织管理能力、沟通交流能力、团队意识、竞争意识和集体荣誉感。

一分耕耘，一分收获。经过近十年的探索和努力，我校的体育俱乐部改革开始显现喜人的效果。

一是教师的思想观念和精神面貌发生了根本性变化。通过体育俱乐部的教学改革实践，老师们切实感受到了体育教学改革所带来的变化和效果，看着学生们一天一天地进步，看着同学们所表现出来的对老师的深情厚谊，老师们也感受到了体育教学带给他们的快乐。现在，早晨陪学生出早操，晚上指导学生训练，已经成为全体老师的自觉行动。

二是学生自觉参加体育运动的习惯逐渐养成。通过参加体育俱乐部训练比赛活动，95%以上的同学由原来不懂体育、不爱好体育，到现在已熟练地掌握两项体育技能，从而为今后终身锻炼打下了良好的基础。由于体育比赛所带来的运动乐趣和胜利荣耀，学生自觉提高体能素质和强化技能训练的热情非常高。学生的早操出勤率高达98%以上，每天早晨和晚自习后，运动场上到处是一派运动景象。课外参加体育锻炼的时间大大增加，实现了每天锻炼一小时的目标，也逐渐养成了运动锻炼的习惯。近三年，学生体质健康测试合格率分别为89.8%、90.4%、91.2%，呈逐年上升态势。

三是学生运动竞技水平明显提高。在体育俱乐部训练比赛中，各俱乐部均涌现出了一批身体素质好、运动水平高的队员，形成了俱乐部的高水平代表队。他们在学校的支持下，积极参加全国大学生体育竞赛，并取得了突出的成绩。近三年，学校各体育俱乐部代表队共获得国家级体育比赛奖项 38 项，省级体育比赛奖项 87 项。啦啦操俱乐部代表队两次获得中国大学生啦啦操锦标赛冠军，橄榄球俱乐部代表队获中国大学生七人制橄榄球锦标赛女子团体第二名、男子团体第三名，轮滑球俱乐部代表队获中国大学生单排轮滑球锦标赛女子团体第二名，跆拳道俱乐部代表队获中国大学生跆拳道锦标赛女子团体第二名。[5]

虽然从 2010 年上半年学校的体育教学开始实行俱乐部改革，但正如任何事物都有一个发展过程一样，在王进国看来，绿岛的俱乐部改革，也经历了起步、探索、攻坚三个阶段。

2010 年至 2012 年是俱乐部的起步期，是俱乐部改革的第一阶段。"前两年，一半是俱乐部，一半是传统体育课。原因在于，一是没有现成的模式可以借鉴，只得自己探索。二是那时的运动场地少，不能满足需求。"[6] 2013 年随着二期体育馆、田径场投入使用，体育俱乐部改革全面铺开。

2013 年至 2015 年是俱乐部的探索期，是俱乐部改革的第二阶段。"这段体育俱乐部改革路程走得尤为艰辛。"王进国回忆道，"这也是体育部教师教学观念转变的阵痛期。"这一阶段，体育俱乐部教学大纲、章程、教案不断完善，俱乐部的"三自管理"、"课内外"一体化、早操管理、高水平运动队训练等举措相继落地，俱乐部教学深入开展。

2016 年至 2019 年是俱乐部的攻坚期，是俱乐部改革的第三阶段。以 2016 年 11 月 15 日在白卿宫召开的体育部教师高水平队建设工作汇报会为标志。在那次会议上，徐老师提出了"活动、训练、比赛"六字方针，指明了体育俱乐部今后的发展方向，"训练要做到见缝插针、持之以恒；活动要做到丰富多彩、有声有色；比赛要做到顽强拼搏、奋勇争先"。从此，伴随着"活动、训练、比赛"在各个俱乐部中得到全面落实，俱乐部完成了从形式到内涵，从理念到制度，从数量到质量的彻底转变。俱乐部的数量以及运行细则的变化，验证了王进国的说法。最初，全校只有 6 个体育俱乐部，至今已发展到 20 个体育俱乐部。

俱乐部数量的增长，依托学校体育教师队伍的扩大和运动设施的不断完善。十年间，体育教师从最初的 5 人，发展到如今的 21 人，其中教授 2 人、副教授 3 人、讲师 11 人、助教 5 人。

---

5 刘瑞平：《创新大学体育教学，传承绿岛体育文化》，2019 年中国高教学会公共体育改革研讨会发言。

6 引自 2019 年 4 月 18 日笔者与王进国的谈话记录。

教师队伍不仅阵容齐整，而且具有较高水平：硕士研究生 15 人、国家一级运动员 5 人、运动健将 2 人、国家教学名师 1 人。军事体育俱乐部教师张娜，毕业于沈阳体育学院，硕士研究生，国家一级运动员，一级裁判员，现任国家滑雪登山青少年队教练，曾多次代表国家出国比赛，2018 年获滑雪登山亚洲锦标赛越野个人冠军、短距离亚军，2019 年获得该项赛事世界杯亚军。

绿岛的体育场馆从最初的仅有一期绿岛俱乐部的游泳馆、乒乓球馆、保龄球馆、跆拳道馆、击剑馆，到现在已经建设成遍布全校的、面积近 10 万平方米规模的现代化体育运动场馆群。计有：综合体育馆 1 座，馆内设有 4 片标准网球场地、16 片标准羽毛球场地、1 片可容纳 1500 名观众的标准篮球场地；体育会馆 1 座，馆内建有 2 个器材健身室、2 个健美体操房、1 个瑜伽训练房、一个面积近 2000 平方米的室内高尔夫球场；室外标准田径运动场 1 块、足球场 3 块、橄榄球场 1 块、篮球场 12 块、排球场 3 块、网球场 4 块、木球场 2 块、1.4 万平方米高尔夫练习场 1 块、军事拓展场地 1 块、标准 CS 比赛场 1 块、皮划艇训练基地 1 个，20 个体育俱乐部场地不仅设施完备，而且规格很高。

其中，最令绿岛人称道的是室内外高尔夫球场。如果说足、篮、排、羽、网、乒等各类球场在各高校都比较常见，那么，室内高尔夫球训练场，则几乎可以说绝无仅有（体育专门学校除外）。

室内高尔夫球场从韩国引进的高速摄像模拟器是目前世界最先进的模拟练习设备。该设备系统能精准测量击球的弹道、速度和旋转，在打位前潇洒挥杆，电子屏幕上会迅速模拟真实的高尔夫球场场景和小白球飞行场景，置身其间，使人产生身临其境的感觉，不仅可以还原真实的高尔夫球场感受，还弥补了冬季或恶劣天气无法下场的缺憾。模拟器还有慢动作回放功能，它有助于改善挥杆动作，提高击球质量。

完善的体育设施和高水平的教师团队，为俱乐部的发展提供了优质的硬件和软件保障。于是，这 20 个俱乐部充分利用以上优越条件，在运动场上尽情释放青春活力，享受运动快乐，创造赛场佳绩。

绿岛的 20 个体育俱乐部之首，论成绩，非健美操俱乐部的啦啦操队莫属，两次获得全国冠军，使其成为全校学生崇拜的偶像和各俱乐部学习、追赶的榜样。

而这一切，缘于啦啦操队有一个优秀教练——律叶。

学生时代得过全国啦啦操冠军，代表中国参加美国世锦赛获团体第八名的她，果然身手不凡。2012 年来到绿岛，当年组队，当年就取得了好成绩。

建队后第一次同队员见面，律叶就愣了：有的穿牛仔裤，有的长发披肩，还有的戴着口罩。这哪行？于是，她厉声说道："以后来上课，必须着运动装！"[7]

队员们见识了她的严厉。她们那时还不知道，只有严师才能出高徒。

"蚊子""粉条""木头""大个儿"……今年3月成立的啦啦操队里，每个人都有绰号，就连律叶老师都被我们称为"师傅"。平时，她就像我们的姐姐一样，无话不谈，但如果训练的时候动作没有达到要求，她却会比任何时候都严厉。

"从今天开始，任何一个人在我们训练的时候都不许请假。"这是进入11月的时候师傅和我们说的话。我们的训练也改成了每天晚上5点半到8点。为了锻炼手臂的力量，我们练习俯卧撑；为了增强身体柔韧度和协调性，我们忍着疼痛压腿、踢腿、下胯；为了一个节拍的整齐度，我们会练上十遍。律叶老师反复告诉我们每个动作要领，我们真正体会到了"台上一分钟，台下十年功"的辛苦。[8]

11月18日，绿岛啦啦操队首次走出校门，出战辽宁省大学生啦啦操街舞锦标赛沈阳赛区分站赛，以第五名的成绩晋级决赛。

决赛场地定在我校，我们成了主场。这五天的时间里，我们每天的训练都是下午3点到晚上8点半。一天晚上停电，师傅用手电给我们照亮，大家借着微弱的灯光一遍一遍地走队形。

终于到了24日，来自省内各城市的十几支队伍来到我校。我们带着自信的笑容走进赛场，随着音乐的节拍，舞动手中的花球，自信、笑容、热情、活力在这一瞬间迸发。最终我们取得了花球啦啦操甲组第四名的成绩。

公布成绩的那一瞬间，很多队员都流出激动的眼泪，不只为这个名次，更多的是为了这两个月来的辛苦付出。集训中，我们学到的不仅是怎样去比赛，还有对他人的关心、对集体荣誉的重视、团结、合作。很幸运能有这样的机会，让我们这些原本陌

---

7 引自2019年4月18日笔者与律叶的谈话记录。

8 刘文静：《舞出我人生——我校啦啦操代表队参赛纪实》，《白桦林》2012年12月第9期，第31页。

生的人走到了一起，为了同一梦想奋斗、拼搏。

初次参赛就取得好成绩，极大地鼓舞了队员们的训练热情，同时，也吸引了更多同学加入啦啦操俱乐部。

2013 级会计专业的刘佳慧挺喜欢健美操，选课前和室友先去实地考察健美操俱乐部，正好看到 CS Girl 啦啦操队训练，被她们的青春动感吸引，回去后便和室友报了健美操俱乐部。

第一次上课，刘佳慧发现律叶老师不是唱独角戏"满堂灌"，而是采取"1+1"的教学方式，一节课教学，一节课学生自己练习，再把练习变成自愿组队，分 5 个小组，互帮互助。经过短暂的分组练习后，各组开始 PK。

"课堂上小组 PK 是一个很好的促进学生学习的方式，可以减少学生认为体育课可有可无、糊弄了事的心态。小组 PK 的成绩也是每个人的平时成绩，如果一个偷懒、不认真，势必影响小组中其他同学的成绩，这样同学之间又可以相互督促相互帮助，激发了同学们参与的热情。"[9]这是刘瑞平从管理者的角度对小组 PK 所做的价值认定，对于学生刘佳慧而言，加入健美操俱乐部，得到的是实实在在的收获："我学到的不仅仅是一些舞蹈动作，还体会到了团队合作的重要性，从 CS Girl 啦啦操队员们身上，我每天都能感受到健美操俱乐部不服输、不放弃、努力刻苦、坚韧不拔的精神。"[10]她在健美操俱乐部学习了两年，啦啦操成了她的至爱。

介绍全校办得最成功的俱乐部，以及成绩最好的教练，笔者理应给健美操和律叶更多的篇幅，可是，笔者对律叶的采访效果不理想。或许因为她过于疲劳（采访时她告诉笔者，忙于校庆节目，两天内她的睡眠时间不到 10 小时），或许因为她重实干而不善于表达，她的讲述，是跳跃式的，并且缺少故事和细节。所以，记录下来就成了下面的样子。

来绿岛，是 2012 年 2 月，当时正处于体育教学改革初期。领导要求教学要以学生为中心，还得写在教案上。我跑回沈阳大学，找到教过我的老师要了一份教案，领导说这个不行，我又找到东北大学的老师抄了一份，领导说也不行。我心里想领导懂不懂啊，谁的行啊。

---

9 李爽、崔文帝、于雪巍:《流汗　竞赛　团队——快乐的体育俱乐部》,《白桦林》2015 年 5 月第 28 期，第 11 页。
10 李爽、崔文帝、于雪巍:《流汗　竞赛　团队——快乐的体育俱乐部》,《白桦林》2015 年 5 月第 28 期，第 11 页。

领导给我们开会，提出可以尝试以赛代练、以赛代考，比赛成绩算期末成绩。这是对的，大家接受。

学生时得过全国冠军，啦啦操的，参加美国世锦赛得团体第八，这是至今国内最好成绩。

2012年下学期搞俱乐部，开始很茫然，比赛，怎么比？课不是课，这课怎么上？每周规定8节课，一半讲，另一半活动、比赛。活动由部长（学生）管，老师不用跟，比赛时，老师再过去。那时，体育老师要互相听课，互相启发，互相学习。

刚建俱乐部，学生有的穿牛仔裤、披头发、戴口罩，就从服装上提出要求。告诉她们，着装，是来运动的。

学校鼓励我们学习，让我们参加全国培训，我考下来四个证：健美操国家一级教练、裁判；啦啦操国家一级教练、裁判。后者，东北三省只有六七个。

从俱乐部选出高水平队，每周训练4次，每年在沈阳参加两次省级比赛，2014年、2017年两次获得全国冠军。

进到队里，生日、节日都不过，学生们知道我的生日，会送一些小礼物。学生们对我好，上周，膝盖疼，她们发现我的腿肿了。到医院一看，半月板韧带撕裂。没住院，保守治疗。校庆演出，排练离不了，学生们让我坐着，不让我动。

工作来之不易，累也珍惜。学生们可爱，全队14人，没有替补，没有上不去的失落。我和她们共同享受比赛过程、奖杯和庆功宴。

毕业的啦啦操队员，都回来看我们在沈阳的比赛，她们买水果，给大家鼓劲儿。

周一到周四，我全天在学校，朋友找不到我，约我，全部推掉。

从我们俱乐部走出去的毕业生，有两三个从事这个专业了，成立工作室，教小孩子。还有的在幼儿园教街舞、啦啦操。建工学院的田军生，连续两年获辽宁街舞比赛冠军。毕业以后教学生，周末上课，从早到晚。

啦啦操队的赵月琦，第一个全国冠军，英语，大二过四级，大四过六级，考空乘，到广州面试，才艺展示，把评委全震住了。

啦啦操队有个传统，学英语考研，一届一届的我陪大家一起学，到去年已经有三个队员在澳大利亚读研了。

沈阳体育学院有健美操专业，啦啦操有双人项目，有一年，我们把她们给赢了。

啦啦操，一般一套用两年，我们一年编一套，全国较为少见。一套两分钟左右，别看时间不长，里面的说道很多，队形变化，层次感，方向感，14个人，没有一个人是一样的。音乐，需要两首，我每首听100小时，为了找准八拍的节点，每首音乐都能听"恶心"啦。编一套新的啦啦操，至少得两个月。

来绿岛之后，半年见习，两年助教，五年讲师。讲师，不是评上的，是破格，享受讲师待遇，2018年，被学校聘为副教授，那年正好30岁。

周一到周四每天的工作时间是早8点半到晚9点。

工作环境好，心情好，没人逼你，自觉、自愿做。[11]

这番讲述，让我认识了一个与学生情同姐妹的律叶，一个不计较个人得失的律叶，一个"拼命三娘"的律叶以及一个曾有过个人辉煌并且能够带领学生创造团队辉煌的律叶，这样的教师，学生满意，学校放心。

学生时期的马友山，虽然没有律叶头上冠军的光环，但他也很优秀——国家一级运动员、国家一级橄榄球教练员、橄榄球国家级裁判员、国际Try rugby教练员，多次获辽宁省、内蒙古自治区、中国大学生及全国锦标赛优秀教练员、裁判员称号。本科时，他就担任辽宁青年橄榄球队女队以及呼伦贝尔、锦州、抚顺市橄榄球队教练，大三到研究生期间，任沈阳体育学院橄榄球队教练兼辅导员。他曾带领一支由高中女生为主组成的橄榄球队，在东北三省全运会测试赛上，打败所有参赛的大学生代表队，获得第一名。

2016年来到绿岛，马友山即着手建立橄榄球俱乐部。

橄榄球运动盛行于英国、美国、澳大利亚、日本等国家，现已有橄榄球世界杯（Rugby World Cup）、IOC奥运会、FIFA世界杯比赛，但因为该项运动在我国还不够普及，学生们对其不甚了解，俱乐部初期，竟然没人选他的课，最后，只好把剩下的都赶到了他那里。

"捡到篮子里就是菜"，由近300名大一、大二学生组成的橄榄球俱乐部成立了。

"摆动传球、旋转传球、传接球配合、踢球、支援、司克兰、争边球，进攻配合、防守配合、交叉配合、围绕配合、插上配合，以多打少、身体激烈碰撞"，听罢马友山对这项运动以及

11　引自2019年4月18日笔者与律叶的谈话记录。

自由组队形式的介绍，这些"捡"来的学生立刻喜欢上了这项好玩儿、刺激的运动。马友山说："在外人眼里，橄榄球是一项充满暴力的危险运动，其实，它弘扬的是奉献、公平和公正，所以，从事这项运动要具有五大精神：尊重、纪律、热诚、正直、勇敢。"[12]

随后，开始训练。课上，开心、热闹的场面吸引了很多其他俱乐部的同学围观。"不久，我们俱乐部队员的室友找到我，问明年能不能让他选这门课。"

第二年，即2017年，选课时出现了令人意想不到的一幕，用刘瑞平的话说，橄榄球俱乐部"秒杀"。这当然是一种夸张说法，但不到20分钟，俱乐部规定人数（280人左右）全部选满，没有选上的人找到马友山，问他怎么办。"我有什么办法？只得让他明年再选。"

为什么橄榄球俱乐部有如此大的吸引力？

也许我们可以从语言文化学院2017级学生吕家琦那里找到答案。

> 学习橄榄球的过程，我才真正理解了团队凝聚力对个体的影响。橄榄球的传球过程中，不能够"前传"与"前掉"，如果出现了这样的状况，我们需要使用"司克兰"来解决僵局。而"司克兰"真正考验着一个团队的凝聚力和战斗力，也是在这一过程中，我感受到橄榄球的乐趣和特殊的魅力。我们日常训练时的"司克兰"，主要以六人组队进行，三人成排相对而站，半蹲顶架在一起，投球员需将球投入司克兰中，双方人员顶撞，直到中间一人将球勾出司克兰，继续进行比赛。在我充当司克兰中勾球人的角色时，收获了勾球技巧的同时，也真正体会了团队的重要性。在开始勾球时，我总是够不到球，碰到球的时候，又不受控制地将球踢向其他方向，所以，自己的内心会浮躁、着急。但队友们没有人嘲笑与责怪我，而是一直在为我加油，帮助我看准位置，抓住时机，伺机出脚，将球踢中。大家轮流尝试，不断进取，在橄榄球俱乐部的时光里收获到满满的快乐。我们在训练中，不知不觉学会了坚强、坚毅、团结，体会了成员之间的配合、信任、协作。
>
> 体验橄榄球运动，让我感受到它传递的品质与精神、坚强与勇敢，也传递给我不断向上的正能量。[13]

12　引自2019年4月19日笔者与马友山的谈话记录。

13　吕家琦：《我爱橄榄球》，《白桦林》2018年6月第53期，第31页。

俱乐部成立之后，马友山上过几节课，见学生"会跑、会传，可以玩了"，就开始组织校内联赛。第一学期是小组赛、团体赛，第二学期是落位赛，男队10个，女队8个，总共18个队排出名次。"比赛有竞争、有激情，一个平凡的人，在比赛中也能发现自己的潜能。"[14]

第二年，即2017年，近300名新人加入俱乐部，尤其是从篮球、足球、田径俱乐部来了些身体条件好的学生，他决定组成高水平运动队。

尽管橄榄球运动应具备力量、速度和协调性，马友山选队员，还是把是否热爱和个人品质放在第一位。"不热爱，只有成绩，不光彩。没纪律、不团结，不要你。自私，还不要你——我要把队伍建成家庭式，训练口号是'我为人人，人人为我'，向后传、向前跑，创造以多打少的机会，你自私，就会被防守人抓到。"

经过精挑细选，马友山选中60人，组成男、女两个队。

校队成立不久，就迎来了中国大学生橄榄球锦标赛。比赛时间是11月，地点在广东珠海。"我知道我们组队的时间太短，训练强度不大（怕把队员们累跑），去了，也不会有好成绩。"

但是，马友山不想放弃这次锻炼、学习的机会，就向学校提出申请，只去一个队。得知这一情况，另一个队的队员们伤心地流下了眼泪。最后，获得学生家长的支持，他们自购机票、自备服装。这样，男女两队共24人同赴珠海参赛。最终，男队在参赛的九个队中，获第九名，女队在参赛的六个队中获第四名。"这个成绩很正常，人家都搞了10多年，我们建队才几个月。"

担心队员们经受不住失败的打击，回到沈阳以后，马友拿出2000元，请全体队员吃饭。"主要是为了总结失败原因，提振团队继续前行的信心。"

席间，队员们纷纷表示要加倍努力训练，力争在下次比赛中取得好成绩。

队员们说到做到，休整四天，立即投入训练。

具有丰富执教经验的马友山知道，要取得好成绩，热情和决心固然重要，更重要的是要有硬实力。为了充实队伍，他四处撒网，到其他俱乐部"挖"人。"我看中的，人家不放。"无奈，他只得动用一些"小技巧"，把人拉来。担心留不住人，就打温情牌，又是给人过生日，又是送人小礼物。

2018年5月，辽宁省举办第十三届运动会，大学生橄榄球比赛赛场设在沈阳农业大学。"赛

14　引自2019年4月19日笔者与马友山的谈话记录。

前，我们天天晚上训练，周六、周日也不休息。"

比赛当天，绿岛橄榄球俱乐部的许多成员赶到赛场，为自己的队伍加油。"有转客为主的感觉。"

男队，第一场就把全国第二的辽宁科技大学队打了个 15∶5，第二场，以 1 分惜败全国冠军沈阳农业大学队，最终获第二名。女队排名第四。

此后不到 20 天，中国大学生橄榄球锦标赛将在秦皇岛举办。

得到消息，马友山向学校提出申请，欲带男女两队参赛。学校只同意去一个队——男队。得知这一结果，女队队员们都哭了。见状，体育部主任刘瑞平出面，到校领导那里说情、请战。找了多次，仍未获批准。马友山表示，女队自费去行不行？徐伟浩把马友山找来，听他讲明情况。当晚 11 点，马友山在手机上看到徐伟浩发来的三个字：报名吧。第二天上午 9 点，马友山接到徐伟浩电话：女队的费用同男队一样，学校全额报销。

听到这个消息，女队队员们又都哭了，当即立下誓言：一定奋力拼搏，为学校争光。

随后，刘瑞平召集男女两队全体成员开赛前动员大会。其实，此刻何须动员？他们都像打了鸡血一样亢奋。

马友山却"压力山大"——学校这样支持，不能拿回好成绩，如何交代？

马友山低估了学生们的潜能。

"抽签，蛇形排列，我们碰到了强队。"第一场，女队斗志旺盛，超水平发挥，以 20∶5 的悬殊比分打蒙国内传统强队沈阳农业大学队，随后，一路过关斩将，闯入决赛，获得亚军。

男队获季军。这个季军，来自一次神奇的换人。一位队员在题为《绝杀》的文章中写道：

真的是因为自己突出的变向能力才被再次选上比赛的吗？第一年的缺点弥补上了吗？这次秦皇岛之战就这么在场下安静地做个替补？哈哈，咱也不知道，咱也不敢问。

"裁判，还剩多少时间？"

"40 秒。"不知道这是裁判席第几次听见这个问题了。

嘟……"Scrum"，球权是我们的。

"裁判，请求换人！""你把马龙鑫换下来！"教练抓着我的肩膀说了这么一句。

换人？还剩 40 秒换我上去？挺过这个 Scrum，比赛就以平局结束了。换我上去？

他再累也挺得过这几十秒吧……

心里有再多疑问，手上脚下却是没闲着，戴上护头、护齿，赶紧把换人的请求单交到裁判席。刚要一个箭步冲出去，"只给你一次机会！！！"教练在我旁边吼起来。

心里咯噔一下，难道这是自己这次秦皇岛之行的最后一次上场机会吗？

深呼吸，落好位，呃……对面7号位体格稍微有点大啊！

场边，"把球传下去，让他跑！"还是教练喊的，几乎整个全场，3V3，这确实是个好战术。

4号位把球传出来，5号接球前带，出手，6号没接住。一次失误，交换球权，转主动为被动。简直晴天霹雳，根据占位，我独自对上对面7号，15米左右的距离，如果让他跑起来……足够改写战况了。

又是一个Scrum，从对面的小动作能感觉出来，他们想抓住这个机会打我这个点，让7号结束这场比赛。

对面4号位拿球，7号位已经动起来了，出手！提前量给少了，对面掉球。球权再次交换。时间一秒一秒地在流逝，距离全场比赛结束已经不到半分钟。依然是执行之前的战术，我在等6号传球的那一刻。听不到任何声音，也根本没心思感受周围的一切，眼中只有飞向我的那颗球。没有意外，我接到球，前带，不到25米的距离，先是一个场内的假晃，把对面防守人往场内吸引，紧接着就是一个变向，抓住对面的反应不及时，向边线疯狂奔跑，这一刻，感觉呼吸都跟不上步伐了，眼中只有防守人与边线的距离，再快点，再快点，啊！！！破线了。大鹏展翅恨天低，过了这条"线"，就是真正的天高任鸟飞，就是真正的立于不败之地了！稳了稳了，准备向球门变向。对面5号位竟然拖后了。不能变向，顺着破线的势头跑直线，尽量保持与边线的距离，如果被对面任何一个人摸到，百分之百出界。现在还不够快，脚下的频率还不够快，节奏不够快，调整呼吸。那一刻真的几乎摒弃了一切，脑子里就一个念头——向前。

嘟……Try！

奔向队友，欢呼、呐喊，顺带着一个被踢得稀碎的攻门踢。然后，执行一个震惊四座命令——换人，把完成达阵的我换下去。这一刻，我理解他能两次在比赛临近尾声的时候把我换上场，为什么这个男人跟我说，只给你一次机会。原来我在这个球队也有不可替代的作用。马哥，谢谢你用这样的一种赌博的方式让我证明我自己，也向所有人证明你英明神武的决定。哈哈，"橄"谢有你！

最终，安徽工业大学以一球之差，憾负！

时至今日，我才知道，正是最后那个绝杀，锁定胜局。现在想来，心中仍旧是热血沸腾！ [15]

虽然没有亲历现场，但借助文中传神的描述——令人窒息的紧张，教练的指挥若定，队员摧城拔寨的勇武，我们仍可感受到体育、橄榄球比赛的魅力。对于那位队员而言，"绝杀"时刻的高峰体验以及由此带来的自信，相信足以令他铭心刻骨，牢记终生。

组队两年就在全国性赛事上获得佳绩，学校十分高兴。"回来以后，学校斥资80余万元，建了专业球场，这样的球场，辽宁省内只有三片（另两片为沈阳农业大学和辽宁青年队），5万元的球门，我们是全国独一份儿。" [16]

良好的硬件设施，令马友山"野心"膨胀："今年，我们要邀请辽宁及东北的几支球队来打交流比赛，未来，将定期比赛，并形成联盟。同时，建立培训机构，培养教练和裁判，学生可以申请运动等级，等等。"

另外，他还把目光投向了世界。"我们准备把世界橄榄球联合会和亚洲联合会人员邀请过来，谋求将绿岛建成世界橄榄球联合会训练基地。"

全新的体育俱乐部教学，带给学生的不仅是形式上的变化，更重要的是心灵的感受和身体的强健。廖茂林同学的"绿岛日记"，记录的大多是这个"胖胖的女生"训练过程的气喘吁吁、两腿发麻、体力不支，失败。但是，伴着汗水，她收获的是快乐和同学间的珍贵情谊。

上大学前，我一直以为体育就是跑跑步、跳跳健美操，要不就是各种球类运动等等，直到大学第一次体育课选课，我被军事体育科目吸引，就毫不犹豫地加入了军事体育俱乐部。我在网上查了很多军体知识，大部分关键词告诉我，这是一个充满挑战，需要勇气、团结协作的运动项目。

第一次课是在一个明媚的下午，我早早地来到集合场地。本以为会是一位身材魁梧的男教练，毕竟一提到军事体育，总会联想到尘土飞扬的沟壑、粗犷豪迈的士兵。

15　引自橄榄球队员扈德威的《绝杀》（未刊文）。

16　引自2019年4月19日笔者与马友山的谈话记录。

但面前的女教练看起来很年轻、很干练，也很漂亮。后来，听其他同学说，她叫张娜，曾代表中国队参加过世界杯滑雪登山比赛，被滑雪登山界称为"亚洲一姐"。

教练先带我们做热身运动，也许是做过专业运动员的缘故，她是一个既认真又有些严苛的人，走到队伍中逐一纠正动作做得不规范的学生。随后，她带着我们开始了环湖跑。两圈对于教练来说似乎很轻松（交谈中张娜告诉笔者，她每天都要跑10公里），气息平稳，脚步轻盈，再看看我们这些"宅男""宅女"，一个个气喘吁吁，两腿发麻。教练边跑边说，你的身体素质不行啊，这点儿运动量就累了，以后要多跑跑，没有一个好身体不行。

我想，这节课应该到此结束了吧，教练却带我们来到训练场地。原来，这节体育课才刚刚开始。这里是400米训练场地，跨越400米障碍是军体必考的一项内容。教练详细地向我们介绍每一个障碍的名称，通过技巧以及注意事项，随后又让学长做演示。学长一气呵成，完成了所有科目，但轮到女生来做，确实是有些难度，尤其是像我这样胖胖的女生。

在跨越水平梯的时候，虽然有几个学长在两侧做保护，但我不是冲刺到一半就立马刹车停下来，就是刚爬上顶端又立马掉下来，反复跑了好几次都失败了。"别怕，勇敢点！"教练走过来给我鼓劲儿。我涨红了脸，拼了。不逼自己一把，永远不知道自己的潜能有多大，我一鼓作气，终于成功跨越了水平梯。

其实，军事体育不单单是体能训练，教练很注意培养我们的团队合作能力，总会创新训练方法，每周都会安排各种有意思的训练科目。我敢说，俱乐部的每一个人其实都特别期待每周的拓展训练。上周体育课，教练把学生分成四个小组，每个小组六个人，她强调，这次拓展训练项目需要小组里的每个成员互相配合，以小组间的竞赛决定最终胜利的一方，输的一队将受到惩罚。

游戏开始前，我和队友们约定，无论输赢，最终六个人一定要在一起冲向终点。根据比赛规定，组员之间的距离不能超过5米，一开始，我的体力非常充沛，哼着小曲向前冲刺，心里想着第一名正在向我招手。可跑到一半的时候，我就已经体力不支。队友看到我脸色不太好，速度越来越慢，他们连忙过来扶住我，搀扶着我往前走。可想而知，我拖了后腿，我们组已经完全落在后面，最终输掉了比赛。我心里很难过，我和队友们接受了失败的惩罚，做了100个蹲起。但让我感动的是，男生不停地讲着各种笑话让大家放松下来。体育不再是冷冰冰的，有泪水，有欢笑，还有千金不换的情谊。大一上学期的体育课结束了，我交到了很多朋友，我们一起跑早操，一起训练，还有什么比这样的体育锻炼更有意义。[17]

在俱乐部，可以收获快乐、友谊和强健的身体，这是所有绿岛学子的共同感受，但有位同学，除了尽享以上种种，他还"找到了上大学的意义"。

建工学院学生冯子山，中学时是校篮球队成员，来到绿岛，因篮球俱乐部选课人数已满，无奈，只得进入还有空额的排球俱乐部。

从未接触过排球的他，在俱乐部中基本上是个板凳角色，比赛中很少有上场机会。即使是日常训练，他的表现也很差劲。在一次训练中，二传把球传给站在前排的他，由于初学乍练，技术不过关，他一下把球接飞。学长没有批评他，反倒责怪二传为什么把球传给他。随后，学长让他到后排接一传，但球一过来，总有人在他前面抢接，他根本碰不到球。

那一刻，他暗下决心，"我就想练出个样来，让那些不看好我的人对我的球技心服口服"[18]。

从此，他每天下课之后都约同学到室外排球场练球，"传、垫、扣、发、拦"，一遍又一遍，一练就是三小时，周六、周日也不休息。有时全天满课，他就得到室内场馆练习。如果场地被其他俱乐部占用，他就等到人家下课。经常练到晚上八九点钟，有时甚至忘记了吃饭。为了提高战术水平，他到网上查找排球训练、比赛的视频，反复观看、研究，琢磨打球的套路和技术细节，他像着了魔，比如，为了掌握传球时手腕的屈伸角度，他连续数日反复练习、推敲。"那时候的我可以不吃饭不睡觉，但练球绝不会落下。"

皇天不负苦心人，经过刻苦训练，冯子山的球技迅速提高，并被选为排球俱乐部主席。

在学校排球队内，他被称为"城院男排的灵魂"，因为技术全面，他还做了排球老师的助理教练。2014年，学校女排队要参加沈阳市大学生女排联赛，俱乐部老师让冯子山带领男排队员给女排当陪练。为此，他到网上查找资料，研究女排的打法与训练技巧，并把学到的知识和平日积累的经验用到女排的训练中。

那次比赛，学校的女排队获得冠军。当校女排队员高举冠军奖杯的时候，姑娘们忘不了荣

17　廖茂林：《体育课有泪水，有欢笑，还有千金不换的情谊》，《白桦林》2018年3月第50期，第26页。

18　杨慧贤：《"排球让我找到了上大学的意义"——访排球达人冯子山》，《白桦林》2017年4月第43期，第15页。

誉的背后有冯子山和男排队的付出。

"冯子山的专业课成绩并不理想，本想混过大学四年却意外在排球场找到自身价值。'只有在球场上，我才会觉得自己是被需要的。'两年多的俱乐部管理和组织经验让冯子山发现了自己在体育教育方面的优势，他想在相关领域继续深造。在教练昝旺老师的建议与帮助下，他进行了为期三个月的闭门自学，并最终以优异成绩考入吉林体育学院体育教育专业研究生。冯子山说，这一切归功于排球给他带来的改变。'如果可以，我希望毕业以后能回到绿岛当老师，我要把在绿岛所获回报给母校。'" [19]

一个非体育专业学生，一个非体育特长生，冯子山能够考上体育院校的研究生，难能可贵。可是，在绿岛，冯子山不是个例。刘瑞平告诉笔者，羽毛球俱乐部有人分别考上沈阳体育学院和吉林体育学院研究生，律叶介绍，健美操俱乐部有 3 人考上澳大利亚相关专业的研究生。

笔者采访马友山时，他的手机铃声打断了我们的交谈。接过电话后，马友山告诉笔者，电话来自四川泸州，让他在学生中选两个橄榄球教练，月薪 6000 元。他说，东北育才学校也要一个，北京的一些俱乐部也要，河南要他们派实习生。

徐伟浩认为体育不是课，不是分数，而是为了强健学生体魄，培养他们的体育精神，而俱乐部是实现这一目标的最佳途径。绿岛十年的体育教学改革实践，除了实现了初始目标，还有了意外的、令人欣喜的收获——多个俱乐部在全国及省、市各项赛事上取得好成绩，为学校争得了荣誉，也提升了学校的社会知名度；参加各俱乐部的成员，因其体育专长，或进入体育院校继续深造（考研），或在职场竞争中占得先机，或自主创业，开办工作室。一石两鸟，甚至三鸟、四鸟有力地证明，绿岛以体育俱乐部代替传统课堂，这条路是正确的，富有创造性的，并且是成功的。

19　王进国:《体育俱乐部教学改革成果》(未刊文)。

美育变成课

如果说"体育不是课"是一项颠覆性的改革，那么，将美育变成课，则是绿岛又一项开创性的变革。

2019 年 4 月，教育部发布《关于切实加强新时代高等学校美育工作的意见》，明确要求"普通高校要强化面向全体学生普及艺术教育。完善课程教学、实践活动、校园文化、艺术展演'四位一体'的普及艺术教育推进机制。各高校要明确普及艺术教育管理机构，把公共艺术课程与艺术实践纳入高校人才培养方案，实行学分制管理"。首次将美育教育上升到培根铸魂的认识高度，也对高校人才培养提出了新的更高的要求。

在这方面，徐伟浩又先走了一步。

2014 年，体育教学改革还处于步履维艰的胶着状态时，徐伟浩又出人意料地提出，要像组建体育俱乐部那样组建艺术团，设置美育学分，面向全体学生开展艺术教育。

一石激起千层浪。

如果说体育俱乐部教学是绿岛通识教育的一大创新、一大特色，那么，以艺术团为载体，面向普通大学生实施美育教育，可视为它的另一大创新、另一大特色，可谓独辟蹊径，开大学美育之先河。而且，也如体育俱乐部一样，它有很多有趣的故事。

歌唱团的老师叫林晓芳，是毕业于沈阳音乐学院民声系的研究生，2014 年 4 月，在一个艺术学校工作了七年的她，来到绿岛。

刚来时，体育部和美育部在一起，叫作体美部，当年 9 月，美育独立出来，开始叫美育中心，后改称美育部。

"刚来时，对于学校的美育运作模式和管理方式——艺术团以及坐班制很不适应。"[20] 但既来之，则安之，不适应也得按照学校的要求来做。当时美育部只有 3 个人，她是第 3 人。人少，什么

---

20 引自 2019 年 4 月 19 日笔者与林晓芳的谈话记录。

活儿都得干，"我当时带了四个团——流行演唱、管乐、合唱和电声"。

其实，管乐团那时还没有成立，管乐还只是一门课。"学校花了20余万元买了乐器。从沈阳音乐学院请来了四位老师，白天安排小课，我看着，晚上，每周老师带他们合练两次。学生是零基础（会一点儿的，不到百分之一二），开始，长笛都吹不响，只得从练习气息入手，小号，练音阶。"[21]

不久，学校请来一位老师专门负责组建管乐团，"我还舍不得撒手"。

2017年9月，林晓芳开始带歌唱团。"原来的那个老师拒绝学校交给他的任务，学校不用他了。"

"合唱，我不懂。"但声乐是她的老本行，所以，主持歌唱团，她还是得心应手。此后的一年，她带领歌唱团参加辽宁广播电台、电视台及各种公益演出。在辽宁省教育厅举办的"校园好声音"比赛中，同专业院校竞技，获第三名，在沈阳市大学生文化节上，与沈阳师范大学、东北大学、辽宁大学、沈阳农业大学、沈阳大学PK，获得第二名。

2018年，林晓芳和她的歌唱团迎来了建团以来最重大的一项赛事，由德国法兰克室内乐组委会、德国国立吕贝克音乐学院、德国国立不来梅艺术学院、德国汉堡音乐学院联合主办的"德国法兰克国际室内乐大奖赛中国区选拔赛"，1月14日在沈阳师范大学音乐学院星海音乐厅举行。参赛的团队还有沈阳音乐学院、沈阳师范大学音乐学院等专业院校的师生。

室内乐要求各声部独立有机配合，充分运用技巧，表达乐曲蕴含的丰富情感。为满足本次大赛的主题要求，林晓芳选择山东民歌《沂蒙山歌》作为参赛曲目，演唱形式为八声部无伴奏混声合唱。熟悉合唱艺术的人都知道，八声部混声，并且无伴奏，演唱难度极大，需要合唱队员默契配合。况且，绿岛歌唱团的团员都是没有音乐专业学习背景的"业余选手"，对他们而言，演唱这种作品莫说是获奖，就是完整唱下来也殊非易事。

所以，"林晓芳宣布排练这首歌时，团员们确实被这首歌的难度吓到了，心想，我们真的能完成这首歌曲吗"[22]？

但林晓芳有信心，她科学制定训练方案，合理安排训练时间。在训练开始之前一般会由大二的项修平学姐指导大家进行发声训练，在发声训练之后，各个声部长带领着各声部团员去练

21　引自2019年4月19日笔者与林晓芳的谈话记录。

22　朱镇莹：《绿岛歌唱团——王者的加冕》，《白桦林》2018年4月第51期，第31页。

习自己声部的内容，先找准音，然后才填词进去唱。各声部轮流跟着钢琴伴奏练习，其余的声部在美育大厅里跟着声部长练习。最后大家聚到一起合练，大大提高了训练效果。

为了排好这首歌，林晓芳加大了训练量。"周三下午学校一般没有课，于是也利用了这一时间排练，一排就是一下午。尽管训练时间这么紧凑，团员们也没有喊过一声累，也很少有人缺席。"因为再怎么艰难，晓芳老师总是与团员们在一起。团员们训练，晓芳也在一旁指挥，陪着训练，各声部跟钢琴伴奏轮流休息时，晓芳老师也没有休息。

那些天，林晓芳真是拼了，家都不回了，"足足有四天四夜没有陪孩子"。

辛勤努力得到了回报。到了比赛的日子，绿岛歌唱团共有 21 名团员参赛。

"在候场时，团员特别紧张，心扑通扑通地狂跳，有的不断地整理头发和衣服，有的搓着手缓解紧张情绪。"

好在紧张情绪没有影响歌唱团的发挥，"在舞台上，团员们笑容洋溢，纵情歌唱，不见丝毫怯场，在评委和观众面前展现出满满的自信。一曲《沂蒙山歌》唱毕，掌声雷动。接着评委打分，绿岛歌唱团最终依靠自己的实力，突破重围，被评为中国赛区一等奖"。

在如此高水平的赛事中获得一等奖，可喜可贺。

如果说，林晓芳带领一群"业余选手"战胜专业团队难能可贵，那么，她把一个普通女孩打造成歌星，则向大家证明，她可以带领一个团队取得佳绩，也可以把个人引向成功。

影视传媒学院的大三女生盛馨平，美育课选的是戏曲。一个偶然的机会，她遇到了林晓芳。

盛馨平在向校刊《白桦林》的记者讲述自己的故事时说："我想，那应该是我收到的最好的'六一'儿童节礼物。"[23]

2017 年 6 月 1 日，等着上课的大一女生盛馨平，坐在西山会所二楼大厅里哼着小曲儿玩手机游戏。从办公室里出来接开水的林晓芳听到了她的歌声。"她唱的是《在那东山顶上》，这是一首有一定难度的歌曲，现在很少有学生哼唱这种非流行歌曲。一个大学生在闲暇时唱这首歌，并且唱得很有感觉，十分少见。"

林晓芳走过去，对盛馨平说，你有唱歌的天赋，欢迎你来歌唱团。没想到，对她的提议，盛馨平竟然没有当回事。林晓芳见她无意加入歌唱团，就对她说，你以后唱歌遇到问题，可以

---

23 龙雪、尹新航、刘楠楠、张姝洋：《高歌一曲 逆风飞翔——讲述"校园星歌声"东北总冠军盛馨平与"伯乐"林晓芳鲜为人知的故事》，《白桦林》2019 年 3 月第 58 期，第 16 页。

来找我。

盛馨平一直没有找林晓芳。"她胖胖的，没自信，认为自己是瞎唱，没想到我能看中她。"

盛馨平再次露面是有事相求——影视传媒学院毕业生欢送晚会，学院安排她唱《追梦赤子心》，"这首歌的难度大，高音，她唱十次，九次破"。

林晓芳开始对她做系统训练，"练了有上百遍"。

那次晚会上，盛馨平成功地完成了那首歌。

从此，她加入了歌唱团。

2017年9月23日，盛馨平随同绿岛歌唱团代表学校参加第三届全国高校"校园好声音"大赛辽宁分区赛，歌唱团获铜奖，盛馨平获网络人气奖。

按说，第一次参赛就拿奖，应该高兴才是，可"盛馨平坦言，那时站在舞台上，一唱到高音部分就会闭上眼睛，不敢看观众。比赛结束以后，盛馨平对于这个成绩有些不甘心，她认为还能发挥得更好。林晓芳看到盛馨平在舞台上放声歌唱、挑战自己的模样，也开始着力细心打造盛馨平"[24]，在发音、咬字、气息调节以及作品处理上，予以悉心指导。

盛馨平进步神速，2018年1月，在"第十三届全国校园才艺电视选拔活动"辽宁省比赛中，盛馨平获大学组声乐一等奖。然而，她的成功之路并非一帆风顺。2018年6月，在中国大学生音乐节踢馆赛中获得本场第一名的她，却被告知没有晋级下一轮比赛。"这个结果让盛馨平无比失落。林晓芳及时开导盛馨平，告诉她不能放弃，应该更加认真练习，用实力说话。"

调整了心态的盛馨平，2018年11月15日，在全民K歌"校园星声音"比赛中，她一展歌喉，技惊四座，荣获东北赛区总冠军，成功晋级全国总决赛。随后，她和绿岛歌唱团参加由辽宁省教育厅举办的"弘扬新时代辽宁精神 唱响励志者青春之歌"第二届辽宁高校校园好声音比赛，摘取团体银奖。12月，她参加京东"超级新星"大赛，经过初赛、复赛、决赛，最终获全国总决赛第一名。

"如今，盛馨平已经大三了，参加比赛（学习声乐－笔者）后的她，性格发生了很大变化，由原来的不善言辞、很少和别人交流，变得阳光开朗，更加自信，并喜欢与人沟通，更加喜欢和老师、同学接触。而且经过比赛，她也结识了很多音乐上的朋友。他们私下经常会聊音乐，

---

24 龙雪、尹新航、刘楠楠、张姝洋：《高歌一曲 逆风飞翔——讲述"校园星歌声"东北总冠军盛馨平与"伯乐"林晓芳鲜为人知的故事》，《白桦林》2019年3月第58期，第16页。

朋友们有时也会请她帮忙录个小样等。但是，盛馨平最大的收获是与家人关系的好转。盛馨平的父母和其他家长一样，希望她能够专注于学习，并在教育方式上以批评为主，从来不鼓励夸奖她的'业余爱好'，导致盛馨平和家人的关系一度有些疏远。当她将第一名的奖杯拿回家时，终于收获了家人的理解和认同。盛馨平也变成了亲戚口中'别人家的孩子'。之后只要家庭有聚会，妈妈都让她唱一首，在亲戚面前露一手。盛馨平和家人的关系愈加融洽，也愿意将心里话和家人讲，这是盛馨平上大学后从来未敢想过的。"现在的她，不仅仅收获了自信、朋友，更收获了暖暖的亲情。

在绿岛组建行进管乐队，是徐伟浩的主张。他对行进管乐情有独钟，认为大学如果没有一支管乐队，就不称其为真正的大学。建校不久，他就从沈阳音乐学院请来几位老师，帮助训练和筹建管乐队。

几个月下来，乐队排练毫无进展，徐伟浩不高兴了。他认为之所以不见成效，是训练方法有问题。对于零基础的学生，不应该从枯燥的五线谱、乐理知识入手。请来的老师都不理解。直到一个人的出现，局面才有所改变。

姜巍，曾任中国人民解放军某军乐团演奏员。2014年9月被徐伟浩特招来到绿岛。

"徐老师给我的任务是：从大一新生中招收60人，组建行进管乐队，直接从曲目开始练习。明年开学时，要能拉得出去，吹成曲儿。"[25]

时间紧、任务重、零基础、难度大。鉴于前车之鉴，作为军人出身的姜巍，也许是部队的作风和军人的素质使然，面对徐伟浩的"无理要求"，他只说了一句话"干就是啦"。也许这就是徐伟浩选择姜巍的原因。

虽然答应得很痛快，真正干起来却远没有那么轻松。据姜巍回忆，"乐队刚开始训练时非常累，周四到周日，每天从晚上5点训练到8点半，回到家浑身都像散了架似的。累且不说，最让你受折磨的是，你面对的是一批零基础的学生，他们之前甚至连乐器都没有摸过，一个音符、一个动作，说了多少遍，还是听不明白，简直把你气得哭笑不得，一点儿脾气都没有。那时候，面对领导的高要求、工作的高强度、训练的高难度，一度也产生了放弃的想法"。

让人意想不到的是，支撑姜巍坚持下来的还是那些零基础的学生。他告诉我，"虽然训练又

25　引自2019年4月22日笔者与姜巍的谈话记录。

苦又累，但一个月下来，没有一个学生打退堂鼓。有的学生基础差，就利用业余时间，起早贪黑一遍又一遍地反复练习，那种执着的精神令人感动"。可以说，正是乐队学生求知若渴的可爱表现，让屡次有退出想法的姜巍于心不忍，欲罢不能，舍不得离开，最终坚守了下来。

那些学生也确实可爱。

乐团招生时，一个建环专业的学生来问他："老师，我从来没接触过乐器，但是我喜欢音乐，我能加入吗？"姜巍一看他高高的个子，心想，这孩子扛大号没问题！当即拍板，"行啊，乐团招人不怕你没基础，只要有热情，能坚持，服从安排，我都欢迎"。

就这样，男孩进入乐团吹大号。一开始，他什么都不懂，学得特别慢，灵活性也不够，排练时总是踩错节拍，一连几次排练他都频频出错，自信心受到打击。他找到姜巍说想退出，不想拖大家后腿。姜巍是个有心人，他了解自己队伍中的每一个人。也许团里走一个，这个空位会马上被补上，但教师的职责是不放弃任何一个渴望进步的学生。在姜巍眼里，这个男孩是个努力的学生，便找他长谈了一下午。直到现在，那个想中途离队的学生仍记得姜巍的话——学乐器就像跟人相处，需要磨合期，要充分了解它，发自内心地爱它，多与它相处，多练练、慢慢来。

想通了的男孩从那以后更加刻苦，只要没有课，他就会到练习教室，照着乐谱一小节一小节地吹，每一节都练习不少于20遍。长时间的练习使得他背部都勒出了血丝，但男孩从没说过一句苦。姜巍心疼他的学生，总是背起大号陪着他一起练。一曲完毕，再一曲，姜巍想让每个热爱音乐的学生明白——只要你想学，我就能教你。[26]

姜巍的家离学校50余公里，可是他每天总是早早来到学校，很晚离开。为了帮助学生们尽快提高，他动用自己的人脉，把自己相关专业的朋友请来。"他们听我说了这些孩子的事情后，都很愿意来学校帮助我，只要有时间就来学校给孩子们做指导。"

经过姜巍和队员的共同努力，一年之后，乐团果然拉了出去。这支由82人组成的乐团，先是在校内的五星广场上玩快闪，奏响《欢乐颂》，尔后走出校门，在学校所在的苏家屯区惠民文

26　郑雪婷、魏利慧、徐荣婷：《只要你热爱音乐，我就能教你》，《白桦林》2017年6月第45期，第14页。

化艺术周演奏《歌唱祖国》，在沈阳市第四届社区文化艺术节市民器乐大赛上压轴登场。2016 年 10 月，参加沈阳市管乐队比赛，获团体金奖。有了"响动"的行进管乐团，2017 年开始频繁参加各种演出和比赛：受有关方面的邀请，在大连国际管乐节上演出；在东北三省首届器乐大赛上，同专业音乐院校团队同场竞技，获三等奖；在由 40 余个乐团参赛的"津保杯"管乐队比赛中，获大学组金奖。

5 月，他们迎来了行进管乐团建立以后最重要的艺术活动——上海之春国际音乐节暨"中华杯"中国第十一届优秀交响管乐团展演。

> 为了备战上海比赛，乐团团员提前十天回到学校。他们每天都要做平板支撑，绕着操场跑 15 圈，"我要求跑步的时候放音乐，踩着节拍跑。所有人跑步时步伐必须一致"。训练场上的姜巍很严格，在平时的训练中，每个人都有一个固定的位置，所有人必须把腿绷直，脚跟抬起来走路，因为腿若弯曲，落地时会有颠簸，就会影响音准。
>
> 这样一支年轻的团队去参加国际比赛，其实谁心里都没底。再加上每天高负荷训练，很多队员都打起了退堂鼓。有一天上午正在练弓步压腿，一个女生趴在地上号啕大哭，当时姜巍以为她扭伤了，赶紧跑过去扶起她。她一直抽泣不止，等到情绪平复后才告诉姜巍，今天是她 20 岁的生日，原本计划跟朋友出去旅行，可现在……听完，姜巍才意识到，他的学生还是孩子，不是军队里的兵。送走了女生，姜巍悄悄出校买了一个蛋糕，点了一桌菜，晚上乐团 60 余人一起给她过了 20 岁生日。[27]

在这次展演 / 比赛中，绿岛行进管乐团与大学组的 8 支乐团 PK，闯进决赛。决赛中与四川警察学院难分伯仲，双双获得银奖（金奖空缺）。

行进管乐团能在国内各种比赛中获得佳绩，姜巍倍感欣慰，但他更看重的是行进管乐这门艺术对学生精神和身体方面产生的积极影响。"行进管乐注重每一位成员在团队中整齐划一的表现，而非个性的展示，这就有助于学生学会如何与他人合作，从而增强集体荣誉感。另一方面，

27　郑雪婷、魏利慧、徐荣婷：《只要你热爱音乐，我就能教你》，《白桦林》2017 年 6 月第 45 期，第 14 页。

演奏乐器和快速变换队形都需要学生具有吃苦耐劳的精神，对他们的体能也是很好的锻炼。"

宝剑锋从磨砺出，梅花香自苦寒来。艰辛的付出，不仅让行进管乐团声名鹊起，也给姜巍带来了事业上的丰收。2018 年，他被评为"沈阳市优秀共产党员"，破格晋升为副教授，并被授予"辽宁省优秀教师"荣誉称号。

在美育教学部，年龄最大，来绿岛最晚的是戏曲教师保红。65 岁的她，2018 年 9 月才到学校任职。"我那时腰脱犯病住院，美育部主任来看我，说戏曲老师离职，请我来救场。"[28]

戏曲界有句"行话"，叫"救场如救火"，戏曲出身的保红二话不说，提前出院，来到绿岛。

老将出马，一个顶俩，保红很快就把戏曲团办得红红火火，在她的指导下，戏曲团的高水平同学在各项演出和比赛中都有可喜的收获。

2018 年 9 月，参加辽宁省旅游节开幕式演出，10 月受邀参加辽宁电视台展演；2019 年 2 月，参加紫荆花大学生才艺大赛，《红灯记》和《梨花颂》双双获得金奖；在校园超级新星大赛中，获全国第二；3 月，受邀参加辽宁雷锋文化节暨英模互动和创新公益晚会演出；7 月，获第十七届华夏艺术星秀全国青少年才艺总展演"紫荆花才艺新星"金奖。

在戏曲团上课的教室，我们看到这样一副对联，笔法苍劲有力，独具大家风范。上联：播火传薪承古韵；下联：腔圆字正唱新风；横批：薪火相传。

在同笔者交谈时，保红老师说，这是一个学生家长写的。有一天，一个信封就放在我的桌子上，打开一看是一副对联，后来才知道是我一个学生张千龙的父亲为了表示感谢亲手写的。

张千龙的父亲叫张银祥，笔名秦渭，现任中国书画家协会常务理事，陕西省书法家协会会员，陕西省三原青年书画学会会长，陕西三原私塾秦渭书画院院长。

他在给学校的信中写道：

　　我的孩子龙龙自小对书法、戏曲和武术情有独钟，有点基础。他自从到了沈阳城市学院变化很大，学习很快。被发现选入美育戏曲团后，特别在保红老师的关心和悉心栽培下，戏曲表演功夫日日渐长，并多次参加学校、当地的大型戏曲活动演出，还塑造了主要传统角色穆桂英及《红灯记》李玉和等，使我们全家欣喜不已，在此深表感谢。

28　引自 2019 年 4 月 19 日笔者与保红的谈话记录。

年前寒假，在戏曲团保红老师的提议下，因美育教育需要，孩子对戏曲入迷，回家苦练20多天书法"精忠报国"。可见沈阳城市学院在发现和培育人才方面有独到之处，是一个有利于孩子学习进步成长的教育摇篮。[29]

正如张银祥家长所言，绿岛的艺术团，是一个有益于学生成长的摇篮，它的每一个成员，都会受到艺术的熏陶，学到艺术知识和技能。

舞蹈团2018级播音与主持1班许敬晗：在美育舞蹈团的这几年里，因为热爱，不同种类的舞蹈在这里相遇，民族舞、古典舞、街舞，我们一起训练，绽放出不一样的色彩。在这里我们有很多美好的回忆，一起训练，一起参加比赛，一起获得奖项，一起庆功吃饭，一起为了一件事发朋友圈，一起笑得合不拢嘴。如果让我打开时间日记，每一次在美育重要的时刻我都能回想起来，因为情感这颗种子一旦种下，它只会成长开花。[30]

民乐团2018级法学1班宋春雨：大一刚入学时，我知道学校有民乐团后，刚放下行李，就想着来到民乐团里报到，因为这里有我热爱的东西。后来我们这些爱好音乐的人齐聚一堂，每次训练我都感到十分开心，毕竟能够遇到志同道合的小伙伴和赏识自己的老师是不容易的。我印象最深刻的是，民乐演出或比赛最麻烦的就是搬乐器，而我们团又是女孩子比较多，有很多沉重的乐器都需要男孩子来搬，所以我们团的男孩子们每次演出前和演出后都要来回地搬乐器，每个人都要折腾好几趟。我记得有好几个男生，演出结束后，因为搬乐器，身上穿的衬衫都湿透了，每当回想到这个画面，都会被深深地触动，为我们乐团的团结而动容。

董老师带领我们获得过很多奖项，这些奖项无一不是对我们能力的认可。每次出去比赛我们也都很开心，赛后董老师都会请我们吃饭，同学们的心总是因为演出和聚会凝结在一起。大家会一起坐一辆大巴车，在车上大家会开心地唱歌，这些难忘的经历，也许长大以后，我们都不会再体验了。但在我心里是永远不可抹去的，它让我们在自

29　引自戏曲团张千龙父亲张银祥写给学校的感谢信。

30　引自2019年6月许敬晗舞蹈团学习心得体会（未刊文）。

己的人生历程中体会到不一样的色彩！[31]

管乐团 2018 级新闻学 2 班钱乾：作为管乐团的一员，一群人朝着同一个目标努力的时光很难忘。周一到周日，早操和晚自习，大家每天想着的就是怎么把曲子吹好一些，怎么把动作练齐一些。

我们没有良好的音乐基础，没有突出的音乐天赋，有的只有一个"拼"字。靠着这股不顾一切、拼尽全力的劲头，我们在韩国大邱展示演出；我们与四川音乐学院并获一等奖；我们在绿岛十年校庆圆满演出。在这过程中，"我行我能"从激励我们的口号转变为知行合一的成果。

有时候觉得在乐团真的很救赎，点亮了我愈加平凡的日子。管乐团成立六周年的那天，团长准备了一个惊喜，当老师照例对训练总结时，所有的灯光忽然熄灭。印有所有团员名字的蛋糕被推进来，闪烁的烛光好像倒映着我们在乐团度过的点滴岁月。

六年过去了，老生毕业了，新生加入了，但一直陪着绿岛行进管乐团是生生不息、薪火相传的精神。老生带新生的传统，一代又一代的管乐团成员延续着，传递的不仅有老队员总结的经验规律，还有坚持、服从、热爱的品质。这种精神与品质将支持管乐团继续走下去，走得更高、更远。[32]

话剧团 2019 级工商管理 1 班林心如：一开始出于兴趣，我来到了绿岛话剧团，后来因为热爱，留在了话剧团。凡有梦，必定热爱；凡热爱，必定专注。同学们把对话剧表演的热爱与专注，升华成了认真和执着的美好品质。每节课上用一次次的热身、一段段的台词、一个个的动作，让话剧充盈在自己的世界里。我喜欢话剧给我带来表演的舞台，我喜欢人物带给我的情感，我更感谢自己把握了每一次成就自我的机会。因为话剧团，我结交了新的朋友，因为惠老师的激励，让我不断自信充实自己。留在话剧团的日子里，看着每节课上同学们饱满的热情，这大概是话剧带给我独有的归属感。相信未来无论走多远，兴趣与爱，依旧不会停下脚步。[33]

笔者在一篇小说评论中写过这样一段话：

31　引自 2019 年 6 月宋春雨民乐团学习心得体会（未刊文）。

32　引自 2019 年 6 月钱乾管乐团学习心得体会（未刊文）。

33　引自 2019 年 6 月林心如话剧团学习心得体会（未刊文）。

当下的大众审美，出现一种粗鄙化倾向，严重点说，有点"审丑"的意味。爱情是多么美好的事儿，可在网络歌手的笔下，男女两情相悦，却成了《老鼠爱大米》。还有那个雪村的《俺们东北人都是活雷锋》，歌的内容没有毛病，但他那种怪声怪气的演绎方式，已经与我们心中的"美"相距十万八千里。不仅在歌坛，其他领域，这种倾向也随处可见，比如，美术中的行为艺术，小说诗歌中的标题党，影视戏剧中的粗口等。"粗鄙化""审丑"也渗透到了日常生活中，好好的一条裤子，非要弄出几个洞，裤带老老实实别着被视为老土，耷拉下来一大截，才酷。那又傻又笨的松糕鞋，简直没有任何美感可言，女孩子却喜欢得不得了。

写下这段话的时间是 2005 年，十余年过去，重新审视这段话，它似乎仍然没有过时。

审美粗鄙化、审丑，审美教育的缺失，无疑是成因之一。绿岛高度重视审美教育，在明晰的美育理念指导下，通过新颖的艺术团方式，使全校每一个学生都学会一门艺术，它的意义显而易见——熟悉艺术的人都知道，亲自动手学习一门艺术，在美的创造中感受美，比单纯做美的"看客"，获得的审美体验更真切、更深刻。因而，它是一种最好的艺术审美方式。况且，学会一门艺术，由"雅趣"陪伴，既可丰富业余生活，又能提升文化品位，也是人生的一大乐事。

劳动也是课

2018 年 7 月 11 日，沈阳城市学院遭遇了一次严重的舆情事件。

微博博主"@唐纳德说"发布了一条不实消息，称"沈阳城市学院以'劳动周'为由，让本科大三学生为该校留学生打扫寝室卫生"。这一消息，显然配合了不久前另一所高校外国留学生搬寝事件，表面上矛头指向是"外国留学生"，实际上是借机挑拨中国学生与留学生的矛盾，攻击国家的留学生政策，引起多家媒体及自媒体大 V 争相转载，也引起部分学生的跟帖，造成了一定的社会影响。

由一次公益劳动引发的舆情，着实让学校猝不及防，但学校坦然面对，澄清事实，最终，大 V "@唐纳德说" 被国家网信办封停。

虽然在这次舆情事件中，绿岛遭遇了无端指责，躺着中枪，但绿岛扎扎实实开展劳动教育，却是不争的事实。

绿岛劳动教育始于建校初期。2009 年 9 月，绿岛迎来了独立办学后的首批学生，在学校制定人才培养方案的时候，徐伟浩提议设立劳动课，"学生参加校园的管理与维护，共同建设美丽校园"，这得到了校领导班子的一致同意。于是，设立"公益劳动周"便被列入了绿岛的人才培养方案。人才培养方案规定：学生在校学习期间，每人要参加 1 周时间的校园公益劳动，学分为 1 学分。在公益劳动期间，学生要按照学校分配的劳动岗位，参与校园的卫生清扫、绿化植树、环境治理等工作，在建设美丽校园的过程中，培养良好的生活技能和劳动品质。同时，在劳动过程中，注重开展马克思主义劳动观教育，树立尊重劳动、热爱劳动、劳动光荣的思想观念。

其实，关于是否开展劳动教育，在党和国家的教育方针中，是经历了一个历史发展过程的。1951 年 3 月，全国第一次中等教育会议上提出，普通中学的宗旨和培养目标是使青少年智育、德育、体育、美育全面发展；1957 年，毛泽东提出："我们的教育方针，应该使受教育者在德育、智育、体育几个方面都得到发展，成为有社会主义觉悟有文化的劳动者。"此后的 20 余年间，教育界一直沿用"德、智、体几个方面全面发展"的提法。

1995 年 3 月 18 日，第八届全国人民代表大会第三次会议通过了《中华人民共和国教育法》，规定："教育必须为社会主义现代化建设服务，必须与生产劳动相结合，培养德、智、体等方面全面发展的社会主义事业的建设者和接班人。"

2002 年，党的十六大提出："全面贯彻党的教育方针，坚持教育为社会主义现代化建设服务，为人民服务，与生产劳动和社会实践相结合，培养德、智、体、美全面发展的社会主义建设者和接班人。"将美育加了进来。

2018 年 9 月 10 日，在北京召开的全国教育大会上，习近平总书记在大会上强调，培养德、智、体、美、劳全面发展的社会主义建设者和接班人。"要努力构建德智体美劳全面培养的教育体系，形成高水平的人才培养体系。"这里，突出强调将劳动教育纳入我国学校教育的培养体系中。

正如前面提到的，绿岛在 2009 年建校伊始就高度重视劳动教育，将人才培养目标定为"德智体美劳全面发展"，将公益劳动纳入人才培养方案，制定并实施学生公益劳动制度，实为有远见之举。

众所周知，在当时独生子女和高考至上的年代，劳动已不再成为学校教育的基本要求。社会上绝大多数家长为了孩子的学习，包揽了家里的一切劳动，学生们则是"万般皆下品，唯有读书高"，过着饭来张口、衣来伸手的单纯学习生活。致使许多学生不会劳动、不爱劳动，甚至鄙夷劳动。在这种情况下，绿岛率先在学生中开展劳动教育，可谓是顶着一定的压力，冒着一定的风险。

关于为什么要开展劳动教育，徐伟浩是这样说的：

> 劳动教育在德、智、体、美、劳"五育"中属于"老大难"，因为它不像体育、美育那样可以从兴趣入手。所以要落实劳动教育，首先要做好两方面工作：一是对学生的思想引导和正面教育；二是创造一种有效的形式，采取强有力的措施。我们在2009年建校时就开设了劳动课程，当时的想法很简单，就是要培养学生的劳动观念、劳动能力和劳动精神。按照学校制定的人才培养方案，全体学生在校期间要参加1周时间的公益劳动，从事校园环境和校园卫生的管理和劳动工作，修得1学分。
>
> 后来在实施劳动课过程中，我们将劳动教育与社会实践统筹设计，校内校外紧密对接，把培养学生的劳动意识和公民意识、服务意识联系起来，通过开展学校公益劳动和社会公益服务，锻炼和培养学生的品行习惯、生活技能、交往艺术、团队精神。由此也推动形成了"立足校园、走进社区、服务社会"的青年志愿者活动服务体系，各学院成立志愿者协会，组织学生志愿者参加社会公益性劳动和服务。[34]

"说老实话，最开始设立公益劳动周的时候，学生和家长倒没有什么意见，反而是教师当中有一些议论，认为让学生参加劳动，清扫卫生，学校是为了省钱，不舍得雇清洁工。后来，看到公益劳动课开展得很顺利，不光是学校的环境卫生维护得很好，而且学生的精神风貌也有了明显的改观，这种议论也就销声匿迹啦。"[35]

对于劳动课中，像清扫教学楼卫生、清理草坪、擦玻璃这样的工作，学生是接受的，虽然

34　周星、徐伟浩：《沈阳城市学院：全员育人与艺术教育精神的实践探寻》，《艺术教育》2019年10月总第350期，第30页。

35　引自2019年4月10日笔者与周广有的谈话记录。

不大会干活，但是态度是端正的、认真的。当然，也有例外的时候，记得有一年，有一次劳动是"拔小黄花"，就差点出了问题。由于学校生态环境好，满校园都是蒲公英，春天的时候开着小黄花很好看，但很快就飞出白絮让人睁不开眼，因此清除"白色污染"也就成为劳动课的一项内容。刚开始拔小黄花时学生觉得挺好玩儿，很快，拔也拔不尽，转眼吹又生，学生就产生了厌倦情绪。加之连续几天学生都要早早起床去劳动，一些学生牢骚满腹："拿学生当劳力使""耽误学习"，所以能逃避就逃避。学生有意见，老师也不理解，质疑：任务量这么大，时间这么紧，学校为什么不雇人专门清理呢？特别是辅导员，因为这项工作无形中增加了自己的"劳动量"——不仅要带头劳动，而且还要做学生的思想工作，也有消极情绪。虽然这件事后来妥善地平息了，但也说明真正的劳动教育并不是一帆风顺的。

不管怎么说，绿岛的劳动教育扎扎实实开展起来了，并且一直坚持到今天。学生公益劳动制度的制定和实施，不仅使学校的校园环境和卫生面貌焕然一新，更重要的是，学生经受了锻炼，也得到了家长的认可。他们普遍反映，自己的孩子原来在家什么也不会干，什么也不肯干，现在变勤快了，懂事了，眼里有活了，也会干活了。

为了避免学生成为"两耳不闻窗外事，一心只读圣贤书"的书呆子，在实施劳动教育的同时，学校还积极开展大学生社会实践活动。2015年，学校成立了劳动与社会实践部，统筹全校的劳动与社会实践工作。

自2015年起，学校设立了"五一""十一"春秋两季社会实践周。鼓励学生在紧张的学习之余，走出校门，认知国情，了解社会，体验民生，感受我国改革开放的发展历程和伟大成就。

以参观访问、志愿服务为主题的"五一""十一"社会实践周和寒暑假社会实践活动，不断引领大学生们走向社会，亲身感受祖国的大好河山，用双脚丈量祖国的土地。祖国各地的名胜古迹，工厂车间、田间地头，贫困山区、学校和各类公益机构，都留下绿岛学生们的身影。形式多样、内容丰富的各类实践活动，促进了学生对社会的了解和认知，提高了学生的社会认同感，有效地培养了学生的社会责任和公民意识，涌现出许多经典的活动和感人的故事。

2013年，沈阳举办第十二届全国运动会。学校承担了大会的志愿服务工作。全校3000余名学生自愿放弃暑期休息时间，冒酷暑，顶风雨，认真准备，刻苦排练，高质量地完成了大会交给的各项任务，受到全运会组委会和辽宁省教育厅的表彰。

2019年的春季社会实践周，学校组织大一、大二在校生5189人，分成1355个小分队，奔赴北京、上海、山东、河北等20余个省市和地区，以"感受新时代构建大思政"为主题，采用社会调研、志愿服务、专业实习、服务社会等多种形式，深入车间厂矿调研、学习，领略祖国大好河山，深入乡村田间地头学农支农，精准扶贫志愿服务，参与人数之多，分赴地区之广，创辽宁高校社会实践之最。

黄琪瑄，影视传媒学院2012级播音主持专业学生，长期致力于青年志愿者活动。

2012年9月，组建沈阳城市学院"V爱驿站"志愿者协会，面向全校招募1200名"十二运"志愿者，组织开展40余场志愿服务活动，接管了"十二运"首批10所"V爱驿站"中的5所，带领志愿者参加志愿活动累计9600余小时。

2013年1月，组建沈阳市V爱新媒体联盟，并当选为共青团沈阳市委员会联盟主席，负责志愿服务及志愿者新闻宣传、大型活动等工作，共为各级新闻媒体提供稿件近千份，近百份新闻稿件被中央、省市媒体刊登或转载。

3月，参加辽宁省暨沈阳市"迎全运，讲文明，跟着郭明义学雷锋"志愿服务主题活动启动仪式，并代表辽宁省青年志愿者宣誓发言。

4月，加入"十二运"赛会、城市火炬传递等7个志愿者队伍，组织策划了市级大型活动70余场，代表"十二运"志愿者接受新华社、《中国青年报》、《辽宁日报》、辽宁电视台等30余家新闻媒体专访。

5—7月，在"十二运"筹备期间先后开展了"志愿服务全运，共建美丽沈阳"国际志愿者日、"学雷锋V奉献"、"V爱新时尚　城市更闪亮"、"V爱雅安　志愿力量"、"大声说出妈妈我爱你"、"全运倒计时100天活动"、"十二运"火炬传递保障工作等多场大型迎全运志愿活动，其中"V爱随心　礼让随行"活动被人民网报道。

8—9月，在"十二运"赛事期间，带领学校1000余名志愿者在赛会服务、安保、媒体报道等岗位做志愿服务，并开展了大量新闻宣传、信息咨询、便民服务等，累计志愿服务3万余人次、5万余小时。

11—12月，当选为共青团沈阳青春志愿者协会委员会副书记，带领志愿者参加"益路同行——关爱农民工子女送温暖活动""献出你的爱，让小动物过个温暖的冬天"等志愿活动。

2014年2月，负责"创·公益"2014沈阳市公益创投大赛的前期筹备、新闻发布、项目申报、项目评选、获奖项目启动仪式等多个环节的工作。

11月，受第十届"振兴杯"全国青年职业技能大赛组委会邀请，参与大赛新闻报道工作。

2015年，黄琪瑄凭借多年志愿服务经历以及"奉献、友爱、互助、进步"的青年志愿者精神，从全国推荐的万余名青年志愿者中脱颖而出，获"中国青年志愿者优秀个人奖"，成为辽宁省首个获得该项殊荣的大学生。

2019年11月28日，新华网刊登了记者王莹撰写的《沈阳城市学院构建劳动与实践教育新模式》一文，对学校的劳动教育做了深入报道。

走进沈阳城市学院公益劳动指导课的课堂，学生座无虚席。教师正在向学生们讲授上海飞机制造有限公司高级技师胡双钱、火箭"心脏"焊接人高凤林等8位大国工匠、劳动模范的事迹。从围绕劳动价值观、劳动精神、劳模事迹等话题的课上探讨、课下交流，到课后组织公益劳动实践，实现了由劳动理论认知向课下劳动实践的有效转化。

沈阳城市学院自办学初就明确了"坚持育人为本，注重能力培养"的办学理念，提出并探索以岗位能力形成为核心的职业情境化人才培养模式。教学中，主张营造职业情境，包括物理情境、管理情境、心理情境等，探索构建劳动实践教育新模式，让学生在未来的工作环境中进行教学过程和岗位标准对接，实现人才培养的"接地气、上手快、高素质、能力强"，努力培养德智体美劳全面发展的社会主义建设者和接班人。

"学校特别成立劳动与社会实践部，2009年就将公益劳动课纳入学校人才培养方案，设置了1学分的必修课。"学校劳动与社会实践部部长胡家鑫说。

据介绍，学校在教学楼、学生社区中心、体育馆等公共区域设立数个公益劳动体验站，每周安排2个以上行政班级参加公益劳动实践，培养学生吃苦耐劳、热爱劳动的良好习惯和爱护环境的公德意识。

除公益劳动外，学校在专业教育中融入劳动实践教育。如酒店管理专业设立了餐厅服务、红酒文化、英式下午茶、会展与庆典活动统筹部等九个专业劳动实践工作室，实践内容覆盖酒店运营管理全过程，专业学生们需在18周内轮流到九个工作室换岗进行专业劳动实践；影视传媒学院学生需要以项目小组的形式参与电视节目、室内剧以及大型晚会的专业劳动实践，在大量职业情境化的专业劳动实践中，岗位能力与行业标准无缝对接，不断提升学生劳动技能，提高专业能力。

"仅2016至2017学年，校院两级志愿者就达到2000多人，课外参加省市公益劳动、志愿服务100多场，陆续建立了20余家校外志愿服务基地。获得省市奖励48项。"

沈阳城市学院校长徐伟浩介绍说，学校还被沈阳市环保志愿者协会、沈阳市青春志愿者协会分别授予 2018 年度优秀合作单位、2018 年度优秀组织单位荣誉称号。

通过上述纪实和报道，我们不难发现，沈阳城市学院劳动教育不是"单打独斗"的，它是被纳入大通识教育体系中，成为德、智、体、美、劳"五育并举"中的重要一环。绿岛的劳动教育不是停留在纸面和口头上的，而是通过科学合理地设计劳动教育的内容，为学生提供劳动实践的机会和平台，真正让学生动手去劳动。通过劳动，培养学生吃苦耐劳的精神品格，帮助学生树立环保思想和团队意识，培养和锻炼学生的劳动技能、劳动观念和劳动精神。据了解，全校学生每年参与公益劳动课时约 10 万小时。

尽管做了很多尝试，也取得了很大成效，但对于劳动教育，徐伟浩认为还有很多问题需要解决。笔者在和徐伟浩交谈时，特意请教了他如何进一步完善劳动教育体系这个问题。他说："劳动教育不是一次课、一次说教、一次实践就能解决的。真正做好劳动教育，必须建立多形态的劳动教育实践体系。它不仅包括现在的公益劳动周和社会实践周，还应该进一步拓展劳动教育空间，将学生的日常生活劳动、专业实践劳动包含进来，进行统一整合和设计，实现劳动教育贯穿人才培养的全过程。发挥劳动育人的功能，创造更加有效的形式，形成强有力的措施，依旧是我们关注的重点。我们将继续努力，探索创新，通过弘扬劳动精神，激发劳动创造，彰显劳动之美，进一步挖掘劳动的育人价值，唤起大学生对劳动者的尊重和对职业的敬畏，培养学生正确的劳动观、踏实的工作作风和精益求精的工匠精神，实现以劳树德，以劳增智，以劳健体，以劳育美。"

校园有个"家"

绿岛有 18 栋学生宿舍楼，分为六个社区，分布在校园北、西、南三个校区，每个社区都建有一个别墅式的小楼作为社区服务中心。当年建它的时候，徐伟浩就像变戏法，几天的工夫就"冒"出来了，很多人看不明白，后来才知道，这是徐伟浩为学生量身定制的一个"家"。

"学生在学校，除了活动和上课，余下的大把时间都在学生宿舍待着，没人管，就是说，在学校和学生家庭之间，存在一个空白地带。"如何弥补这个"空白地带"造成的教育的缺失？徐伟浩说："我想，应该为他们创造一个类似于家的环境，那里有完善的功能空间，学生们可以像在家里一样学习和生活，那里将成为学生大学生活的重要组成部分，成为学生情感的寄托。"

"国外的私立小学和中学，往往是先生当校长，夫人当宿舍长。宿舍长，其实就是学生的监护人，负责学生的日常生活，学生们称她为妈妈。那么，提供一个什么样的环境，才能创造这个家的氛围呢？" [36]

受酒店大堂和家庭客厅的启发，他决定在校内的学生宿舍楼群中提供若干个与家庭客厅或酒店大堂功能相近的环境——社区中心，让学生业余时间有个去处。

社区，是一个社会学概念，是指若干社会群体或社会组织聚集在某一个领域里所形成的一个生活上相互关联的大集体，是社会有机体最基本的内容，是宏观社会的缩影。绿岛把社区化管理引入学校，在中国的高校当属首创。

"开始想，每个社区中心请一对 50 岁左右的老两口，一来可以建立起家的形式，二来一起住校无牵无挂（想法挺好，符合条件的人不好找，一直是徐伟浩的一大遗憾），再配备 3 个辅导员，使学生置身其间，有家的感觉。同时，要让学生成为社区大家庭的主人，愿意主动参与家的管理，既是管理者，也是被管理者。"

就这样，从 2013 年 9 月，绿岛开始探索实行学生社区管理模式，首先将 6、7、8 三个宿舍楼拿出来进行试点，组成试点园区，每栋宿舍楼配备两名社区辅导员，建立起楼长、楼层长、寝室长制度，成立了学生自管会。试点开始后，一举改变了学生宿舍脏、乱、差的局面，取得了明显的成效。

2014 年 4 月，首个真正意义上的社区——园中园社区正式兴建。截止到 2015 年 3 月，绿岛共为学生们建立了六个社区中心，分别命名为园中园、梧桐园、白桦园、金菊园、玫瑰园、百荷园。六个社区中心均为别墅式建筑，个个设计精心、造型别致、设施齐全、功能完善。

园中园社区：坐落于学校北校区，因位于梧桐园中，因此得名"园中园"。社区中心建筑为现代时尚简约风格，四周耸立的白色栅墙，远远望去像是一座具有浓浓时尚气息的四合院落。整体建筑设计以玻璃墙为主，阳光充足，室内宽敞明亮，开放式厨房、图书阅览室、棋牌活动

---

36 引自 2019 年 4 月 9 日笔者与徐伟浩的谈话记录。

室一应俱全。在用玻璃隔断形成的藻井里，仿佛置身于自然之中，雪天时向外看，室内外景色浑然一体。园中园社区东瞰金荷塘，西望凤凰山，四周分布着网球场、篮球场、绿岛俱乐部和生活超市，生活便利，环境优美。

梧桐园社区： 位于学校北校区，是由原绿岛酒店 C4 别墅改建而成。社区坐落于美丽的凤凰山下，典雅别致的欧式建筑与现代风格的 4、5 号楼学生公寓相互映衬，和紧邻的凤凰餐厅、梧桐宾馆共同构成了一个完整的学生之家。整整齐齐的梧桐树静静地排在道路两侧，默默地守护着旁边网球场与篮球场上运动的学子们。不远处的宏志楼、白卿宫巍然耸立，与梧桐树下随处可见的松鼠、喜鹊，满墙的爬山虎共同构成了一幅美丽生动的画卷。

白桦园社区： 位于学校西校区，因园内有一片郁郁葱葱、生机盎然的白桦林而得名，由中国摄影家协会原副主席王玉文题写的"白桦园"石刻矗立在白桦林中。社区是一栋外观简朴、造型独特的 2 层别墅。远远望去是一个"门"字，在一楼的部分有一处是镂空的，形成一个小平台，二楼的地面成了这个平台的雨搭，平台上有实木的乘凉座椅，可供人纳凉交谈。沿着平台依附着社区中心各有三段式的转角楼梯，可以从社区中心外侧和内部盘旋而上，使社区中心在整体上看更具立体感和层次感。社区中心紧邻经管楼、传媒楼、建工楼，周边分布着绿岛讲堂、西山会所、大创工场和体育馆，楼下即为轮滑场地，同学们学习、用餐、开展文化体育活动都十分便利。

金菊园社区： 位于学校西校区，坐落于风光秀丽的绿岛湖畔，因金秋时节园内雏菊遍地而得名。社区中心是一栋欧式连体别墅，整栋建筑呈南北走向，内部分为上下两层，白色屋顶与红色墙壁的搭配，外观看上去很醒目，视觉上给人鲜明对比，社区室外平台上有实木座椅，可供人歇息交谈，让人不由产生亲切之感。雪天时从室外看美丽的金菊园社区，更是别有一番韵味。社区紧邻北校区，地理位置优越，配套生活设施非常齐全。周围多条校内交通干道，可通向学校餐厅、教学楼、超市，非常方便学生生活、学习、用餐、购物。社区内白杨挺立、翠柳摇曳、青松傲雪、古槐飘香，四季风景宜人，鸟语花香，富有诗情画意。

玫瑰园社区： 位于学校南校区，因四周种植了姹紫嫣红、娇艳欲滴的玫瑰而得名。社区中心建筑呈南北走向，内部基础设施齐全，温馨舒适。中国美术家协会副主席、鲁迅美术学院院长韦尔申题写的墨宝奇石就坐落在社区路旁，在沁人心脾的玫瑰花中散发出独特的书香气息。楼宇之间有一片小广场，为学生活动提供了有效的空间。社区中心后身成排的白杨树下，设计了独具风情的露天烧烤区，区域内安放了壁炉和木质桌椅。毕业时节，同学们在此举办毕业聚会，把酒言欢，畅叙友情，依依惜别，感受真诚的友谊和家一样的温馨。社区西邻齿轮楼和体育场，北依绿岛湖和水晶宫图书馆，东接绿岛传媒中心，举目远眺，南面青山隐隐、景色秀丽。

百荷园社区：坐落于学校南校区，因怀抱绿岛湖荷塘而得名。荷花绽开之际，圣洁的花瓣绽放于湖面之上，风起碧波，荷香四溢，如此盛景常引得人们驻足观赏。在社区楼宇与绿岛湖中间的路旁有一块醒目的巨石，上面写着"百荷园"三个大字，由中国曲艺家协会副主席、辽宁省文联原副主席、剧作家崔凯所题。百荷园拥有着得天独厚的地理环境和人文风情。社区毗邻的绿岛传媒中心，是绿岛舆情研究所和影视制作基地。紧邻的南楼里面，建有芙蓉餐厅、中英茶室、百荷咖啡以及健身房等现代设施。周边的排球场、足球场、高尔夫球场、拓展基地等体育设施一应俱全。高耸的校训塔巍峨仁立不失威严，信步于此，微风拂过，仿佛能够听到铿锵校训，和湖边的琅琅书声共同组成了一曲动听的乐章。

学校的第一个社区园中园建立不久就迎来了中秋节。社区主任王鹏见大多数同学不能回家与亲人团圆，难免有思乡之情，就为社区里的同学们举办了入学后的第一个"中秋之夜"冷餐会，有饮品，有美食，还有师生一起表演节目。社区中心就像一个大家庭，老师和学生在家里忙前忙后。"实行社区管理模式，打破了学生学院、专业、年级的界限。刚搬到这个社区，学生们彼此有些陌生，作为一家之长，我希望借这个机会让大家相互认识，消除陌生感。""寂静的校园里只有'园中园'灯火通明，时不时传来欢声笑语，一份幸福感就在这个温暖的家中蔓延。"[37]

这里顺便提一下，作为绿岛第一个社区主任，没有现成经验可以借鉴，对于如何建设社区，则尚处在构想之中。于是，王鹏只得依自己对家的理解行事。"不希望社区里的孩子的大学生活留下遗憾，不希望我的学生整日窝在寝室里打网游、看韩剧。在虚拟世界中待的时间长了，孩子们变得不爱说话了，不善于交谈了。园中园社区中心举办各种活动，就是想要丰富大家的课余生活。我希望同学们能够走出来，多与自己的同学、老师交流，彼此分享新鲜资讯，这就是我想看到的。我希望自己能在最短的时间打造最具特色的社区活动。总之，希望同学们别把自己当外人，常来家里坐一坐。"

令人高兴的是，此后绿岛的六个社区，果然如他所言，学生们还真没把自己当外人，常在那里"做饭、上网、看书、下棋、谈心"，社区的组织架构也逐步完善，还成立了学生"自管会"，

37　李子嬇：《别把自己当外人，常来家里坐一坐——访"园中园"社区活动中心园长王鹏》，《白桦林》2014年9月第
　　22期，第13页。

开展"自我管理、自我教育、自我服务"。

2014 年 11 月，绿岛举办"最暖社区"评比，白桦园社区以高票当选。

下面，我们看看这个白桦园"暖"在哪里。

　　绿岛的冬天很冷，但白桦园社区却暖意浓浓。园长崔冰冰和辅导员康明媛、陈龙组织园区的学生干部到社区包饺子。他们提前从陈相镇买来食材。从下午 2 点开始，女生负责洗菜，男生负责剁馅，师生一起包饺子。大家一边包饺子一边聊天，聊各自的家乡，谈学校生活和感情问题。吃着热乎乎的饺子，大家都说，这饺子的味道是家乡的味道。"园区的学生干部来自不同的学院、不同的专业，彼此并不熟悉。为了更好地开展工作，最大限度地发挥学生干部的作用，我想先让学生干部之间熟络起来。同时也拉近我们之间的距离。""现在学生中流行'宅'，咱们的学生缺少沟通的兴趣。把学生干部调动起来，通过榜样的力量带动其他学生动起来。"崔冰冰老师说。

　　"我希望白桦园社区能够成为一处温暖的港湾。同学们有个头疼脑热，或者生活上遇到了困难，心里有了委屈事，可以来社区聊一聊。我和其他两位辅导员更愿意成为大家的生活帮手。"崔老师说，社区推出了微信公共平台，每天更新一些时事新闻和保暖的小贴士。

　　谈到园区的管理，崔冰冰说："我最初在金菊园工作，后来调到白桦园。刚过来的时候，我对寝室卫生要求比较严，同学们不太了解我，可能会有一些抵触情绪。"说到这儿，崔冰冰笑了笑说，迈过这道坎儿还真不易。"就好比气球，用力过猛就容易吹爆。"前不久，社区举办了最美寝室照片征集大赛，让同学们都晒一晒自己寝室的照片，互相比较。"那些寝室卫生总不达标的寝室，让他们自己看问题出在哪儿，这比你说100 遍都管用！"[38]

对于表现不好的学生，崔冰冰不喜欢通过处分来解决问题，而是有自己独到的办法。

9 号楼有一个寝室，住的是大三学生。这个寝室的卫生总是不合格，学生干部和辅导员多次批评教育，仍然没有改观。一天晚上，崔冰冰拿着刷子和洁厕灵走进这个寝室，二话不说，直

38　刘霞：《"老师带头干比说 100 遍管用！"——访"最暖社区"白桦园》，《白桦林》2014 年 12 月第 25 期，第 10 页。

奔卫生间，挽起袖子就刷马桶。见状，有个男生过来抢崔冰冰手里的刷子，崔冰冰不肯松手，那男生和另外几个同学只得一人拿一块抹布和她一起打扫卫生。

离开之前，寝室长对她说："崔老师，我保证我们寝室再也不会拖后腿。"

虽然白桦园被评为最"暖"社区，但其他社区也很"暖"，那里也有很多温暖的故事。

在学生们眼里，金菊园社区的"一家之长"侯树田是位亲切、和善的老师——看到有的学生把垃圾堆在楼道的角落，侯老师从不对他们大声呵斥，而是说："要打扫卫生吧，快去取扫帚，我在这里等你。"[39] 给学生一个台阶下，学生不反感，还能改掉坏习惯。

冬天天气寒冷，叫外卖的同学多了，侯老师总是不厌其烦地叮嘱学生："天气再冷，也不能躲在宿舍里冬眠，要多往食堂走走。外面卖的东西要少吃，不卫生，吃坏了肠胃，苦的只能是自己。"

金菊园的两位辅导员都姓周，一个叫周美君，一个叫周凤莲。一天晚上，8号楼的一个同学在宿舍呕吐不止，舍友们都吓坏了。正在值班的周美君闻讯赶来。当时，那位同学口吐白沫，四肢麻痹，全身起了红疹，几近昏迷。周老师立即拨通120急救电话。为了避免呕吐物回流呛到气管，她把那位同学侧卧放置，等待救护车的到来。同时，她及时把学生的情况通知他的父母。她从学生父母那里得知，这位同学对青霉素过敏。及时赶到的急救医生说："你们的急救手法和对病人过敏史的提示，对于抢救工作相当重要，因为稍有不慎，就会对患者造成二次伤害。"经周老师得当的急救和医生的治疗，那位同学很快康复。

在一次夜间巡楼时，周凤莲老师发现一名女学生没有回寝。她立即向学生家长询问情况。从家长那里得知，这位同学从小就患有心脏病，当天身上没有带药。正在她十分焦急的时候，接到一个电话。电话是另外一个同学打来的，那个同学在电话中说，她们一起拼车回学校，途中车被警察查扣，她的心脏本来就不好，一着急在交警队晕倒了，现正在送往医院急救。周老师急忙和医院联系，告知这个学生的病史，使她得到了及时医治，随即赶赴医院照顾学生。

开始接手宿舍楼的时候，两位周老师认真收集学生个人及家庭信息，希望多了解同学，能拉近彼此的距离并可以成为朋友，想不到在关键之时帮了大忙，足见对学生全面了解的重要性。所以，在绿岛，全面掌握学生的信息是辅导员的必备技能，"辨识学生"也成为学校辅导员岗位

---

[39] 李子嬿：《既是"家"也是"课堂"》，《白桦林》2014年11月第24期，第10页。

技能大赛的重要项目。

"她叫梁淼，会计学院16级会计专业，2017年6月搬到玫瑰园，这个孩子性格外向，热心帮助同学，现在是社区学生自管会成员。"

这是一名普通学生的个人信息，相信每一个智力正常的人，在一分钟之内就能将其记住并复述出来。但是，如果它仅是从2000名学生中随机抽出的30名中的一名，要求你在10分钟内通过辨认照片说出30名学生每人的全部信息，难度就可想而知了。

所以，在沈阳城市学院第四届辅导员岗位技能大赛"辨识学生"环节，当站在台上的玫瑰园社区主任李丽说出最后一名学生的基本信息之后，台下爆发出热烈的掌声。

"要求从大一到大四学生中抽出30名，说出他们的基本信息。我的社区总共2400余人，30人，我说错了4个。"[40]

最终，她被推举为"最强大脑"。

"玫瑰园社区大约有2000名学生，这个基数是其他社区的一倍甚至更多。每年新的学生住进宿舍，不到一个月她就能记住所有学生的姓名、专业、班级、籍贯，甚至家庭成员情况。全校的大四学生，虽然不常见面，但她都能说出他们的实习单位、工作近况。用李丽的话说，哪有社区大家长记不住自己孩子的。"[41]

李丽的大脑"最强"，日常工作也很出色。

"在学生眼中，李丽总能想学生所想，把工作做细。为了方便学生备战期末考试，玫瑰园社区开设了晚间自习室。'临近考试，学生经常在图书馆占不到座位，有些学生晚9点后还想继续学习，所以我们把社区一角重新进行了设计，留给需要的学生。'李丽给来社区自习室学习的学生准备了热水、电源、学习用品，还有免费Wi-Fi。社区自习室设立已经3年，深受学生欢迎。"

李丽的点子多，胆子大。大四学生毕业，积攒了四年的大量物品，不知如何处置。她提出可以搞个跳蚤市场，在社区外摆摊出售。"开始，学生们都不好意思，怕丢人。后来大家都习惯了。毕业生卖，大二、大三学生也参加，日常用品、教材，什么都卖，有人还卖电脑。"每年毕业季，她还在社区为毕业生举办烧烤晚会。

每次活动，学生们都做成视频，里面的文字，充满对学校的不舍和对社区老师组织这些活

40　引自2019年4月21日笔者与李丽的谈话记录。

41　穆琳：《"站好大四学生的最后一班岗"》，《白桦林》2018年3月第50期，第11页。

动的感谢。

2017 级传播学 1 班的孟竹君有这样的感受：

2017 年刚进入大学，"十一"国庆节期间很多同学都回家过节去了，我的寝室三个同学都是辽宁的，他们在和我告别后也都返程了，虽然有邀请我去他家做客的，但是也刚认识不久，我都婉言谢绝了，说自己"十一"期间另有安排，其实我都不知道"十一"要干吗，空荡的四人寝室，只剩下我自己。"十一"当天补习了一下电视剧《欢乐颂 2》，到了下午 4 点钟感觉很是无聊，和父母通了电话后，抱怨了一下东北离家太远，自己在寝室感觉空落落的，对着窗户发呆，这时寝室的门响了，一位女老师走进了房间。"我就知道你没走，和我去社区过节啊！"李丽老师笑呵呵地说，我当时有点蒙，也不知道去社区过节是什么意思，就和她一起去了。

来到社区中心，看到了几个我认识的南方孩子在和别的老师包饺子，还有几个学生干部在装扮社区中心，吹气球、挂灯笼、贴灯谜，挺热闹的。李老师和我走到了客厅，让我帮着调一下电视，看看有什么好节目，可能是知道我平时喜欢看电视剧。后来我也加入了做晚餐的行列，也认识了两个新朋友，我们一起洗青菜、和饺子馅、和面、擀皮，熟悉之后还拿面粉往脸上涂；包饺子大家的水平差异比较大，我平时在家经常帮着父母做家务，这个技能我是手到擒来，他们都很羡慕地看着我，我还故意装作若无其事，其实当时心里感觉非常开心，原来包饺子也能成为中心人物。后来我们把包好的饺子一起下锅，围坐在电视旁看东方卫视的演唱会，虽然都是天南海北的同学在一起，但是也有点在家过节的感觉了。[42]

由于在大学设立社区属国内首创，没有成功的经验可供学习、借鉴，社区的管理者和辅导员们只得"摸着石头过河"，因此，势必经历一个正确领悟徐伟浩建立社区的初衷、不断探索、及时纠偏、完善自我的过程。

设立社区伊始，徐伟浩要求社区的老师 24 小时在岗，为此，学校出台政策，给主动下社区

---

42 引自孟竹君的社区生活感受（未刊文）。

的学院辅导员不菲的待遇。可是，辅导员们应者寥寥。"一是住校值班让人难以接受；二是老师们认为难以发挥自身的专业优势，也偏离了主流印象里辅导员的工作范畴。"[43]而有的老师即使想在社区工作，也因为不被家人理解而离职。王志鑫是玫瑰园社区一名甘于奉献的辅导员，经常住校。一天，因为许多天没有回家，他的妻子和父亲来学校找他。见他正蹲在学生寝室的卫生间刷马桶，妻子哭了。回家后，家人劝他换个工作，他一再解释是在给学生做示范，但家人不肯接受他的说法，执意要求他更换工作。无奈，他只得离职。此后几年，社区的辅导员也陆续出现了类似情况。但是，这一切没有动摇徐伟浩的决心，社区辅导员与学生同住同生活的管理模式也一直不曾改变。

最难的还是教育理念和管理方式问题。虽然徐伟浩给社区提出了"安安全全、干干净净、温温馨馨、快快乐乐"的建设目标，但如何实现这一目标，却面临着重重困难。

那时，除了社区工作人员思想问题外，其他工作每迈出一步也异常艰难。比如，谁会想到，学生的内务竟然成了第一难题。新学期调整1500间老生寝室，任丹萍老师回忆："搬完寝室，辅导员和学生干部用了好长时间才把所有给新生预留的寝室打扫出来。"不仅如此，学生不按时归寝和违规使用电器的现象也比较严重。

为了扭转学生寝室脏、乱、差的情况，杜绝学生使用违章电器和晚归寝行为，主管社区工作的大学生服务中心开始研究对策，制定各项规章制度，强化管理，并于2015年争取了2个管理学分的考核权，即大学四年，每学年0.5学分，由品德修养、社区服务、社区活动、行为文明、生活能力5个方面构成考核绩点，共500个绩点，学期末修满300绩点为及格。

管理学分的实施立竿见影，当时负责学生宿舍管理的杨明军说："社区环境卫生、生活秩序有了很大改观。"

但是，实施管理学分也存在一些弊端。2015级一名女生向她的生活导师反映：不想在白桦园住了，想换个社区，因为每周都要求参加活动，不管喜不喜欢，都要去，每天都需要给社区的公众号点赞，留下截图才给加分，一次加10分，一次卫生不合格，就要扣50分，如果本学期的管理学分挂了，下学期还得做更多不想做的事情来弥补。

难怪这位同学不满，社区在实施管理学分的过程中确实出现了严重偏差。学分绩点考核不

43　李丽、刘海亮、何兴中：《春风化雨润万物，社区之家暖人心——社区建设小组汇报》。以下相关引文均出自于此，不特别标出。

但没有成为督促学生主动打扫寝室卫生，自觉规范生活秩序的有效办法，反倒成为强制学生参加社团活动和社区服务的砝码。

如此烦琐的管理办法，增加了辅导员的工作负担，强制性的学分使用，致使师生距离越来越疏远，学生对社区服务的满意度越来越低，本应充满人情味儿的社区几无温馨可言。

在社区互检中发生过这样一件事：其他社区的辅导员在玫瑰园一个女生寝室洗手间手盆下发现一个锅胆，四名学生表示，它没有加热底座，并未使用。但辅导员不容辩解，认定为违章使用电器。无奈，四个女生只得用抽签的方式决定谁来承担这个处分。那个不幸中签的女生，因为受到处分而失去评奖、评优的资格，玫瑰园社区也因此被扣分。

面对以上情况，社区的上级管理部门大学生服务中心不仅没有及时纠偏，反而继续"加码"，出台了"五星社区"考评体系。该体系分为3大考核类别、16个考核项、29个观测点，可谓面面俱到。在实施过程中，又采取了交叉互检的方式，自查问题不扣分，互检结果要记入考核成绩。造成联检时，其他社区的辅导员像挖矿一样翻箱倒柜，完全忽视了学生的感受。而为了考核加分，有的社区竟然弄虚作假——提前布置场景，组织学生围在一起包饺子、下象棋、在书架前翻阅杂志。

由于"对建设社区之家的理念理解不透彻，没有发挥社区中心的育人功能，社区主任的家长职责没有具体体现，工作方法简单粗暴，以管代教，距离亲情式的关怀相距甚远，不了解学生的实际需求，对考核缺乏过程管理，对辅导员缺乏必要的培训"，所以，距离建设社区之家的目标越来越远，辅导员与学生之间情感疏离，个别辅导员甚至与学生发生了冲突。

有一次，社区组织篮球赛，某位辅导员老师请一名学生给本社区做指导。第一次开会，那位学生说学院有事来不了，从中午推到下午。到了下午，队员都来了那位学生还没来，说班级开会没结束，实在无法脱身。这位老师一听顿时火了，当即遣散队员。晚上，这位老师查寝走进那位同学的寝室，见地上有烟蒂，当即表示扣除管理学分，还得给处分。那位同学急忙下床，边承认错误，请求老师给一个改过的机会，边让室友收拾地上的烟蒂。那位老师不为所动，厉声说道："在寝室吸烟是违规行为，给什么机会？！"并当场决定扣除管理学分，写检讨，给警告处分！那位同学以为老师如此不讲情面，是因为白天篮球队的事惹他不高兴，也来了脾气，"你这是公报私仇！因为一个烟蒂就给校级处分，太过分了吧！再说，你看到我们抽烟了吗？"那位老师见他竟然当面顶撞，更是火冒三丈，两人大声地吵了起来。

以上现象的出现，引发了徐伟浩对学生工作的一番思考：为什么我们对学生像对待自己的孩子一样百般呵护，他们还对学校不满？他认为，是学校的学生管理，具体说来，是与学生联系最密切的辅导员的工作出了问题：方法简单，动辄扣分，服务变成了管理，管理演变成强制，致使学生与学校的情感产生疏离。

为此，学校召开全校辅导员座谈会。会上，校长于存雷首先公布了一个数据：在绿岛，平均五个学生里就有一个身上背着处分，其中三分之二的处分来自社区。那天徐伟浩非常生气，他声色俱厉地质问："你们在汇报工作时，口口声声说要爱生如子，可在现实中，有哪一个把学生当成自己孩子或者是当成亲弟弟妹妹了？开除一个学生像踩死一只蚂蚁一样轻松！不到万人的学校，竟然有近2000人次受过处分，这足以证明什么叫以罚代教。"当时会场静得厉害，所有辅导员都低着头，陷入了深思。随后，他将学生工作中出现的各类问题概括为十六个字："简单粗暴、滥用职权、敷衍推诿、冷漠刻薄"。要求辅导员们警醒、反思，及时整改，并要求他们对日后自己的工作提出相对应的十六个字。会上，他当场宣布取消管理学分。

这场大会，让人时隔多年，仍记忆犹新，据当时的园中园社区主任李丽回忆说："简单粗暴、滥用职权、敷衍推诿、冷漠刻薄，这十六个字可谓是字字诛心，即使是部分学生的意见也足以证明社区工作还有很多不完善的地方。管理学分是一把双刃剑，如果使用不当，就会从规范学生行为养成变成了压榨学生精神的魔手，使主动的关怀和服务变成了学生的被动接受。这也偏离了社区建立的初衷，忽视了学生内心感受。"

平心而论，徐伟浩对辅导员工作的十六字评价，有些言重了，这或许只是个别人的个别现象，但它的"重"却给辅导员们以极大震动。会议结束后，他们纷纷躬身自省，查找自身存在的问题，也逐一对照十六字评价，拟出了日后警示自己的十六个字。如："细致和善、张弛有度、勇于担当、真情关爱""诲人不倦、忠于职守、责有攸归、良师益友""精耕细作、刚正廉明、尽职尽责、热忱关怀""细致耐心、公平公正、认真负责、热情奉献"等。

"这次会议对于社区发展意义重大，可以说是历史的转折点。之前我们为了让学生走出寝室，总是绞尽脑汁组织各种活动，每周活动多达10多场，为了促使学生积极参与，我们就将参加活动作为学生的加分方式，其实忽略了学生感受，学生累得苦不堪言。为了寝室内务保持干净整洁，我们用减分的方式来制约学生，忽视了学生的习惯养成教育，因为学生们是被动的，他们不喜欢，可学生越不去做，老师越想让他们去做，形成了恶性循环。""随着管理学分的取消，社区活动以质量吸引学生自愿参加，活动数量不再纳入绩效考核，再也没有简单粗暴的工作方式，学生能更合理地安排学习和生活的时间。凭兴趣爱好选择社团活动，这是对学生和老师的双重减负。

老师走访寝室时更加注重与学生的情感交流，开展活动更加考虑学生的感受，学生们表示轻松了很多。"

讲述绿岛社区的故事，有一个名字不能不提，她就是王晓益。

王晓益在社区工作了五年。先后担任梧桐园辅导员和社区主任，2013年，她负责的6号楼学生公寓，获得"辽宁省文明大学生宿舍"荣誉称号，2014年，梧桐园社区被学校评为"最暖社区"，同年11月，她被选为苏家屯区人大代表。

她的最大感悟是"一个没有爱的家庭是不完整的家庭，一个没有亲情的家庭是不和谐的家庭"。

梧桐园社区共有学生1548名，来自三个学院，三个年级。王晓益通过建档很快了解了782个女生、766个男生的基本信息——他们的家乡、爱好特长、生活习惯以及家长的联系方式。她想出各种办法用爱和亲情把社区的同学们聚在一起。每周三下午，她都在社区组织学生开设针织小讲学和十字绣课堂。没课的时候，同学们都喜欢到这里来看书、学习、下棋、聊天。节假日，王晓益经常带着家远的学生们包饺子，或者做几道各自的家乡菜。

日常走访寝室，发现学生生病请假，她总是询问学生的情况，熬粥、煮面条、熬红糖姜水送到他们的寝室，或及时送医。2015年4月，学生邱某患急性肾结石，医生建议他饮食要清淡、少盐。得知这一情况，王晓益给这个学生做了四天小米粥、面条和炒青菜，直到学生康复。

新生军训，很多学生的军训服开线，她早早准备好针线盒，和同事们一起给学生缝衣服。她还定期统计学生的生日，准备一个煮鸡蛋，在鸡蛋上贴上一个写满祝福语的便利贴，悄悄地送到学生寝室，令学生又惊喜、又感动。

同学们喜欢她、信任她，甚至依恋她，室友发生矛盾、失恋、情绪不好、学习上遇到难题，总之，遇到难心事，他们都来社区办公室和她聊。

来自贵州的学生周某，幼年时父母离异，此后，父亲三次结婚，母亲也再次嫁人，家人除了保证他的生活费，对他不管不问，他给母亲打电话，正在打麻将的母亲颇不耐烦，而父亲则把他交由继母管理。周某失去亲情和关爱，倍感生活无望，一天，他对同学说不想活了，尔后爬上宿舍楼的顶层，被同学发现，把他抱住了，随后打电话给王晓益。王晓益立即赶了过去，把他带到社区，安排他暂时住在社区，同时联系他所在学院的辅导员和学校的心理咨询教师。他们轮流陪伴周某，对他做心理疏导。王晓益为他准备了面包和牛奶。晚上，她和另一个辅导员寸步不离地守护着周某，和他聊天，以稳定他的情绪。经过王晓益和同事的精心陪护和疏导，周某终于从负面情绪中走了出来。毕业前他来到社区，对王晓益和老师们给予他的帮助表示真诚的感谢。

因工作调动，2017年5月21日是王晓益在梧桐园的最后一天。晚上11点30分，学生林某患急性胃肠炎，要自己去医院。王晓益担心他自己去不安全，就陪着他一起去了医院。到了医院，王晓益跑前跑后，挂号、联系医生。输液时，学生因为体质虚弱睡着了。她坐在他的身边盯着输液袋，直到打完针。回到学校已是凌晨3点。"在社区，这种事是家常便饭，陪学生去医院，每年都得二三十次，2016年新生军训期间，17个小时内，我去了三次医院。那些年，学校周边的医院都去遍了。"[44]

同学们发自内心地在微信中给她留言："晓益姐，有你在，天总是那么蓝，空气总是那么新鲜，社区总是那么温暖，我的社区我的家，未来的大学日子，我们愿与你一起共同建设这个家！"

2018年，在全校思想政治工作会议上，王晓益作为优秀辅导员代表交流了育人工作的经验和体会，她说："社区真正的主人是学生，我们是主导而学生是主体，我们所做的一切是让学生成长起来，我们与真正家长不同之处就在于让学生当家作主！"

其实，这正是徐伟浩建设学生社区的意义所在——以学生为本。

笔者看到了学校2014年下发的一份文件，《沈阳城市学院学生社区自我管理委员会管理办法》。从办法中可以看出，学校大胆地放手让学生在社区中"当家作主"，学生参与社区方方面面的管理。从日常安全、卫生检查到生活设施维护维修，从学生行为管理到思想政治教育，从规章制度制定到社区文化建设，学生自管会都参与其中。学生在参与管理的过程中，提升了情商和执行力，学会了如何与形形色色的同学打交道，也锻炼了管理能力。

对此，曾任园中园社区副主任的韩旭的最大感悟是"每个人都是园中园的主人，每个人都能在这里找到快乐和温暖。我赋予学生更多的权利，更好地实现学生自我管理、自我服务。同学们在这里还能学到生活技能，社区中心提供炉灶，大家可以体验到切磋厨艺的乐趣，还能通过社区举办的各种活动，学会关爱同学，培养奉献精神"。

在园中园社区，男生们自愿组成"送水队"，为女生提供送桶装水服务。社区自管会推出"男神活动季免费安装电脑"——最初是为了帮助大一学生安装调试电脑，方便他们选课和学习，

44　引自2019年4月12日笔者与王晓益的谈话记录。

现在社区内只要有安装电脑需求的同学，都可以联系自管会学生。还有社区音乐 party，同学们可以尽情地展示自己的才艺。

"用古板教条的方法去管理学生，那是最糟糕的工作方法。社区辅导员要尊重学生，学会将心比心，用行动去感化学生。只有这样，社区之家才是学生真正的家。而我们，才能成为学生认可的社区大家长。"

2016 级学生于释清在搬离园中园社区时给老师写了一封信，里面是这样写的：

> 我们相识于 2018 年 9 月，10 个月里我们有开心也有不愉快，但是您的出现不仅让我知道了怎样做人，怎么做事，而且让我学会了担当，懂得了珍惜……我这三年的青春大部分都留给了社区中心，因为在这里不仅有快乐和成长，还给我留下了太多的暖心回忆，在我印象里，社区厨房做出的饭永远是最香最可口的。

现在，学生处、团委、社区服务中心都设置了学生干部岗位，让学生在管理实践中得到历练和成长。

由于篇幅所限，绿岛社区故事的讲述只得就此打住。前面提到，绿岛对学生宿舍采取社区式管理，在全国高校是首创。笔者认为，它的难得之处在于，在很难出彩的学生宿舍管理上，绿岛做出了一篇大文章——创建社区，将其打造成一个"安安全全、干干净净、温温馨馨、快快乐乐"的家庭式的育人环境。

据了解，绿岛学生对社区工作的满意度高达 99.5%，这在中国高校中已实属难得。可徐伟浩认为，社区建设还任重道远，"我们要建立的学生社区，既不是书院也不是学院，而是学生的生活之家。要通过全天候管理、贴身式服务、家庭式教育，使学生学会做人做事，有教养、有涵养、有素养；社区要成立学生自管会，有楼长、楼层长、寝室长，通过自我服务、自我管理、自我教育，实现'我的社区我的家'。可以说，学生社区是绿岛的一种独创，它的好处和积极作用已初露端倪。但关于理想社区的模样，我们还在不断地探索和完善"。

三个"保姆"

前面，我们介绍了绿岛的通识教育、体育俱乐部、美育艺术团、劳动周、学生社区，可视其为"育人"的五个创新，那么，它的第六个创新，就是建立"导师—班主任—辅导员"三位一体的育人体系，把立德树人落到实处。

具体做法是：学校为每8名大一同学配备一名生活导师。导师通过有针对性地讲授导师课和广泛开展师生交流，帮助大一新生尽快熟悉和融入大学生活，及时解决他们进入大学后遇到的各种问题和困难，顺利完成从高中到大学的身份转变。

学校为每个班级配备一名专业班主任。班主任通过深入了解每一个学生的个性和特点，结合专业背景和学业完成情况，深入细致地开展思想政治工作，组织开展丰富多彩的班级活动，培育良好的班风和学风，帮助学生端正学习态度，树立专业思想，制定好学业完成计划和职业发展规划，引领学生成人成才。

学校为每个年级配备一名政治辅导员。辅导员通过规划设计和组织开展各类主题教育活动，贯彻落实党的教育方针和学校各项教育任务，营造良好的学习氛围和成长环境，引领学生树立远大理想，追求政治进步，成为社会主义事业建设者和接班人。

称这一做法为"创新"，主要是指其中的"导师制"。

我们知道，大学中的导师，主要是对在研究生阶段为学生的学业及学术研究给予指导的教师的称谓，并且导师的资格需要特殊认定。绿岛的导师则不然。在这里，校方要求从董事局主席、校长到每位普通教师，都要担任导师，成为学生在校期间的监护人，具体工作是"上课、吃饭、聊天"。

"上课"是指导师课。学校将导师课作为"思想道德修养与法律基础"课的实践内容，纳入教学计划，记1个学分，每月最后一个周三下午组织全体新生上导师课，全体导师以座谈、散步、讨论等形式与所带学生促膝交流，结合学生成长需要，理论联系实际，帮助学生顺利融入大学生活。

一学年共8次的导师课授课内容，学校做了统一设计，它们是"我的大学我的梦""自主学动手学""校训激励我前行""家国情怀感恩心""我的社区我的家""我憧憬的友情与爱情""遵守校规校纪做合格大学生""大学学业与职业规划"。这些课根据学生们的实际需要，结合授课主题，精心设计了课程内容和谈话提纲，供老师们参考。比如，"我的大学我的梦"：

教学目标：通过学习讨论，帮助学生了解学校的基本情况、基本主张和基本做法，熟悉学校的办学理念、办学思想和人才培养模式，引导学生珍惜大学时光，放飞理想，追逐梦想，苦练本领，奋发成才，成为中国特色社会主义事业的合格建设者和可靠接班人。

教学内容：1. 学校基本情况：历史沿革、办学条件、人才培养、应用研究、国际交流、办学成就。2. 学校基本主张：办学理念、办学思想、校训精神、校园文化、教育观念。3. 学校基本做法：落实立德树人根本任务，创设"五育"并举的育人机制、落实应用型人才培养目标，构建能力导向的专业培养体系。4. 放飞理想，追逐梦想（现实例子）。5. 梦在远方，路在脚下（未来规划）。

考核方式：要求导师课后，每名学生要完成一篇5000字的导师课论文，上传到导师圈，导师要为每篇论文写出200字以上评语。

"吃饭"是指"导师宴"。学校为鼓励导师加强与学生的紧密接触和感情沟通，要求导师要请学生吃饭。这个内容是徐伟浩后来提出加上的。他在担任第一届学生导师时，由于工作忙，只好利用吃饭时间和学生交流谈心。后来他发现吃饭是最好的沟通方式，在饭桌上，人们很容易拉近距离，进行无拘无束的交流谈话，建立融洽和谐的关系。于是他提议在导师工作中增加导师宴的内容，要求导师每学期都要与学生聚餐，形式不限，可以在校内餐厅，也可以在校外酒店，也可以自己动手野外聚餐。为此，学校每年除了为导师发放工作津贴外，还为每名导师发放600元聚餐补助，直接打到导师的校园卡里。全校300多名导师，仅此一项，学校每年增加经费支出20多万元。事实证明，导师宴极大地密切了师生之间的关系。现在的绿岛，老师请学生聚餐已成了家常便饭，朋友圈里，经常可以看到学生们晒他们师生聚会的幸福照。

"聊天"主要指"导师圈"。学校为加强师生间的紧密接触，开辟了以"V绿岛"为载体的网上交流平台，为每位导师和学生建立了导师圈和微信群，师生可以在不能见面的情况下通过网络随时随地进行沟通交流，实现上传论文、照片、评论、讨论等功能。同时，学校也可以通过导师圈了解和掌握导师工作开展的情况，对导师工作进行指导考核、经验推广和有效管理。

实施导师制，新学期的校园呈现一派生动景象：湖畔边、林荫下、草坪上、咖啡吧、茶艺室，导师和学生围坐在一起轻松交谈；大小餐厅因导师宴而爆满（需提前数日预订才可得到座位），席间不时传来师生们的欢声笑语。

"今天很开心，和大学里的新朋友们在杨老师的带领下在吖咪火锅吃了火锅，火锅咕噜咕噜，快乐呼噜呼噜。这也太快乐了吧。"（张启慧、吕杨波、杨晨、罗恒治和导师杨东旭一起聚餐时发的朋友圈。）

"今天和导师一起吃饭，大家一起聊了聊身边最近发生的事儿，还对未来的大学生活做了规划，一起分享有意思的故事，感谢导师和大家的陪伴。"（王官平、王佳乐、唐斌强和乔岳罡老师的导师圈。）

"在这一年的最后一天，跟老师去万达吃了一顿烤肉，餐桌上，老师和我们回顾了这一年的经历，并且希望明年扬帆起航，加足马力，开心每一天。"（叶婷婷、皮可欣和马晨老师的导师圈。）

下面我们来看看其中的一位导师是如何做的。

2013年9月28日，在沈阳城市学院开学典礼拜师仪式上，8名学生簇拥在导师刘迎初书记身旁，刘书记仔细地询问学生们家里的情况和入学情况。随后带着学生来到咖啡厅一起聊天，认真听着每位学生的自我介绍，细心地记下每位学生的电话和家长的电话。他们不知道，远在北京开会的刘书记提前返回学校，只为参加开学典礼，在拜师会与大家见上一面。

晚风徐凉，刘书记的一句"我对你们会比对我儿子好一点"萦绕在学生的耳畔。在这个陌生的环境，8名来自全国各地的学生找到一份精神上的寄托和慈父般的关爱。后来同学们才知道刘书记是沈阳市委原副书记、政协副主席、校董事局独立董事。

9月19日中秋佳节，围坐在绿岛湖畔，9月的秋风吹皱了湖面，吹散了思乡的情怀。刘书记准备了月饼和水果，看到孩子们有些拘谨，刘书记第一个拿起月饼，笑着说："这可是北方的月饼哦，皮厚，馅硬，不添加防腐剂！"大家一下子都笑了，同学们谈着各自的大学计划，刘书记不时地提出他的建议。

为了让同学们写好论文，他亲自到书店购买了参考书，并在书上题词。花甲年纪的他为学生逐字批改论文，有的论文他写下近千字的评语，他语重心长地对同学们说："如果以学生的水平角度评价你们的文章，那很好很精彩，但是作为你们的导师，你们的家长，我有必要为你们今后考虑，我要求你们所写的文章，是你们今后走上工作岗位所需要的，是社会所认可的。"

别样的生日，特殊的礼物："祝你生日快乐，祝你生日快乐……"伴着生日歌，导师刘迎初推着点着蜡烛的生日蛋糕车走进了KTV，微笑着说："王颖同学，祝你生日快乐！"王颖一下子惊呆了，还没有回过神，就被导师和同学们围在中央，王颖满脸通红："太感动了，我都不记得今天过生日，这是我过得最有意义的18岁生日……"她闭上双眼在心中默默地许下生日愿望。

这一天，2013年11月30日，来自文法学院和建工学院的8名学生一起聚餐、逛北陵，过了最难忘的一天，而这，是他们的导师刘迎初书记精心策划的。生日会以"礼赞生命，共享快乐"为主题。当同学们唱完生日歌后，刘书记拿出一个记事本给王颖，让王颖朗诵上面的内容："人生旅途中，平坦顺畅也好，泥泞坎坷也罢，都应坦然面对，因为这个世界本不存在极乐天堂，我们所能做的只是爬起来比跌倒多一次，用汗水代替泪水，用昂扬的生活姿态去创造精彩的生命旅途。"这段话是张颖写在论文《论生命与生活》中的，刘书记摘录了下来，随后，每名同学都上前朗诵一段"语录"，同学们被"自己"感动了，更被导师的良苦用心感动了。

这一天是周六，初冬的清晨有些微冷。刘迎初书记开着自己的车早早地来到学校，载着同学们向北陵公园进发。在车上，刘书记就像一位老导游，开一路车讲了一路，他希望同学们认识沈城，认识这座历史与现代结合的"东北重镇"，珍惜在沈阳的学习生活。梦想与生活息息相关，热爱生活，就离梦想更进一步。[45]

刘迎初对学生们生活上的关爱，令人感动，他批改学生论文的认真、负责态度，更是令人

---

45 《我和我的导师刘迎初》，学校官微。

敬佩。

从校方提供的材料可知，他负责的 8 名学生为 8 次课所写的 64 篇论文，他篇篇仔细阅读，并逐一写下评语，如上文所说，有的评语竟达千字。让我们来看看这篇为胡盛然同学论文所写的评语。

盛然：周四晚上一到家，就看到了你"梦文"的修改稿，很好，很完整。所书所写，全是自己的奋斗历程、心路历程和对现实的选择、对未来的期许、对人生的思考与展望。至于你所用文题及文体不同一般，自己也觉得不像一篇规范意义上的《我的大学我的梦》。我倒是觉得这与你高考前后的特殊经历有关，是真实思想与心态的一种情难自禁的表露。按照学校要求，对你的未定稿我曾提出过明确和具体的修改建议，修改稿基本上都已采纳。但也有不足，一是题目没改，不合命题作文规范。二是第一章太长，与其余三章不成比例。三是附录所放位置欠妥，不应成为文中内容。不过这都是小毛病。

今天，是沈阳解放 65 周年纪念日。我怕你忍痛割爱难下手，便借助当年人民解放军解放沈阳的锐气，对上述不足帮你动了点"手术"，主要是（一）将总文题改成了《我的大学我的梦》，而将你钟爱的那两句诗，即"落花不言婉辞树，流水无情巧入池"移至卷首，作为领衔开头语，这样既合校规，也合文意，似更为贴切。（二）将文中两篇附文全部移至全文之后，其内容只在文中点到为止，这样既缩短了第一章的篇幅，解决了篇章结构失衡的问题，也遵循了附录附后的行文要求。（三）对个别段落的文字做了前后位移，对第二章、第四章的标题，各改了一个字，即将"那些人"改为"那个人"，因为文中只写了海伦一个人；将"我的情"改为了"我的梦"，因为情到深处就是梦，这样就扣上了主题。此外，对第四章中在你决心要做有心的人、做执着的人之后，加了一个"人"，即要做能够仰望天空和脚踏实地的人，这样改后，就既有对过去感恩的记忆，也有对未来追求的执着，还有对当下、眼下和足下的行为规划与打算。从远到近，从高到低，从虚到实，三个范畴，两个方面，有机结合，浑然统一于你寻梦追梦的绿岛生活和大学的实践，最终接了地气。

以上"手术"，动得是否妥当、是否成功，现将我的阅改发去，请你酌定。

盛然：我理解你在人生道路上所经受跌宕起伏后的心情，我更欣赏你面对现实、勇往直前的气度。导师衷心祝愿你像你在卷首语中所说的那样："昨天再美好，终究压缩成今天的回忆；我们再无奈，也阻挡不了时间匆忙的步履；今天再精彩，也会拼凑成明天的历史；我们再执着，也拒绝不了岁月赋予的伤痕。我们想念昨天，是因为它溶解了一切美好的向往和所有的追求。过去已然定格，事实必须面对，就让它尘封吧。努力书写今天，让明天的怀念多一些亮色！" [46]

这是一篇精彩的评语，从中可以看出，导师对所评论文极为熟悉，写作态度极为认真，点评极为精当、到位，亲自操刀的"手术"，也允当、得体。

翻阅刘迎初所写64篇评语，你会发现，刘迎初评语的上述特点，几乎在每一篇评语中都可以见到。比如，每位学生的每篇论文，他都审读两遍以上，每篇评语都在800字以上，有的超过1000字，所有点评都准确、中肯。

同时带8个学生，每年指导64篇论文，并且对每篇论文精心指导、逐一点评，甚至亲自动手修改，这样的导师，即使在研究生、博士生导师中也极为少见。

所以，有这样的好老师是绿岛学生们的幸运，正如胡盛然记叙刘迎初导师一文的题记所写："一位好的老师是你人生路上的一盏明灯，会为你带来希望，带来爱心，带来温暖。" [47]

而在刘迎初看来，帮助学生成才，是教师的责任，因此，每每提起他的学生，刘书记总是说："孩子们都挺好的，当成自己的孩子一样对待，为将来的成功打下基础，这是当老师的本分。"

刘迎初的敬业精神为绿岛的老师们树立了榜样，他们也像他一样，把学生当成孩子、弟弟妹妹、知心朋友，用情感、希望温暖他们，在学业上帮助他们。在师生间这种愉悦、放松、融洽的关系中，老师更爱自己的学生，学生更尊重他们的老师，师生互相学习，互相促进，逐渐形成了教学相长的师生关系。

因此，导师成了学生们的最爱。

那么，导师课的哪些内容给这些同学留下深刻印象？

在酒店管理学院的殷晓丹看来，是轻松愉快的学习氛围。

让我印象深刻的课是我们学校的导师课。给我们寝室上课的导师是一位很有气质也

---

[46] 引自导师刘迎初为学生胡盛然的论文《我的大学我的梦》所写的评语。

[47] 胡盛然：《我们的导师、家长和好朋友！——记导师刘迎初》，《白桦林》2013年2月第17期，第10页。

很漂亮的女老师，除了我们寝室，其他四个男生是我们的同班同学。在上第一节导师课前，我们都很紧张也很激动，因为未知，所以我们很期待见到我们的导师。本以为导师课是很乏味枯燥的，但我们上的第一次导师课地点居然是在百荷咖啡。老师为大家买了冰淇淋和奶茶，把桌子拼到了一起，椅子围了一圈，大家围坐在一起，这种感觉就很温暖，很放松，让我很期待我们的导师课。我们一边吃冰淇淋，老师一边讲着导师课的意义与本次课的主题，讲完几个小点内容的时候，就找些其他的话题和我们聊。那天她问了我们许多专业课方面的事，又问了许多生活上的事，我们和她聊的所有话题，她都会做出她的评价，与我们讨论她的想法。那一节课是我上过最轻松的一堂课，在轻松愉快的氛围中学习了知识。[48]

语言文化学院的王熠认为，他从中理解了大学里新学习方法的作用与意义。

让我获益匪浅的一堂课是主题为"自主学、动手学"的导师课。大学里有许多不同于以前的学习形式，其中有小组学习，要求每个小组成员上台汇报。一开始我很不理解，因为我不喜欢上台展示，有些自卑，被那么多人注视会非常紧张。这一次的导师课让我明白了学校的良苦用心。自主学和动手学对于学生来说是一种积极主动的学习方式，能够锻炼学生的自我学习能力和实践动手能力。我已经是一个大学生了，我所要学习的都是为了以后步入社会能更好地适应社会，这种个人展示就是一种自我能力的锻炼，它不仅仅能够提升自己的自信心，还是对自己所掌握的知识的一种运用，所以这一节课让我理解了大学里新学习方法的作用与意义。[49]

商学院的胡靖表示，她从中学会了感恩。

常言道"十年树木，百年树人"，导师也是我们灵魂的工程师。导师课所学看似最普通的为人处世之道，但其中却蕴含着丰富的哲理。在众多导师课程里，令我感触最深的是一次主题为"家国情怀感恩心"的导师课。导师首先引入一个关于感恩的小故事，随后向我们讲了一些个人生活经历，也让我们聊了些来自生活中的小故事。导师总是以最幽默、最通俗易懂的方式让我们明白生活的真谛。通过这节课，我感受到了生活中值得我们感恩的事太多，无论是父母的无私奉献，还是朋友的真诚相待，甚至是你饥

48　引自殷晓丹导师课学习感受（未刊文）。

49　引自王熠导师课学习感受（未刊文）。

饿时的一个馒头，你失败时的一句鼓励，或是那些伤害过你但却让你成长的人，这一切的一切都值得我们带着感恩之情对待。与此同时，我也怀着一颗感恩的心去感谢那个给予我们人生智慧的导师。[50]

徐伟浩说，从运行的情况看，导师制的效果还不错，主题讲座丰富了他们的知识，师生近距离交往拉近了老师和学生的关系，大事小情都有人管，给学生以家的感觉，8篇论文写作锻炼了学生的写作能力。

"导师—班主任—辅导员"三位一体育人体系中的第二位，是班主任。在我国的学校中，一般只在小学和中学设班主任，大学设班主任一般都是名义上，不太管具体事。绿岛不仅设班主任，而且像小学、中学一样，班主任工作还非常具体，不仅有工作职责，还有工作要求。

绿岛班主任的职责，简单概括，即通过言传身教、规划指导，营造良好的学习环境和专业氛围，引领学生成人成才。

要求班主任每月至少召开一次班会，班会主题和内容由班主任结合实际自定；每周一篇工作日志；每月与每位同学谈话至少一次；实时关注班级同学的思想动态，及时沟通和处理，并与年级辅导员联系。

从绿岛的班主任工作实践看，他们确实在认真完成上述工作要求。但深入了解绿岛的班主任工作之后，你会发现，上述要求远远不是他们工作的全部。即是说，要履行"通过言传身教、规划指导，营造良好的学习环境和专业氛围，引领学生成人成才"，他们需要做大量的其他工作。这"大量的其他工作"，与他们对"育人"的理解有关。

在绿岛人看来，"育人"的含义不仅在于通过教育，使学生在德、智、体、美、劳五个方面获得全面发展，它还应包含着对学生的关爱和呵护。这种关爱和呵护，包括生活的、身体的和心理的，导师制的实施，就是出于这样的考量，班主任也是如此，只是，导师主管8个人，班主任负责一个班。

所以，绿岛的优秀班主任，既关注学生的学习、学业，更关心学生的身心健康。

2011年4月，刚刚硕士毕业的姜娇来到绿岛的机电工程学院，成为一名专业课教师。

"第一次同院长见面，他对我说：'我们学校非常重视育人工作，每位教师都要承担班主任工作，10机自3班的前班主任由于工作变动离职了，由你来接手这个班。除要做好专业教师的工作外，班主任工作也要重视起来，认真干，这也是我们绿岛老师的本职工作。'"[51]

虽然院长说得很清楚，但在她看来，当班主任无非就是一学期开几次会，与学生见个面，而自己的工作重心还得放在认真备课上，因为那才是她的本职工作。所以，她打算按照学校的要求按时开班会，定期与辅导员沟通班级情况，而将更多的精力放在备课上。

可是，不久就出现了意想不到的情况：每天辅导员在学院工作群里公布前一天未出早操的名单，总会有她班的学生上榜；每周班级分担区卫生评比，在全年级七个班中，她的班总是排在后面；同办公室的教师反映，她班有几名活跃分子上课纪律较差。"管还是不管？我一直犹豫。"虽然不太重视班主任工作，但是，面对每天"上榜"，老师"投诉"，她无法无动于衷。"管，该怎么管？像高中教师那样严厉地批评一顿？恐怕没什么好效果，毕竟他们是大学生，心智成熟了些，一味地严厉，估计他们会把我'屏蔽'掉，再也走不进他们的世界。"于是，她决定先找班长聊聊，了解一下班里的情况。

从班长那里得知，这个班级的同学一直很团结，很有凝聚力，班风和学风也都不错，只是前任班主任离职后，学校没来得及安排班主任，大家的心有点散，几名懒惰一点的同学放松了对自己的要求，沉迷游戏，不积极参加班级活动，学习成绩也大幅度下降。最后他说："老师，班级现在虽然出现了一些问题，但是我是有信心的，因为我们现在有你了。我一定配合你把班级管好。""看着他那真诚的眼神，我顿时感到一个班主任的责任。我激动地说：'放心，咱们班一定会好起来的，有我呢，咱们一起加油！'"

说来也巧，那时，学校正在召开进一步深化班主任工作会议，并将她所在的机电工程学院列为试点单位。"这无疑给我打了一针强心剂，我下定决心，重新认识和开展班主任工作。"从哪入手呢？"我觉得要想走进学生的内心，必须和他们成为朋友。"于是，她决定每天都去寝室看看他们。"下班后，我买些水果，来到学生寝室，和他们聊天。"她发现，每次去寝室，那几名经常"上榜"的同学总是在玩游戏。她没批评、制止，而是说："总打游戏，电脑受不了，你们的眼睛也受不了啊！"见她这样说，那几个同学急忙把电脑关了。交谈中他们说，其实也想

好好学习，但是玩上游戏就把学习抛到脑后，因此专业课落得挺多，现在已经到了期中，老师上课讲得有点跟不上了。听他们这样一说，她顿时感觉找到了抓手，连忙表示：只要你们几个想学，以前落下的我全部给你们辅导到位，争取两个星期跟上老师的进度。那几个同学非常高兴，纷纷表示，一定跟着她好好学。于是，她开设了一个"小课堂"，为班级的同学答疑解惑。

此举，使学生的成绩有了明显提高，更令她欣喜的是，通过与学生的密切接触，她能及时地了解他们的各种状况，并及时处理：发烧了，带他们去医院；失恋了，陪他们说说话，去操场上散散心；和父母闹矛盾了，及时地与家长联系，化解他们之间的误会，让学生们学会感恩。"我逐渐发现，班主任工作真的不是开开班会、写写总结那么简单，你要付出爱心，去细心关心你的学生。而当学生们亲切地叫我'娇姐'时，我体会到了难以言表的喜悦，这更激励我把这项工作做好、做细。"

期末前一个月，她发现班里一个性格内向的学生不太愿意与她交流。一天，她来到那个学生的寝室，见桌子上摆着一把吉他，一问才知道，班里正在组建自己的乐队，那个学生是吉他手，现在乐队缺一个主唱。"我毛遂自荐，担当我们班'酒淋后'乐队的主唱。"此后，她经常参加他们的排练。通过音乐，她打开了那个内向男孩子的心。"其实，我从来没当过什么主唱，不过是为了走近他们，愿意去尝试。"在当年元旦晚会上，她的一曲《我相信》让整个班级沸腾。"那种感觉，现在想起来仍激动不已。"

通过近一个学期的努力，班级的班风和学风都有了很大改善，她和学生们已成为朋友。

2013年，在担任班主任的第二个年头，她收获了一份学生带给她的感动。那年，怀孕五个月的她由于身体虚弱，上课时突然晕倒。见状，班里所有同学都围了过来，几个男生把她扶起，有的去喊老师，有的说赶紧让老师喝水，有的喊：谁有糖，让老师含着能好一些。还有的大声喊道：大家别围得太紧，给老师多留一点新鲜空气。"当我清醒过来的时候，看到大家那一双双焦急的眼睛，我笑了，发自内心地笑了，我的孩子们长大了！"

2014年7月，她的第一批学生就要毕业了。正在休产假的她不顾家人的劝阻，来到学校，与她那33个可爱的学生不舍地留影告别。

"如今是我在沈阳城市学院的第八个年头了，班主任工作也一直没有停歇，每逢教师节、新春佳节这样的特殊日子，都会收到来自五湖四海的学生们真心的祝福，我想这才是作为一个教育工作者最最宝贵的财富。我真的热爱学校给予我们老师的这样一个特殊身份，让我们能跟学生如此亲近。当你付出自己的爱心给学生，他们会用同样的爱来回报你，我真的感谢学校能给我们这样的机会，让我们能够感到成为他们的班主任是多么的光荣和自豪。"

俗话说："一日为师，终身为父。"这句话在班主任身上也得到了体现。

互联网应用学院国贸系主任芦丹担任大一班主任期间，有两名男生要去当兵。为他们送行的那天，芦丹把写有自己手机号的纸片塞进了他们的背包里。"'有事常联系！'这一句叮嘱竟成为两名男生在参军的两年间解忧的救命稻草。"

两年间，芦丹一直惦记着在部队的两名学生，经常通过 QQ、微信与他们交流彼此的情况，分享班里的新鲜事。两年后，当这两名在部队表现优异的学生回到学校时，"他们不约而同地说：'感觉自己好像从来没有离开过校园，看到老师特别亲切，就像见到了自己的家人。'"对他们来说绿岛就是他们久违的家。

但当时他们刚刚从部队回到绿岛，面对专业性很强的国贸专业，感觉有些无所适从，不知道该从哪里开始学习。芦丹作为他们的专业班主任，利用自己的休息时间为他们讲解之前落下的专业课程。两位同学都对"跨境电商平台运营"这门课产生了浓厚的兴趣，芦丹便从产品的上架到店铺装修、从详情页的编写到店铺的引流都一一为他们讲解，而且还亲自带他们去五爱市场选品，修图美工，锻炼他们的英语表达能力，在这个过程中，他们深深地爱上了自己所学专业。

毕业的时候，两人都不约而同地选择从事跨境电商行业。其中一位叫何航峰的同学家乡在杭州，那里外贸发展可谓是中国最前沿，他毕业回到家乡之后，用自己所学的跨境电商的知识开办了一家速卖通店铺，经过三年的发展，现在他已经拥有近十家速卖通店，每年的销售额在百万元以上。

"去年，他主动找我联系，说老师如果咱们专业的毕业生想要实习，就来我们公司吧，我包吃包住还给他们开工资。听到这些话，我心里是倍感欣慰。毕业生用他们的感恩和成就来回馈母校，也正是绿岛有这样的班主任制度，让他们不仅生活温暖，学业也能得到帮助。这亦师亦友的师生关系，共同构建了绿岛育人体系的核心脊梁。"[52]

同样是班主任，杨征则将工作重点放在了指导学生开展创新创业上。

继指导了 2016 年的首次路演之后，2018 年我又开始筹划学校创新创业百万基金

52　张晓婉：《经不过似水流年　逃不过此间少年——记校优秀班主任、互联网应用学院国贸系主任芦丹》，《白桦林》2015 年 6 月第 29 期，第 14 页。

路演，当时我正担任一个班的班主任。于是我也将这一消息发给了班级。但事隔两天，群内都是寂静的。后来我问他们怎么没有声音时才得知，其实他们是看到消息了，但是不想报名。他们跟我说："老师，我们最近太忙了。""老师，我们的项目创新点不太突出吧？""老师，我们商业模式也不太清晰，能行吗？""老师，什么叫路演啊？我们也没参加过啊！""老师，我们也没上过那么大的舞台啊，紧张啊，也不太会讲！""老师，就这么几天了，时间也太赶了吧。"听到他们这一系列的问题和疑惑，我感到必须要鼓励他们参加这次路演。首先，这几个孩子学习在我们班还是不错的，基本都是前10的选手，其中还有一个是学委，叫邓帅强，一个个子在1米6的长相喜庆的四川男孩。其实他们学习都蛮好的，而在这次路演面前，都不敢上，仅仅是因为没上过，那么他们以后很多的事情该如何往前冲？因为以后的很多事哪有那么多曾经提前演练过，那么我们学校校训"我行我能"的自信担当又从何而言？所以，我必须让他们参加路演，让他们从心理上、人格上、观念上转变过来。随后，我给他们讲了自己的职场工作经历和创业经历，鼓励他们在学生时代首先要敢想敢做，要不怕失败，因为大学时期，无论成功失败，都是成长的印记和经验，不管结果如何，都会成为日后成功的基础。在我的鼓励下，孩子们醒悟了，他们决定参赛，接下来就是要尝试无数的第一次去挑战自己。

首先我为孩子们讲了什么叫路演，为什么要找钱，毕竟现在创业很少有人自己去拿全部钱去做事不是？大多要借助政府的扶持政策和外面资金的。给他们讲了风投、A轮、B轮、C轮，看了相关视频，用别人的成功案例，激励他们创业的激情，为他们埋下了挑战的欲望种子。

接着，针对之前他们的问题，比如：创新点不突出、盈利模式不明确，开始逐个攻破。最初我只是派发了任务，由他们自行解决，可随着时间的推移，效果并不明显，他们被我一次次否定，心态开始有些崩溃，后来，我还是出面，为他们梳理问题，除了给他们讲什么叫头脑风暴，又讲解了优缺点列举法，让他们做市场同类产品的竞品分析，最终明确了自己产品的立足特点。

通过一轮轮的审核，终于产品创新点、盈利模式比较清晰了。接下来给他们下达的任务是，如何用语言表述+PPT，用3分钟的时间让评委们听明白一件事，并且让他们心动。何谓心动？不单单让他们看到你们的好，产品有用，还要满足评委们的欲望。什么欲望？赚钱的欲望。对了，在过程中，还有个小插曲，我不让他们用网上的PPT模板，顶多可以借鉴一些元素，我跟他们讲，既然准备上了，那就要抱着一举拿下、获得惊艳成绩的决心去努力。

后来，我们不断地寻找案例，每天，我都往微信群里发案例视频去启发他们，让他们学习，他们每天也汇报让我审核的 T 恤 LOGO 样式，过程中他们确实倍感煎熬，日常的学习压力，加上成果反复让我驳回，那时候呀，我成了他们心中的那种"甲方爸爸"，问我到底想要什么样的，我就说反正不是你们给我的样子。最后，加上路演时间的紧迫，压力让孩子们有一些喘不过气，看他们的小眼神都有些要崩溃。我跟他们讲，生活当中充满着很多我这样的"甲方爸爸"，创业这条路上，更是九死一生，不单单要有过硬的专业能力、执行能力、市场洞察力等，还要有面对挫折的抗压能力，这才是一个创业者应具备的创业素质，是人生最宝贵的财富。

有付出就有收获，最终孩子们在路演大赛中取得了优异成绩，拿到了一等奖，并获得了学校创新创业基金的支持。看到他们兴高采烈的样子，我也倍感欣慰。其实，对于指导教师的我，更注重结果而非过程。而作为孩子们的班主任，我更注重他们的过程而非结果。他们收获的不单单是毕业履历上的一抹亮色，更是心灵上的成长和自信的突破。[53]

"三位一体"育人体系的第三位是辅导员。在绿岛，辅导员被称为政治辅导员，每年级配备一名，工作职责是"负责引领学生树立远大理想，端正思想态度，追求政治进步"。

如果说绿岛的"导师制""班主任制"是一种创新，是人无我有，那么，"辅导员制"则可以说是人有我强。在配置上，国家规定按 1:200 配置辅导员，绿岛最初办学时则是按 1:100 配置的。即使是现在也高于国家标准。而在实际工作中，绿岛不仅丰富了辅导员工作的内涵，也拓展了它的外延。

"一个学生对于学校来说是万分之一，而对于一个家庭来说却是百分之百，在学校，我就是孩子们坚强而温暖的姐姐。"这是互联网应用学院辅导员聂晓微常说的一句话。她这样说，也这

---

53 引自杨征 2016 年双创路演活动总结（未刊文）。

样做。

2012级工商管理专业一名同学被大家称为"点子王",创新点子特别多,在校期间经营着两个快递网点,但在创业的过程中,和同学接触越来越少,很难融入班集体,非常苦恼,一度产生退学的念头。聂老师得知他的情况后,每天都会到快递站走一圈,询问他今天快递多不多、累不累、有没有按时吃饭,有时还帮着打个包,鼓励他学业创业两不误。两个月的时间里,她从没间断过。后来又找来几个班级同学来快递站帮忙,使他逐渐地回到集体中。回忆起当时,学生说:"我永远记得聂导的一句话,'你们不放弃,我就不放弃,来到互联网就都是一家人'。是她让我体会到久违的温暖,让我坚定了创业梦想,重拾了友谊,我感谢聂导。"毕业后聂老师给这名同学寄了一张班级的大合照,上面写着——青春,我们与绿岛同在!

2014年的冬天,沈阳下起了冰雨,楼前的台阶上结了厚厚一层冰。一名2010级女生因为急着回寝室,不小心摔倒,造成膝盖撕裂,聂晓微第一时间送学生去医院治疗,挂号、就诊、住院、陪护全部是她一个人。因学生家长远在新疆,第二天傍晚才到,28个小时的陪护充满了温情。由于临近期末考试,这名女生不愿意回家休养,坚持留在学校。得知这一情况,聂晓微每天去宿舍查看伤口恢复情况,用保温杯给她带骨头汤,请校医替她更换药布,积极跟专业老师沟通,单独辅导,这件事也让学生和家长铭记于心。毕业后,学生结婚时,她父母特意发来邀请——聂老师您往返的机票我们负责,希望聂老师能来见证孩子的幸福。聂晓微觉得这就是做辅导员的成就感和幸福感。

聂老师说:"每个学生心中都有一片柔软的地方,只有始终保持与学生的密切接触和深入交流,才能找到打开他们内心世界的钥匙。"

黄静怡是语言文化学院2016级汉语言文学专业的毕业生,她与其他的绿岛学子一样,在这里度过了四年快乐充实的大学生活,但不同的是,毕业后的她选择登上了前往援助西藏的"航班"。

黄静怡生于江苏省无锡市,父母都是个体工商户,家境十分殷实,她从小便在父母的羽翼下成长。毕业前,黄静怡的父母已经为她安排好了工作,只要一毕业,便可以回到家乡无锡做一份轻松稳定的工作。一切都被父母安排好的她,本可以过上平淡幸福的生活,但她的"不甘",使她放弃了父母在家中为她创造的优越的一切。

毕业前,一次偶然的机会,她从辅导员吴婷老师的口中得知了关于援藏工作的事情，也许是出于好奇，她开始萌生出援藏的想法。但西藏的遥远和艰苦，使她的内心充满着犹豫与焦虑，她不知道这条路何去何从。于是她联系了吴婷老师，吴婷老师详细介绍了一些当地的情况，给她讲了很多关于援藏的事情。告诉她援藏不仅仅是一份工作，更是用自己的方式去守护我们的国家，就像战士一样……对于很多人来说这或许是一个很难的抉择，因为这份工作更多的是需要一份勇气，为了祖国建设，这份勇气换来更多的是伟大。每个人生而平凡，但谁能将这平凡的生活过得熠熠生辉，谁就是伟大的。在老师的鼓励与支持下，她坚定了自己的信念。

黄静怡目前是那曲的基层公务员，在乡镇工作，最少要在那曲生活五年，其中还需要驻村一年。那曲，西藏自治区下辖地级市，位于西藏自治区北部，平均海拔4500米，高寒缺氧，气候干燥，半年时间大风肆虐，全年平均气温达零下，甚至到了夏季，人们依旧穿着羽绒服或棉袄，环境十分恶劣。这样的环境，对于从小娇生惯养的她来说无疑是一个巨大的挑战，单从气候上，黄静怡就要挑战严峻的高原反应和恶劣气候，干燥的空气使她每日都会流鼻血，皮肤干裂干痒难忍，每日的太阳都很毒辣，没过多久，脸上便出现了"高原红"。

有同学曾问黄静怡，去西藏是否后悔？她想了想，坚定地回答道："我从未后悔来到这里，如果再一次选择，我依旧不会改变。"有很多的人最终受不了其中的艰苦而放弃，也有很多人整日后悔当初的决定，但黄静怡却从未动摇过，在她选择这条路之前就已经做好了一切准备，既然选择了这条路，就要坚定地走下去。正如她所说——这里离繁华很远，却离初心很近。她说："我只是一个普通的人在做普通的事罢了，既然选择了西藏，就要做出一些改变，哪怕只是一点点的小改变。祖国需要之处，皆是我的故乡！"[54]

现任学生处副处长何兴中刚来绿岛工作时，担任机电工程学院的辅导员，在工作期间就经常帮助学生制定学业和职业规划，实现人生目标。

2014级机械设计制造及其自动化专业的李帅同学是一名体育素质很好的学生。在新生军训

54　引自2019年5月10日笔者与聂晓微的谈话记录。

后的运动会上，他获得了学生组 400 米比赛全校第三名，成绩是 58 秒。何兴中在比赛后找到了李帅，鼓励他要发挥自己的体育特长，坚持运动锻炼，争取下届运动会取得更好成绩。李帅英语底子薄，担心体育训练影响学习。何兴中鼓励他跑步的同时背单词。首先设计一个长远规划，再确定一个个小目标，以一个学年为周期，英语通过国家四级考试，400 米成绩争取达到 55 秒。如果完成了这两个任务，何老师答应请李帅吃顿大餐，并鼓励他继续努力。[55]

受到鼓励后的李帅每天下午都去二期田径场跑步，后来被校田径队吸纳为重点培养对象，开始了系统的训练。背英语单词也是稳步进行，时不时与何老师的交流中，都会被叮嘱一番。一年后，李帅 400 米能够跑到 52 秒，达到国家二级运动员水平，英语四级考试虽然没有通过但是也考到了 408 分，只差两个选择题就能通过，证明自己的英语已经不是短板。李帅有了成就感，这也是他人生中最难忘的一段时间。

大二暑假前，李帅又找到何老师想聊一聊未来的规划，何兴中问李帅以后有什么打算。李帅说通过这两年担任班干部的锻炼，很渴望能做一个对社会有用的人。此后他们做了一番深谈，从就业到创业李帅都有自己的想法，最后他们聊到了参军入伍，李帅很感兴趣，说之前自己也曾有从军的理想，可是不符合国家参军年龄的要求，也就放弃了这个想法。何兴中安慰李帅不要灰心，"对于政策的解读，我是比你清楚的"。他开始帮助李帅分析，首先李帅学的是工科，每年国家征兵直招士官都有从高校本科毕业生中选择的，年龄要求是 24 周岁及以下，李帅毕业时刚好压线，而且直招士官一般都是工科专业，同时还有身体素质考核。"李帅你看这不是为你量身定制的吗？"李帅豁然开朗，暑假和家里商量决定毕业后投笔从戎，到祖国需要的地方去建功立业。

毕业前夕，李帅顺利完成了体检和政审，也通过了体能考核，于 2018 年 9 月正式成为一名光荣的解放军士官。

关于绿岛"导师—班主任—辅导员"三位一体育人体系的介绍，至此可以告一段落。从中我们可以获得一个强烈的感受：在绿岛，学生们像一个个捧在手里怕掉了，含在嘴里怕化了的宠儿，导师、班主任、辅导员对他们关心和爱护——生活的、学业的、身体的、心理的、实习的、就业的，可谓殚精竭虑，无微不至（导师、班主任和辅导员三者是互相通气的而不是孤立的）。

55　引自 2019 年 4 月 25 日笔者与何兴中的谈话记录。

所以说，绿岛的学生是幸运的。很多老师都感叹道：在我们求学期间，就没有遇到过这么关心自己，这么认真负责的老师！

从地里长出的建筑

2014 年，在新浪网发起的全国最美大学评比活动中，沈阳城市学院被评为"中国最美大学"，这个称号，绿岛绝对是实至名归。优美的校园风光，美轮美奂的校园建筑，伴随着学生四年的学习与生活，给人以无与伦比的美的享受，滋润着他们青春的心灵，涵养着他们美好的品格，给他们留下难以忘怀的美好回忆，成为他们永远的精神家园。

走进绿岛，可谓处处是景点。整个校园的建筑设计，自然与艺术和谐统一、古典与现代完美结合，给人以强烈的美感和视觉冲击。

它原是一个度假式森林公园，将其改造成学校之后，草坪和森林面积也没有减少，森林覆盖率达到 70%。

所以，走进绿岛这所中国最美丽的大学校园，你仿佛置身于一个环境幽雅、景色宜人的公园。这里除了大片的绿地和森林，还有令绿岛人骄傲的校园中心地带的绿岛湖。"在这里，春可观柳枝扶摇，夏可赏游鱼如织，秋可品芦荷之色，冬可见冰雪琼姿。木质栈道环湖而建，松木长椅供人歇息，湖边绿树掩映，湖水碧波荡漾，是绿岛师生亲近大自然，感受自然美景的好去处。"[56]

绿岛人喜爱它，平日里，他们清晨坐在长椅上读书，黄昏沿着湖边漫步。学校的一些重要活动，比如马拉松比赛，他们也喜欢选在这里举办，名之为环湖马拉松。至于绿岛的年度盛事"体育狂欢节"，更是离不了绿岛湖——白天的体育赛事结束，夜晚，近万名师生围坐在绿岛湖畔，共同奏响了一曲"湖畔奏鸣曲"——在灯光和音乐的海洋里，老师和同学点燃篝火，载歌载舞，举杯畅饮。

56　引自《绿岛校园风光文字介绍》。

绿岛湖并非自然形成，而是挖出来的。当初，为什么要挖绿岛湖？徐伟浩有两个解释：一是要调整绿岛的风水，使之阴阳平衡，不能有山没水；二是要做到生态平衡，用酒店产生的废水，浇灌绿岛的花草树木。湖就是完成这个转换的载体。不得不说，20 年前绿岛湖的"两个平衡"的主张，很符合现在绿色、环保、生态的发展理念。绿岛湖的选址也很讲究，每当下大雨的时候，你会看到，院子里的水，从四面八方流入绿岛湖，没有一点障碍，再仔细一看，它得益于绿岛的路没有路边石。

据查，绿岛湖是 1997 年挖成的，水面近 12 万平方米，湖的周围，是一个九洞的高尔夫球场，湖的四周是自然土坡，土坡与湖水交界处，长满水草和芦苇，每到夏天，白日，野鸭戏水，夜晚，满塘蛙鸣，很是原生态。2009 年，绿岛办学。出于安全考虑，在湖的四周砌起了挡土墙，为了便于学生观赏荷花，又建了一个栈桥，尽管略显突兀，倒是很人性化。徐伟浩在和笔者交谈时，不止一次地说过，在绿岛湖砌挡墙这个决定，是一块挥之不去的心病。当然，绿岛湖的最大作用是回收生活废水，为了保证水质，绿岛湖配备有先进的污水处理系统和水质监测系统。随着学校的发展，还成立了环境资源研究所，不光要管好绿岛湖的水，还要管别人家的水。

作为"沈阳市环境教育基地"，学校极为重视环保教育，而美丽的绿岛湖，则成了绿岛学生接受环保教育的天然课堂，使学生从中增加环保意识，养成尚美品格。

绿岛的自然景观美，人文景观更美。

步入绿岛，你最先接触的自然是它的校门。

校门长约 50 米，高 10 余米，前、中、后三重门顺势排列，具有现代感的简洁造型，雄浑、大气，门的两侧青松环绕，绿树常青，洁白的墙体依偎在蓝天白云下，浑然天成。

走进校园步行百十米，就可以看到宏志楼了。

宏志楼是校园的主体建筑之一，通体红色，间以白色辅之，与高耸的钟楼隔空相连，与雄伟的凯旋门同处中轴线，前后左右相互呼应，建筑的形式美，跃然眼前。会让你联想到泰晤士河畔的大笨钟。

宏志楼二楼，有一个小巧别致的咖啡吧，坐在吧椅上，可以透过窗户，近观凯旋门，远眺绿岛湖。这是学生小憩、放松的地方，一杯浓香咖啡，满眼校园景色。

在宏志楼的对面，就是学校的"二校门"，绿岛人管它叫凯旋门。凯旋门高 30 余米，长 10 余米，进深 5 米，由灰色花岗岩砌筑而成，是绿岛的标志性建筑之一，为纪念中国国家男子足球队从绿岛冲出亚洲走向世界，首次跻身世界杯决赛而得名。

笔者看过马克辛当年画的效果图，和凯旋门比对，发现在弧形拱梁的下沿多了三个预留的钢管。徐伟浩说，是他让施工单位加上的，要用来挂旗。水平方向挂旗，与中国的传统习惯不符。据说，绿岛建成 20 余年来，凯旋门上只挂过一次旗，那就是 2001 年 10 月 7 日晚上，国足战胜阿曼队的消息从赛场传来，三面国旗挂上了凯旋门。绿岛员工和球迷簇拥在凯旋门两侧，当载着国足队员的大巴车从凯旋门缓缓驶入，红旗猎猎，尊严倍增。

笔者曾问过徐伟浩，凯旋门为什么只挂过一次旗，他回答我，从那以后，绿岛再也没发生过举国同庆的大事情。

凯旋门左右两侧，绿草茵茵，青松挺立，成为学子们素描写生和拍照留念的好去处。镶嵌在凯旋门混凝土柱基上的青铜铭牌——沈阳绿岛森林公园，成了绿岛的美好记忆。

白卿宫坐落在凯旋门的东北侧，它是绿岛的标志性建筑，建于 1996 年，是当年酒店的主楼，里面有客房、餐厅、会议室和一个环绕立体声的电影院。1998 年，在电影院的基础上，又建了一套六声道同声传译系统和一个 130 英寸的背投，电影院兼具了国际会议厅的功能。因其建筑形似美国国会山的建筑，被人们误称为“白宫”。绿岛办学后，学校在给建筑物命名的时候，采纳了李智鑫和于存雷的建议，取名为“白卿宫”，即“白屋出公卿”之意，既兼顾了人们的习惯叫法，又赋予了新的文化内涵，寓意着教育创造价值、为国家培养人才。“白卿宫”三个大字，镶嵌在大门的正上方，位置极其醒目。尽管如此，人们依旧习惯地叫它“白宫”。

白天，蓝天白云映照下的白卿宫，庄重、大气，入夜，泛光灯把它照得仿佛通体透明。最美的时候就是冬天，衬着漫天飞舞的雪花，远远望去，它像童话中的梦幻城堡一样迷人。

白卿宫前那片宽阔的草坪，被称为苹果园，这倒是和美国白宫南草坪叫玫瑰园有类似之意。当年，苹果园是一块绿化草坪，在宾馆主楼门前，长 96 米、宽 66 米，徐伟浩自己也没想到他当年执意要建的这块草坪，正好是一个足球场的尺寸。绿岛和中国足球的缘分可能是冥冥之中注定的。2001 年，就是在这片草坪上，南斯拉夫人博拉·米卢蒂诺维奇带领中国国家男子足球队进行了为期四个多月的赛前封闭训练，第一次冲进世界杯决赛，圆了中国几代足球人的世界杯之梦。为了纪念这一历史事件，草坪上伫立起 44 座等身青铜塑像（27 名国家队队员、17 名教练员和队内工作人员）。他们或奔跑跳跃，或观摩示范，真实地还原了当年热烈、有序的训练场面。场地的东北角，米卢正在和沈祥福玩着他发明的“网式足球”。

据说，在新中国成立后，给活人塑像的，这是人数最多的一组。而它，源自徐伟浩的一句玩笑话。

"十强赛"期间，国家队每次比赛前都要在"白宫"会议室开个赛前会，布置一下技战术要点，确定首发队员名单和本场奖金数额。"10月7日，在迎战阿曼队的赛前会开始前，我在'白宫'一楼会议室的走廊，问南勇（时任中国足协副主席、韩日世界杯中国男子足球代表团团长），关键一战，奖金多少呀。南勇说，保密。我指着窗外的草坪说，这场球要是赢了，我给你们每个人做个塑像放在这，肯定比奖金值钱。南勇说，那得是青铜的。说完，我们俩还来了个很夸张的击掌，引起一片笑声。6个月后（2002年4月）的一天，南勇在电话里和我说，世界杯前的最后一场对乌拉圭的热身赛定在沈阳了，比完赛，可以在绿岛搞个揭幕仪式，鼓舞鼓舞士气。我问，啥揭幕仪式呀？南勇说，你给我们做的铜像啊。我顿时'妈呀'一声，一句玩笑话，早就忘得一干二净啦。"这时候，距世界杯开幕，还有不到50天的时间。为了还愿，绿岛又创造了一个奇迹。徐伟浩找来了他的老朋友、鲁迅美术学院的林栋，林栋又帮着找来了雕塑系的老师，说干就干，素材来自国足在绿岛集训时的照片。"国足在绿岛"大型纪念雕塑揭幕仪式如期举行，那天，中央电视台把中国足球的荣耀和绿岛的美丽同时呈现给全国电视观众。

徐伟浩在纪念雕塑的铭文上写道："二〇〇一年，中国国家男子足球队下榻绿岛宾馆，参加二〇〇二年世界杯足球预选赛亚洲区决赛，十月七日，中国队在沈阳五里河体育场战胜阿曼队，首次获得世界杯决赛资格，'国足在绿岛'大型雕塑将永远地纪念着曾给我们带来欢乐的足球将士们。"

绿岛已成为中国足球史上公认的圣地之一。2012年，按照时任沈阳市副市长佟晶石的指示，绿岛的国足雕塑已被等身复制到原五里河体育场对面的足球公园，从机场高速沿青年大街进入沈阳市区，往右一看，非常醒目，它们不仅融入了这座城市，而且已经成为这座城市的文化符号。

今日的苹果园，不仅是校园的景观草坪和木球训练场，每年一度的千人毕业生晚宴也在那里举办。从2013年6月开始，绿岛每年的毕业典礼都在这片草坪上举行，入夜的欢送晚宴，被评为全国高校"最具特色校园活动"之一，成为绿岛的经典校园文化活动项目。在告别酒会上，上千名毕业生共同举杯感谢师恩，告别母校。在绿油油的草地上，师生互相碰杯，深情话别，相拥而泣。学生们争相在草坪上留影，人景合一，成为他们永远的纪念。

绿岛的建筑，有的名字很别致，说它别致，是因为你仅凭其名，难以知晓它的功用，比如前面提到的白卿宫，比如西桦厅、西山会所、水晶宫。

水晶宫，不是儿童乐园、童话城堡，而是图书馆。取名水晶宫，因为它整体明亮通透，且部分位于绿岛湖中。

水晶宫建于 2016 年，是形似船头的三角形钢结构建筑，三面墙体均为玻璃幕墙，顶棚也是全透明玻璃，每当夜幕降临，夜读的灯光透过玻璃体，使整个建筑显得晶莹剔透，湖水中的倒影亦梦亦幻。

水晶宫内部共有三层，面积近 7000 平方米，设有 1000 余个座位。一楼设有咖啡厅、舒适自由的休闲厅，二楼设有全开放阅览室，地下一层设有多功能报告厅、展览厅，各个半层均设有多功能自习区、藏书区及阅读区，不像一般图书馆那样，置于一个平层，而是高低错落，既实用，又美观。

水晶宫有两个面是建在水里的，坐在馆内，可观湖上风景，从侧门走出，漫步木质廊道，湖水的清凉气息扑面而来，令人神清气爽。

绿岛的建筑各具特色，其中，机电楼的造型尤其令人称奇、叫绝。

2011 年建成，2012 年投入使用的机电楼（也称理工楼、齿轮楼），外形像一个由 48 根弦齿构成的卧倒的齿轮，色调为蓝白相间。机电楼高四层，一层呈中空拱桥状，为停车场，其余三层是办公、教学、实验室和报告厅区域。

"这种低矮却匀称的结构传递出一种厚重的气息，寓意四海精英汇聚于此，也被机电师生视为自己创新、进取、不屈不挠性格的象征。齿轮内部，是两侧相通的圆形走廊，视野宽阔，360度无死角，给人以静谧的感觉。"[57]

机电楼的建筑形式，稳固大气，比例粗犷又不失精当，冷酷外表下，散发出"理"性之美。

在整个校园建筑中，南楼是最晚建成的，是专门为酒店管理学院建的。虽然姗姗来迟，但南楼的设计、布局、规模、功能却是所有建筑中首屈一指的。

南楼是一座中西结合的庭院式建筑，远远望去，传统的中式红褐色屋顶和具有现代风格的玻璃幕墙，在阳光映射下，尽显端庄大气，华贵典雅。

通过悬空式楼门走进南楼，迎面是芳香四溢的百荷咖啡，沿着错落有致的台阶，分别通向芙蓉餐厅和高尔夫会馆。芙蓉餐厅呈天井式布局，透明的大堂穹顶，使就餐的人们仿佛置身于

蓝天白云之下。从中餐厅和中茶室放眼望去，绿岛湖美景尽收眼底，秀色可餐。

穿过一个厚重且通透的过廊，便是酒店管理学院的教学区。站在宽敞明亮的走廊上，可以看到庭院中大片的草坪，与远处的高尔夫球场连成一片，碧绿的草色映衬着湛蓝的天空，青青子衿，悠悠我心。

镌刻着"我行我能"的校训塔在楼群中傲然挺立，为整座建筑立下了一颗红心，在绿岛湖的映照下，散发出夺目的光辉。昭示着在建设一流应用型大学的征程上，奋勇前行，一往无前。

绿岛的校园建设，是分三个时期完成的。一期工程是在 2009 年建校之初完成的，主要是对原绿岛酒店的 8 万平方米建筑进行改造，形成了现在的北校区，包括白卿宫、宏志楼、苹果书屋、绿岛俱乐部、西桦厅、工务楼以及苹果园、园中园、梧桐园等。二期工程于 2010 年启动，共建设了 12 万平方米，包括建工楼、传媒楼、经管楼、体育馆、绿岛讲堂、机电楼、水晶宫、西山会所以及金菊园、白桦园等，构成了现在的西校区。三期工程于 2015 年竣工，兴建了南楼、校训塔、绿岛传媒中心、玫瑰园、百荷园等，共计 4 万余平方米，组成了现在的南校区。

历时六年，徐伟浩将一座五星级酒店彻底打造成了一个美轮美奂的大学校园。无论是整体布局规划，还是功能风格设计，乃至建筑材料选择，他都一一经手。这个过程，倾注了他的心血与汗水，凝聚着他的思想和智慧，更寄托着他的理想与希望。

对　话

笔者：听徐校长说，建校初期到现在，你一直参与学校的建筑设计。十年合作，他给你留下了什么印象？

杨鹏（建筑设计师）：首先，是他的美学理念吧。在他看来，建筑应该像从地里长出来的一样。

笔者：从地里长出来？这是什么意思？

杨鹏：就是和外部环境自然、和谐地融为一体，比如，地面的建筑要有高低差，随大地起伏。比如，湖边的建筑要与水面相接，呈水天一线。

笔者：你这样一说我就明白了，他喜欢自然美。我想，校园内的路，采用水泥而不是柏油，没有路边石，以使人工修建的路同两侧的草坪或树林无缝对接；除了水泥路，很少见到一块平整的地面；校园里的树，包括路边的，像野生的，几乎见不到横平竖直，都是出于这样的考虑吧。

杨鹏：你观察得很仔细，理解得也正确。建筑应该像从地里长出来的一样，这样的要求，给设计带来了很多困难，从一期到三期，他都参与，每项设计几乎都要改十几稿。比如，一期工程，既要改造原有的建筑——"白宫"改成教学楼；绿岛俱乐部，保留游泳馆和保龄球馆，其余部分改作食堂；还要新建五栋宿舍楼。老建筑和新楼舍如何摆布？他要求，新建的五栋宿舍，不能影响原有酒店建筑的格局，要和周边环境融为一体。仅是1、2、3号宿舍楼的选址，就不知改了多少遍。最后，他把宿舍楼放在校园的东北角，理由不光是那里的环境好，而且延续了山势的起伏，与校外形成了一道东西屏障，显得整个校园更加安逸。

他是摄影家，所以，他对建筑的要求，除了要满足实用功能，外形上一定要美，而且要美出韵律。机电楼，用六个大柱子顶起来，像架在空中的齿轮，它是圆形的。绿岛讲堂，大的玻璃外墙，是扇形的，像个钻石。大创工场，是C形的。水晶宫是三角形的。表面上看，这些形态、颜色、材料各不相同的建筑有些杂乱，但把它们放到周边环境考察，又是和谐的。如果从空中看，齿轮型的机电楼与等边三角形的水晶宫和校门入口的圆形大花坛隔着荷花塘和绿岛湖构成了校园的又一个空间上的中轴，形成变化中的秩序。几年后，我的几个同事去绿岛踢球，回来对我说，绿岛那些建筑，乍看起来是一种形式美，随着时间的推移，越来越觉得它们之间的相互关系更有看头儿。

笔者：在一、二、三期建筑设计中，你感觉最困难的是什么？

杨鹏：那就是，他总在变。可以这样说，即使设计方案已经通过，他也在图纸上签字画押了，可，只要没完工，他总是在变。有一次，剪力墙都做到3米高，水泥都硬了，他嫌不好看，逼着我们拆掉、重做。

笔者：这样干，你们肯定不高兴。

杨鹏：你说得对，当时确实不高兴，可事后冷静想一想，就理解了。有些东西，在图纸上找不出毛病，可他懂艺术，对设计的呈现有心理预期，他对工程又十分内行，发现你做出的东西不是他想要的，不行。并且，他有很强的说服能力，一交流，你觉得他说得有道理，不得不妥协。

笔者：可以说，为了达到理想效果，为了好看，为了美，他不惜成本。

王华涛（室内装饰设计师）：确实是这样。在建筑材料的使用上，他主张用好的，从不考虑造价。水晶宫的地面，我的设计是用爵士白，这是一种意大利石材，400元一平方米，用于学校的公共空间，已经是相当奢华了。我和他一起到市场上去选，得知进到沈阳的都是等外品。在网上，我们看到了另一种 1200 元一平方米，是供五星级酒店使用。看到好东西，他就动心，想用，忘记了工程造价。我说不行，太贵了。他说，效果比造价重要。没办法，我陪他去了一趟福建水头，把贵的、好看的买回来了。

从这件事可以看出，他是个简单的人，看到好的或美的东西，大脑就会失控，对这种用在公共空间的没有产出的东西，应该花多少钱，他完全没有商业概念。

笔者：听说水晶宫曾经被炸毁一次，又按原样重建的，你知道这件事儿吗？

王华涛：不是炸毁，是拆除，我去现场看过。

笔者：为什么拆了？

王华涛：水晶宫的基础全部是建在绿岛湖里的，主体建筑施工完成后，把周围的挡水护坡挖走，水晶宫就完全浸泡在湖水里了，几天以后，发现几乎所有的柱基都有程度不同的水平裂纹，经检测鉴定，湖水产生的浮力是造成裂纹的主要原因。当时，设计院、监理公司和施工单位在一起开会，提出两个解决方案，一是整体拆除，另在陆地上选址再建，避免水上施工的风险，二是仍然在水上建，但要换个位置，改变基础形式，确保工程质量。两个方案他都不同意。

笔者：为什么？

王华涛：他认为把图书馆建到水上是他最得意的想法，而且位置一分一毫都不能动，动了会影响风水。

笔者：哎，有意思啦，你认为他懂风水吗？

王华涛：因为都是搞工程的，我们在一起会经常聊这方面的问题，他认为风水就是在相对的空间里，物体的存在形式对人的感官产生的影响，所以他特别在意建筑物的空间关系、体量大小、虚实对比和色彩搭配。

笔者：他对风水的理解倒是简单明了，水晶宫的问题最后是怎么解决的？

王华涛：最后，设计院同意了他的方案，拆除地上建筑物后，在原来的基础桩上，打了一层一米厚的钢筋混凝土伐板，用混凝土的自重，抵消湖水的浮力，这个办法看似简单笨重，但是可行。当时，监理公司提出，采用这个方法，混凝土的用量会增加一倍，对此，他不屑一顾。即便是在几年以后，他对此事还津津乐道，方案是他提的，风水没改变。

笔者：据说，那个花了大价钱的校门是你设计的。

王华涛：他把这个活儿交给我，顶着很大压力。校门设计是建筑设计师的事，我是搞室内设计的，并且是家小公司，能用我的东西，说明他不拘一格，不拿公司大小说事。

笔者：据说，建筑设计院已经拿出了几稿方案。

王华涛：是的，他们的设计，有柱子，并且紧挨着马路。我理解他的想法，就像绿岛的凯旋门，象征意义要大于实际意义，"门不能像门"。我赞成校门不能太具象、烦琐，同时也要庄重、气派。在我的方案中，大门往里挪了很多，门前留下一个大广场，就是现在这种样子，参天大树穿插在象征着大门的三组长方形的空间构造物当中，既考虑造型，也考虑与自然的交融。最有意思的是，从侧面看，这三重大门形成了三个阿拉伯数字的"7"，寓意着"大满贯"，这是事先没有想到的，算是无意间中的彩头。

只是，这个门太费钱了。30 余米的宽度，超大的基础、预应力钢筋混凝土、空间结构，工程预算 400 多万元。

可是，这个设计是他想要的。为了使这个大门更像一个他喜欢用的 617 相机的取影框，看起来有意思，在施工的时候，他把大门又加宽了，最终，工程造价变成 500 多万了。

笔者：你怎么看齿轮楼（机电楼）？

王华涛：机电楼的设计方案，他拿给我看，像个大齿轮，我不同意，觉得一座普通教学楼，采用这种超常规设计没有必要。他喜欢，认为有形式感。这个楼也很费钱，外造型是玻璃幕墙和铝板，由于整体建筑是在 6 个超大柱基上悬挑的，工程造价比普通结构高出 1000 多万，仅支柱的模板就多花费 100 多万，并且拆下来就没用了。每到这个时候，他脑子里根本没有性价比这个概念。

笔者：那个建筑有一种难以言说的美，我也很喜欢。

王华涛：他的建筑审美眼光有相当的高度，对尺度、材质、空间，都非常敏感。绿岛的一草一木都是他认同的，绿岛的不俗气，和他的美学修养以及善于学习和吸收新鲜东西分不开。

我为南楼／酒店管理学院和绿岛传媒中心做室内设计时，他在美国。电话中，他说，美国大学教学楼的大堂不大，进门就是服务设施，感觉亲切而富有人性，酒店管理学院的设计可否借鉴一下？开始，我不接受。再三交流，还发来很多照片和示意图，我感觉他说的有道理，就按他说的做了。事实证明，南楼一进门的那个咖啡厅，看上去真的很舒服，不张扬，亲切、实用。另外，设在南楼的健身房和动感单车场地，一般应放在里面，他却建议把它们放在门口——当做展示青春活力的窗口。开始，我不同意，因为它不符合设计规律。他想事情不受条条框框限制，看重的是气息。后来，我只得按照他的想法出图。包括把"舆情研究所"放到传媒中心的大厅，都是出于这样的考虑。

笔者：把咖啡厅和"舆情研究所"放到大堂，这种开门见山的设计理念，显然来自西方。

王华涛：放弃大堂，把实实在在的东西放在那里，体现的是西方实用主义哲学观和美学观。他比我年长十几岁，但接受外来文化，似乎有一种特殊的敏锐，而且这种感觉一点都不影响他对东方写意的含蓄的东西的喜欢。和他谈设计方案，你会明显感觉到他的思维在徘徊、跳跃，东方的、西方的、现代的、古典的，皆有可能。

笔者：你能举个具体事例吗？

王华涛：最典型的就是经管楼的大厅。经管楼和传媒楼、建工楼形成了一个建筑组团，咖啡色的外墙瓷砖、玻璃连廊和简约的造型，给整个建筑带来强烈的现代气息。但进入一楼正厅，你又仿佛置身于一座中国古典园林，中庭，有一棵桃树，这是他在建筑设计时提出的要求，楼还没盖，栽树的位置已经定好了，可能是要寓意桃李天下，但总觉得有点唐突。他不认为二者有绝对的界限，讨论中还谈到了禅。

笔者：你这么一说，更加证明了我的想法，经管楼中庭那十几根立柱恰似瀑布飞流直下，几块形状各异的鹅卵石代替了楼梯扶手，楼梯犹如潺潺流水逐级而下，黑色花岗岩地面静如止水，倒映着引人遐思的"水墨丹青"。

王华涛：你理解得太到位了，这就是他想要的东西。他的建筑美学理念，是西方的，也是东方的，是现代的，也是传统的，是恒定的——注重形式美，也是变化的——完全不顾形式。他的这些观念在校园的建设中，留下了明显的痕迹：一期工程（1 至 5 号宿舍楼、苹果书屋、白卿宫后接出来的北楼），巧妙、严谨，与绿岛酒店的老建筑融为一体；二期工程（6 至 10 号宿舍楼、西山会所、绿岛讲堂、经管楼、传媒楼、建工楼、机电楼、体育馆、水晶宫、大创工场），洒脱，凭喜好，标新立异又不失秩序；三期工程（11 至 18 号宿舍楼、传媒中心、南楼），实用、讲究，有明显的国际范儿，像南楼、传媒中心，都是他在国外考察获得的灵感。

不管建筑形式怎么变化，建筑理念一直没有变，他骨子里喜欢的是自然的东西，主张建筑要像地里长出来的，比如，南楼旁边新建的足球场，四周只有树和草坡。

绿岛有山、有水，有大片的森林、绿地，包括它的建筑，都别具特色，这优美的带有浪漫气息的学习、生活环境，用无声的语言，默默地对学生做着美的化育和滋养。而美的化育和滋养，又使学生们的精神世界充实而丰盈。

以下是学生们用文字表达的对校园景色的礼赞和对美的感悟。

三月的绿岛，冬季残余的寒气还未散去，却无法阻挡春的脚步。道路两旁的草地发出了嫩芽，细细的柳枝随风摆动，沉寂了两个月的校园又逐渐热闹起来。偌大的绿岛湖冰雪渐融，湖心已经褪去浮冰，敞开了胸怀，泛起往日的波澜。湖面就这样被一缕缕阳光轻抚着，静静地流淌，倒映出整片天空，不远处的水晶宫早已坐满了品读书香的人，踏着初春的脚步，汲取知识的快乐和养分。

向着白卿宫的方向走，经过一片梧桐树，阳光透过稀疏的枝条，照在身上暖洋洋的。站在白卿宫前，正对着那片空旷的广场，忆往日时光，那些挥杆跳动的身影仍在眼前跳动。谁都不知道，这片草场上的每一寸土地都记录着生命的印迹，那些汗水和泪水交织在一起，模糊了我的视线。

脚步声、鸟鸣声、读书声……这是绿岛的声音，这是希望的声音。

生命的印迹遍布整座绿岛。吐露枝芽的白桦林证明了生命的印迹，柔软的泥土证明了生命的印迹，校园里穿梭的身影证明了春天里生命的印迹。每个人都作为独立个体而存在，一群怀抱梦想的人相聚在这片希望的土地上，那便是生命的奇迹。[58]

这里是写春，但作者笔下的春，是绿岛的，是绿岛人的，把绿岛春的生机同绿岛学子的梦想糅在一起，所有景语就成了情语，就道出了春日里绿岛人的希望。

夏日的绿岛是一座绿色的城堡，一个个美丽的故事在这里诞生。

墙外爬满绿油油的爬山虎，远远望去，万千的叶子层层叠叠地有序排列，微风一过，荡漾着绿色的涟漪，一派生机。

夏日的绿岛，白卿宫草坪上的雕塑被阳光灼得滚烫，同样滚烫的还有一颗颗奋斗的心。宏志楼前的那片花海，随着夏日的风，缓缓飘落。建工楼里那些叠放整齐的画纸上，闪耀着无数学子的奇思妙想，机电楼如同飞速转动的齿轮，每个人都在求真求精、求新求变。

绿岛湖中的鱼儿伴着晨读者有力的声音，在荷花飘飘的湖面上此起彼伏。高高的树枝上，喜鹊的歌声与读书声交相辉映。

58　白晶：《生命的印迹》，《白桦林》2018年3月第50期，第29页。

　　黄昏的西天最是绚丽，染红的云朵深深浅浅地飘荡，一抹斜阳拥抱了那片白桦林，却映出了白桦林不为人知的曼妙身姿。蒲公英一团一团地散落在校园里，随便一吹，便是无数个散落在校园里的希冀。

　　原来，琅琅书声也可以诉说绿岛夏夜的传奇。[59]

　　同写春那篇一样，这位同学写绿岛的夏，也力求情景交融。只是文章的笔调刚柔相济，一眼便知出自男孩之手。

　　下面这篇也是写夏，因是女孩所作，文中流露的对绿岛的夏的爱，有着小女生的俏皮、温婉和细腻。

　　每年夏天，我就像一只躲避灾难的蜗牛懒懒地听着窗外的蝉鸣声和知了声，然后瘪瘪嘴，把大自然带给我的礼物拒之门外。

　　然而在绿岛，站在绿荫葱葱的小道上，我对这里的夏天是讶异的。

　　热辣辣的夏姑娘带来的风热情又有分寸，草木的清香和花朵的芬芳拂过我的鼻翼，萦绕在空气中久久不能散去。花朵开得争先恐后，此花的神秘高贵，白的净如雪。每棵树都是一个巨大的花束，丰富得饱人眼福。蒲公英任性地开在道边，带着学子的心，飞得自由自在。团结的蚂蚁唆唆地爬过脚边，蜜蜂围绕着花瓣嗡嗡地扇动翅膀，一只大白猫歪着身子趴在草坪中懒洋洋地打着瞌睡。还有不认生的小松鼠在树林中跳跃，不一会儿便不见了踪影。

　　穿着碎花裙欢声笑语的少女，穿着干净T恤抱着篮球奔走赛场的少年，阳光照在身上，连汗珠也变得闪闪发亮。他们那样年轻又有活力，空气里都是香甜的味道。我每一次感受到青春如梦似花，像夏天里明媚温柔的阳光。

　　我围着绿岛湖漫步，微风吹过平静的湖面，一层一层的波澜流进我的心田，亮晶晶的湖面像孩童的双眸，湛蓝又清澈。爬山虎攀爬着一座座小房子，形成一个扇形半明半暗，感觉像是来到了童话世界。

　　我望着这里的一草一木，一花一虫，感觉它们在与我交流。在我心中，它们是坠

59　战庆源：《绿岛的夏天》，《白桦林》2017年6月第45期，第30页。

入凡间的精灵，拥有爱丽丝漫游仙境中的魔法。繁茂的树林为我撑起一处处阴凉，盛开的花朵向我展示着曼妙的舞姿，活力无限的小动物们仿佛在与我捉迷藏，为这片宁静的土地增添一丝趣味。

我此时描绘的，便是绿岛绿意盎然、如梦似花的夏天。[60]

学子们爱绿岛的春和夏，更爱它的秋。在他们心中，绿岛的秋如诗如画。

绿岛的秋如画。你如果不在校内逛逛，就永远不知道绿岛的秋有多醉人。火红的灌木灼热了空气；苍绿的草坪铺向天际；五彩的月季让人以为误入仙境。当然还有白卿宫门前的枝条弯垂、枝末存有几片黄绿色叶片的棵棵树木，好似在为进进出出的学子祈福。几片金黄的银杏叶在阳光的环抱下不觉多了超凡之气，是要挣脱大地的束缚，与金阳融为一体？爬山虎的紫红色叶片纷纷落下，渐渐露出了办公别墅的青顶白墙。一排饱经风霜的杨树将岁月刻满身躯，淡看着春秋往复，叶生叶落，在不经意间为树下的橙墙黑瓦与墙边的灰白石道增添了几分历史沧桑感。细看林间，还可觅到长满朱红色小果子的卫茅。如果运气好，还可邂逅奔走的松鼠。

绿岛的秋如诗。头顶的一片蓝与天际的一抹白是绿岛秋"天"的常配。绿色是绿岛永不遗忘的颜色。不论何时都有这一丛、那一丛绿松扎根绿岛。如果从高处俯瞰绿岛，你就知道绿岛名称的由来了。不错，在收获后的农田的映衬下，绿岛就是一座在荒凉大海中怡然不动的绿岛。

虽是绿岛，但经过秋的调色后也不得不露出秋意。面对那半湖褪尽红妆、隐去暗香、随风摇曳的残荷，不只李商隐会发出"荷叶生时春恨生，荷叶枯时秋恨成"的感慨吧。毕竟大多数人并未达到"留得枯荷听雨声"的境界。但，这意境还是蛮吸引人的。

红楼后那一片还留有些许褐色叶片的梧桐也是觅秋的绝佳之处，其中有戴叔伦素雅的梧桐，有李煜寂寞的梧桐，也有李清照那充满愁绪的梧桐。对于这些梧桐我们也许不能辨认出来，但至少你能从中寻到属于你的那株。[61]

60　郭嘉宝：《生如夏花般绚烂》，《白桦林》2016年5月第36期，第31页。

61　李应川：《秋浸绿岛》，《白桦林》2016年10月第39期，第30页。

绿岛的秋，学生喜欢，教师也喜欢，只是秋日的美景，在他们心中引发的是另一番思绪。

都说荷塘生长的荷花是春嫩、夏花、秋实、冬枯，从一池春绿到一池粉红，再到一池浓绿，一池褐黄，绿岛荷塘带给我们的不仅是休闲小憩，也是陶冶心灵的好去处。其实塘边漫步，你可以想也可以什么都不去想，只是观观眼前的深绿，就可以让疲惫缓释不少，让眼睛放松片刻。偶时横塘栈道上的长条木椅，也有学生、老师、员工或看书、或聊天、或休憩，尤其"城院"的"老"人们，三五成群结伴，将围绕荷塘走圈成为"标配"。其实无论你们是爱清静、爱独处，还是爱群聊；是坐、是走都可随意由之，只要享有、拥有这片刻荷塘秋色就好。

秋色下的荷塘湖面，视觉可见的是肥肥厚厚的荷叶，它们肩并肩依偎交错，叶杆亭亭玉立的，出水很高，层层的圆盘般的叶子像倒扣的小伞铺展开来。偶尔也见有浮在湖面的圆叶，缀上星星点点的晶莹水珠，仿佛大珠小珠落玉盘，琼珠虽碎却更圆，留在我们的视野中打转。不时还有"水鸭子"飞来，羞涩地叼一口挺立的莲蓬，见人过往扑啦扑啦飞走，惊起荷叶下的一点涟漪，更是一抹韵致。

绿岛荷塘的四周，除了靠近西面的"水晶宫"镶嵌湖面上，东面、南面、北面，远近高低的都是树：有榆树、松树、枫树、槐树、山楂树，而唯有柳树居多。这些树将此片荷塘重重围住，只为观荷者遮阳蔽日，与荷花塘不争不抢相得益彰，无形中也自成绿岛湖一景。

我国历代文人墨客酷爱以荷言志、以荷比物，以荷的超凡脱俗的气质来隐喻高风亮节的风骨，并作为勉励自己洁身自好的座右铭。其实我想，这又何尝不是每位绿岛老师所应做到的为师准则与职业操守。以荷花的高洁象征教师的品格，奉献于学生的仁爱之心，应该是再恰当不过了。[62]

绿岛人喜爱绿岛的春、夏、秋，那么，它的冬呢？学子们喜爱依旧。
对于来自南方的孩子，他们的愿望是"想看一场真正的大雪"。当大雪不期而至，他们即刻

62　素白：《荷塘秋色》，《白桦林》2018 年 9 月第 54 期，第 30 页。

被眼前的美景迷住了。

在这风与雪勾勒出来的画卷中，已不必想得太多，只静静地看着就足矣。我已醉入这真正的画卷中：大地转眼间披上白纱，山川草木都被新雪浸染，整个世界如同失去了声音。远处几丝踏雪的脚步声打破了校园的寂静。校园又恢复了动态画面。此时万物都将自己收敛，任凭冰雪的雕琢，几株青松随风不断抖落身上的冰雪，任凭呼啸千遍万遍，也要为这白茫茫的世界配以绿的解说。[63]

所以，绿岛的冬，真要出来走走，四处看看，不然你不会知道它有多美。本是一个万物沉睡的季节，却在绿岛焕发生机。巍峨圣洁的凯旋门屹立在风雪中，水晶宫倒映在冰封的湖面上，灯光掩映下的白卿宫典雅柔和。雪停了，整个绿岛都安静了，宏志楼被白雪掩盖着，红色与白色的结合给人温暖之感，心好像都随之融化了。校园被纯白的雪装饰得素静典雅，过滤掉来自外界的纷乱，阻隔了一切嘈杂与喧嚣。[64]

绿岛的冬是寒冷的，但苹果书屋内是温暖的，学生们有的围成一桌悄悄地探讨问题，有的戴着耳机整理笔记，还有许多拿着刚找来的书籍，顾不得寒冷，便一头扎进知识海洋之中；绿岛俱乐部依旧温暖，钢琴角传来阵阵美妙的琴音，琴音渐渐飘远，沁人心脾。绿岛游泳馆内，大家也绝不会畏惧寒冷，阵阵欢声笑语在泳池中传来；在跆拳道馆，同学们穿着道服，动作整齐、步伐一致，一声齐喊。火热与寒冷，在绿岛冬日里交相辉映，美不胜收。[65]

学生们写绿岛的美，除了散文，还有诗，篇幅所限，这里略下不引。

学生们的散文，有的成熟，有的略显稚嫩，但它们抒发的不是吟花弄月、睹物伤情的小资情调，而是对于美丽校园真挚的喜爱之情，像一首首发自心底的歌，读来倍感亲切。为学生营造一个优美、舒适的学习、生活环境，是绿岛校园建设的初心，可是，美的校园，化育美的心灵，并且催生出一篇篇"美文"，可谓绿岛决策者徐伟浩收获的意外之喜。

63 李应川、田景娅：《常守心中的那片绿》，《白桦林》2016 年 4 月第 35 期，第 24 页。

64 刘鑫铭：《冬谧》，《白桦林》2016 年 12 月第 41 期，第 30 页。

65 韩蕾、李金融：《我欲因之梦绿岛》，《白桦林》2018 年 12 月第 57 期，第 30 页。

◎ 2009 年成立田径俱乐部。

◎ 2009 年成立排球俱乐部。

◎ 2009 年成立乒乓球俱乐部。

◎2010 年成立足球俱乐部。

◎ 2010 年成立篮球俱乐部。

◎2010 年成立武术俱乐部。

◎2010年成立木球俱乐部。

◎2012 年成立啦啦操俱乐部。

◎ 2013 年成立羽毛球俱乐部。

◎ 2013 年成立网球俱乐部。

◎2014年成立瑜伽俱乐部。

◎ 2015 年成立轮滑球俱乐部。

◎ 2015 年成立跆拳道俱乐部。

○2015 年成立健身俱乐部。

◎ 2016 年成立橄榄球俱乐部。

○ 2016 年成立高尔夫球俱乐部。

○2016年成立军事体育俱乐部。

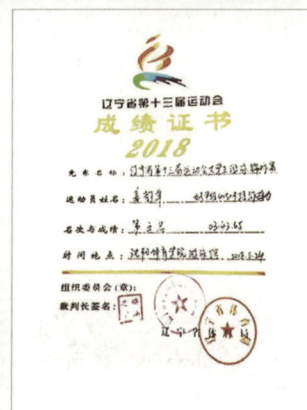

○ 2017 年成立游泳俱乐部。

◎2018年成立皮划艇俱乐部。

◎ 2019 年成立击剑俱乐部。

◎ 2014 年成立行进管乐艺术团。

○2014年成立舞蹈团。

◎2014 年成立民乐团。

◎ 2014 年成立书画团。

◎ 2014 年成立歌唱团。

◎2015 年成立戏曲团。

◎ 2017 年成立话剧团。

◎ 2017 年成立歌剧团。

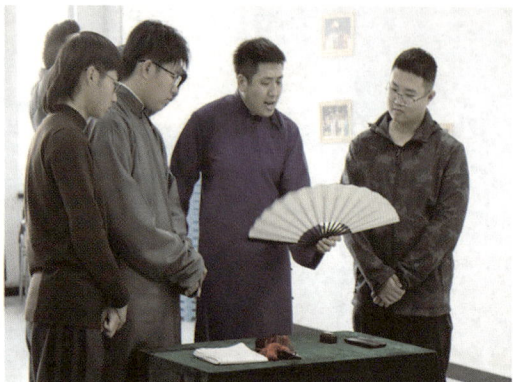

◎ 2018年成立曲艺团。

2019 年成立电声乐团。

我能我行

◎ 2013 年暑期，学校 3000 余名学生参加中华人民共和国第十二届运动会志愿服务活动。

◎中国青年五四奖章获得者蔡雨晴。

◎中国大学生自强之星、雷锋式青年田泽宇。

◎中国青年志愿者优秀个人黄琪瑄。

◎ 2014 年 4 月，园中园社区中心建成交付使用。

◎ 2014 年 8 月，梧桐园社区中心建成交付使用。

◎ 2014 年 8 月，金菊园社区中心建成交付使用。

◎ 2014 年 8 月，白桦园社
区中心建成交付使用。

◎ 2014 年 8 月，玫瑰园社区中心建成交付使用。

2015 年 3 月，百荷
园社区中心建成交付
使用。

◎学校每年举办以社区为单位，学生广泛参与的"厨神争霸赛"，成为深受学生喜爱的校园特色文化活动。

◎ 2013 年起，沈阳市委原副书记刘迎初应邀担任学生导师，左页图为刘迎初与学生在一起。右页图为刘迎初为学生胡盛然的导师课论文所写的评语。

◎ 每月一次的导师课。上图董事局主席、校长徐伟浩，左中副校长孙永新，右中商学院副院长芦丹，左下督导办教学质量保障部主任萨晓蕾，右下新闻与传播学院副院长王姣。

◎ 每学期两次的导师宴。左上通识教育学院副院长谷硕、右上美育部教师董江华、中图计算机教师郭鸣宇、左下教师教学发展中心副主任聂晓微、右下通识教育学院院长刘瑞平。

◎ 班级活动日。左上基础部教师唐玲、右上金融学教师赵丽、右中上工程造价系副主任李金瑶、右中下酒店管理学院教务办主任刘博识、左下财会实训中心主任张旭红、右下摄影系教师徐洪彬。

○ 学生活动现场。上图酒店管理学院辅导员刘岩，左中上园中园社区主任王鹏，右中上酒店管理学院学办主任洪岩，左中下影视传媒学院学办主任周东剑，辅导员王婧淳、宋慈、张强，右中下商学院学办主任邹全，下图新闻与传播学院学办副主任夏添。

沈阳城市学院 SHENYANG C

东 校 门

绿 岛 湖

凯旋门

宏志楼

白 卿 宫

苹果书屋

绿岛俱乐部

西山会所

绿岛讲堂

机 电 楼

MECHANICS & ELECTRONICS BUILDING 机电楼

水 晶 宫

校 训 塔

我行
我能
一所新型大学的十年探索之路

第四章

十年磨一剑

细心的读者或许会发现，上一章"别人家的大学"中，介绍了绿岛的大通识教育，重点阐述了体育、美育、劳动教育以及"三全育人"的创新举措。现在我们讲述绿岛的专业教育，即"五育"中的智育。智育是一个学校教育的核心，最能体现学校的教学特色、专业特色和人才培养特色。在笔者看来，一所大学的"智育"主要体现于专业教学中，完善人才培养方案、加强课程建设、改进教学方法是专业教学的主要内涵。

建校十年来，围绕应用型人才培养目标和应用型人才培养模式，徐伟浩带领全体绿岛人，根据时代发展和社会需求，不断调整、修订人才培养方案，深化课程改革，创新教学方法，称得上是冥思苦想、殚精竭虑。"十年磨一剑"，可谓是绿岛教学改革的生动写照。

珍贵的文件夹

2018年12月，智能工程学院（原机电工程学院）机械设计制造及其自动化（以下简称"机自"）专业系主任于春月因合同期满回沈阳大学工作，离开绿岛交接工作时，向学校提供了178个电子文件夹。打开这些文件夹，人们惊奇地发现，这些电子文件详细记录了从2009年11月3日至2018年12月6日"机自"专业每一版人才培养方案的修订情况，大到人才培养方案的调整，小至因修改错别字而留存的不同版本，真实地反映了沈阳城市学院结合社会需求和技术发展探索应用型人才培养的改革轨迹和艰辛历程。

现在，让我们通过这些文件夹来看看"机自"专业10年间人才培养方案的修订、完善过程。

打开2009级"机自"专业人才培养方案文件夹，可看到教务处下发的人才培养方案母版上的一段说明文字：我院本科人才培养方案可参考沈阳大学本科人才培养方案。因此，"机自"专业借鉴沈阳大学同一专业的人才培养方案，形成了第一版人才培养方案，培养机械制造领域的应用型高级人才。"母版"而非"模版"，意谓此版本并非原创。表明建校初期的人才培养方案基本上照搬"沈大"。

本版人才培养方案的实施效果如何？

据于春月回忆："当时定完这版培养方案，说实话心里也没底，不知道它在我们第一批学生身上会发生什么样的'化学反应'。直到有一天晚上在学校加班，顺道去看看学生的晚自习情况，聊天的、看视频的、打游戏的，干什么的都有。"[1] 她在 2009—2010 年第 2 学期的工作总结中的一段话，佐证了她的记忆："这一学期，机械电子工程学院非常重视学生管理工作，要求每位班主任、导师对学生多加管理、多加教育。我系教师也做了很多努力，但效果不理想，普遍都存在不爱上自习，自我约束能力差的情况。"

学风不好和学生厌学的现象引起了於春月的思索，也引起了学院的高度重视。于是，学院领导和作为系主任的她开始想办法。他们深入调查分析出现上述问题的原因，发现最根本的原因在于学生对现在的专业人才培养方案"水土不服"。

2010 年 6 月，学校举办教学改革与体制创新论坛，在此次论坛上，李晓桥提出的"晓桥图形"，成为学校各个专业以怎样的模式培养人才的改革突破口。据李晓桥回忆："论坛上，我是在分析了学生厌学现象和深入研究茅以升先生的'习而学'理论基础上，以培养数控技术应用人才为背景，在全校范围内首次提出了'习学并进'的培养模式，就'专业课前置'的可行性进行了系统的分析，并以'机自'专业为例，就如何进行专业课前置和专业实训四年不间断，与全院教师进行了探讨。"

会后，於春月根据李晓桥提出的"习学并进"培养模式，对传统的"机自"专业课程做了调整和优化，提出"以技术应用能力为核心"构建"机自"专业课程体系的优化方案。

"翻看这一学期机械系的教研活动记录，'机自'专业 09 级、10 级培养方案系内研讨 9 次，其中 09 级 2 次，10 级的初稿、二稿和最终稿研讨了两轮。"如此下功夫，自然会有收获。於春月在本学期的总结中写道："专业建设工作取得了阶段性成果，重新制订了 10 级'机自'专业的培养方案。"

2010 年 7 月，学校召开"专业培养方案改革汇报会"，从於春月当时在汇报会上的 PPT 里可以看到这个优化方案的具体内容：一是精简课程。重新梳理了沈阳大学母版培养方案中的课程，精简了 5 门课，将 7 门课整合为 3 门课，拆分了 1 门课，避免了课程内容的交叉、重复，增强了知识的系统性。二是课程设置从应用出发，保证所开设的专业课程都是为培养专业应用能力服务的。整合理论性强的机械原理、机械设计，减少或删除理论计算与分析内容，设计出具有应用性内容的机械原理与零件、机械设计基础两门课，机械设计基础课程设计 3 周实践课。

1　孟娜、姜娇、刘博识、潘晶：《十年磨一剑——人才培养方案改革之路》。本节以下所引文字除单独标注，均出自此，不特别标出。

三是实行专业课前置，在大学一年级植入专业课。

建立在整合后的课程体系之上的 2010 级人才培养方案，专业课前置，应用型特色初显，终于合了学生的胃口，课堂面貌为之一新。据当时学院辅导员孙伟回忆："明显感觉 10 级学生的学习热情要比 09 级高，我们作为辅导员，不太了解教学，以为是这一届的学苗好，后来才知道，他们大一上来就学专业课，大一的学生就能给我们讲一些专业术语，晚自习也不像以前那么难管，学生们学习劲头足，生怕落在后面，以前晚自习一打铃，教室就没人了，现在值日生打扫完教室，还有学生在自习室里学习，撵都不走，我们的学生管理工作也着实轻松了不少。"

2011 年初，学校成立了"教育教学改革推进小组"，全面推进应用型人才培养模式改革。5 月 4 日，徐伟浩责成周广有校长代表小组在全校教职工大会上作了《深化教育改革》的报告，首次在全校范围内解读学校的人才培养模式，即以岗位能力形成为目标的职业情境化人才培养模式。会后，徐伟浩将其中的"目标"调整为"核心"，也就是沿用至今的以岗位能力形成为核心的职业情境化人才培养模式（Professional Situation Teaching and Competency-Centered Education），简称"PST-CCE"。

这种人才培养模式能否真正落到实处的关键，在于岗位能力是否清晰、职业情境化构建是否能够实现培养岗位能力。

在"机自"专业 2010 级人才培养方案中，其培养学生具有"基于服务地方经济并且紧跟专业技术发展方向"的岗位能力定位已经十分清晰；在构建职业情境化的实践化教学体系方面，其设计也较完备、合理。於春月在 2010—2011 年第 1 学期的工作总结中写道："围绕岗位能力的提升，'机自'专业构建了实践化教学体系，从大一到大四，分别开设以培养数控机床操作、数控加工工艺、数控机床调试维修、数控机床设计四大岗位技能为目标的实践教学环节。这是一种从蓝领、灰领到金领的阶梯式、分层次的专业技能训练过程。"

这应该是一个比较成熟的"机自"人才培养方案。可是，在实际运行过程中，由于出现了学生不愿参加金工实习的问题，引起了她对人才培养方案的进一步思考。

2010 年 3 月中旬的一天，学生杨发福来到於春月的办公室，对她说，明天的金工实习想请假。没等她回答，另一个向专业教师请教问题的学生也凑过来说，明天他也想请假。学生请假，老师无法拒绝，不过，於春月提醒他们，"学校现在没有金工实习场地，要到沈阳大学去做，错过是补不了的"。但这两个同学还是坚持要请假。於春月以为他们对金工实习的理解出了偏差，就说："金工实习是你们接触专业实践的第一大课，各种基础工种，车、铣、刨、磨等设备操作和铸、锻、焊、热等热加工工艺，你们都能亲自尝试着做一做，对咱们这个专业的学习也有一个初步的体验。"

她还进一步解释说："金工实习是为以后我们学习数控加工工艺编程、数控机床与操作打基础的，不掌握机械制造的基本工艺过程，就没办法学好数控技术，别的大学咱们这个专业也都是从金工实习开始的。"

这两个同学还是不情愿："老师，那咱们就非得和其他学校一样吗？就不能变一变？"耐心的於春月说："那倒不是，但需要一个论证过程。"她当场表示，明天就研究这件事，听听系里老师的意见。

其实，她觉得学生从金工实习开始阶梯式的实践是没有问题的，学生不愿意去实习，主要还是因为实习的条件比较艰苦。不过，第二天，她还是召集系里的老师就此事做了研讨。她以为，对于金工实习，大家不会有异议。没想到，竟然有两位从企业引进的老师认为可以取消金工实习。经历这一场小小的风波，对于是否开设金工实习，於春月略觉底气不足，开始思考要不要试着变一变。后来，在学校"深化教育改革"大会上，周广有校长的一番话促使她决心放弃金工实习。周广有说："实习实训平台应该和岗位能力培养相对应，不能单纯为了实习而实习。"听了这番话，她茅塞顿开——本专业培养数控技术能力的目标已经明晰，金工实习和我们的培养目标匹配度不高。于是，在2011级"机自"专业人才培养的文件夹中，可看到这样一个标注：2011-7-16"机自"专业教学计划调整，金工实习取消。

尽管取消了金工实习，但是2011级"机自"专业的人才培养方案定位于培养"数控技术人才"，以及围绕着它所进行的改革，在当时还是超前的。围绕这一人才培养目标所进行的培养数控专业能力的职业情境构建也提到了议事日程上来。在於春月汇报的PPT中，展示了几张当时构建职业情境化教学环境的建设方案图。

可是，"机自"专业的人才培养并没有沿着这一方向持续下去，建成之后的"机自"专业实践环境——大创工场一楼，与原始设计并不相同。其背后的原因，并非设计图纸的改变，而是另有玄机。

表面上看，2011年取消金工实习之后，2012级"机自"专业人才培养仍然延续着"数控"的方向，然而，打开2013年专业人才培养文件夹，会发现2013级的人才培养方案中，"数控"的味道已经淡了许多。

这是为什么？

2012 年初，在安排学生毕业实习时，"机自"专业联系了沈阳创新服务有限公司。企业提出，希望来一些能够熟练运用计算机做产品造型的学生。于是，机械系派去了闫振桦等 3 名三维建模学得比较好的学生。过了一阵子，企业主动和系里联系，表示系里推荐的学生动手能力很强，学新软件上手快，实习期满后，想把他们留下。另外，想与机械系建立长期合作关系，明年再多推荐一些学生到他们公司实习。

这个反馈信息引起了系里老师的好奇，於春月带领系里相关老师来到了这家企业。优雅宁静的办公环境，桌上摆放着一排排整齐的电脑，这样的场景，於春月一行十分感慨：这儿的工作环境比数控车间好太多，让学生选择，他们肯定愿意来这里工作。在那里，他们见到了学生闫振桦，他正熟练地操作电脑，进行数控机床的三维建模。

"你们不先画二维图纸吗？"於春月急切地问道。

"老师，这回我们可算解放了，之前那"机械制图"把我们折磨得那叫一个痛苦。到了企业才知道，他们现在都是先进行三维建模，然后直接用软件导出二维图，非常方便，大大提高了设计效率。不仅如此，我现在参与的项目是要把整个数控车间的生产线仿真模拟出来，到时候可以不去车间，在电脑上直接就操作机床了，神奇吧！之前您推荐我到这来，我其实并不情愿，担心学了四年的数控最后没有用武之地。现在我决定在这好好干。老师，说真的，我觉得将来用计算机来辅助设计，一定是咱们这行的大趋势。"

企业一行所见所闻，使於春月和同行的老师们深受触动，他们意识到，现代信息技术已经开始向机械行业渗透，并且有快速发力之势，如不紧跟"互联网 +"这一发展趋势，我们学生的就业竞争力一定会大打折扣。因此，在制定 2013 级培养方案时，他们果断地将计算机辅助机械设计能力确定为岗位能力之一，在课程体系中增加了计算机相关课程。

所以，翻开专业人才培养文件夹，我们可以清晰看到"互联网 +"的培养特色。学生应具备的能力，已经找不到"数控机床操作与维修"，取而代之的是"计算机辅助设计、计算机辅助工艺和计算机辅助制造技术"，这说明"机自"专业的人才培养，已经开始注意将现代信息技术融入专业之中。

这一改革，收到了良好的效果。"机自"专业现任系主任杜芳静回忆："我到沈阳创新设计服务有限公司与在那里实习和工作的学生座谈，他们都表示对工作非常满意，因为能够接触到最先进的设计理念和设计技术。在那里工作的 15 级毕业生黄海洋还向我们展示了他正在负责的VR 情境体验项目。学生在校期间所学专业技术能在岗位上得到实际应用，使我对专业人才的培养充满信心。"

这个人才培养方案执行了两年，到了 2016 年，2016 级人才培养方案又有了变化，而且是重大变化。"点开文件夹，我们发现其中的文件数有 200 余个，将这些文件按专业建设工作的各个部分进行分类，我们又有了重大发现：2016 级的人才培养方案简直就是前七年人才培养经验探索积累的结晶，这些宝贵成果在它的各个部分尽显无遗——第一部分的培养目标，首次提出由机械制造领域转变为智能制造领域，首次提出培养学生的互联网思维；第二部分凝练出了专业的培养特色，首次将'PST-CCE'写入人才培养方案，实践教学环节首次提到小组学习，教学模式首次提出引进业师进课堂，考核方式首次提出注重能力培养效果评价的多元化；第三部分首次提出核心领域和岗位能力的关系；第四部分首次明确核心能力与核心专业课程、专业支撑课程的关系；第五部分首次在培养方案中构建了专业实习实训体系。"

这是一个全新的人才培养方案，它的新固然在于其中集以往八年学校人才培养经验之大成的无数个"首次"，更主要的是人才培养目标由机械制造领域向智能制造领域的转变。熟悉工科教育的人都懂得，这一转变是重大的、根本性的。那么，这一转变因何而来？它源自徐伟浩的一个学科建设思路。

早在 2012 年 8 月 23 日学校组织的"暑期教学思想大讨论"上，徐伟浩作了《关于责任制和专业群建设》的讲话，其中提到，"这次教学评估，给我们一个重要的提示是关于学科建设问题。很多专家都提到了学科和专业的关系问题。现在我们应该对前一段的教育教学改革有一个清醒的认识，要把学科专业整合起来。要通过打破界限、整合资源，在学科中提炼出一个侧重点（重点专业），以之为核心构筑学科建设平台，下边有一个专业群作为支撑。这样，我们突出重点才有根基。比如管理学科，现在我们工商管理下边有市场营销、人力资源、会计学、财务管理、酒店管理。我们可以以酒店管理为龙头，涵盖工商管理的这些专业，形成一个专业群，支撑酒店管理专业，打造一个品牌。再比如计算机、自动化，机械设计制造及其自动化这些专业，应该以数控机床技术为龙头形成专业群，计算机、自动化、机械设计制造及其自动化都支撑数控技术这个龙头"。

会后，机电工程学院立即行动起来，"建设以数控技术为龙头，由机械设计制造及其自动化、计算机科学与技术、自动化等专业组成的专业群，培养东北老工业基地振兴和沈阳装备制造业建设所需要的机电一体化技术人才"。可是，开始于 2013 年的专业群建设进展缓慢，"主要的问题在于三个专业之间相互独立，要想融合，真正形成机电一体化，可不是简单的专业混合拼盘就能解决的"。经过反复论证、汇报、推翻、调整、优化，最终，三个专业联合调整了人才培养方案，整合出 24 门院级平台课程。

有了 24 门院级平台课，算是打开了专业群建设的突破口。但是，它虽然使各专业间有了联系，却缺少一个既符合三个专业的培养特点，又能将三个专业有机联系在一起的实践平台——三个专业融合之后，学生用它干什么呢？即是说，缺少徐伟浩说的那个侧重（支撑）点。

"机自"专业的老师们着急，系主任於春月着急，最急的是院长李连德，他说："如果再找不到这个改革建设的抓手，那我们好不容易设计出的 24 门院级课的良苦用心可能真要白费了。"于是，2015 年 12 月 3 日，他组织全院教师以"基于创新创业平台智能制造技术人才的改革方案"为主题，开了个研讨会。会上，他首次明确了三个专业均面向智能制造领域，以创新应用研究项目实践为平台，培养具有信息、自动化和制造技术背景的复合型人才。"此方案一经提出，学院涌现出了许多运用专业集群技术创立的创新实践项目，学生们在创新实践项目中找到了能够运用专业集群知识的用武之地，进而学院统一将人才培养方案中的院级课，细分为专业群平台课和专业群选修课，打开了各专业'智能 + 创新创业教育'的新局面。"

2016 级学生经过"专业群 + 创新思维"的培养，有了些"跨界"的意思，可是李连德仍然高兴不起来。副院长吴峰华说："学院三个专业虽然都面向智能制造领域，但当时还没有找到一个既统一明确又便于共同实施的人才培养发展方向。通俗地讲，机电学院应该找到一个有科技含量、与国际前沿接轨，既符合自身专业体系，又能够把学生和专业集结起来的载体。"自动化系主任孟军红说："为了找到一件我们三个专业能在一起做的'大事'，我们真的是绞尽脑汁，但总有一种拳头打在棉花上的感觉，始终找不到突破口。更让我们着急的是，改革打破了原有的课程体系，大量的新课建设任务，让有些老师有点吃不消，所以，2016—2018 年这两年间，学院老师的流动量特别大，我们自动化专业甚至同一时间有两位教师离职，'机自'专业一位新来的老师仅仅上了五天班，就因适应不了学院的工作要求而提出离职。"

专业群建设中遇到了难以突破的瓶颈，培养方向不清晰带来的教师队伍不稳定，使李连德承受着巨大的压力。可是，路在何方？

2016 年，徐伟浩到英国和中国台湾等地考察，那里的机器人踢足球使他颇受启发。他想，绿岛是国足冲出亚洲、走向世界的福地，如果在绿岛开展机器人踢足球的研究，不光是对历史的一种敬畏，更是对未来的一种期许。他提议，机电工程学院将参加类人机器人世界杯赛作为专业群平台建设的突破口。

找到了机器人这个方向，为寻求专业群建设冥思苦索、愁肠百结的李连德，率领学院相关老师迅速行动起来。他在同院里的几位老师谈话时说："我们现在如果以机器人为专业群的培养方向，围绕这个方向建设与机器人相关的课程，你们觉得可以开出哪些课？"他话音未落，吴峰华等几位科研老师脱口而出：机器人智能感知技术、机器人运动控制技术、机器人PCB设计技术、机器人动力学仿真分析，这是传统专业里不可能出现的课程。吴峰华说："这些课程虽然新，但对于学生来说，确实非常需要。"

听到他们提出的这几门课，李连德思索片刻，脸上露出了笑容。

2017年11月，沈阳城市学院第一代类人足球机器人设计诞生；2018年1月，第二代类人足球机器人初步调试完成；2018年4月，在RoboCup类人足球机器人世界杯中国赛中首次夺冠，同年6月，在加拿大蒙特利尔机器人世界杯总决赛中，获得第六名。

经过近两年的探索，学院的"机自"、自动化和计算机三个专业，终于在2018年完成了围绕以机器人科技领域为培养方向的专业改造，实现了专业群建设质的飞跃。

"机自"专业，先从学做机器人各个零部件的3D建模开始，再到仿真装配，最后进行机器人运动分析。而正是通过机器人数字化设计的过程，完成了学生计算机辅助设计、计算机辅助仿真分析能力的培养。

自动化专业，机器人调试时出现的电路板和传感器故障，非常适合学生在老师指导下排除。这种动手操作的实践活动，学生们有很高的积极性和主动性。

计算机专业在智能控制领域中的应用无处不在，自不必细说。

所以，打开2018级"机自"专业建设文件夹可以看到，2018级"机自"专业培养方案与前一版相比，发生了很大变化。2017级的培养目标为：本专业面向智能领域，培养具有互联网思维，具有良好的科学文化素质、扎实的专业基础理论知识，熟练掌握现代机械设计方法、智能制造技术和基本的信息技术，具有获取新知识、新技能的意识和能力，具有很强的创新应用能力、团队协作能力，毕业后能够在现代化制造企业，从事智能化设计制造工作的创新应用型人才。而2018级的培养目标则是：旨在培养德、智、体、美、劳全面发展，面向智能制造领域，培养新工科思维，掌握现代产品结构优化设计、智能系统Python程序设计、计算机辅助制造、工业物联网应用等方面的专业理论知识与技能，具备计算机辅助造型设计能力、工业机器人设计能力、参数化智能建模能力、智能加工能力，能够在智能制造行业从事工业产品开发、设计、制造、工业信息系统运行维护、机器人系统性能评估的高素质应用型人才。

两相比较，2018级培养目标与前者最大的不同在于，"'新工科思维''工业物联网''机器人'这些词首次亮相，更重要的是，'智能'一词成为培养目标中的高频关键词"。

以上我们透过"机自"专业人才培养方案的历史留痕——电子文件夹，梳理了2009—2018年10年间"机自"专业人才培养方案的调整过程。从中可以看出，为了适应社会的人才需求和技术发展，它们的人才方案一直在变。其实，不仅它们这样，绿岛的其他学院及其所设专业也是这样。

绿岛的人才培养方案中，包含培养目标、培养方向、培养模式、培养特色等子项。2014年11月28日，学校下发了《关于确定各专业培养方案中"核心能力"和"核心课程"的通知》，明确提出培养3—5个专业核心能力作为本专业整个教学体系的主线，以形成本专业的人才培养特色。

接到通知，各学院立即行动起来。

建校后，会计学专业的"PST-CCE"人才培养模式的探索不尽如人意：工作岗位调研不充分，能力培养目标不明确；课程体系理论与实际联系不紧密，职业情境不落地，不能满足应用型人才培养的要求。因此，在2015年前，会计学专业人才培养方案一直没有得到学校认可。"每个学期至少要修订一次，每次修订都要向校领导汇报，每次汇报都不理想。"

这一次，承受巨大压力的会计学专业负责人意识到，打造学科特色，不能"闭门造车"，而要"走出去、引进来"，与企业紧密接触，理论联系实际。于是，他们召开专业建设委员会会议，邀请校外的行业或企业专家以及兄弟高校教授和优秀教师，审阅人才培养方案。"通过对会计学专业人才需求的调研分析，对岗位进行筛选和归纳，划分为出纳、主办会计、会计主管三个岗位；对典型工作进行分解，提炼出会计岗位的核心能力，即会计核算能力、财务管理能力和审计鉴证能力。"[2]对培养目标、岗位能力、课程体系、课程内容等逐一研讨、修订、完善，逐渐形成了"以会计信息化、以真实财会业务贯穿教学始终"的应用型会计人才培养方案。

"以企业财务工具作为教学工具，以真实财务数据作为教学资源，还原实际工作环境和工作流程，开展真实情境和真实业务的情境化教学，实现课程内容与职业标准对接，教学过程与工作流程融合"这一人才培养模式，得到了学校领导的认可。

会计学专业在重压之下，下大力气探索专业特色，并获得成功；同为传统专业的财政学专业，在人才培养方案的修订上却步履维艰。

2　姚威：《会计学专业应用型人才培养探索之路》（未刊文）。

2015 年 12 月 12 日上午，学校召开部门负责人座谈会。前一天晚上，时任会计学院院长郝桂岩认真研读学校下发的专业建设及核心能力汇总材料，她意外地发现，经济学院财政学专业与会计学专业的核心能力雷同。于是，第二天她在会上向学校领导汇报：财政学和会计学的核心能力都有财务管理和会计核算，人才培养目标类似、专业能力重复，这样就没有特色了，这个专业也就失去了存在的必要。

郝桂岩道出的是实情，会计学院的姚威老师也认为，财政学专业一直在效仿会计学的专业建设，没有找到自己的人才培养目标和培养定位，课程一半以上来自会计学专业的传统课程，如基础会计、财务会计、财务软件应用、审计学等。

对此，时任经济学院院长魏旭阳并不认同。在他看来，财政学是研究如何管理国家财政，如何筹集收入和分配支出，管理国家的"钱袋子"的，与会计核算、财务管理有异曲同工之处。培养财政学学生的会计核算能力与财务管理能力，才能体现财政学专业的应用型特色。不仅可以夯实学生的会计核算基础，也可以扩宽学生的就业领域。

郝桂岩、姚威与魏旭阳各执一词，何者为是？事实做出了回答。

2018 年，经济学院与会计学院重组为商学院。重组之后，学院对财政学专业的核心能力做了认真梳理，但是，最终没有找到此专业适合应用型人才培养的核心能力。这意味着财政学专业向应用型人才培养转型宣告失败。2019 年，经学校研究决定，取消财政学专业招生计划，财政学成为绿岛第一个被撤销的专业。

同样，法学专业的人才培养方案也存在较大问题，一方面是来自专业教师对传统法学教学的固执与坚守，另一方面是来自对学校实践化教学理念的不理解和不认同。"忽视了对学生核心能力的培养，尤其是法律实务处理能力的培养。"因此，法律专业的人才培养方案和课程体系一直变化不大。

2015 年暑假期间，学校开展课程建设汇报工作，法学专业系主任赵群像以往一样，对专业设置的课程逐一向校领导汇报。其间，徐伟浩一言不发。赵群汇报结束，徐伟浩说："学校的人才培养特色是突出应用，课程设计要体现核心能力培养。你们开设的课程全部都是各种'法'，而且直接用法律名称命名，给人感觉就是在讲法条。"赵群辩解："不是讲法条。我们是在授课过程中，通过知识点讲解、案例分析和文书写作去培养四个核心能力，绝对不是单纯地讲法条。""既然也在讲案例、实证、写作这些法律实务，为什么不在课程设置上直截了当体现出来呢？"徐伟浩见赵群还有些不解，就说："赵群，我给你举个例子。假设有两个人，一个兜里揣着 30 万元的银行卡，另一个背着'爱马仕'包，你觉得哪个看起来更像有钱人？"赵群不假思索地回答："当然是背着'爱马仕'包的啊。"徐伟浩说："你看，形式上像不像很重要！在各种法律课程中讲文书写作，就不如开设专门的司法文书写作课程，在这些法律课程中去应用司法文书写作的技巧，教学效果会更好。因为，在特定条件下，形式会反作用于内容。"

据说，赵群和徐伟浩的这番"辩论"在法学专业教研室传为佳话。徐伟浩这番话，终于使法学专业的全体老师真正领悟了学校的人才培养理念并付诸实践，对应四大核心能力，开设了核心课程，同时，还增设了司法文书写作、法律逻辑与方法、证据运用实务、商事法律实务、非诉法律实务等特色课程，其中几大实务类课程，在全国法学专业中属首创。此外，法学专业还加大课程中实践教学环节的占比，引进法官、律师等业界精英充实"双师"队伍，真正践行了学校的人才培养模式。

从以上介绍可见，绿岛各专业人才培养方案的完善，大多经历了数年的反复打磨，而令人叹为观止的是，有的反复打磨，竟发生在一周之内。

汉语言文学专业 2018 级人才培养方案，一周之内改了三遍，为此，备受折磨、痛苦不堪的当事人系主任綦琨，体重减了 4 斤。

2018 级人才培养方案汇报工作安排在 6 月初，我参加了预汇报，领导虽然对汉语言文学专业的人才培养方案提出了一些意见，但整体上看还是比较满意的。汇报结束之后，李超院长把我叫到了办公室，提出了一连串关于人才培养方案的问题，我都一一做了解答。李院长最后提出了一些问题："你思考一下汉语言文学专业的核心领域究竟有哪些？除了高级文员还有什么？如果培养编辑和文案这些岗位，应该具备哪些核心能力？开设新媒体内容，'生产与编辑'这样的课程合适吗？"

第二天中午，我在回办公室的路上遇到了孙永新副校长，他很关心人才培养方案的进展，直接来到我的办公室。孙校长说："人才培养方案需要调整这很正常，你也别有压力，汉语言文学专业锁定的主要培养方向是高级文员，高级文员的岗位能力有哪些，你清楚吗？"我递给他一摞材料，说："作为高级文员，核心能力包括办文、办事和办会的能力。概括一下就是办公事务处理能力。这是我在网上查到的英国剑桥大学的秘书培训课程，一共八门，还有相应介绍。"他说："你可以以它们的课程为蓝本来设计一下专业核心课，建议你们专业围绕你说的高级文员的岗位能力把专业核心课设计好。"话语中肯，也让我非常感动，但是问题也来了，他和李院长的思路不一样啊。一个是瞄准高级文员岗位，一个是宽口径就业。这可咋整？

我重新梳理了我校汉语言文学专业就业情况，查阅了各高校相同专业的教学改革论文以及辽宁省内近几年兄弟院校的人才培养方案，思路清晰了。我决定依然沿用已提交的人才培养方案的基础框架，将核心领域锁定为高级文员、新媒体编辑和文化传播领域，将能力定位为办公室事务管理能力、新媒体编辑能力和文化传播能力，将核心课程调整为办公室事务管理、公文写作与处理、新媒体内容生产与编辑和文化品牌传播，同时结合我校开展的辽河文化研究，将相关课程融入支撑文化传播能力培养的课程群中，将这版人才培养方案命名为"个人创意版"，决定在下周一的汇报中使用。同时，我也按照院长和校长的思路，设计了"李院长指导版"和"孙校长指导版"。[3]

最后，学校采纳了她的"个人创意版"。

人才培养方案是国内各高校必备的教学管理文件，一般而言，由于某种需要，对于这类"文件"或许会有些许微调，但一般很少频繁地调整、变动。绿岛则不然，如前所述，建校十年间，对所设专业人才培养方案不断修订、完善。资料显示，教务处官方存档的人才培养方案修订版就有107个版本，2969份。而每个专业在上交教务处前，还需经过多轮内部讨论及校级审查，曾任国贸系主任芦丹说，在她担任系主任期间，参加过学校近20轮、超百次的人才培养方案汇报。

绿岛为什么高度重视人才培养方案？因为在徐伟浩看来，"方案"是落实应用型人才培养的直接载体，体现的是学校各个发展阶段所提出的新的办学思想与主张。因而，办学十年间，学校通过调整人才培养方案，凝练人才培养特色；通过不断优化、调整专业结构，凝聚专业优势，陆续主动停招了工业工程等7个与学校发展定位不协调、与区域及当下产业发展需求联系不紧密的传统专业，增设了网络与新媒体等9个辽沈地区急需的应用型专业，形成了服务区域经济社会发展的7大专业群。

而对于每一具体专业的人才培养方案，一次次修订、完善，不是文字表述的调整，而是专业方向的选择或专业内涵的深化，是面对技术发展和人才需求变动及时觉知后的"量体裁衣"，

3　綦琨：《一周之内的三版人才培养文案》（未刊文）。

是避免出现"产、销"错位，将专业教育沦为缺乏明确标的"泛知识"传播的明智选择，它体现的是对学生负责的高度责任感，它自身，则成为民办学校灵活体制的一个办学特色。

从情境到实境

绿岛建校初始就确立了建设一流应用型大学的办学定位，以为社会培养面向城市未来、服务城市发展的高级应用型人才为立校之本。为此，他们确立了以岗位能力形成为核心的职业情境化人才培养模式，英文表述为 Professional Situation Teaching and Competency-Centered Education，简称"PST-CCE"。

"职业情境化人才培养模式"最初表述为"企业情景化教学模式"，它是 2010 年徐伟浩提出的。

在徐伟浩看来，专业思想、职业精神、技术价值和管理能力这四者，构成了企业情景化教学模式的核心价值观，这一核心体系下的上述教学模式，就是他们找到的解决学校"怎样培养人"的一把钥匙。

最初，这个模式是在广播电视编导和酒店管理两个专业试行的，这两个专业也被辽宁省教育厅列为人才培养模式改革创新实验区。现在，广播电视编导专业被评为辽宁省一流本科建设专业，酒店管理专业被评为国家一流本科建设专业。但当时，这个模式如果要在全校推广，还需要深入研究和完善。"个别教育理念及做法的表述仍需要细细推敲；个别专业'职业情境'尚不明确，不知如何构建；岗位能力的培养目标不清晰。"[4]

于是，学校成立了"教育教学改革推进小组"，深入研究这一人才培养模式的名称、观点、内涵和任务。小组经过多次学习、讨论，对照外部经验，联系学校实际，初步理出头绪。徐伟浩和周广有自始至终参加讨论。之后，徐伟浩责成周广有代表学校把"我们的观点和今后的任务向大家做以说明"。

---

[4] 周广有：《深化教育教学改革，构建以岗位能力形成为目标的职业情境化培养模式——在全校教工大会上的讲话》。本节的相关引文均出自于此，不特别标出。

2011年5月4日，学校在白卿宫国际报告厅召开深化教育教学改革动员大会。会上，周广有向全校教工作了题为《深化教育教学改革，构建以岗位能力形成为目标的职业情境化人才培养模式》的报告。报告指出学校未来几年深化教育教学改革的主要任务，就是构建以岗位能力形成为目标的职业情境化人才培养模式（简称"PST-CCE"）。

接下来，他对构建以岗位能力形成为目标的职业情境化人才培养模式做了解释和说明。

在提到"职业情境化"时，周广有说："要想达到培养岗位能力的提升，必须立足学校本身构建适合本专业岗位能力培养的校内实践平台，再积极开拓面向社会的实训、实习的场所和单位。好在这一点，学校有先天优势，董事局徐主席早就表态：'凡是能在校内实训的，我们就在校内投资搭建实训平台。'"实际上，"已投资建成梧桐宾馆、凤凰酒店，正在建设影视传媒大楼和机械、建筑实训中心"。讲话中，他将上述实训平台称为"职业情境化"，并且围绕"职业情境"与此前的"企业情景""职业实境"的区别做了辨析。"'实境'和'情境'的区别在哪里呢？'实境'容易理解为实实在在的环境，我们在校内构建的'境'有实在的，也有虚拟的。而称之为'情境'，可理解为'实'，也可理解为'虚'。提出'情境'，还有另外一层意思，即构建'职业情境'，不单单仅限学校，各学院、各专业共同努力构建满足能力提升的'职业情境'，还有寄希望于每位老师，在你承担的课程讲授过程中，教师也要以教材为主要内容，通过计算机辅助作用，有目的地为学生引入或创设具有一定情绪色彩的情'景'和意'境'，诱发学生的好奇心，激发学生的学习兴趣，从而实现教学过程中师生、生生等多边互动，形成'共振'。"他认为学校强调的教师"会讲课"，能否有效地构建"情境"是重要的考核点。就是说，教师不能单一在讲台上照本宣科，而要根据课程内容构建一种特殊的"情境"，因为"只有在此情境下教师才可能走下讲台，变为课堂的指导者"。他认为，不仅专业课可构建"情境"，数学、英语等公共课都可以构建"情境"教学，"老师们如都具有这样的本领，相信学生的学习质量会大幅度提高"。

周广有对于以岗位能力形成为目标的职业情境化人才培养模式的解读和说明，既有背景支撑，也有概念辨析和操作路径，可谓面面俱到。因此，如前面介绍，会后，徐伟浩只把其中的"目标"改为"核心"，再无其他变动。至此，这个体现应用型特色的人才培养模式在绿岛正式落地。

绿岛构建的职业情境，排在首位的当数酒店管理学院，徐伟浩最初提出的企业情景化教学改革也是在酒店管理学院开始的。

建校初期，学校将原绿岛酒店的梧桐宾馆作为旅游专业的实训宾馆，同时，在其旁边新建了一座凤凰餐厅，共同组成了集餐饮、前厅、客房等为一体的全景教学酒店，作为酒店管理学院的情境化教学平台，开展实习实训和实践教学。教学酒店总建筑面积达 1.2 万平方米，拥有各类实训室 102 间，实训设备 1654 件套，总价值 3300 余万元，可用来真正开展餐饮、住宿和旅游接待服务。

"梧桐宾馆大堂左侧一间客房的墙全是透明的玻璃，客房里面的一切都一目了然，而且客房卫生间房顶的水管和电线都裸露着。原来这是为了便于教学，学院故意造了这样一间房，上课时人多，一间客房容不下，学生们就可以在大堂隔着玻璃看。裸露的水管和电线可以让学生了解客房结构，知道水电是怎样的走向。上到宾馆的二层，直对着楼梯口的一间会议室门前，竖着一个写着'辽宁省中国国际旅行社'字样的招牌。见记者进来，会议室里的两个女生马上站起来，桌上放着辽宁省中国国际旅行社线路宣传单，她们说，这是酒店管理学院与辽宁省中国国际旅行社合作开办的旅行社，到二年级的时候，学生们根据自己的喜好，在专业方向上可以选择酒店或旅行社。她们选旅行社方向，这里就成了她们的实训基地，没课时，她们都会在这里'上班'，随时接待老师或同学的旅游咨询。"[5]

"绿岛酒店还建有凤凰酒店，一楼是自助餐厅，里边是厨房，大概有 20 多个灶台，是按上课的学生数量准备的。二楼是中餐教室、西餐教室、茶艺教室，旁边就是中餐教学厨房。三楼为西餐教学厨房。徐伟浩说，之所以这样安排，就是让学生上完理论，马上就可以去实践，这样学生就不会觉得枯燥，用理论指导实践，实践后又加深了对理论的理解。"

得天独厚的硬件设施，为"职业情境化教学"提供了优质教学平台，酒店管理学院提出了"SOSL"人才培养核心要素：专业思想（speciality thought）、职业精神（occupational spirit）、服务艺术（service art）以及领导能力（leadership），制定"三位一体"课程体系，教学活动开展得顺风顺水。

中国旅游报记者吴晓梅在绿岛采访期间，参加了一次实训汇报会：实训课是从 4 月底开始的，将经营凤凰餐厅作为学生的实训课。为此，三班的同学分成了市场调查、市场定位、菜品制定、后厨出品分析、服务创新、宣传推广 6 个小组，在期末总结会上，这 6 个小组分别选出一个代表，到讲台上用 PPT 演示的方式，展现他们各自小组的实训过程和工作成果。

5　吴晓梅：《绿岛酒店管理学院：旅游教育改革的大胆实践者》，第一旅游网：www.toptour.cn　2011-07-29.

吴晓梅的报道中写道："李蓓在报告中说，他们小组根据市场调研的数据结果，得出这次宣传的目标。在确定宣传目标之后，经过小组开会讨论，决定通过以下宣传渠道去推广餐厅：请影视传媒学院同学把餐厅拍成视频，并通过校园电视台播放；教室宣传，包括课前、晚自习，以传单配合口述的形式进行大规模宣传；信息中心电脑数量多，如将餐厅宣传材料放在电脑桌面上，同学开机就能看到，那受众面就更广泛；三辆通勤车宣传，老师是学校最有消费力的群体，人数众多，通勤车是大部分老师下班时段集中的广告平台，成本低、效果好……"

市场定位小组的代表在报告中说："我们根据市场调查小组对消费者就餐情况的问卷调查，找出问题所在，并提出解决方案：在餐厅原有基础上增加32个座位，暂时缓解了用餐拥挤的状况，但还没有实现根本性的改变。我们还决定开发露天就餐场所，推出外卖服务，将餐品做成快餐形式，菜品提前预制，同学们来后即可就餐。"

后厨出品结果分析小组则将菜品的成本、毛利率、综合毛利率都做了精细计算，最后得出菜品的合理价格。

服务创新小组的同学说："通过此次实训，我们学会了吃苦，增强了毅力，提高了忍耐力，使我们真正理解了服务的含义，具体了解了酒店各个岗位的工作流程，包括从菜品的采购一直到清洗餐具的全过程，学到了酒店的经营方式及人员管理，克服了内心的障碍，主动为同学和老师提供周到贴心的服务。"

汇报会上，学院副院长点评时说："实训时他给学生的指导都是方向性的，只是提醒学生要把学过的理论知识用上，没想到学生们干得这样好，让餐厅的营业额翻了一番。"

以上介绍的是建校初期酒店管理学院的职业情境——教学设施和学生实训情况。按说，这样优质的教学设施已足以令人羡慕，但徐伟浩不满足于此——或许是自己经营过五星级酒店，他对酒店管理学院情有独钟。建校初期，他亲自担任酒店管理学院的院长，并且在学院的名前冠以绿岛二字（在全校这是唯一的），2015年，他又斥资5000余万元，在校园的南部兴建了酒店综合服务体——南楼。酒店管理学院也实现了从情境到实境的历史性跨越。

南楼于2015年建成并投入使用，它的建筑面积1.3万平方米，主体建筑3层，是一个实境化的酒店教学中心。由芙蓉餐厅、百荷咖啡、中茶室、英茶室、歌涅酒窖、多功能会议室、健身房、高尔夫会馆组成，形成了一个覆盖餐饮管理和会议接待全流程的真实酒店环境。

芙蓉餐厅　面积580平方米，散台餐桌35个，可同时容纳120人就餐，同时配有可容纳300名宾客聚会的宴会厅1个。前厅设有科盈点菜系统、收银系统等设施，可以完成中西餐餐饮服务——摆台、铺台布、口布折花、托盘、侍酒及点餐、席间服务、结算等餐饮服务实训。后厨拥有完善的配套酒店厨房系统，可用于中西餐厨艺以及烘焙实验实训。在这里，学生可以全方位地了解和掌握厨房运行流程、中西餐的菜品设计、烧烤烘焙技术、原料调配技术、炉灶烹饪技术及冷盘拼摆技术。

百荷咖啡　一个真正经营管理咖啡制作、售卖的咖啡吧，主要面向酒店管理专业和旅游管理专业学生提供实践教学平台。拥有潘多拉 T1 咖啡机、全自动磨豆机、烘豆机、奶昔机、冰沙机、冰滴咖啡壶、冰激凌展示柜、萃茶机、全自动美式滴漏咖啡机、手摇磨豆机、开水机等设施设备。学生在这里可以学习制作拿铁、卡布基诺、美式及摩卡等咖啡饮品，掌握手冲、冰滴、虹吸等咖啡品鉴方式。同时可以学习甜品制作，制定营销策划方案，进行成本控制和团队管理，建立门店标准化操作流程。

中茶室　面积 273 平方米，内设有各类茶具、茶器摆件、配餐柜、操作台、罗汉床、罗汉椅、条案、边柜、茶桌、吧台茶椅、火烧石松木八仙桌、高背椅等实验设备。具备识茶、泡茶、品茶、茶艺表演等服务接待功能。主要承担茶席及茶室的设计与布局、不同茶器的识别与使用、六大茶品的冲泡与品鉴、茶艺服务礼仪、多种茶艺表演等训练项目。培养学生中式茶室空间设计、茶叶品质辨别、多类茶品冲泡、茶艺展示等综合服务接待能力。

英茶室　面积 242 平方米，设有实训茶具、四人台、八人台茶桌、多功能展示柜、多媒体显示屏、冷藏柜、华夫炉机等设施设备。具备英式下午茶制作和服务功能。学生可以学习掌握英式下午茶服务礼仪与基本技能、茶叶产地与品质的辨别、单方茶与复方茶的冲泡、下午茶茶点的设计与制作等专项岗位技能。

歌涅酒窖　面积 196 平方米，位于南楼一楼下沉露台旁，依据国际酒窖标准，内设（恒温酒柜）酒品储藏区、酒品展示区及酒品品鉴区。窖内藏酒 80 余种，从世界名庄到小众产地，呈现出完整的红酒世界。藏酒产区多为旧世界酒品，尊重传统及风骨，但也不乏口感清新的新世界酒品。酒窖主要承担酒店管理专业的实践教学任务，通过实景环境与教辅工具的运用，使学生能够掌握基本的识酒、侍酒方法，提升综合素质，拓宽国际视野。

一流的设施，真实的职业情境，为学院立志建设中国一流专业，培养高素质应用型人才奠定了优质的硬件基础。酒店管理学院的教学模式开始随着从情境到实境的变化升级迭代。他们采取"校店合一"运营模式，面向社会和全校师生开展真正的餐饮社会化服务，全面实施产教一体融合培养。

学院聘请张希钦、张润刚、奚晏平、王济明、辛涛、马勇、乔毅等国内业界一流专家组成专业建设委员会，共同制定人才培养方案和课程体系。

与国内多家顶尖国际五星级酒店——北京东方君悦，上海浦东丽斯卡尔顿，三亚柏悦，深圳瑞吉，沈阳香格里拉、喜来登等52家酒店和旅行社共建校企合作基地，协同开展人才培养。

他们成立了9个工作室，即中西餐厨艺、餐厅服务、餐饮财务管理、红酒文化、英式下午茶、中式茶艺、百荷咖啡、客户服务、会展与庆典活动统筹，覆盖星级酒店运营管理全过程。学生在18周内轮流到9个工作室换岗实训，在实践中全方位提高酒店管理服务能力，且保证自主经营，自主管理——学生既是实习餐厅、咖啡厅、茶室的服务人员，也是管理者，员工排班、服务质量监督、对客沟通、产品设计宣传、现金与收款、采购与库存、定价与成本等全部由学生独立完成，老师只是作为一个辅导员的角色参与协调，更多的是指导学生工作。

现在，让我们走进它们，见识一下那里的实践教学情形与学生们的收获。

百荷咖啡吧的实训教师叫张昊然。在绿岛工作的近十年间，他不仅把咖啡吧当作课堂，带领学生在那里学习、成长，还把咖啡吧办得风生水起，使之成为学院甚至绿岛的名片。

2010年，我加入绿岛酒店管理学院这个大家庭。那会儿还没有现在的三期酒店教学楼，只有凤凰餐厅和梧桐宾馆实训实验室。当时给我感触最深的，就是09级酒店管理专业的同学们和我在瑞士洛桑酒店管理学院看到的教学形式竟然如出一辙。除了理论之外，同学们经营凤凰餐厅，学习中餐摆台、西餐摆台，客房做床，亲身参与营销策划活动。还发现我的同事和领导，很多都曾经是沈阳第一家五星级酒店——绿岛的总经理、餐饮经理，他们有着丰富的实践经验。他们设计的课程非常受同学们欢迎，其中让我记忆深刻的是一次宴会设计课程。它的考试不拘一格——以学生为主体，面向全校策划一次主体宴会，代替各校普遍采用的笔试形式。这次主体宴会轰动全校，数十元的入场券最后竟然一票难求。这不就是在用情境化教学来培养酒店管理岗位能力吗？

我认为，如果说2015年之前的绿岛酒店管理学院是蓄力和探索阶段，那么，2015年之后，随着标志性建筑绿岛三期工程——酒店学院南楼落成，我院实验实训硬件设备设施已达到国内超一流的水准。作为南楼的名片，百荷咖啡吧也在同一时间开业。目前咖啡吧日均流水2000元左右，并且成为最受校内师生欢迎的洽谈和休闲场所。持续火爆的人气丝毫没有影响百荷咖啡吧的整洁卫生、清新明亮，也从未降低过服务标准和产品质量。开业以来得到全校师生的一致认可，中国百富榜的创始人胡润先生访问我校期间，都要来百荷咖啡吧喝上一杯。[6]

百荷咖啡吧本来是一个实训课程的平台，却在经营上大获成功，实现训练和实战双丰收，成为国内高校创业咖啡首屈一指的典范，其原因在于：

首先，产教一体的运营模式。放手让学生自主经营，让他们在真实的情境中学习知识、经受锻炼。咖啡吧的定价及成本分析、采购及成本控制，产品制作标准流程的建立，人员组织管理、市场调研、宣传企划、产品更新、自媒体运营、数据分析及决策等都由学生负责，"调动同学们的积极性，让他们主动去想、去学习经营，让他们脚踏实地地动手去干。从基层的每个部门到管理岗位，每人都深入学、具体学"。

其次，真实的生产平台。学校大手笔投入，咖啡吧的设施、设备，花费数十万元，全部为欧洲进口。咖啡机是意大利刚刚出厂的潘多拉 T1 型号，这种世界顶级的设备，韩国本土连锁咖啡厅还没有配套，百荷咖啡吧已经投入使用。这台咖啡机令国内业界同行和专家羡慕不已，他们专程跑来看这台咖啡机。

拥有世界顶级设备，最受益的自然是学生。"同学们上手就是最先进的设备，步入社会必然更能贴近行业实际。"

最后，依托百荷咖啡的职业经理人社团。咖啡吧开业前，百荷咖啡成立了职业经理人社团，加入社团的学生们做了大量的调查问卷和数据分析，确定了咖啡吧的销售品类；通过反复设计、讨论，确定了宣传方案并最终执行投放；通过大量的比价和计算，做了精准的成本分析和市场定价；提前接受了咖啡制作培训，并建立标准操作流程和咖啡吧规章制度，以及警戒库存、增销策略、咖啡吧内动线设计等。

百荷咖啡吧职业经理人社团成立以来，虽然工作量大，人员选拔和淘汰机制严苛，但队伍不断壮大，依旧生机勃勃，团员们干劲十足。社团不仅培养了本专业的学生，其中的半数同学来自其他学院，还有多名国际留学生。

张昊然组建职业经理人社团成功的秘诀是，深入地和学生们战斗在基层第一线，不断学习

6　张昊然：《十年校庆感怀》（未刊文）。

最新、最前沿的经营理念并融会贯通在咖啡吧的经营实训中，将百荷咖啡吧的精神和文化，技能和标准一届一届传承下去，并不断升华和创新，确保始终站在行业的最前沿。

百荷咖啡吧的实训硕果累累，从这里走出去的第一任学生经理是2013级的，已经成为全国知名品牌"瑞幸咖啡"北京一家分店的店长，有的学生在韩国咖啡店工作，有的在上海及各地从事咖啡经营行业。学生们表示，他们最感激的就是大学期间学校为他们提供的实践平台。

这里是一位不愿具名的学生写下的感言：

记得刚进入学校没多久，我就接触了百荷咖啡吧，缘分大概就是与自己感兴趣的东西不期而遇吧。我是幸运的，遇见了张爸比（张昊然老师，私下里我们叫他张爸比）。很小的时候我就梦想成为一个甜点师，开自己的店，做最好吃的甜点。上了大学后，这个想法越发强烈，我开始寻找各种关于甜点的专业知识，并暗自做好毕业后去日本的专门学校学习的打算。张爸比知道了我的未来规划后，给了我一个很好的平台，放手让我尝试，那就是为咖啡吧制作各种所需的甜点。百荷咖啡吧是我们学校一处重要的实训基地，这么重的任务交给我一个人，在谁看来都是不可行的，所以，被信任的自豪感油然而生。三年来，张爸比对我的信任和关注从未缺席，他就是这样身体力行地教会了我，从最基层的产品到店面经营，从自身职业道德到员工素养的培养。三年来，我在各方面不断进步，这使我更坚定了在未来开创自己的糕点品牌连锁店的梦想。

我能三年如一日地不放弃梦想，原因就在于百荷咖啡吧的实训，成为我大学生活的一部分。早上7：30上班，晚上8：30下班，每天别人的信任，张爸比的夸奖，毫不违和的成就感，油然而生的自信都是我的收获。这一切，都要感谢学校对于我这样的有自己规划的学生的个性化教育，以及三年来在百荷咖啡吧的修炼。[7]

比起张昊然的一帆风顺，讲授饭店运营与管理课程的姜旸老师和她的学生们，接受和开展职业情境化教学则经历了一个过程。

2011年5月，当她听到校领导在全校教工大会所做的"深化教育教学改革，构建以岗位能

7　引自酒店管理学院的学生实习报告。

力形成为目标的职业情境化人才培养模式"讲话时，第一次对学校的人才培养模式有了一个初步概念——为了达到学生岗位能力的提升，必须构建适合本专业岗位能力提升的校内实训平台；职业情境的构建，包括教师不能单一地在台上照本宣科，而是要根据课程内容构建一种"情境"，只有在此情境下教师才能走下讲台，变为课堂的指导者。"但对于如何落实我还是一片茫然，印象中在国外上学的时候，教授就是站在台上讲课，从来没有听过构建'情境'教学。"[8]

"当时我们也是刚刚毕业的学生，实践经验不足，除了上学时候学到的知识和书本上的知识，也没有其他经验了。很长一段时间一直在努力学习如何能够上好课，能够获得更多的实践经验，对情境化教学并没有进行深入的研究。"

事实上，她是被拖入情境化教学的，并且是从打扫餐厅卫生开始。

2015年南楼建成，"最开始我们的任务就是带领着学生进行餐厅的开荒工作，天天都是灰头土脸。我平日在家很少做家务，那时候每天都要对餐厅进行清扫，后来渐渐地，日常清扫成为一种习惯，学生受到我的影响，每天认真打扫餐厅"。

不仅场地清扫，连桌椅的拆包、摆放都得她带着学生干。这还不算，学生们还要参与菜肴的烹饪制作。"学生对这个事情意见很大，很多人从来没做过饭，所以不愿意做菜，但是厨艺是课程的一部分。"

2015年12月8日，芙蓉餐厅进入开业前的一个重要环节——邀请学院的学办、教务办和酒店管理专业教师共同试菜。"他们热火朝天地在后厨忙碌着，有的在面点房包饺子，有的在凉菜间准备凉菜，有的在灶台前翻炒菜品。"

学生们制作的菜品获得老师们的一致赞许，学生们第一次尝到动手学的甜头。

2015—2016年第2学期，院里要求她所讲授的饭店运营与管理课程，要远离传统课堂，在职业情境中向学生进行知识、能力、素质教育。具体说来，就是每天与学生一起共同经营芙蓉餐厅。开始，她不理解为什么需要全天都在芙蓉餐厅，因为周末不能正常休息。"但我渐渐发现，只有一直和学生在一起，才能发现问题和不足，并且能够及时地处理和解决。"

但是，全天在餐厅工作，学生们产生了抵触情绪。"他们觉得交了学费就应该坐在教室里听老师上课，不应该在餐厅服务。"于是，她就在课上和私下里向同学们讲明开设这门课程的目的

8　引自酒店管理学院姜旸的《你好，芙蓉餐厅》（未刊文）。

和意义，将学校的理念和人才培养模式渗透给学生。学生们渐渐理解了学校的理念和做法，工作比较安心。"其实，那时我对学校的人才培养模式并没有完全理解和认同。"

她和学生们的真正转变，源于承接一场婚宴。

2016 年 5 月 2 日，学校承接了一场婚礼——室外草坪典礼和宴会厅婚宴。"后厨的同学协助老师和厨师，快速地、保质保量地完成了任务；前场的同学全部到宴会厅服务，大家井然有序地做着自己的工作，之后还帮助其他同学。"

婚宴结束，宾客对学生的服务非常满意。"我突然意识到，平时在餐厅的实践，在婚宴那一天就是最好的检验。我们每天纠结为什么要做那些，但没有看到在做那些的时候自己发生了多大变化。"

"在芙蓉餐厅近两年的时间，无论学生还是我个人，在各方面都有了很大改变和提高。首先，这个机会让我与学生接触得更密切，能及时了解他们的真实想法，及时沟通和开导，我的角色不单纯是老师，更像是他们可以谈心的朋友，这是在传统课堂上无法办到的。其次，对课程的讲授也有很大帮助。因为参与了餐厅的运营和管理，所以日后我在餐饮管理课程中不再照本宣科，我可以离开书本，将在实践中发生的事情作为案例讲给学生。第三，学生通过实践锻炼，在大四毕业实习中能够快速进入角色，毕业后在相关岗位上晋升得更快。最后，也是最重要的一点，我对学校的以岗位能力形成为核心的职业情境化人才培养模式有了更深刻的体会和认识，也让我在未来的教学中能够更好地贯彻和落实这一培养模式。"

在芙蓉餐厅这个情境化教学平台上受益的不仅有姜旸这样的老师，更主要的还是酒店管理学院的学生。2015 级旅游管理专业 2 班的邓嘉慧就是其中的代表。"大三期间参与酒店管理学院实训，丰富了自身价值，也使我坚定了未来的职业发展方向。"[9]

像所有同学一样，开始面对实训她也很迷茫，"傻傻地以为学习理论知识就是学习，为何要进行实训"？

但是，在芙蓉餐厅的实际训练，使她很快扭转了原来的想法——在那里，她学到了许多书本上学不到的东西。"第一天来到芙蓉餐厅实训，点单流程不熟悉，传菜与上菜衔接出现问题，手忙脚乱，忐忑不安。"不久，在老师和同学的帮助下，她不仅对上述工作应对自如，还整理出

9　邓嘉慧：《芙蓉餐厅实训经历》（未刊文）。

一套餐前准备工作、餐中服务流程以及餐后清理工作的程序，利用早会时间与实训同学分享。

"实训锻炼了我的应变能力、组织管理能力，尤其是外语水平的进步、服务技能的提升。"实训过程中，常有留学生和外教前来用餐。虽然她的英语水平一般，但她不放过任何开口讲话的机会，"刚开始通过几个简单的单词与比比划划勉强进行点单服务，后来课余学习与实践学习相结合，我的英语水平不断提高"。以至国家广电总局欧亚团洽谈用餐期间，她已经能够用英语与来宾做顺畅的交流。

实训期间，她参与了教育部转设评估、辽河文化研究院高峰论坛、旅游推介会等大型接待活动，其中规模最大的一次是接待清华大学沈阳校友会。"这是我第一次组织参与百人以上的大型餐饮接待活动，从前期的会场摆台与口布折花布置，到实训跟餐人员安排，都细致入微，与老师做好协调沟通，进行多次跟餐流程演练，最终出色地完成了清华校友会跟餐活动。"这次服务，来宾非常满意，一位清华老校友握着她的手，称赞这些孩子的服务很棒。

"以上这些大型接待活动，不断丰富着我的实践经验，使我了解了饭店餐饮部运行与管理的基本程序和方法，提高了我的团队协作意识，掌握了餐饮服务过程中各环节的操作技能。"

芙蓉餐厅实训获得的丰富经验使她自信满满，大四时，她大胆选择进入上海著名的浦东丽思卡尔顿酒店金轩中餐厅实习。因工作积极，业务熟练，她获得该酒店 2017—2018 年第四季度"五星实习生"荣誉称号。

像邓嘉慧这样在校内实训获得丰富经验，走出校门顶岗实习，得到实习单位认可的绿岛学生还有许多。

2012 级旅游管理专业学生刘佳，是由其他专业转过来的，"转专业，是因为通过酒店管理专业的学哥学姐们介绍，绿岛独具特色的理论与实践充分结合的酒店专业教育模式吸引了我，让我对这个行业产生浓厚兴趣的同时也看到了这个行业美好的前景。学校给酒店管理专业的学生们提供了非常好的就业和实训实习平台，校企合作单位都是一流的国际五星级酒店。"[10]

2014 年，第一次顶岗实习，她去了上海金茂君悦大酒店礼宾部，"我和一同实习的同学们的综合表现以及知识储备，让我对学校的教育模式以及自己将来的出路充满信心"。

2015 年 8 月，第二次专业实习，她选择了北京东方君悦大酒店。她的出色表现得到酒店部

10　刘佳:《感恩母校》(未刊文)。

门领导和同事的一致认可，实习结束，尚未毕业，她就被该酒店正式录用，并于一个月后被破格提拔做了领班。同年6月回校撰写毕业论文，以一场真实的酒会作为毕业设计作品。她的这一设计作品，受到学校的肯定，获得校级优秀毕业设计奖。

毕业9个月后，她又被破格提升为酒店值班经理，此间，她先后担任酒店忠诚客户、酒店顾客满意度项目负责人，并先后在2017、2018和2019年举行的"一带一路"论坛、中非论坛以及塞尔维亚、德国、菲律宾等多国总统访华期间入住她所在酒店时，担任团队接待总负责人，她的出色表现得到下榻国家组织方认可和酒店各级领导的赞扬。

谈到学院的教学改革和学生的成长，酒店管理学院院长刘爽说："我为学生的优异表现感到高兴。其实，学院走到今天，经历了很多碰撞和冲突，我们的这种从情境到实境的实践教学模式，当初学生们并不认可，有的班长都不肯进餐厅实训。好在我们坚持了下来，同学们在实训和实习中培养了能力，学到了本领，尝到了甜头，从抵触到认可。他们也很争气，毕业后，一批批学生从基层做起，走上中高级管理岗位。十年很短，我们还在路上。但是我相信，我们学院的学生，只要踏实努力、坚持不懈，未来一定能成为国内乃至国际一流酒店的高级运营管理者。"[11]

绿岛构建的真实职业情境，除了酒店管理学院，还有影视传媒学院。

同酒店管理学院一样，影视传媒学院教学设施与设备也堪称一流。建校初期，学校就按照电视台的标准建了校园电视台，同时建了演播大厅、虚拟演播室、非线性编辑室等配套设施，组成了完善的校内实验实训中心。中心建筑面积7000余平方米。拥有500—1500平方米规模的演播厅6个，虚拟演播厅4个，400平方米摄影棚1个，广播录音实验棚10个，教学实验设备总价值1300万元。建有专业实验实训室——剧情片创作、非线性编辑、虚拟演播、综艺演播、电视栏目创作、栏目包装、平面设计、影像编辑、影像创作、广播配音、影视拟音、影视摄影、影视特效、剪辑调色、定格动画、人物造型、影视录音、影视表演、灯光造型等21个。

按说，得天独厚的硬件条件提供的真实职业情境，学生们应该为其感到骄傲，并且应该充分利用它努力学习。可是，建校初期，情况并非如此。

影视传媒学院第一年只有三个专业：广播电视编导、数字媒体和摄影，招收了100余名学生。

11　引自2019年4月15日笔者与刘爽的谈话记录。

虽然老师们课讲得很认真，但学生们不爱听，一半趴在桌子上，时间久了，有的干脆不来上课。

没有教不好的学生，只有不会教的老师。时任影视传媒学院院长金铁明决定按照学校确立的职业情境化人才培养模式调整教学方式，尝试利用绿岛电视台这一实践化教学平台，用项目驱动教学。

他的具体构想是，比如广播电视编导专业，把四年八个学期从低到高按逻辑分解，第一学期从拍摄纪实短片开始，成片后在校园电视台新闻节目播出。选题、提炼主题、采写都作为课，采、拍、剪形成模块，一条实践线，一条理论线，实行所有课程联动，相关授课老师不是各自为政，而是带着学生同步进行。这一学期是培养学生的创意能力。第二学期课程升级，进入专题、故事、调查等模块。第一年的两个学期，在训练学生掌握实际操作能力的同时，也注意提升他们的理性思维能力——比如在拍摄纪实短片的过程中，通过拉结构、细节处理来做理性训练，以提升逻辑思维能力。

"每个学生大一就得完成10条新闻片，每学期都能看出达到了什么水平。这个强度非常大，是个冒险的设定。"

金铁明的"冒险"，收到了意想不到的效果。

大一不讲理论课，上来就拍片，立即唤起了学生的学习兴趣。"在真实的情境、真实的工作现场，他们有角色、有目标，带着他们干，他们感觉像玩儿一样，而且做出片子，他们有成就感。"

金铁明的实践化教学法，不仅调动了学生的学习积极性，受到学生们的欢迎，而且得到了省内教育行政部门和业界同行的肯定。2010年，广播电视编导专业被列为辽宁省人才培养模式改革创新实验区。在辽宁省教育厅组织的2012年辽宁省高校教学成果奖评比中，金铁明主持的"'实训贯穿影视传媒人才培养全程模式'的建构"获一等奖，该奖项也成为辽宁省广播电视编导专业教学成果一等奖历史上零的突破。

仅仅用了两年就取得如此骄人的成果，金铁明的成功经验是什么？

金铁明在《高等教育教学成果奖成果分析报告》中写道：

广播电视编导专业是一个与行业联系非常紧密的专业，所以也要求编导专业的同学必须掌握能够在行业中实际应用的专业能力。正是着眼于此种情况，我校广播电视编导专业大力推进教学改革，在全省率先提出了用项目实训的方式来贯穿人才培养过程的教学模式。在整个教改过程中，我们不断根据学生的情况和行业的情况充实和完善项目的细节，让实训贯穿影视传媒人才培养全程这一教学模式能够更紧密联系学生和行业，使之良好对接，起到桥梁的作用。

该项目运行至今，我院广播电视编导专业学生的学习积极性和兴趣得到了极大的提高，学生在教学过程中不仅仅学习理性的专业课，同时配合感性的实训来检验理论和发展理论，改变了学生对理解枯燥理论的厌烦情绪，有效提振了学习兴趣，同时在实训中也加深了学生对理论知识的理解。

他认为，在推进项目教学运行的过程中，以下几个因素起到了至关重要的作用。

能力培养。紧紧围绕岗位能力形成和提升，构建课程体系和实训体系，将部分专业课前置至大一开设，以校园电视台栏目为载体，实行项目教学，把实训贯穿全过程，在做中学，学中做，实现理论知识和专业能力的双提升。

情境建设。学校按照省级电视台标准，为专业搭建了职业情境化实践教学平台，建有3个多功能演播厅，配备近百台索贝非编工作站、高清数字摄像机、4讯道数字导播台，形成了完整的制播系统，从而为学生实训和开展项目化教学提供了坚实基础。

校企合作。在培养过程中，与各级电视台、传媒公司合作，承接栏目及活动制作，将校内所学真正用于实战，使学生体验岗位的真正需要，检验教学成果和提升学生的职业素养，激发学生的学习动力。

双师双能。从凤凰卫视、辽宁电视台、辽报集团等专业传媒机构引进多名专家担任专兼职教师，建立了"双师双能"型教师队伍，为实训教学体系的建立提供了坚实的人才保障。

那么，他们的实训教学是怎样设计和安排的？

在"实训贯穿影视传媒人才培养全过程"模式的建构项目的实施过程中，最核心的内容就是实训过程的设计和安排，本专业在实训环节的设计上采用了职业情境化实训的模式。职业情境化实训模式的构建主要是为了让学生能通过我们的实训平台得到专业、有针对性的训练。这样，不仅学生专业能力得到实际的锻炼和提升，也能对未来本专业所从事的具体岗位有一定程度的了解，对自己未来的择业方向有基本的认知和打算。这样可以使广播电视编导专业的学生通过实训真正地学到操作技能，先人一步地体验到未来就业后在职场中与人沟通、协作完成任务的重要性。实践证明，通过模拟岗位的设立，有效地提高了学生的学习效果，端正了学生的学习态度，加强了学生的动手操作能力，使学生真正地把知识转化为技能。

实训平台——绿岛电视台开设了采访部、编辑部、摄像部、播音部、外联部，各部门的成员全部由影视传媒学院各年级广播电视编导专业的学生组成。整个实训基地的运行模式完全按照真实的电视台来操作、运转。每位同学根据年级的不同，工作能力的差别和个人兴趣的不同分别担任不同的职位，低年级的同学在学长的指导下进行基础的采编工作，高年级的同学比较成熟，在绿岛电视台担任各部门的负责人，负责日常的管理工作。在岗位能力培养的整个过程中，都有老师实时跟踪和指导，有效保证了实训效果。

自影视传媒学院实训基地成立以来，绿岛电视台作为一个软、硬件强大的实训基地，从学中练到练中学的反复过程中，深化了学生的理论基础，在"实训贯穿全程"的教学中，校园电视台真正让学生走到了实战的领域中。通过如此学习、实践的学生，理论基础与实践动手能力有显著的优势，从而也为他们四年后的毕业、就业打下了坚实的基础。[12]

绿岛电视台建于 2010 年 3 月，宋威是绿岛电视台建成后招聘的第一位教师，负责电视台日常播出，并开设非线性编辑制作技术这门前置专业课。从业界来到绿岛工作的宋威，首先被它的硬件震住了："没想到学校会对电视台有这么大的投入，教学工作居然使用了高端的索贝系统，并且是制作和播出系统，在当时，索贝系统是省、市级电视台的标配设备，而我们的校电视台竟然也能达到这个标准，这在全国高校首屈一指。"[13] 接着，又是一个没想到，"硬件达标了，我以为可以通过循序渐进的教学，让学生慢慢地熟悉有关电视新闻的制作流程，逐步完成新闻的制作，再过渡到节目播出。没想到我接到的任务是三天后就要开始第一期绿岛新闻的制作并播出"。

学生都是刚入学的大一新生，只有 30 人，他们以前从未接触过电视台，时间紧，任务重，这可如何是好？"当时真的是焦头烂额，无从下手。"无奈，只得硬着头皮制作了一套工作流程，

12　金铁明：《高等教育教学成果奖成果分析报告》。

13　宋威：《绿岛电视台创建之路》（未刊文）。

由院长带领同学们拍摄，宋威负责后期制作，一边制作，一边修改。连续熬了两个通宵，完成了绿岛新闻第一期的制作，并顺利播出。

第一期节目播出以后，宋威以为"紧绷的神经可以放松一下，以后能慢慢来进行教学"。没想到，徐伟浩又给他们布置了新任务——5月1日以后，绿岛新闻要日播。

这几乎是不可能完成的任务："首先是人员问题。市级电视台要完成日播新闻，一般得百十来号人，而我们只有30个大一新生；第二是时间问题。市级电视台人员每天只完成一个目标新闻制作，而我们既要制作新闻，还要完成上课任务，还得参加学校各项活动，时间无法安排；第三是日播新闻需要更多的选题，每天需要更新选题，才能保证日播内容。"

但是，他们知道，徐伟浩的要求就是"军令"，"军令"如山，无论有多大困难，他们都得想尽办法执行。"以上情况都是无法改变的，我们先从节目时长开始，新闻不必非得30分钟，保证每天更新四条新闻内容。"可是，如此大的新闻量，选题如何寻找？"院长给了我们很大帮助，告诉我们一个新闻可以从多个角度拍摄。"至于时间问题，"学生白天上课，我们就晚上进行实训，老师天天跟着呗"。

就这样，从5月开始，他们真的就日播了。"一直到现在都能保持日播，期间增加了英语新闻"，电视台频道从1个频道升级到4个频道。同时，硬件还进行了升级改造，从标清系统升级到高清系统。记得当时只有辽宁电视台和沈阳电视台是高清播出。此外，又添加了收录、媒资和融媒体、手机APP系统。

学校大力投资硬件，又从业界聘请了很多资深老专家，传授学生实践经验，给学生提供了优质实践平台。另外，绿岛电视台和多家电视台合作完成了多档栏目的拍摄和后期制作，同时，还开展了各类校企合作项目。正是有了这些丰富的实践，让学生们有机会"真刀真枪"地操作，才使得所学理论与实践相结合。事实证明，实践化教学让学生们受益匪浅，当就业机会摆在面前时，才不会错失良机。大学四年把他们培养成了出了校门就能上岗的全能型人才，中央电视台、辽宁广播电视台、沈阳广播电视台和各市级电视台的荧屏和幕后，都有他们的身影——"在校期间我们的演播室与真实的电视台节目制作流程完全一致，学生们早已熟悉生产方式，离开校门到工作岗位，自然是做什么都顺手，必然受到用人单位的青睐。"

广播电视编导专业教学改革效果显著，为此，学校将该培养模式在全校范围内做了全面推广，对全校教学改革起到了重要的推动作用。

广播电视编导专业教改项目获奖之后，在辽宁省学界内引起了一定的反响，许多院校的相关专业纷纷来绿岛参观考察。

台湾世新大学校长来绿岛访问，了解了影视传媒学院的实践化教学方法——专业课前置、实训贯穿教学全过程等，又赞赏、又吃惊，他说，专业课前置，把实训放在第一学期，这个做法太好了，我们都没敢想。

相对于广播电视编导专业依托绿岛电视台进行情境化教学，影视传媒学院的另一个重点专业摄影专业则是依托工作室开展情境化教学。提出工作室教学的是摄影专业教师张健。他借鉴日本著名经营大师稻盛和夫的"阿米巴经营理念"，尝试开展以工作室为载体的情境化教学。即在工作室引入真实项目，让学生参与项目制作。将专业课程和项目结合在一起，按照"阿米巴经营"的模式设计，学生在学习和实训过程中能够了解和掌握社会的真实问题，每次课都能够"看得见、摸得着"，从而调动和激发学生学习的积极性和主动性。

"最初摄影专业还没有毕业生，我没有过多地考虑学生培养和就业之间的关联。基于摄影行业毕业实习特点，在 11 级人才培养方案设计上，我有了工作室教学设想——大三上学期，学生在工作室进行顶岗培训，为未来的实习做好准备。下学期，也就是第二年 3 月，学生在岗位上经历了两个月的培训，正好赶上摄影的旺季，这样，既解决了实习时间错位的问题，又为学生搭建了从校园到行业的桥梁，使学生的专业技能迅速与行业接轨。"[14]

2012 级摄影专业的王建回忆："大三年级的时候，我加入了摄影工作室。初次听说工作室前半个学期在学校培训，后半个学期到影楼顶岗实习，我心里非常高兴，因为出去实习不仅可以磨练业务，还可以赚取生活费，减轻家里的负担。"[15]

在工作室实习期间，他的工作主要是给儿童拍艺术照。因为给儿童拍照需要有耐心和熟练的技巧，开始时他的工作并不顺利。"在拍摄过程中，张健老师教我如何纾解孩子的紧张感，如何哄孩子开心，如何抓拍到孩子最动人的瞬间。"可是，在他已经开始适应工作时家里出现了变故，学费成了问题，使他陷入困境。好在实习期满时，他拿到了影楼发放的实习工资，解了他的燃眉之急。实习期间，他还参加了汪正影业举办的摄影师比赛，获得汪正全国十杰摄影师、一级摄影师称号。"如今回忆起来，特别感谢大学时期这种工作室学习方式，感谢帮助过我的每位老师。"

14　张健：《摄影工作室发展情况》（未刊文）。

15　王建：《我在工作室的收获》（未刊文）。

摄影专业开启的工作室教学模式，为情境化教学和人才培养开启了新思路和新途径。2017 年初，经学校批准，工作室制在影视传媒学院各专业全面推行、实施。

十年来，影视传媒学院采用实训贯穿人才培养全过程的做法，培养了大批优秀人才。

在同笔者交流时，刚刚退休的金铁明说："记得初来绿岛工作时徐老师对我说，我们要走一条超常发展的路，我说，给我五年，我能让学院立住，把学院办出特色、办出高度。他说，两年就得出来。我说，两年太短了。他说，就两年。结果，从 2009 年招第一批学生，到 2011 年申报那个教学改革项目，真的只用了两年。我原来在辽宁电视台工作，期间从新闻到影视，包括综合、卫视、播出、总编室、研发都经历了，到绿岛之后，可以说是调动了前半生的所有积累，全发力了。"[16]

回首十年走过的历程以及取得的优异成绩，金铁明欣慰之情溢于言表："新生的录取分数线，第一年 230 分，第二年 280 分，第三年 330 分，第四年，第一志愿 400 分。""去年，新生奔我们学校来，这些孩子渴望学习，对老师，眼中流露出的是敬畏的眼神。"而已经毕业的学生，对学校充满感激。"有个 12 级学生离校前说，当初不是奔这儿来的，报绿岛是第二志愿，没想到却'因祸得福'。""近几年，我们每次都拿几十部微电影作品参加中国金鸡、百花奖评选，连续三届获得作品奖和组织奖。"

当然，最令金铁明骄傲和自豪的，是学院培养的那些优秀学子。

"中央电视台，有 10 余个我们的学生，辽宁电视台、沈阳电视台，我们的学生就更多了。"

以下这几位学生，是这些优秀学生的代表。

马中原，2012 级广播电视编导专业，在校期间，担任校团委学生会新闻传播中心媒体部副部长、影视传媒学院学生会副主席、绿岛电视台非编工作室主任、绿岛电视台总制片。在学习和校内各项工作之余，他还创作了大量微电影作品，并屡获佳绩：2014 年，《泪》获第三届中国西部国际电影节剧情导演类二等奖；参与拍摄的搞笑短片《吸酒》获第三届北京国际大学生微电影盛典评选活动广告宣传作品优秀奖；专题片《跑酷少年》获 2014 中国国际大学生微电影盛典评选活动优秀奖；2015 年，《泪》获美国戴维斯国际电影节展映优秀作品奖；2016 年，《宝贝回家》获中国金鸡首届国际微展映优秀作品奖。

16 引自 2019 年 4 月 19 日笔者与金铁明的谈话记录。

从 2014 年开始，马中原连续三年在沈阳广播电视台的新闻频道"沈视晚报"栏目、多媒体工作室、新闻频道纪实片工作室实习，其间，两次往返新疆察布查尔参与拍摄、独立完成剪辑 6 集大型锡伯族西迁历史纪录片《根与魂》；参与拍摄、独立完成剪辑辽宁卫视《家的味道——老兵》第 5 集李敏纪录片；参与拍摄、独立完成剪辑配音环保人文主题 2 集纪录片《卧龙湖边的鸟大爷》。以上作品分别在辽宁卫视和沈阳广播电视台播出。"在大学期间的学习、实践积累，好像都是让我奔着电视台的目标，我也确确实实地把自己在大学期间的所学所得，完完全全地用在了岗位上，无论是在我们学校绿岛电视台所积累的专业能力和经验，还是在学生会等组织养成的严谨和责任心，都是我能在岗位上得心应手的重要原因。"[17]

院里传播学专业有个女孩叫王艺婵，受院内艺术氛围和老师的影响，她喜欢上了摄影。大二时，为了学习水下摄影，她租了一个游泳池，一连几夜泡在水下。毕业以后，她去了一家海外婚庆公司工作，成为公司驻马尔代夫的项目负责人。

影视传媒学院和酒店管理学院的优质教学平台，为践行学校提出的以岗位能力形成为核心的职业情境化教学提供了硬件保证。那么，不具备这样的教学平台，"职业情境化教学"还是否可行？徐伟浩在建校初期的教改大讨论的讲话中曾涉及这个问题。"我们提出的职业情境化教学模式，是为实现我们学校的培养目标服务的，一把钥匙开一把锁。这时候，可能有的人会说，你的这把钥匙只能开广电专业和旅游专业的这两把锁，那么其他专业呢？中文、外语呢，国际贸易、工商管理呢？"[18]他认为，站在改革的立场上，用改革的思维来看待改革中的问题，对新的教学模式和教学方法就一定能够达成共识，而解决了改革的能力，问题就会迎刃而解。

建校十年间，绿岛各个学院的教师，在不具备职业情境化教学硬件条件的情况下，如徐伟浩所言，用改革的思维，通过虚拟情境等方式，对"PST-CCE"教学模式做了大胆尝试和探索。

英语专业青年教师刘丽，最初对"PST-CCE"的模式也很是困惑不解。但她采取的态度不是排斥、抵制，我行我素，而是认真思索。"岗位能力应与专业相匹配，情境化就是要为学生设立真实的教学环境，那么，我现在教授的课程是酒店管理专业的酒店英语，他们需要的是何种岗位能力和情境化的英语课堂呢？"[19]

17　马中原：《大学及工作个人资料》（未刊文）。

18　《教学改革与体制创新的哲学思考》，2010 年 6 月 4 日徐伟浩在沈阳大学科技工程学院教学改革与体制创新论坛上的讲话。

19　刘丽：《我与"PST-CCE"的不解之缘》（未刊文）。

　　于是，她拿着菜单、刀叉、碗碟、酒杯走进课堂。"同学们先是好奇和诧异，到后来心照不宣地等待着精彩的开始。那种期盼的眼神，是我从未感受到的学习热情，让我意识到这才是他们想要的。"

　　这堂课讲授的内容是点餐和餐厅礼仪。摆盘、订餐、点餐……同学们迫不及待地展示着自己的专业能力。于是，她开始了真正的情境化教学——和同学们一起演练他们熟知的操作过程，并在每一步骤用英语解释，教给他们需要的词汇和句型，同时，讲授菜单翻译的一些基本原则和一些餐厅礼仪。课下，学生针对学习内容制作英文菜单，并将整个用餐英语汇编成情景剧，拍摄成视频。"那些曾经对英语不感兴趣且基础薄弱的同学，学习过程并不轻松。但是他能如此欣然接受并乐在其中，想必，是他们对于情境的浓厚兴趣和对岗位能力知识的渴求。"

　　和英语专业的虚拟情境不同，语言文化学院的汉语言文学和法学专业，则分别依托《白桦林》校刊和模拟法庭建立了专业实践平台，开展情境化教学。《白桦林》校刊由于创立时间较早，一直运行得非常规范，从策划、创意、写作到编辑、排版、审核、印刷，各个程序及项目清晰明确，与课程教学结合得比较贴切，是一个较为理想的写作、采编实践平台，开展情境化教学的工作推进顺利。

　　但法学专业的模拟法庭的建设却颇费周折，法学专业教师王敬至今感慨良多。"在听到学校要求除了要讲授专业课，还要带领学生做模拟法庭实验实训时，脑子里一头雾水：模拟法庭怎么搞？怎样组织学生，如何调动学生的学习自主性积极性？教研室反复研究，与校领导多次讨论，又经过与学生交流，网上查找案例材料，与学生一起观看模拟法庭教学案例，分析庭审程序等系列探索，模拟法庭实验实训课程的设计思路才渐渐清晰。"[20]

　　"我将09级法学专业的36名学生分成4组，按照真实的庭审设置分配角色，学生分别扮作审判长、审判员、人民陪审员、书记员、法警，组成法院人员，以及原告和代理人、被告和代理人、鉴定人、证人等。模拟法庭选取的案例涉及民事、刑事、行政等，学生们以小组为单位，上报所选案例，搜集、查找庭审材料、实体法律及案例相关规定，熟悉开庭审理各阶段任务规定，演练开庭审理程序，进行正式的模拟法庭庭审。庭审结束后，围绕庭审程序中出现的问题、举证与质证技巧，以及法律文书材料中出现的共性问题，比如，当事人列明错误、文书写作格式

20　王敬：《提升专业能力，践行我行我能》（未刊文）。

错误、案由归纳不准确、证据运用不到位、争议焦点总结不准确、实体法依据查找不全面、庭审程序各阶段任务完成不到位等，我再加以点评。出乎我的意料，学生们对于法庭有很高的热情，会在课前和小组成员一起找案例、写材料、彩排，会在上课之前搬好座椅、摆好道具、打印好庭审材料。我发现在教学中，师生之间需要互相信任，老师要相信学生可以做好，但前提是课前准备工作必须充分，各项工作必须要有明确的内容、完成指标、完成时间。一次实训下课后学生说：'老师，通过模拟法庭，感觉将之前学到的知识都用上了，对庭审程序各阶段任务的理解也透彻了。'"

为了提高学生的专业能力，她在此后的民事诉讼法授课过程中，在课程总课时中拿出部分课时开展模拟法庭实训，使枯燥的知识不再乏味。

商学院会计学专业的"PST-CCE"人才培养模式的探索之路走得很艰辛。

为了搭建真实情境，会计学专业要求教师利用假期到企业挂职锻炼，搜集企业财务业务案例，建设真实企业的仿真业务题库，将其引入课堂，带领学生进行真账实操。企业仿真业务题库，第一，强调"真实"，即以真实的企业为背景，摒弃文字描述业务过程，模拟企业真实的业务流程，将各大企业所发生的业务全部还原成真实的发票形式，把学生置身于真实的企业会计核算环境中进行会计核算工作。第二，强调"过程完整"，从采购入库、成本核算、销售出库、往来款项，到固定资产和企业薪酬税金核算支付等，从投资生产服务到资金回笼的全部环节，完整地体现了每一个企业多个会计核算周期的全部业务，核算月份业务相互连接，数据逻辑环环相扣，再现企业实际业务的复杂情景。第三，强调"类型丰富"，即满足不同课程对业务数量的要求：涵盖大中小型企业，涉及工业、商业、建筑业、服务业、交通运输等行业，企业数量达500家，平均每个企业经济业务数量2000笔。

以真实财务数据作为教学资源，还原实际工作环境和工作流程，开展真实情境和真实业务的情境化教学，企业仿真业务题库以多维度、多层次、立体化的仿真实训，融合多岗位、多行业、多学科的知识与技能，使学生能多维度真实地审视整个企业内部各部门间的业务流转，了解企业的实务环境、内部控制、角色分工，让学生在实践中学习专业技能，同时提升团队协作能力，从而帮助学生们更快地适应并融入社会。

2018年4月，商学院组建以后，以"现代商务管理人才培养"为目标，实施了财税一体化实验实训教学中心平台的建设和改造工作，新建成的财税一体化实训室、企业运营实训室、国际贸易与电子商务实训室、金融与证券投资实训室以及大数据管理与应用实训室，共同构成了完整的新商科实践教学平台。

如今，伴随着职业情境化人才培养模式的深入推进，学校先后建成了人工智能与智能制造、特色旅游与智慧酒店管理、建筑信息技术与工程管理、文化创意与影视产品制作、大数据舆情分析与全媒体传播、金融与商贸管理、语言教育与文化传播等七大专业群实验实训基地，实现了从情境到实境的全面覆盖，为应用型人才培养奠定了坚实的基础。

小组学习有多难

2013 年，徐伟浩的一个举动又让高校同行刮目相看：组织校领导、二级学院院长和教学骨干赴国外大学考察，在学校《大事记》上有这样的记载：

2013 年 1 月 13 日至 1 月 29 日，组织 13 人，赴美国富乐敦大学、加州理工大学等高等学校进行为期 16 天的高等教育管理考察研修。

2014 年，派出 3 个考察团共计 15 人，分赴英国、美国、澳大利亚，对中外合作办学、英语教学、英美课堂教学、图书馆建设及信息化建设等项目进行考察。

2015 年 1 月 3 日，派出 2 个考察团共计 13 人赴中国台湾世新大学和英国南威尔士大学学习考察。

这些考察团的目的非常明确，就是学习国外高校的教育理念、教学组织和教学方法。一个民办高校砸重金，大规模地组团去国外考察，足以让人见识了徐伟浩教学改革的锐意与决心。

当时，学校虽然确立了以岗位能力形成为核心的职业情境化人才培养模式，但是，徐伟浩觉得需要有一套相应的实践教学模式与之相匹配，实践教学不应止于确立一个教学模式，而应该是构建一个体系。

2013 年 9 月，他指出："这个学期，我们提出了三大体系建设的工作目标。现在看来，全面育人和社会服务体系的建设已经有了比较清晰的思路，尤其是全面育人体系的建设，不仅有思路，而且有措施、有办法。相比之下，实践教学体系的建设，还没有理清思路，大家对实践教学重要性的认识，对实践教学内涵的理解，对实践教学方法的掌握，还没有达成广泛共识。"[21]

于是，他委托学校董事局研发中心苗世元主任牵头成立了课程改革研究小组，从课程入手，探索、总结实践教学体系建设的理论和实践问题。随后，研究小组成立并召开系列会议。他每会必到，并且每会必讲，讲话的内容自然紧紧围绕实践教学体系的构建。

我们主张建立的实践教学体系，不应该是传统意义上讲的相对于理论教学的一种教学类别的称谓，起码不仅仅是实习、实验、实训等传统意义上的实践教学活动。我觉得，用"实践化教学"这个说法，可能会更准确、更直接地表达我们提出的建设实践教学体系的初衷。实践化教学的"实"，有"自我""主动"的意味；实践化教学的"践"，有"行动""动手"的因素；实践化教学的"化"，则是"从里到外""从头到尾"的意思。

我们主张的实践化教学，就是要彻底改变老师和学生在学习过程中的主客体地位，让学生从被动地接受变为主动参与，让学生从用耳朵听变为动手去做。

进而，他详细阐述道：

实践化教学是一种教学方法，不是用它来代替理论教学和课堂教学。恰恰相反，我们主张在理论教学、课堂教学过程中，用实践的方法来组织教学，因为只有实践的方法才能改变师生的主客体地位，只有实践的方法，才能为学生创造动手的机会。在课堂上，老师一言堂，满堂灌，就是以老师为主体，学生只是在被动地接受知识。尽管老师在课堂上也会举些例子，做些小实验，但那也不能算是实践教学，因为学生并没有参与进来，只是老师在自我实践。

而后，学校成立了实践化教学研究与实践课题组，举办了骨干教师研讨班。课题组各位老师结合自己的任教课程，积极投入到实践化课程教学研究之中，先后撰写了实践化教学论文60

21　徐伟浩：《自主学　动手学——在学校课程改革研究小组成立前后的系列会议上关于实践化教学的讲话摘要》。

余篇。

在学习和借鉴校课题组研究成果的同时，学校要求各个学院认真组织本学院的实践化教学研究和设计工作，并大力开展在教学上的实践应用。学校制定了《沈阳城市学院课程质量评价细则》，对开展实践化教学的课程进行考核与评价，共130位老师，130门课程参与其中。骨干教师研讨班学员结合自身教学实际，对实践化教学和自主学习的特点、方式、内容、设计等方面进行深入研讨，总结经验，摸出路子，以便指导全校开展实践化教学。

通过以上梳理我们可以看出，从最初的"企业实景化"到"以岗位能力形成为目标的职业情境化"，又从"以岗位能力形成为核心的职业情境化"到"自主学、动手学"的实践化教学体系，经历四年的探索，绿岛终于构建了完备的应用型人才培养体系，说它完备，因为它是实践教学的集大成——既是一种教育教学理念，又包括人才培养模式和具体教学方法。

现在的问题是，实践教学如何向前推进，或者说找到实践"化"的落脚点和切入点，是构建实践化教学体系的关键。

2015年2月，应美国加州大学邀请，徐伟浩作为访问学者，开始了一个人的取经之旅，而且一走就是半年，他的核心目的，说白了，就是要寻找构建实践化教学体系的"灵丹妙药"，这是萦绕心头的一个难题，他要亲口尝尝"梨子的滋味"。

在美期间，他带着"教师行为对学生自主学习的影响"这一课题，与加州大学的校长、系主任、教师进行了深入的研究和探讨。此间，他还走访了耶鲁、哈佛、波士顿等26所大学，对美国大学的教育理念、课程设置与考核、教师的创新课程等做了深入的了解和系统比较。

正是在这次访学中，徐伟浩设身处地了解了"小组学习"这一流行于欧美大学课堂的教学方法。他这样讲道：

> 如何提高本科教学质量，是一个喊了几十年的老话题，不光是中国的大学在喊，美国的大学也在喊。但是，美国人的功利主义思想帮了美国大学的忙。他们不像中国的大学，凡事得先从大处着眼，把提高本科教学质量的注意力都放到了学科和专业建设上去了，几乎用了全部时间和精力在研究学科的知识体系是否合理、专业教学内容是否完善。相反，美国的大学更注重方法论的研究。实用主义哲学告诉他们，培养目标的实现必须依靠切合实际的教学方法。而这种教学方法的全部真谛，就在于有效地调动学生学习的主动性。于是，为了解决学生主动学习和动手学习的问题，他们总结

出了分组讨论法、案例教学法、项目推进法、论文写作法等具有实践性的教学方法，结果，学生的学习积极性被调动起来了，教学质量提高了。

为了解决学生主动学习和动手学习的问题，美国大学采用较多的一个办法就是合作学习（Cooperative Learning）和小组工作（Teamwork）。结合学习任务或是某个实际项目，把学生分成若干个小组，在老师的指导下，让学生自己通过合作去完成学习任务或项目。在这个过程中，老师成为教学活动的组织者、教学方案的设计者、完成任务的指导者，学生则是教学活动的实践者、教学任务的完成者。简单的一个分组，解决了学生主动学习的问题，这就是美国人的聪明之处。其实，在马克思主义哲学中，早就有关于内容和形式的精彩论述，在一定条件下，教学形式对教学内容的实现起着决定性作用。[22]

分组讨论法、案例教学法、项目推进法和论文写作法，这就是徐伟浩借"他山之石"为实践教学开出的药方，而他最为看重的是合作学习和小组工作，即小组学习。所以，在随后推进绿岛的实践化教学体系建设中，他竭力主张采用小组学习。

为了全面推进小组学习，2016 年，学校出台《关于专业课向应用型转型的三项规定》，一是引入"业师"直接参与课程建设和课堂教学；二是专业课全面实行"小组学习"；三是专业课实行能力考核方式。其中的重头戏就是"全面推进小组学习"。

小组学习规定很具体：

（一）学生如何分组。根据课程的特性和教学班人数适当确定小组人数，小组人数以 5—8 人为宜，人数少些效果好；提倡学生自由组合，教师适当给予协调；提倡组建无领导学习小组，或学生推选小组长。

（二）教师如何安排小组学习。设计周密的课程方案：每个教学单元的目的目标、项目任务、组织安排、过程步骤、预期结果、考核方法和标准等，都要有周密且具体的方案设计，方案要完整地体现在教案和教学指导书中；要明确具体地给学生布置课外学习任务；布置课外学习任务的注意事项。

22　徐伟浩：《自主学　动手学——在学校课程改革研究小组成立前后的系列会议上关于实践化教学的讲话摘要》。

（三）学生如何进行小组学习。每位学生都要独立完成课外阅读任务；积极参加小组讨论；小组成员分工合作，共同完成项目作品任务；任务因为集体完成，每个人都要做个人总结，准备课堂交流发言的 PPT 讲稿，重点讲述个人的作为、成果和体会。

（四）如何对小组学习进行考核。加强考核是小组学习的关键。小组学习主要采用过程考核方式：课堂测验和课堂学生发言；结课考核采用"项目＋说明书"或"课程论文"的形式；教师要有 200 字以上有针对性的评语。

从以上学校规定可见，小组学习，应该并不困难——许多老师也理解得比较简单，认为无非是把一个班分成若干小组，本小组成员在一起学习、讨论，而后向老师和其他各组同学汇报成果而已。

然而，事情的发展却不那么简单，在落实的过程中不仅遇到了很大困难，甚至还闹出了许多笑话。

据时任教务处处长李晓桥回忆，"小组学习一经提出，得到了各学院的响应，但如何实施，却是仁者见仁，智者见智，开展起来也是五花八门。影视传媒学院为了落实小组学习，对全部教室的桌椅进行打乱重排，将原先整整齐齐的桌子按'堆'排列，学生围着桌子圈形落座，上课时，有些学生只好背对着黑板，老师只能对着学生的背影侃侃而谈。"[23]

"某一基础理论课的老师，错误地以为小组学习就是让学生在课前以小组的形式完成自学，课上汇报小组学习的内容，从而演变成了让学生讲课。这一做法引起学生的强烈不满，一部分学生在 QQ 群和微信朋友圈反映老师不讲课，让学生照着 PPT 念，学生听不懂，上课就是浪费时间。"

"更多的老师将小组学习理解为分组讨论，结果上课时临时将学生分成若干小组，布置一些问题让学生进行讨论，结果导致课上讨论占用了太多时间，学生非但没有形成有价值的讨论结果，教师的课也讲不完。学生也纷纷吐槽。"

"真是进退维谷，踌躇徘徊。"[24] 酒店管理学院教师吴雷这样来形容当时的情景。"2016 年，学校发布了《关于专业课向应用型转型的三项规定》，要求所有专业课实行小组学习。看到学校通知后，我心里不免有些疑惑：小组学习不就是将班级学生分为几个小组，让学生坐在一起讨

23　李晓桥：《小组学习推行之难》（未刊文）。

24　吴雷：《小组学习应该如何开展》（未刊文）。

论讨论，有那么重要吗？小组学习能适用于理论性强的专业课吗……带着这些疑虑，我开始在审计学课程教学中推行小组学习！我的做法是：让同组同学上课时坐在一起，通过布置一个练习题或者思考题，让学生在课上讨论，讨论完后随机选取某组同学进行汇报。我设计了'俺来谈审计''大话注册会计师''我跟注册会计师打官司'等7个小组讨论话题。或许是受新颖的教学形式的吸引，刚开始，学生很是给面子，参与度很高，学生成为课堂的主角，课堂氛围十分活跃。但渐渐有些同学觉得用很多时间准备一个话题，耗时费力，又没有从中学到太多专业知识。许多同学在课上不是讨论专业问题，而是唠嗑儿；有不少小组在汇报时采用搞笑逗乐的方式来谋求掌声和高分，使得小组讨论完全变味了。当讨论到第5个话题时，学生的积极性丧失殆尽。最后，我不得不取消最后两个话题的讨论，这次教学改革尝试以失败告终。这件事犹如一盆冷水泼在我身上，让我产生深深的挫败感。有一段时间，我对小组学习产生了动摇，抱怨小组学习是西方发达国家的'教学发明'，不适用于中国的土壤。"

这不是吴雷一个人的苦恼，其他教师也陷入了这样的窘境。

计算机科学与技术专业的郭鸣宇说："最初听到'小组学习'一词时，我立即查了'知网'，当时检索结果大多是关于中小学教育的内容，而且多是讨论如何使用得当的教学方法，培养小朋友的好奇心，引导小朋友发现问题。但大学如何开展小组学习，却不知道如何进行。大学应着重培养学生独立学习的能力，开展小组学习有什么意义呢？当时感觉这种教学方法不适合在大学实施。"[25]

思政课老师更是对小组学习有抵触，认为思政课是理论讲授课程，是对大学生进行思想政治教育的主渠道，"一言堂"是最直接有效的办法，思政课一般都是大班教学，每个教学班至少需要分成十几组，如果进行小组学习的话，这在仅有的课堂教学时间内，是无法实现的……

徐伟浩敏锐地发现了问题，与教师的焦虑相反，徐伟浩并不着急，因为出现这些问题本来就在他的意料之中。

作为现代高等教育改革的标志性成果，小组学习和完全学分制是当今英美大学普遍采用的教育教学模式。小组学习表面上看很简单，那只是形式上的，其实它的内涵很丰富、很复杂，小组学习的目的是要培养学生主动求知的能力，发展学生合作过程中的人际交往能力。相对于

25　郭鸣宇:《困惑与迷茫——小组学习之我见》(未刊文)。

传统教学教师唱独角戏，学生只是被动倾听者的学习方式，它改变了教学活动的主客体地位，因此，它是革命性的、颠覆性的。这样的探索和变革，对于习惯了传统教学模式的中国高校教师而言，需要时间和实践，不可能一蹴而就。

从根本上来说，首先要解决教师的思想认识和思维方式问题。

当然，思想认识和思维方式问题的解决光靠会上讲是不够的，复杂的事情简单做，简单的事情重复做——他主张实践再实践，探索再探索，总结再总结。为此，他开始组织教师发展中心，对老师进行小组学习方法的培训，鼓励教师根据自己的课程进行大胆有益的探索，并从中发现和推举创新典型。

他还亲自现身说法，组织了一次现场"考试"。新闻与传播学院教务办主任乔睿对这次特殊的"考试"做了详细记载：

> 一天下午，我接到教务处的通知，马上到教务处开会！我进入 C2 的会议室后发现当天的情况有些不对：徐老师怎么会出现在教务办主任例行会议上呢？正在猜测时，徐老师发话了：今天要对你们进行一次考试！随后，教务处处长李婷雪和沙莎老师开始给大家发"试卷"。"试卷"是从每个学院随机抽取的三份课程说明书，让每个教务办主任分析课程说明书中关于"小组任务"的表述，认为优秀的打"√"，认为不合格的打"×"。

> 交完卷，我还没从紧张的状态中缓过来，徐老师开始讲解这次考试的意义："'小组学习'是沈阳城市学院实践化教学最重要的表现形式，是培养学生'自主学、动手学'的最佳渠道。但是，'小组学习'一直没有得到很好的贯彻落实，虽然，老师们从最初的不理解到能接受，每个课程也嵌入了'小组学习'任务，但是在实施的过程中，仍有不理解或流于形式的现象。"徐老师拿出一份"小组学习"任务书问："这个小组的人数设置是 4—8 人，你们觉得对吗？"他接着解释，"如果一个小组任务 4 个人就可以完成，为什么不把 8 人分成两个小组？在小组人数的设置中，不可以成倍数！"徐老师又拿出一份"小组学习"任务书说："这个小组的组长是老师指定的，这个也不对。小组成员一定是自发组合的，不能是教师指定。小组是一个无领导小组，小组成员自行推荐产生组长。这样做的好处是真正可以培养学生的团队配合能力，如果一个学生总是在小组学习中蹭车，那么，下次还有小组愿意接收他成为组员吗？"接着，徐老

师又拿出一份"小组学习"任务书说："这个小组任务，是为 ×× 公司做一份财务报告，你们觉得合适吗？"徐老师解释说，小组任务的设置，必须是综合性的、多人合作才能完成的，如果一个人可以完成，就不叫小组任务。在描述小组任务时应该是一个范围，让学生有足够的发挥空间。[26]

这次"特殊的考试"，让大家明确了小组学习的几个核心特征：一、学习小组必须是学生自行组成的无领导小组。二、小组任务必须是一个具体项目，要体现综合性，需要多人合作完成。三、小组任务成果要可呈现，要集体展示汇报，不能一人代劳，教师、学生共同进行点评。

通过培训和"考试"，教师对小组学习有了更深入的认识：小组学习的本质与核心是调动学生学习的积极性、主动性和创造性，要紧紧抓住小组任务设计和小组任务考核这个"牛鼻子"，引导学生自主学、动手学，带着问题去学习，全面提升学生的专业能力和可转移能力。虽然明确了小组学习的建设任务和工作重点，但真正开展起来，还是困难重重。从会计学院青年教师张思檬的一篇文章中，可见当时情况之一斑。

2016 年，学校出台了"三项规定"，无论是业师进课堂还是过程考核，老师们都迅速行动了起来，唯独是小组学习可真是难住了大家。究竟什么是小组学习？到底几个学生为一个小组？如何设计小组任务？这一系列问题充斥在老师相互间的交流中。大家研讨了半天，也没想到一个共同的方案。

的确，在大家过去接受的国内教育中，并没有小组学习这样一种教学考核形式。不过，这种教学考核形式在国外倒是常见。在国外，很多专业课程为了培养学生的团队协作能力，以更好地适应未来工作中的团队氛围，都在过程考核中加入了小组任务。直到现在我还记得很清楚，在国外读研时每次完成小组任务都需要花费大量的时间与精力，并且需要迅速预定图书馆、讨论室，抱着十几本参考书籍讨论、分析、写作。一开始课程布置小组任务，学生都愿意与能力强、学习好、效率高的学生一组。不得不说，可能大多数人都抱着"搭便车"的心态，殊不知国外的小组任务根本搭不了便

26　乔睿：《关于小组学习的一次特殊"考试"》（未刊文）。

车。一方面，分工时一旦哪名同学逃避任务，其他组员立刻一封邮件告知老师，将该名同学剔除小组。另一方面，即使承担了一定的任务量，但完成态度不积极、不认真，在小组互评中的得分也会受到很大影响。

想到了这些，我似乎明白了小组任务的本质，合理分工、共同协作、公平公正。上述三个短语看似简单，但在小组任务的实施过程中能够得到切实的保障还是非常困难的。因为小组任务并不仅仅是过程考核中的一个简单考核环节，所培养的能力也不是单一维度的，而是对学生综合能力、综合素养的培养。因此，必须要加大对小组任务设计的广度与深度，确保小组任务对教学内容的覆盖面，以及小组任务与教学重点的结合性，最重要的是要确保小组任务与工作实践的契合度。

当年，我所讲授的课程是税法，一门会计与法学的交叉课程。如何既能设计一个与课程紧密结合的任务，又能在实施中保证小组任务的"三项原则"呢？其实，不论是任何一项过程考核形式，还是需要从课程本身出发，尤其是要着重地考量课程的重点。此外，作为应用型大学的一门专业课程，小组任务的设计除了确保专业性外，更要保障实践性。

虽然从制度安排上，小组任务的实施与执行得到了保障，但从实际执行中难免又出现这样那样的问题。由于时间有限，一堂课全部小组很难全部汇报结束。这样，如果按照组号顺序汇报，很可能最后两组抱着侥幸心理不会提前准备。此外，一组汇报的过程中，如何保证课堂其他同学的注意力，如何维护课堂纪律，这些都是需要进一步去思考、解决的现实问题。因此，自2016年以来，小组任务在设计、实施、反馈中的每一个环节都经历了反反复复地推翻、重置、修改。[27]

尽管困难重重，但在徐伟浩的强力推动下，全校教师还是知难而上，积极行动起来，开始了对小组学习的探索和实践，小组学习在全校所有课程中得到全面推广。一时间，课堂内外生动活泼，实践化教学开始初显成效。

吴雷在小组学习遇阻的情况下重整旗鼓，参加学校培训后认真反思，查找"病症"，意识到

27　张思檬：《我来布置小组任务》（未刊文）。

是自己的小组任务设计有缺陷，小组组织形式不合要求，才导致学生没有积极性。于是，他将假期到校企合作单位辽宁中平会计师事务所实习进行社会实践的真实项目引入课堂教学，同时，精心设计了小组任务，要求每个小组完成一个企业的财务报表审计，让学生通过实施审计程序、收集审计证据、编制审计工作底稿，形成5000字以上的小组报告，并在课上汇报和答辩。"通过小组学习，学生对财务报表审计的业务流程和具体方法有了更直观的认识，对抽象的审计学理论有了真切的了解，能够将所学的审计学理论运用到审计实务中。在小组学习中，学生带着问题学习，遇到问题再去'求助于'课堂，学生的学习积极性和主动性有了明显提高，学习效果也得到提升。"

吴雷引以为自豪的是教过的2013级学生王浩宇，一次性通过被称为中国第一难考的注册会计师6科考试，在全国116万考生中排名前200，直接被国内排名第八的天职国际会计师事务所录用，因表现突出，很快晋升为项目经理。王浩宇感慨地说："是小组学习锻炼了我分析问题、解决问题的能力，使得我对会计理论知识有了更深刻的理解和把握，在参加注册会计师考试时才能做到活学活用，胸有成竹。"[28]

播音与主持艺术专业的潘晶是较早了解和掌握小组学习的老师之一。她曾被学校派去台湾世新大学学习34天，其间，她看到该学校教学的一大特色就是小组学习——教师们各显神通、使出浑身解数、变着花样让学生开展分组训练。"口语传播系主任秦莉莉教授让学生深入企业调查。回来后，小组汇报时学生服装整齐、组织有序。为了吸引同学们的参与，汇报的每个环节结束后还设计了有奖问答，给答对的同学送上小礼物。整个汇报过程，同学们认真聆听、积极互动，课堂气氛十分活跃。"[29]

"通过和秦莉莉老师的交流，我的心里有一些自责，还有一些欣慰。自责是因为对于学校最初推行小组学习有误解，认为小组学习就是一种教学方法，没必要那么大张旗鼓地全校推行。经历了这些我才意识到，小组学习的意义不仅仅在于形式的转变，更重要的是教育理念的转变。同时我心里还莫名地生出一丝欣慰——他们的特色我们学校也在推进，而且还开展得有声有色。这次学习使我对原来在校期间不理解的事情开始理解，进而对学校领导的远见卓识感到由衷的钦佩。由误解到理解，真正懂得了自己该做些什么。"

28　王浩宇：《考取注册会计师，小组学习立一大功》（未刊文）。

29　潘晶：《离家才知家最美——小组学习》（未刊文）。

在台湾期间，潘晶收集了一旅行箱资料和书籍，回到学校后，她对小组学习的分组方式（同质小组、异质小组、随机小组、自愿小组）、任务布置（目标描述、任务分析、方法选择、统筹考虑）、教学方法（轮流说、角色法、思维链、共同圈、辩论法、拼图法）以及小组学习课程规则等内容做了认真梳理，将她对小组学习的研究和思考，发布在学院的教学网页上，与老师们分享，起到了很好的示范作用。

回顾小组学习的历程，潘晶说："刚开始尝试时，教师们纷纷反映，备课工作量明显增加，每一次都要经历小组方式选取、道具的准备、任务细节的构想、学生指导、任务跟踪、效果预估、预案储备等多方面的考虑，每次课上课下都会很辛苦。但是当看到采用小组学习法，能够充分调动学生的学习积极性，这种富于变化而又生动的教学方式被学生所认可，学生上课热情高，教师职业幸福感也就油然而生，这个时候想想，付出再多的辛苦也是值得的。"

郭鸣宇设计的小组学习任务，是组织学生以小组为单位参加中国大学生计算机设计大赛和辽宁省新媒体设计大赛。

他制定了小组学习的过程考核标准，对小组学习的全过程——全员讨论、任务划分、完成个人任务、全组代码整合、撰写小组报告、小组汇报等提出具体要求：

在全员讨论阶段，学生需在课后组织召开分组讨论会，明确项目目标，进行需求分析，并按需求分析做出系统总体设计，包括数据库设计、界面设计等。这一阶段，要完成分组，形成团队意识，培养学生的沟通交流能力、问题分析能力以及自主学习的意识和习惯。

在任务划分阶段，各小组需要先形成需求分析结果，并完成工作分解图，然后根据工作分解图分配任务。分配任务时需要考虑工作量基本平均，这就需要学生了解各部分功能的困难度、工作量等。组员如果没有实践经验，将会在任务划分时分配到更多较难完成或工作量较大的编程任务。这使得学生在全员讨论阶段必须积极参与，熟悉系统的功能划分，并对每个功能的实现有基本思路和基本评估。此过程不仅培养学生的沟通能力，而且使学生意识到基础知识越薄弱，个人任务可能越繁重，激发学生学习的积极性和主动性。

在完成小组任务并形成小组报告阶段，需要学生经常开展小组活动，有问题随时沟通，根据小组任务完成情况推进工作进程，互相学习，协同配合，共同完成小组任务，撰写小组报告。此过程是引导学生"自主学、动手学"的关键阶段，指导教师可以通过该阶段，初步判断每名组员和每个组的项目完成情况，通过发挥团队力量，帮助和激励小组成员快速提升实践能力。

在全组代码整合阶段，需要以组为单位汇总每名组员的程序设计成果，将每个人的代码整合到项目成果中。通过完成各组的代码自查工作，检验成果水平，发现编码存在的不足，并合力进行修改。此过程能够培养学生的组织领导能力和书面表达能力。

小组汇报阶段，需要学生以小组为单位进行集体汇报，提交小组报告，并以PPT方式展示小组取得的成果。此过程是小组学习的收尾阶段，对检验学习成果、培养学生的可转移能力至关重要，需要老师精心组织，学生认真准备，考核严格公正。[30]

郭鸣宇总结道："通过以上步骤的小组任务安排，学生在小组学习中，目标清晰，任务明确，学生学习的积极性和主动性很高，效果也很好。在参与比赛的过程中，参赛小组学生的学习热情空前高涨，以参加学科竞赛为目标，提前进行专业课学习，实践能力大幅提高，从前少有学生光顾的实验室变得门庭若市，空闲的教室经常被占用开展实践指导工作。"

宋采桥从辽宁师范大学毕业后来到绿岛，成为一名网络与新媒体专业教师。"起初，我以为，做个大学老师，只要学术严谨，理论扎实，在课堂上把专业理论讲清楚、课堂环节设计完整、课堂案例丰富，就能上一门合格的课。"[31] 后来，在教学培训中了解到学校对小组学习的要求，"完全颠覆了我对课程教学的认知"。

她的担心并非庸人自扰。院里安排她讲授新媒体相关课程，"那时，新媒体刚刚起步，大家对新媒体都还没有什么实践经验，如何讲好这门课程，对我来说是个挑战。怎么组织小组学习？如何布置小组任务？更是一头雾水，不知从何下手"。

说来也巧，恰在此时，学校与中共沈阳市委宣传部共建的"沈阳新社区"微信运营项目落到她的头上。

"我开了一次课程说明会议，告诉学生我们这次课程实施小组学习，各组如果按照要求完成

30　潘晶：《离家才知家最美——小组学习》（未刊文）。

31　宋采桥：《老师当主编，学生当编辑—记实践化教学》（未刊文）。

任务，可以拿到学分，如果超额完成任务，还能拿到奖金。"

听她这样一讲，那些抚弄头发、看手机，和同桌聊天的同学注意力一下子集中起来。

她继续说："我们有一个真实的社会化项目，这个项目很重要，因为是政府给我们的，是对我们的信任，所以，每位同学身上有责任、有义务把它做好，传播正能量声音，做优质的内容，将其传递到平台 60 万沈阳市民手机中。"

教室里响起了一片掌声。

沈阳新社区平台作为政府新媒体，需要传递便民性信息，为此，她分设了"老盛京""便民贴""东北味""享年轻""生活贴"等栏目，将全班 30 人分成 6 个小组，每组 5 人。每组任选一个栏目，完成一个月的内容。她要求，此间要做选题汇报设计、采访议程设置、文案编辑校对、图片视频拍摄与剪辑、推广运营等。"其实，这恰好还原了传媒平台的运营流程，通过真实的实境训练，再现企业的工作实景。"这样一来，"学生们不再把自己当成学生，而是把自己当成了编辑，而老师，也不仅是个老师，而是他们的 boss、主编、把关人"。

一切安排就绪，学生们按照她的要求开始行动。每个小组在不同时间走进实验实训室，一起讨论选题、敲定内容。渐渐地，她发现，那些平时不喜欢参与的学生，在充当"看客"的过程中，看到了自己的差距。"或许是受到总是想不出好选题，没有机会发稿子的刺激，从那以后，别人报两个选题，他总是给自己多选报一个，别人做出一个版式，他总是多完成一个。"

一个月后，在小组汇报中，每个人都上台报告自己完成的任务和成果。"这一次，他们不再是用百度百科，而是用自己所学所感来汇报。我想，他们收获的不仅仅是 3000 字的小组报告，更是一种对未来职业的自信，一种职业成就感。"

尤其令她高兴的是，学生们小组学习的真实项目获得了中共沈阳市委、沈阳市政府颁发的"沈阳新闻奖"一、二、三等奖。"拿到奖金和证书的时候，他们笑了。我问他们是因为拿到奖金所以开心吗？他们说不是，是因为自己做的事情有意义、有价值。"

如今，小组学习已在绿岛遍地开花，无论是老师还是学生都感受到了它带来的学习乐趣。

思政课的小组学习也提上了日程，走向了正轨。马克思主义学院教师康贺回忆说："2017 年，我有幸被学校任命为课程建设委员会委员，与其他成员一起开始参与审查全校 300 多门课程说明。在此期间，我有机会看到了不同课程设计的小组任务书，从中了解了小组学习的要点；更重要的是，得到了徐伟浩老师的亲自指导，使我充分认识到了小组学习的重要性。于是，我开始认真思考如何在思政课教学中实施小组学习。我们结合热点、焦点问题设计了一些小组任务，要求学生搜集资料，调研思考，得出结论和提出建议；人数太多，我们就尝试着把小组规模定得大一些，6—8人；课堂汇报时间太长，我们就安排课上课下相结合。就这样，小组学习在思政课教学中强行推进。令老师没想到的是，学生对小组学习很感兴趣，他们在完成小组任务时表现出很强的创新意识，像15级建环专业学生，完成一个有关国防形势的小组任务，小组成员先在校园内进行了视频随机采访，再搜集资料，形成小组报告，小组汇报形式也很好，穿着统一，PPT制作很精美，同学老师反映都很好。"[32]

如今，小组学习已在思政课中全面推行，虽然效果不能说是尽善尽美，小组任务的设计和评价仍然在不断调整，不断完善，但经过对小组学习的认识从不接受、被动实践到主动思考、主动实践的曲折过程，小组学习已经成为课堂的常态，开拓出了思政课教学一片新天地。

新闻与传播学院教师董旭原在省内某高校就职，来到绿岛后，任广告学专业教师，在开展小组学习的过程中，她的体会是"彼此折磨、相爱相杀"：

在沈阳城市学院的实践化教学体系中，小组学习是十分重要的组成部分。为了设计小组任务书，老师们绞尽脑汁，而对于要完成小组学习任务的学生而言，动辄三周的课外准备，还得周密部署、细致分工、协调配合、成果测评、宣讲展示……难度可想而知。我清楚地记得当年初来城市学院讲整合营销传播课的时候，布置的第一次小组任务是"传播学专业的CIS（品牌形象识别系统）设计项目"，这个任务能够全面考核学生的品牌设计文案力、CIS设计力、品牌策划力。

我是这样设计任务的：要求学生设计传播学专业的招生宣传CIS，包括VI（视觉识别）、BI（行为识别）、MI（理念识别）系统的设计，形成小组报告，并进行小组汇报。所以学生要完成VI设计及说明：包括品牌LOGO设计、标准字、标准色、象征图案及设计说明书，还得提供至少五个系列物品设计效果图或一条专业宣传短视频；BI设计及说明：包括对内和对外两套BI设计；MI设计：包括专业理念、价值观、宗旨、方针、特色、社会责任的文案设计和说明。

结果任务书发放下去，就有学生当场叫苦：太难了，想划水是不可能了……有个

---

32 康贺：《思政课也一样要小组学习》（未刊文）。

叫方华韬的男同学做了我布置的小组任务之后，给我发来一句当年十分流行的歌词："我好想逃，却逃不掉……"

但是真正到了操作层面，学生们的战斗力"爆表"，汇报结果显示，大家的作品种类多样，制作精良，传播效果良好。学生们在完成小组任务的过程中，在微信朋友圈、公众号、抖音、快手、微博等平台进行了作品发布，收获了一大波点赞、评论和转发。当然，小组任务期间，我几乎每天都能收到"抗议""投诉""求抱抱""求帮助"的各种微信。

小组学习的成功，进而也启发了我搭建自媒体宣传矩阵的想法。后来我尝试在传播学原理课程的小组任务中布置抖音、快手、喜马拉雅、小红书、公众号等自媒体宣传矩阵搭建的任务，根据不同平台调性进行有组织、有目的的专业展示和宣传，一边上课，一边通过小组学习组织学生运营"BP机来电"的专业抖音账号和喜马拉雅账号，发布了42个短视频作品，收获了152W+的浏览量。

反思两年来的小组学习过程，师生通过教学互动，能够不断调整和提升，在这种"彼此折磨"中，教学相长了吧！无论是师生之间还是小组同学之间，因为小组任务而"相爱相杀"的趣事很多，"彼此折磨"不亦乐乎。[33]

对于小组学习，学生们则是另外一种感受。

2019级戏美专业李芷烨：

在来到大学之前的前12年学习生涯中，从来没有过小组作业任务，印象中都是以个人为单位去学习和完成作业，直到进入大学，才开始接触到以小组为单位，去学习和共同完成一项任务。

我印象最深的一次小组任务是配饰设计与制作课程的"京剧的盔头制作"。在老师发布任务后，我们几个女生很快地组成了一组，小组成员虽然确定了，可是这个盔头任务却让我们直发蒙，这实在是太难了，在大家七嘴八舌的讨论中，我们决定先选出

33　董旭：《小组学习的要义你懂了吗》（未刊文）。

组长，这个组长得有组织能力，得有决策力，最后我们选定了汤君瑶同学作为我们的组长。而后我们开始了小组的第一次会议，确定人物，确定样式，确定色彩搭配，确定设计图纸，确定材料。大家都很积极，也都有自己的想法，各抒己见相持不下，最后我们投票选择了最终方案。在这第一轮的讨论后，就让我体会到了小组的不易，这么多人，这么多想法，我们需要 Teamwork，需要 Teamwork 做一个这么难的东西，我们真的能完成吗？但是在这轮讨论中，我明白了一个道理，团队协作就是需要让团队任务进行下去，能够完成任务，在这过程中，就是要主动提出自己的想法，但是也要学会妥协，团队任务完成才是最终目标，每个成员只是一部分。

接下来的日子里，在组长的协调下，我们各自拿到了自己的任务，我们每个人都是其中的一个环节，谁都不能掉队。有人负责配件，有人负责架构制作，有人负责整合工作，我们每个人都在研究怎样能使自己的部分做得更好，不能给团队拖后腿。问题出在一个我们没想到的地方，在线上分配任务的过程中没有交代清楚，导致毛球的部分出现了差错，后来为了找出问题，我们改为在线下交流。果然，线下的效率要比线上高很多，重新明确分工，把每个人的任务搞清楚，再不断地去调整，积极配合。通过这次线上与线下交流的对比，也让我体会到了，除非特殊情况，一定要线下见面亲自交流，协调一个时间、一个地点，围坐一圈，头脑风暴，你会收获很多，不仅仅是想法，还有朋友，这是很宝贵的经验。我第一次这么主动地去查资料，学习做研究，因为想做好，就要有很多专业知识来做支撑。我研究京剧人物，研究人物性格，研究制作手法和工艺，为的就是能够把这次作业做得精彩。在那段日子里，我们白天上课，下了课就聚在一起搞盔头，虽然累却感到很快乐，日子过得无比充实。尤其是，每做完一部分，我们拿给老师看的时候是最开心的或是最沮丧的，开心是得到了老师的表扬，沮丧是老师指出我们的不足。日子过得很快，两周时间转眼就过去了，到了我们比拼成果的时候了，我们每组拿着自己的作业进行了汇报，老师也对每个小组每个人都做了点评，我们组拿到了这次小组任务的最佳工艺奖，这让我们开心极了，我觉得我那些查资料的日子，忙忙碌碌的日子都值得了，因为我们的盔头做得十分漂亮，我心里也无比地有成就感。

这是一次收获特别多的"旅程"，让之前没接触小组学习的我实实在在地学习了很多，小组合作，研究项目，讨论问题，解决问题，求同存异，畅所欲言，小组学习让我体会到了学习研究一个东西的快乐，体会到了团队合作的快乐，体会到了克服困难后的成就感。[34]

2019级建筑学专业张博方：

在我大一的整个学年，并不了解小组任务的目的和意义，我只是把它当成一个作业去对待，所以每个人各做各的，没有讨论，内容独立，没有联系。直到大二开学，我们专业进行了一次班级集体外出调研，按照要求，班级成员分成了若干小组，老师布置了和以往不同的小组任务，要求以小组为单位写一篇调研报告，用PPT进行小组汇报，拍摄不同角度的建筑照片和视频，剪辑制作一个完整的建筑介绍视频。

这次调研改变了我对小组学习的看法。我们小组的具体任务是考察上海、江苏地区的现代建筑以及园林建筑。由于是外出调研，我们并没有其他课程作业的干扰。第一天晚上，我们小组对"南京四方当代美术馆"建筑进行小组讨论，这也是我们小组第一次小组讨论，针对我们拍摄的照片以及对建筑不同的看法，我们各自发表了意见。但是我发现分歧很大，每个人最后想要制作的视频也是不一样的，这是我第一次认识到，完成小组任务还是有一定困难的。最后讨论来讨论去，决定既不能随随便便敷衍了事，也不能全部按照个人的意思来，先保留意见。

第二天，我们参观了南京的"中山陵"，在拍摄建筑视频的过程中，我侧重的是中山陵大殿建筑主体结构，同组同学侧重的是整个陵园的布局。拍摄途中我们俩发生了分歧，他说我的侧重点偏了，我们来这里考察的是整个陵园，不单单是主陵，而我则认为你拍你的布局，我拍我的建筑，不要都拍一样的。到了晚上汇总的时候，他提出来要重新分组，不想和我在一起。其他同学劝我俩说，小组任务就是搜集每个人不同的意见，最后总结出一个最优的。我们可以将主体建筑和陵园布局汇在一起介绍，先从大的角度介绍陵园布局，再放大局部，介绍主体建筑，这不是更好的选择嘛。从那一刻我认识到了小组学习的意义：小组任务给我们提供了一个开放、包容的学习平台，

---

34 李芷烨：《小组学习带给我的快乐》（未刊文）。

小组成员可以畅所欲言，发挥各自的主动性，最后汇总择优选取，最终达到一个我们个人所达不到的学习效果。在后面对苏州园林和上海外滩的考察中，我们小组成员的配合越来越默契，每次都是同样让每个人提出不同的看法和意见，拍摄自己想要的，然后汇总选出最好的；在考察过程中，由于一个人的能力有限，大家合作进行了全方位不同角度的拍摄和写实，取得了非常好的效果。

七天的考察学习，让我们近距离地接触了书本上的实体建筑，触摸到了真实的名胜古迹，参观过程中我们互帮互助，共同学习。回到学校后，我们进行了视频的整合和考察汇报，而且每组之间进行视频的PK，汇报的PPT和考察报告是大家一起制作的。

相比以前，我明白了小组任务是一种互利共赢的学习方法，它不仅提高了我们学习的主动性和竞争性，也促进了同学间良好的人际合作关系，提高了学习效率，培养了合作精神。[35]

对　话

笔者： 徐校长，你为什么对小组学习情有独钟？

徐伟浩： 因为小组学习是一种以人为本的教学方法，充分体现了学校"坚持育人为本，注重能力培养"的办学理念，也很好地践行了学校"自主学、动手学"的实践化教学主张，可以说是我们集十年教学经验之大成。

笔者： 它有哪些优点？

徐伟浩： 首先，调动了学生学习的积极性、主动性和创造性。小组学习使学生心情愉快，享受到了学习的乐趣。它改变了传统教学中学生的依赖心理，激发了学生内在的学习动力。使学生的个性得到了张扬，心理和人格得以健全，学生获得了实践体验，激发了活力，敢于真实地表现自己，培养了探索创新的精神。

其次，锻炼培养了学生的可转移能力。小组无领导，由学生自愿组成，培养了学生的组织、

35　张博方：《小组学习使我收获多多》（未刊文）。

协调等团队意识。在实践中自然产生组长，可培养学生尊重多数人意愿的民主意识。在完成小组任务的过程中，既锻炼了学生的专业动手能力，也培养了学生资料收集能力、数据整理分析能力、沟通交流能力和语言文字表达能力。

最后，促使教师转变教学观念，提升教学能力。在小组学习中，教师和学生角色会发生根本性转变，学生不再是知识的被动接受者，而是知识的主动探索者、思考者。而教师，则不是单纯的知识传授者，而是以引导者、促进者、鼓励者的身份出现，这就对教师提出了更高的要求，促使老师要下更大的功夫，全面提高自身的专业素质和教学艺术，才能在小组学习中发挥和体现主导作用。

笔者：你认为在小组学习中，最需要把握的要素是什么？

徐伟浩：一是分组形式，一定要采取无领导的方式进行自由组合，发挥学生的主体作用，这样他才能主动，才懂得珍惜；小组规模以 5—8 人为宜，人数太少难以开展讨论，太多又不好控制。二是要设计好小组任务，这个任务分量要够，需要多人参与，不能太简单，要与课程有关，带有综合性质，课上布置，课下完成。三是加强考核，小组任务完成要形成小组报告，要在课堂上进行公开汇报，每人都要发言，老师进行评价，这样每个人都有机会展示自己，在这一过程中得到锻炼。

笔者：如果分组时有的学生没人要怎么办？

徐伟浩：这对他是个自我教育，另外，所有剩下的人组成小组，他们也会有提高。

笔者：所有课程都需要分组吗？

徐伟浩：是的。我们要求全校的 1000 余门课，每门课的教学都必须搞两次分组，每名学生要学习 20 余门专业课，他就得参加 40 余次，而 40 余次，每次都要重新组合，每次学生获得的都是全新体验，这对于学生学会与人相处，提升专业之外的可转移能力，会有多大帮助。

笔者：小组学习也可看作是合作学习，那么，会不会出现个别学生偷懒搭车的现象？会不会弱化学生的竞争意识？

徐伟浩：虽然小组学习强调学生间的合作，但并不排斥培养学生的竞争意识，只是合作学习中体现的竞争，更多地体现为集体主义观念下的小组竞争。通过对小组成员个人工作表现和小组工作成果集体评价，可以激发各组奋勇争先的积极性，增强学生个人进取向上的竞争意识，形成"组内成员合作，组间成员竞争"的学习新局面。

所以，看似简单的小组学习，却可以解决育人和能力培养两个大问题。我可以很自信地说，我们这方面的探索对应用型大学的人才培养具有极大的借鉴意义。

笔者： 学校现在的小组学习状况你满意吗？

徐伟浩： 比起当初，我是满意的，因为毕竟大多数老师都在积极尝试，但是，离我心中所想，还有一定的距离。

笔者： 主要存在哪些问题？

徐伟浩： 首先是对小组学习的意义认识不够充分，或者说，把这事儿看轻了——一个小组学习，有那么重要吗？认识不充分，执行就不自觉。执行不自觉——不得不做，缺少内在动力，自然难以把事情做好。其次，对小组学习的理解存在偏颇，就是说，很多情况下，小组学习还流于形式，没有充分发挥其强大的功能和作用。

这些问题，我们会在日后的教学中多加关注，不断完善。

"最后一公里"

2019年9月16日，学校迎来了教育部本科教学工作合格评估专家。各位专家审阅了学校提供的8大本厚厚的《课程说明汇编》后，其中一位专家说，透过你们的课程说明，可以看出你们学校对课程建设工作非常重视，做得也非常扎实、非常到位，真真正正地解决了教学"最后一公里"的问题。

"最后一公里"，是近年人们谈论改革常用的一个说法，一般认为它具有两个含义。其一，形成改革决策或方案后，需要落实和推进的那些事项和工作；其二，在此进程中，需要最终解决问题的那些事项与工作。对于教育改革而言，"最后一公里"指的是教学改革，而在评估专家看来，"最后一公里"就是课程建设。

在评价绿岛的课程建设工作时，评估专家使用了"真真正正"和三个"非常"，足见他们对学校的这项工作非常满意。据说，看到堆在案头的一大摞《课程说明汇编》，评估专家们十分惊讶，他们仔细审阅之后，对于沈阳城市学院的课程建设给予了高度评价。

"课程说明"只是沈阳城市学院诸多教学文件中的一个，这样一个"微型"文件，凭什么引起见多识广的专家们的极大兴趣？它由何而来，具有哪些内容？

打开一个课程说明书，我们可以看到这个小小的教学文件，虽然只有简单的两页纸，但其包含的内容信息却异常丰富。里面有课程名称、课程代码、课程性质、学分学时、开课院部、授课对象和适用年级等课程基本信息。还有对课程目标、教学内容、学时分配、教学形式、考核形式、学习成果、教材及学习资料等关于课程内涵建设的说明与规定，全面反映了课程建设的内涵，集中展现了课程建设的水平。正是通过这一课程说明书的引进、推广、设计、撰写、评比、检查与验收，沈阳城市学院拉开了课程建设的序幕，上演了打通教学"最后一公里"的风云大剧。

2014 年，文法学院院长助理王姣参加了赴美国加州大学的考察团。在观摩课堂教学和实地考察时，一份"教学指导手册"引起了她的注意。她翻开一看，见"手册"对教与学各环节都作了详细说明。经进一步了解，她才知道，这个"手册"是发给学生的，动因是：教学过程必须建立在师生双方平等、公开、透明的基础上，课程内容、教学方法、考核方式的安排首先要让学生了解，以便学生更好地发挥主观能动性。她觉得"手册"是个好东西，就把它带了回来，并将其作为考察学习成果向全校作了汇报，这是学校第一次尝试为学生提供一个了解课程的窗口，为后期的课程说明撰写奠定了基础。

2015 年，徐伟浩利用寒假到英国唯一一所非营利性私立综合大学——白金汉大学考察。在参观过程中，他无意间发现，大学生服务中心的前台，有一沓沓红红绿绿的单页纸，是供学生选课用的课程说明：一张 A4 纸简洁、直观地呈现了每门课程的基本信息——教学目标、教学内容、教学方法、考核方式等。他敏锐地意识到，这相当于学生、教师和学校之间的一份契约。对学校与学生而言，它明确了学校给学生提供多少课程资源；对学校与教师而言，它确定了教师要完成的教学任务和教学目标；对教师与学生而言，它规定了教师教什么、怎么教和学生学什么、怎么学。这对于学校规范教学管理，评价教学质量，实现人才培养目标，无疑具有重要的指导和约束作用。

徐伟浩如获至宝，迫不及待地把这些课程说明传真给时任教务处处长李婷雪，让她抓紧研究，在学校的课程建设中予以落实。接到任务后，李婷雪立即组织人翻译白金汉大学的课程说明书，做了一个中文模板。

"推行'课程说明'之初，主要面临三个方面的疑惑：一是作为一个从英国借鉴来的原汁原味的舶来品，适合我国的教学大环境吗，是否有水土不服之嫌？二是已经有了使用多年的教学大纲、教学日历、教案、考核文件等教学文件'四大件'，基本涵盖了课程建设的全部内容，还有必要增加一个课程说明书吗？三是所有课程采用一个模板，运用一个范式，甚至某些措辞都要求一样，会不会造成'千课一面'？"[36]

徐伟浩意识到，课程说明书绝不是发一个模板就能解决的问题。没有对"课程说明"的全面认识，就起不到通过课程说明书推动课程建设的作用。于是，他另辟蹊径，找到了一个新的切入点来推进课程建设，那就是在全校进行说课大赛，从中选拔符合学校教学主张的优秀者，再由他们现身说法，进行培训示范。

据芦丹回忆："记得那是2017年的初春，各学院在院内展开了如火如荼的院级说课大赛，当时我在互联网应用学院，我们学院一共举行了三场比赛，初赛、复赛和决赛，每场比赛都是全院教师听课打分，其紧张程度现在回想起来还心有余悸。"

经过院内角逐和学校选拔，最终，会计学院张思檬、语言文化学院邱丹、机电工程学院杨征、互联网应用学院宋采桥四名教师脱颖而出。

徐伟浩决定让这四名教师在全校大会上进行一次课程汇报，目的是通过这次汇报为全校教师提供一个课程改革的思路和课程建设的示范。为了能达到预期的效果，徐伟浩亲自上阵，手把手地对这四名教师进行指导。

据张思檬回忆："徐老师找我们谈了三次，而且每次都反复强调以下五个方面内容：一、课程说明书的撰写要有一定的高度，能够体现开设出这门课程的必要性和重要性；二、对教学内容进行适当整合与扩充，千万不能照本宣科；三、选用的教材要注重时效性，不能十年如一日地选用一本老教材；四、注重实践化教学方法的使用，通过小组学习、案例教学调动学生的积极性；五、课程建设要具有国际视野。"

经过徐伟浩的精心指导和一次次地打磨，四名教师终于在汇报内容上都凝练出自己的特色。随后，在绿岛讲堂向全校教师进行了课程汇报，汇报的过程可谓相当精彩。

但是对于台下的每位观众来说，是否理解了汇报的内容、是否接受了课程改革理念、是否理清了课程建设的思路，却不得而知。为了检验全校教师对课程建设的理解程度，同时也是为了全面提升全校课程质量，学校决定在2017年7月正式启动课程建设"达标创优"工程，这对每位教师来说，可谓是一次大考。

36　芦丹、王姣、李婷雪、康贺：《课程建设》小组汇报，本节的相关引文如无特殊标注，均出自于此。

2017 年 7 月，屋外骄阳似火，屋内冷气逼人，这应该是全体绿岛人最难熬的一个暑假，一场关于"课程的革命"拉开战幕。

李婷雪这样写道："校领导徐伟浩、于存雷、孙永新和教务处、教师发展中心以及 11 位教学院部负责人组成课程建设评审委员会，全程参加审查。所有任课教师逐个以课程说明为基础汇报自己负责的课程，评审委员会根据教师汇报情况进行点评、指导和打分，每天汇总各学院得分情况，实时更新排名，紧张激烈的程度不亚于一场央视的闯关大赛。"

最紧张、压力最大的自然是各院的院长。王姣说："作为副院长，我每天在学院的工作群里不间断地向老师们报告现场情况。老师们在家一边看'战况'，一边对'课程说明'做相应的修订和调整。从课程目标到教学内容，从专业能力形成到可转移能力的表述，从关注小组学习能否体现自主学和动手学，到思考课程考核能否考查出学生能力的形成，一个模块、一个模块地抠，逐字逐句地审视，一门课、一门课地过筛子。学院老师的汇报出色、受到领导的肯定，我喜上眉梢；汇报得不好，说不清如何教、如何考、如何培养能力，我如坐针毡。"

尽管学院领导和老师都高度重视，但课程汇报并不尽如人意——大家对课程说明书的理解并未达成共识，这就导致在汇报过程中问题层出不穷。

影视传媒学院的秘超，来自辽宁电视台，有着 10 余年一线栏目制作经验，他指导学生现场录制节目可谓游刃有余。可是汇报时，打开他的"课程说明"，可以很明显地看出他对此既不理解也不重视，再翻看其他的教学文件，内容非常简单，几乎看不出在课程教学上有什么设计。他的汇报被当场叫停。他却满心不服：一份课程说明书有那么重要？教学文件除了把教师框住还有什么用？真正让学生成长，带着他们直接做几个项目不就行了吗？其实课程说明书是逼着每一位教师想明白教师如何教和学生如何学的问题。这次汇报给他不小的触动，作为从业界转型教师，的确需要时间来消化教师这个新岗位所提出的新要求。

建筑工程学院的吴珂在课程建设汇报后可谓透心凉。根据学院课程建设的总体安排，学院要求将原来针对土木、建环、环境设计三个专业开设的内容相似但名称不同的几门课程整合为一门课程，作为学院平台课开设。这对于已经讲授三轮该课程的吴老师来说，似乎是轻车熟路。在进行课程建设的设计时，他只是机械地把原来的三门课程的内容直接拼接在一起，又因学分限制，删掉了部分教学内容，一门 4 学分的建筑工程制图课程建设就算完成啦。"吴老师，你这门课的教学内容是如何体现当前行业需求和岗位需求的？""教学重点是什么？""是如何用现代信息技术改造课程的？"……由于没有深入研究课程教学内容与核心能力培养的支撑关系，在汇报现场，这一连串的问题，让吴珂瞠目结舌，无所适从，急得如热锅上的蚂蚁，汇报结果可想而知。

语言文化学院法学专业的赵群，既是系主任又是一位"讲起课来气场十足"的优秀教师。可是，在第一次汇报中，她领导的法学专业却几乎遭到"团灭"——7位老师中，仅有1人的两门课程通过，其余6人包括赵群本人的课程都被亮了红灯。

问题出在哪里？汇报时，学校领导认为他们未能真正领会学校实践化教学改革的精神。事后他们集体反思，意识到问题出在对案例教学和小组学习的理解出现偏差。

汇报之前，老师们理解的案例教学就是在授课过程中穿插案例进行教学。可是，学校推行的小组学习与案例教学，绝不是在课上讲几个案例那么简单。所以，学校领导建议他们准确地领会小组学习和案例教学真正的内涵。

"一直以来，我们受传统法学专业授课的影响，始终未能打开思路，真正践行学校的实践化教学理念。学校想要的案例教学不是老师在课上介绍案例，而是让学生自己动手，通过亲自查找资料、小组研讨分析得出结论，在课上汇报成果的案例，才是真正的案例教学、小组学习。"

第一轮课程说明审查，从7月24日开始至8月2日尘埃落定，历时10天，共选择听取了169门课程汇报。其中，114门需要完善；21门不达标，限期整改；对7名在本轮审查中不认真、不合格的教师给予告诫。经过这一轮课程建设的洗礼，老师们对于"课程说明"的撰写有了初步的认识，对课程建设的重视程度明显提高。

针对在审查中发现的问题，一周以后，学校出台了《关于进一步规范课程说明撰写的指导意见》，对"课程说明"模板的各个模块的内涵给予了明确阐释，针对汇报中存在较多问题的教学目标、课程内容、教学方法、学习成果和考核方式部分，提供了范例。

新学期伊始，徐伟浩又做了三件事：一是兑现事前的承诺，对于课程建设中表现优秀的8名教师破格晋升为副教授，其中年龄最小的张思檬当年仅26岁；二是决定国庆节后审查余下的全部课程；三是成立院、部课程建设委员会，由第一轮汇报中表现优秀的教师担任各学院课程建设委员会主任，具体负责组织和指导下一轮本学院课程说明书的编制工作。新闻与传播学院王姣、影视传媒学院张健、会计学院张思檬、机电工程学院姜娇、建筑工程学院康静、语言文化学院邱丹、思政部康贺7人成为首届"课建委"主任。

在外人看来，当上"课建委"主任是件荣耀的事，可他们7人却都承受着巨大压力。其中年龄最小的张思檬说："任命之初，我们都是彷徨的，倍感压力，在后来很长的一段时间内，都没有像电影的主人公那样迅速逆袭，成为强者，而是一度沉寂在压力中无法自拔。"不仅张思檬如此，有着多年系主任经验的康静也是如此。她说："成为'课建委'主任之后，我负责的课程建设范围从环艺一个专业扩展到全院 5 个专业，由 24 门课程扩展到 128 门课程。而建工学院 5个专业分属四大一级学科，隔行如隔山，看到'课程说明'中一串串不懂的词语，我头都大了。"

可是，重任在肩，他们只得硬着头皮向前冲。经过短暂的调整后，7 个人开始在徐伟浩的指导下，静下心来，仔细研究课程说明书的每一项内涵，总结梳理第一轮建设中存在的问题，并结合各自的经验，共同制定了下一步的工作指导意见和建设标准。尤其是对于课程目标，从知识、技能、素质到可转移能力，如何确定，怎样描述，用什么样的词语，一条条梳理，一句句斟酌，最后，整理成公共模板，供全校使用。

2017 年 9 月，第二轮"课程说明"审核开始启动。

由于有了第一轮汇报获得的初步认识，加上 7 位"课建委"主任的指导和精心打磨，第二轮汇报少了前一轮汇报的紧张气氛，而更像是对课程建设理念的交流和研讨。不过，其间评委和汇报者也不乏碰撞，甚至擦出火星。

教材选择是"课程说明"的重要组成部分，建工学院李一姣汇报的课程是建筑物理。此前，这门课她已经讲了两轮，而且汇报前"课建委"主任康静也对她做过多次指导。所以，对于这次汇报她充满自信。事实上，她的汇报确实语言流畅，一气呵成。

可是，她的汇报刚结束，于存雷校长就提出了一个问题："李老师，你说得很流利，课程设计也考虑得很周到，但是你能给大家介绍一下你所选用的这个教材吗？"李一姣自信地解释道："这本教材的作者是东南大学的柳孝图，柳教授是该领域的权威专家、学术泰斗，并且教材是国家'九五'规划教材，现在已经更新到第三版，'清华''同济''天大''东南'等国内著名高校的建筑学广泛采用，我上本科、研究生学的也都是这个教材，它绝对是经典。"于校长又说："清华、同济都是研究型大学，培养的是研究型人才，而我校是应用型大学，培养应用型人才，强调的是能力培养，这本教材理论性这么强，恐怕不太合适吧？"李一姣说："别的大学也使用这本教材啊！我已经根据学时所限，把教学内容砍下去不少了。"

经过于校长的进一步解释，李一姣终于明白了自己的问题所在——自己的课程设计出现了问题，不仅仅是选错教材，核心矛盾是没有针对应用型人才培养目标进行课程设计。明白了这个道理，当她再次汇报时，她将教材改为《建筑物理环境与设计》，作者仍然是柳孝图，但是，这本教材的主要内容已经是探求以建筑物理知识、分析方法、技术措施为引导，力图启发学生将物理环境设计要求融入城市规划和工程建筑设计中，重点内容不再是理论研究，而是介绍有关新技术、新经验方面的工程实例及反映国家有关规划及标准，即从设计案例中了解理论在项目中的应用。这就与学校的人才培养目标合上了节拍。

在汇报中，自信满满却受到质疑的还有商学院的蔡苗苗。

她 2015 年来到绿岛，此前有过三年银行工作经历，并且做到中层管理人员。因此，当 2016 年着手现代商业银行课程建设时，她自认为这是一件驾轻就熟的事。"只要在教学中精简理论讲授内容，增加一次银行案例分析和银行柜台操作就可以啦。OK，课程建设完毕！动手学、小组学习的要素都具备了，而且还结合上了我在银行工作期间的一些技能，多完美！"

她本以为这会是一场"众人皆惊叹"的课程建设汇报，的确，其中的"技能操作"受到领导的部分认可。可是，她还没来得及高兴，领导的以下评论就像一盆凉水兜头而下了："'技能操作'是不是能涵盖学校主张的岗位能力培养？"由于对课程目标和岗位能力的理解不准确，她的汇报没有通过。

回到办公室的她，摊开刚刚"折翼"的课程建设说明书，开始重新思考岗位能力的含义。作为曾经的"银行人"，她想到了自己的成长经历。意识到前台是岗位，风险控制、贷款、授信也是岗位。商业银行"岗位能力"包含的不仅仅是前台银行柜员的业务操作能力，还应该具备资产、负债、表外业务的操作、审核、风险识别与控制，银行经营的策略实施等多方面的能力，自己当初对课程建设的理解过于肤浅啦。想到这里，她顿时豁然开朗。

有了这样的认识，她的课程建设就完全打开了思路。"'岗位能力'和'动手学'绝对不是狭隘的'技能操作'，如何通过一门课程对学生进行相关岗位多重能力的综合培养，把各个环节有机地融合，这才是课程建设时我们应该思考和解决的问题，也是课程设计时需要把握的原则和尺度。"

可以讲，就是在这样的交锋过程中，课程建设中的疑惑和问题得到了解决。

第二轮课程建设汇报从 9 月 29 日开始，到 12 月 27 日结束，历时 3 个月，完成了本学期开设的 355 门课程的课程说明书的评审和修改，全校教师对课程建设的认识已悄然发生质的变化，课程建设工作取得阶段性成果。

2019 年，学校即将迎来教育部本科教学工作合格评估，学校的课程建设进入了攻坚阶段。

3 月，学校启动了第三轮"课程说明"审查。这一次，全校教师全部行动了起来。大家在学院课程建设委员会的指导下，全力以赴，严格按照学校课程建设的要求，对所有课程进行了精心的设计和认真的审查。各位校领导也分别下到各个学院，督促检查和指导课程建设工作。徐伟浩带领于存雷、孙永新两位校领导组成课程说明审核领导小组，负责对全校的课程说明进行最后审定。

从 2019 年 3 月至 2019 年 6 月，徐伟浩和于存雷、孙永新等人对全校 1002 门课程逐个审查，其范围之广度、认真之程度、工作之强度，均创课程建设之最。他们几乎每天都工作到晚上 9 点之后，审查之细致、要求之严格给全校教师留下了深刻印象。皇天不负苦心人，最后，凝聚着徐伟浩和全校教师心血的课程说明书，终于在 6 月审核完毕。

三轮课程建设，历经 700 余天，全校动员；1002 门课程说明，反复琢磨，多次修改，称得上是一项宏伟工程！

2019 年 9 月 13 日，传统的中秋佳节，一轮明月高悬绿岛上空，在新落成的辽河文化研究院会议室里，徐伟浩宣布课程说明书编辑完毕，正式排版印刷。

2019 年 9 月 16 日，学校迎来了教育部本科教学工作合格评估，当厚厚的 8 大本，共计 184 万字的"课程说明"整整齐齐摆放在评审会议室时，教育部本科教学工作合格评估专家眼前一亮。正如前面所说，课程建设这个教学"最后一公里"的问题得到了真正解决。

沈阳城市学院酒店管理

○ 2014 年 6 月 7 日，绿岛酒店管理学院召开酒店管理专业建设委员会专家会议。前排从左至右韩雁，最佳东方、迈点网创始人兼首席执行官乔毅，中国旅游饭店业协会副会长、中国大饭店总经理辛涛，沈阳城市学院校长于存雷，中国旅游饭店业协会副会长、中国名酒店组织秘书长奚晏平，沈阳城市学院董事局主席徐伟浩，国家旅游局原副局长张希钦，中国旅游饭店业协会会长、首旅建国酒店总经理张润钢，中国旅游协会副会长、上海国际会议中心总经理王济明，湖北大学旅游发展规划研究院院长、教育部旅游管理教学指导委员会副主任马勇。后排从左至右酒店管理学院袁磊、张昊然、林辰临、吕亮升、刘淑伟、王欣、李颖娟、李晓桥、丁旭、刘博识、冯阔、周美君、赵丹、徐特、王姝晴、姜旸。

◎ 智能工程学院建有智能感知与动态控制、虚拟仿真、机器视觉、智能控制技术、神经网络与深度学习、类人机器人、工业机器人等实验实训室15个。类人机器人实验室为辽宁省实验教学示范中心、沈阳市仿人机器人重点实验室。

◎ 建筑工程学院建有 BIM 工程中心、建筑结构与构造、建筑施工技术虚拟仿真、建筑装饰、楼宇智能化、工程测量、流体力学、污水处理、固体垃圾处理等 15 个实验实训室。建筑工程学院为辽宁省建筑信息技术产业校企联盟理事长单位。

○语言文化学院建有国际同声传译、模拟法庭、《白桦林》校刊编辑部、辽河文化研究院等实验实训平台。辽河文化研究院为辽宁省哲学社会科学重点实验室。

◎ 新闻与传播学院建有融媒体、大数据舆情分析、网络媒体、微视频创意、电竞、KOL、品牌运营等 7 个实验实训室。融媒体实验室为辽宁省实验教学示范中心。

◎ 影视传媒学院建有绿岛电视台、卓越图片社、绿岛传媒中心、绿岛影业、全媒体传播以及影视表演、影视剪辑、影视包装、平面设计、人物造型、戏剧表演、非线性编辑、置景等 22 个实验实训室。全媒体传播实验室为辽宁省实验教学示范中心。

○ 酒店管理学院建有中西厨艺、中英茶艺、葡萄酒、咖啡、烘焙、芙蓉餐厅、凤凰酒店、梧桐宾馆等实验实训室。酒店管理综合实验室和酒店管理虚拟仿真实验室为辽宁省实验教学示范中心。

◎ 商学院建有财税一体化、企业运营、电子商务、金融与证券等实验实训平台。普惠金融研究所为沈阳市校地共建项目。

◎2014 年 9 月 23 日，影视传媒学院广播电视编导专业学生在进行"校园生活"项目的小组任务录制。

◎2016 年 12 月 4 日，互联网应用学院国际经济与贸易专业学生在进行"智慧绿岛"项目的小组任务汇报。

◎ 2017年9月20日，课程建设委员会举行成立后第一次会议。

◎ 2017年12月，学校对课程建设"达标创优"工程进行阶段总结。

◎ 2019年4月17日晚，影视传媒学院课程说明汇报会。

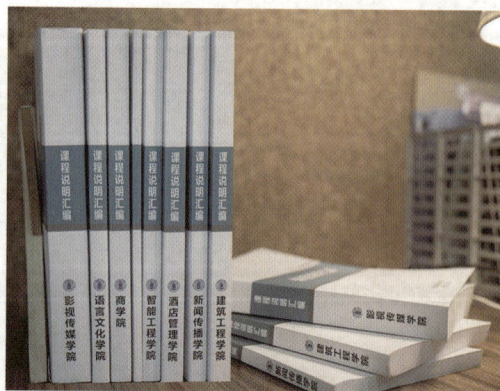

◎ 2019年9月，《课程说明汇编》正式编辑成册。

◎ 2019 年 9 月 16 日至 9 月 19 日，教育部专家组进校，对沈阳城市学院进行本科教学工作合格评估。

我行我能

我能

一所新型大学的十年探索之路

烧烤文化

第五章

提到校园文化，每个人都会有不同的认识与感悟。有的人认为它是一种精神——办学理念、价值取向、校训精神；有的人认为它是一种制度——管理模式、行为准则、奖惩制度；有的人认为它是一种环境——建筑风格、规划布局、地理环境；有的人认为它是一种氛围——校风、教风、学风以及校园活动等，仁者见仁，智者见智。但无论如何理解，所有人都认为，校园文化对师生的影响是深刻的、长久的。不同的学校有不同的校园文化，校园文化的特色和个性，孕育出了学生不同的精神与特质。

笔者认为，绿岛的校园文化是有特色的。关于绿岛的校园文化，有的在前面章节已有所涉猎，比如精神文化和环境文化方面的校训"我行我能"、体育俱乐部、美育艺术团、"自主学、动手学""三个紧密"和校园建筑、环境等，有的受篇幅所限没有介绍，比如行为文化和制度建设等。其实，绿岛的校园文化，若论在校内及社会上影响最大、也最具特色的，是体育狂欢节和草坪毕业典礼。有趣的是，这两项活动，都与烧烤有关，所以才有了本章的标题：烧烤文化。

烤肉是古老的北方游牧民族的传统食品，也曾作为宫廷的一种美味而跻身于大雅之堂。东北人爱吃烧烤，主要也是受北方游牧民族烹饪余风影响，在百姓日常饮食中占很大比例。

但把烧烤变成一所大学的文化现象，却是绿岛的又一创举。绿岛校园里，烧烤台、烧烤炉、专业的烧烤用具，随处可见。这当然也是徐伟浩的个人爱好使然。作为一个生于斯、长于斯的东北人，烧烤成为他生活的最爱，而他更愿意将自己的最爱与朋友们分享。熟悉他的人都知道，徐伟浩招待朋友的最高礼节就是请吃烧烤。举办大学后，他也将这个爱好融进了办学中，致使看似好像和校园文化不沾边的烧烤，成为校园育人工作中的一个亮点。

绿岛湖畔的疯狂

2015年，新浪辽宁登载了这样一篇报道。

9月25日晚，夕阳映照下的绿岛别样美丽。17时许，师生们聚集在刚刚落成的校训塔前，董事局主席徐伟浩、执行董事周广有、校长于存雷等校领导登上塔顶，为校训塔揭幕。红幕落下，塔身四面"我行我能"四个大字熠熠生辉。绚烂的烟花在天空中绽放，绿岛师生们挥动双臂，为"全国最自信的校训"欢呼。

这一天，是绿岛体育狂欢节。按惯例，当天上午进行了体育比赛。晚上，徐伟浩教授点燃了主火炬，环湖而置的八个学院的篝火被依次点燃，火光照亮了夜幕下的绿岛湖畔，映衬着上千个炊烟袅袅的烧烤炉，也点燃了万名师生们按捺许久的狂欢热情。[1]

这是一篇关于绿岛体育狂欢节的报道。

其实"绿岛狂欢节"始于 2012 年。那一年，绿岛的四届学生全部招满到齐，即将迎来首届毕业生，学校发展步入快车道，校园文化建设也进入了夯基架构的关键时期。徐伟浩认为，大学应给学生留下一些终生难忘的印象，校园文化活动要有强烈的仪式感，在形式和内涵上要创新设计。于是，便有了将传统的校园运动会变为体育狂欢节的创意。

2012 年 9 月 22 日，绿岛拉开了体育加狂欢的序幕，首届绿岛体育狂欢节闪亮登场，徐伟浩在开幕式上发表了激情豪迈的致辞：

各位老师、同学们：

今天，2012 年 9 月 22 日，注定是一个充满快乐、令人难忘的一天。（掌声、欢呼声）

今天，沈阳大学科技工程学院第一届体育狂欢节在美丽的绿岛湖畔隆重地开幕啦！（长时间掌声）

为了这一天，我们等待了三年；（掌声）为了这一天，我们奋斗了三年。（掌声）

今天，我们终于可以自豪地说：我们用三年时间，完成了绿岛校园的基础设施建设；（掌声）我们用三年时间，构建了以岗位能力形成为核心的职业情境化人才培养模式和实践化教学体系；（掌声）我们用三年时间，造就了一支朝气蓬勃的教师队伍；（掌声）我们用三年时间，实现了沈阳大学科技工程学院从成功走向成熟的历史跨越。（长时间掌声）

今天，我们为三年来取得的辉煌成就感到无比自豪。（掌声）今天，我们向见证了

---

1 《沈阳城市学院体育狂欢节点燃奇迹》，新浪辽宁，2015 年 9 月 28 日。

学校蓬勃发展的全体师生致以崇高的敬意！（掌声）

同学们，大学是文化的传承，体育是文化的常青藤。我们崇尚体育，因为我们需要强健的体魄；我们崇尚体育，因为我们需要顽强的精神；我们崇尚体育，因为我们需要享受运动的快乐和战胜对手的喜悦！（长时间掌声）

各位老师、同学们，打破秩序，制造疯狂，是体育狂欢节的永恒主题。（掌声）让我们跑起来、跳起来，让我们唱起来、笑起来，让我们尽情地享受属于我们自己的快乐与疯狂。（长时间掌声）

最后，祝愿大家在运动场上取得好成绩！祝愿大家在狂欢节上收获好心情！（掌声与欢呼声持续不断）[2]

短短 437 个字的致辞，被 10 余次热烈的掌声和欢呼声所打断。

"打破秩序，制造疯狂"，2012 年 9 月 22 日，环绕在绿岛湖边的每一位师生记住了这句话。

这一天，白昼是欢颜；这一天，夜晚是彩虹；这一天，梦里有笑声；这一天，我们都是不灭的篝火。

9 月末的辽沈大地已微有凉意，晚风习习，掠过一张张朝气蓬勃又稚气未脱的脸，他们欢笑着，雀跃着，舞动着，迎接属于自己大学时光中的第一次狂欢节。湖水映着月光闪着粼粼波光，岸边若隐若现的篝火与天上的点点星光融合成一个醉人的梦境，一个个年轻的生命狂欢于其间，期许着自己要在这山湖环抱、绿树成荫的校园里度过一生中摇曳多姿的大学时光。狂欢节上，6000 多名师生齐聚绿岛湖畔，迪吧舞台首入校园，全球最火爆的江南 style，搞笑的经典骑马舞，一流的 DJ 歌手，院长倾情演唱，师生歌舞同嗨。篝火照亮了每一张笑脸，大家尽情歌舞，尽情畅饮，呼喊尖叫声与音乐声混杂，摇曳的灯光划破夜空，全场一片动感。老师们没有严肃，同学们没有拘束，一起歌唱，一起舞蹈，每个人都用一种真实的情感展示着什么叫青春，什么叫激情。这一晚全校师生喝掉啤酒 500 余箱，吃掉烤肉 6000 余斤，燃放礼花 40 分钟。

这是一场全国高校从未有过的壮举，点燃了师生的激情，在学生中引起了强烈震撼和极大影响。

---

2 《校董事局主席徐伟浩教授在我校首届体育狂欢节开幕式上的致词》，《白桦林》2012 年 9 月第 6 期，第 4 页。

2012 级法学 1 班学生王雪：作为一个"九〇后"，很多时候我都在想：什么是青春？一场始料未及的狂欢过后，我有了更明晰的解读。青春就是我们用年轻者独有的激情温暖整个人生的过程。青春就是张扬但不叛逆，高调却不浮夸，闪耀而不奢华，自信却不自我的人生态度。青春不只有单调的书本和升学就业的压力，还有啤酒与舞蹈，有疯狂和发泄。只要努力争取，用心把握，即使时光转身，我们依旧可以绽放光彩！

2012 级法学 1 班学生商海彬：狂欢节，我第一次登上了舞台，第一次在众人面前展示自己，虽然我跳得不好，但对我却是一次伟大的挑战和超越。做了 20 年乖宝宝的我第一次毫不畏惧，没有自卑，没有胆怯，只有激荡的青春，欢跳的脚步，第一次勇敢地站在舞台上，告别旁观者的形象……无数个第一次架起了人生，而大学的第一次狂欢让我彻底和自卑的自己告别了，从此以后，我将收拾行囊，装上自信与勇气，走向新生！

2012 级汉语言 2 班学生巫翠双：狂欢节让我看到了大学生活的丰富多彩，个性张扬和青春激情。让我对未来的大学生活有了浓浓的期盼。很美慕那些舞台上跳跃的同学们，美慕他们的舞步，美慕他们的笑脸，美慕他们的勇敢与激情……感觉自己太过安静，下次，下次我一定要多多参与。

2009 级汉语言 1 班学生蒋建民：大学四年，这样的狂欢节是第一次，终究是赶上了。一直是个比较内向的人，但在 9 月 22 日那晚，我无法逃出集体狂欢的强大磁场。在肆无忌惮的呐喊里，我放下了自己一贯的拘谨，欢呼、鼓掌、和乐而舞。才发现，当自己也成为喧闹中的一分子时，那些曾经拒绝或者不敢触碰的东西并不遥远，也不可怕，重要的是自己是否敢于接纳、敢于伸手。也许这正是一个全新的开始。[3]

中国曲艺家协会副主席、辽宁省文联原副主席、剧作家崔凯曾应邀参加过一次绿岛体育狂欢节，并且被"惊"到了。

2013 年 9 月的一天，他（徐伟浩）邀请我们几个朋友晚上来绿岛烧烤，没想到的

3　引自首届体育狂欢节专刊《青春万岁》。

是与全校师生一起烧烤。夕阳辉映下，几千名在校师生环绕绿岛湖团团围坐烤串，篝火映着笑脸，彩车巡游，载歌载舞，五彩礼花点亮了绿岛的夜空……我被眼前的壮观景象"惊"住了。这就是他在全国高校首创的体育狂欢节。白天竞赛，晚上烧烤。说老实话，这种场面在其他大学里是难以想象的。我说他胆大心细有魄力，他说，体育狂欢节的主题是"打破秩序、制造疯狂、享受快乐、追逐梦想"，实际上，是要搭建适合学生释放激情、展示才艺的舞台。无疯狂不卓越。[4]

作为一个知名文化人，崔凯从体育狂欢节中看到了徐伟浩的文化主张。"我从'制造疯狂'中看到他理想主义的色彩，也颠覆了我对大学的认识——想想看，2000多名新入校的大学生与学哥、学姐和老师就是在这样的'疯狂'中整合在了一起，学校的办学理念和文化主张就是在这样的'紧密接触'中滋润了学生的心田。这一为绿岛师生所独有的'节日'被固定下来，成为每年的文化大餐。对此，我戏称为'烧烤文化'。我觉得它是团队、聚合、平等、大家庭式的育人文化的一种体现，是对人的尊重、引导、感化而给予良好环境的全面教育，这与他建立学生社区、倡导美育教育、培养校园文化精品活动是一脉相承的。"

绿岛别具一格的体育狂欢节，举办之后受到国内教育界和社会各界的关注与好评，这"是一场集体育竞技、特色节目展演、创新创意比拼、文化育人、情感交融、趣味娱乐为一体的大型校园品牌特色活动"，2015年1月，被评选为"中国高校精品活动"，荣获"辽宁省高校校园文化建设优秀成果"三等奖；2018年被评选为"沈阳市高校优秀文化项目"。

笔者也有幸参加了2019年绿岛的体育狂欢节活动，从早到晚，见识了它的全过程。同崔凯一样，笔者也被它"'惊'住了"，并且也赞同他从文化的角度对它所做的评价。

毫无疑问，体育狂欢节是富有文化含量的：通过场上比赛强健体魄，淬炼坚韧不拔、不畏挫折、一往无前的竞争意志品格，以及学会遵守规则的法治意识和养成团队合作精神；在老师和学生的紧密接触中，加强师生间的相互了解，增进师生友谊。这些，都是"育人"的题中应有之义。

更为重要的是，体育狂欢节的构想是大胆的、离经叛道的，因而是富有创造性的。它的主

---

4 《文化创新，美育育人》，《我行我能——沈阳城市学院绿岛建校10周年纪念专刊》，第74—75页。

题设定是"打破秩序，制造疯狂"，不知在强调组织纪律、规章制度的中国大学中，哪个敢于提出这样的口号？如果说"打破秩序"已经有些胆大包天，那么，"制造疯狂"，就彻底地离经叛道了。

"打破秩序"——要打破什么？

让我们再来看看那本文法学院自己编印的体育狂欢节专辑——《青春万岁》中是怎样回答这个问题的。专辑中，学生记者就"打破秩序，制造疯狂"这个主题，与徐伟浩进行了对话：

学生记者：在体育狂欢节开幕式的致辞中，您提出"打破秩序，制造疯狂"，该如何理解？

徐伟浩："打破秩序，制造疯狂"，这八个字有两层含义，第一是颠覆，第二是建设。没有颠覆，就没有建设。我们要打破的是在传统的教育、教学过程中表现出来的僵化的、流于形式的行为习惯和制度。

其实，大学应该包括很多关键词，比如：自由、开放、多元，但是在传统的思维和管理模式的影响下，出现了一些约定俗成的现象，一提文明月就是打扫卫生，一提"一二·九"就是长跑，活动的形式已经完全背离了教育的目的。校园文化是一种主张，用校园文化带动师生的整体创新，才能对传统的、僵化的教育体系中不合理的东西进行一次颠覆。所以，"打破秩序"首先是一种颠覆，以超常规突破平庸。

"打破秩序"，打破的是固有的、僵化的思维方式；"制造疯狂"制造的是一个未有的、新鲜的感受，这种感受重在觉悟性、引导性。我觉得"打破秩序，制造疯狂"应当成为我们这所大学的文化主张。

学生记者：您是什么时候开始有"打破秩序，制造疯狂"这种理念的？

徐伟浩：在体育狂欢节的开幕式上，我说出了这样一句话："为了这一天，我们等待了三年。"实际上从2009年沈阳大学科技工程学院独立办学开始，我们就将创办一所独具特色的应用型大学作为学校的发展目标，只是那时是学校的初创期，无论是在学生的人数上、师资队伍的能力上，还是学校的规范性上都不具备"打破秩序，制造疯狂"的条件，所以那个时候是有想法，但是缺乏基础，也就是说，学校在初创期应该具备的是规范性，只有在规范的基础上才会有打破的要素。

"三年只为这一天"，是因为这一天第一次四个年级的学生同时在场，第一次这个学校的学生超过 6000 人，也是第一次老师突破 300 人。在这个时候，学校运行了 3 年，在规范的基础上，它具有一定的资源储备，也或多或少出现了传统教学制度中沉积的、制约学校创新的障碍。在这所学校从量变到质变的过程中，它需要一次革命性的冲动来点燃师生的激情。所以在适当的时间——3 年的积累期，一个适当的时机——面临从三本转升二本；一个适当的载体——"体育狂欢节"。所以在这一天，一切都准备好了。

学生记者： 在未开狂欢节之前，您对"狂欢节"的设想是什么样的？您想看到什么样的场面？

徐伟浩： 我想看到的是一场精神的饕餮大餐，我想看到的是没有身份的师生融合，我想看到的是全体师生没有过的率真表现。

学生记者： 您对这次的"狂欢节"还满意吗？有没有看到您期待看到的？您以后期待看到什么？

徐伟浩： 第一，看到了师生激情的首次爆发，已经突破了原有的条条框框的束缚，突破了传统教育的边界，这是我想看到的，已经看到了。第二，这种想象力对于传统框架的突破没有达到极致，受习惯影响，有的老师还在传统的教育体系下循规蹈矩，学生也习惯了被约束，当绳索一旦松开的时候，学生们不知道怎么去飞翔，所以还有很多的想象空间有待下一次去放飞自我。

学生记者： 每个学校都有自己的校园文化，比如清华的"自强不息，厚德载物"，北大的"思想自由，兼容并包"，通过此次活动，以后您想在我们学校看到一种怎样的精神气息？

徐伟浩： 想象力是无边界的，"我行我能"是一种文化自信，"我行我能"应该成为我们这所应用型大学文化最核心的部分。

学生记者： 每个学校都有自己的文化承载，如果强调应用型，会不会太功利化了？

徐伟浩： 应用型也是一种文化，应用的背后是能力，应用代表一种贡献，贡献本身就是一种文化。所以我们谈到文化的时候往往把它神秘化、空洞化，一个人并不是会背几首诗词就是有文化，一个人也不仅仅是讲清机床是什么样子的，但是却生产不出一件产品，就算有能力了。所以这所学校要培养的是学以致用的人。我们在乎的是，学生有一天走向社会的时候他能为社会做出什么样的贡献；我们更关心的是在这种贡献背后的价值观。所以我们培养的是"德才兼备"的学生，只有为社会做出切实的贡献，才是绿岛要培养出的人才。

学生记者： 我们学校有远大的理想，想建百年名校，一个学校的成长也像人一样，它具有出生期、成长期、成熟期，那么，我们学校现在处于什么时期？

徐伟浩： 成长期。因为一个大学是可以有量化指标的，比如校园建设硬件，包括教室、图书馆、实验室、宿舍、食堂等相关的配置。绿岛经过三年的努力，现在可以说达到了全国一流的水平；软件建设，更多的是师资队伍建设，在这方面我们有很多工作要做，尤其是大量引进有丰富实践经验的双能型教师，适应绿岛应用型大学建设的需要。在整个运行当中，无论是"PST-CCE"这种情境化教学模式的设计，还是"三位一体"的通识教育体系的建设，都为绿岛指明了前进的方向，那么下一步就是把这种方向更加细化，用高效率来完成各项工作，使绿岛位于全国一流。

学生记者： 我们学校一向注重严格化管理，通过狂欢节这个活动打破秩序，会不会对以后的管理方式有所影响？

徐伟浩： 不会的，因为严格管理是为了有序，严格管理是为了师生养成良好的习惯。这所学校的严格管理也不单单是对学生，学校要求教师坐班，要求全体教师承担"三位一体"的育人任务，也是一种纪律约束。"打破秩序"不是打破纪律，而是要打破对教育教学的所有束缚。

事实上，如果把它与徐伟浩以改革为圭臬的教育主张相联系便可看出，他要打破的是固化的思维模式和传统的活动方式，而"制造疯狂"，就是达到"打破秩序"的具体手段了。

那么，用什么方式来达到上述目的呢？他再一次选择了体育。

绿岛的体育狂欢节，事实上是体育比赛与嘉年华的"焊接"。按说，重在竞技的体育比赛与着力于热闹喜乐的嘉年华是风马牛不相及的，但徐伟浩抓住两者的共同点：充满激情，以释放自我，在群体亢奋中获得个体的快乐体验，因而，这种"焊接"就具有了创新意味。

当然，那是花费了大量心思的——体育运动会，变成体育狂欢节，不是白天运动会和晚上狂欢节的简单相加，运动会，因增加了趣味项目，也有了狂欢性质。

狂欢节，也称嘉年华，是风行于欧美的"包括大型设施在内，辅以各种文化艺术活动形式的公众娱乐盛会"。绿岛体育狂欢节的夜间活动，花车巡游、"搭台唱戏"、狂歌劲舞、烧烤畅饮，明眼人一看便知，统统来自嘉年华。

将外来文化中有益的东西直接拿来为我所用，徐伟浩的胆量、勇气可嘉，提倡释放天性、张扬自我，这一具有先锋意味的文化主张，值得称道。

草坪上的晚宴

绿岛另一个与"烧烤"相关的活动，是毕业生欢送酒会。千余位师生同聚白卿宫草坪吃"散伙饭"、烤全羊，此一举可谓中国大学之最。

让我们记住这一天：2013 年 6 月 19 日，绿岛的这个夜晚注定不会平凡。一所大学1300 名毕业生和老师共同举杯畅怀，千人酒会——这是绿岛的又一个奇迹！

晚风习习，美味飘香，绿茵草地，觥筹交错。

酒会现场热闹非凡，晚霞映衬下的草坪上，100 多张白色的圆形大宴会桌依次排开，上面摆放着各式各样的冷餐拼盘，旁边堆放着一箱箱啤酒，草坪广场的东西两端，四个烤全羊的炉子升腾着袅袅炊烟，散发着浓烈诱人的肉香，伴随着舞台上激扬的歌声，回荡在绿岛晴朗的上空。这是一个欢乐的时刻，每个人的脸上都洋溢着青春的笑意……毕业生穿着深蓝色的学士服向老师敬酒，以表达他们的感激之情。徐伟浩、刘迎初、周广有、于存雷、孙永新、丛东华等校领导也依次同每一桌毕业生举杯共饮，畅谈理想，展望未来。四年的情谊，在这一刻凝聚，泪水终将遗忘，而感情永驻心间。

经济学院全体毕业生书写"绿岛我爱你"字幅与老师们合影留念，将爱定格为这难忘的一夜；09 级全体毕业生代表手持"青春不朽"字帖与徐伟浩老师合影，纪念共同走过的岁月，祈愿绿岛永远勃勃生机，青春不朽；文法学院毕业生孟珈仪赠送字幅"风华正茂"给徐伟浩老师，感谢绿岛这四年的培养，感谢老师陪伴走过的风华正茂的日子。

推杯换盏间，老师们高歌助兴，那份真挚的感情淋漓尽致地流露出来，师生们在一起欢呼、拍照、共舞。[5]

5　彭程程：《千人送别宴会　师生抒怀畅饮》，《白桦林》2013 年 6 月第 13 期，第 6 页。

徐伟浩发表的热情洋溢的讲话，更是给全体毕业生送上了满满的期望和祝福：

亲爱的 2009 级同学们：

明天你们将离开这所大学，走向社会。你们的父母、你们的亲朋好友、你们的同学都会问一个同样的问题，那就是你的大学生活过得怎么样，你在大学都学到了什么。回答这个问题有很多种答案，你可以说我学了几十门专业课，你也可以说天天跑早操上晚自习，你也可以说绿岛校园的花前树下，很适合谈恋爱。在这里，我想给各位同学一个标准答案，可以说，四年的大学生活可以用四个字来概括，那就是：我行，我能。我行我能，是这所大学给予你们的全部教育！我行我能，是一种品格；我行我能，是一种思想；我行我能，是一种意志。

同学们，谁能用一生的追求去践行我行我能的校训精神，谁就是这所大学的骄傲，谁就是母校的楷模，谁就是当之无愧的绿岛学子。

同学们，为了开启你们的美丽人生，为了见证你们的辉煌未来，让我们斟满酒，干一杯！[6]

绿岛的毕业生欢送酒会一出现就引起媒体的关注。6 月 20 日，《辽沈晚报》刊发了记者赵永平采写的题为《沈阳 1300 名大学生千人晚宴耗资 7 万元》的报道：

昨晚，沈阳城市学院举办了 1300 人的毕业生"散伙饭"。学校称，希望借此表达学校与毕业生之间的感情。

这场"欢送 09 级毕业生酒会"在学校白卿宫草坪上举行。昨日下午 6 点 30 分，草坪布置了 80 张桌子，共有 1200 名学生和 100 名老师参加。

毕业酒会从下午 6 点 30 分开始，晚 9 点结束。除了吃饭喝酒，老师们和同学还即兴表演了很多节目。校长于存雷说，这场"散伙饭"学校花费了近 7 万元，就是想给学生留下一个永久而美好的记忆，"大家都觉得这个创意不错，学生 4 年来很努力很辛

---

6 彭程程：《千人送别宴会 师生抒怀畅饮》，《白桦林》2013 年 6 月第 13 期，第 6 页。

苦，师生抛开身份的差别，一起把酒言欢，祝愿学生能有个好前途，有的老师有点喝醉了，有的学生也没少喝，大家都很开心"。

学生们在前一天毕业典礼结束时，才知道学校安排了毕业酒会，相当的惊喜，有的学生特意推迟了离校的时间。汉语言文学专业毕业生孟珈仪说，参加酒会很兴奋，大家照相、喝酒，自己喝了不少，很多同学都哭了。

法学专业毕业生武志华说，有的同学准备了大型书法条幅，酒会上献给学校。酒会快要结束时，有一个男生冲到麦克风前，大声表达自己的感情，他暗恋一个大三的女生三年，现在终于说出来了，大家都给他鼓掌。一个老师唱《光阴的故事》，把大家都唱哭了。武志华笑着说，唯一遗憾的是学校准备的烤全羊，自己只抢到了两根羊排。

以后的几年，千人晚宴的社会影响热度持续飙升，2017年，绿岛千人毕业晚宴活动"网易"直播，观众多达13万人。

大学生结束四年学业，离校前学校为其举办毕业典礼，已成为中外所有大学的惯例。可是，为他们举办毕业酒会，似无所见。在笔者与徐伟浩的交谈中，他道出了此举的初衷。

2013年，绿岛迎来了第一届毕业生。毕业典礼前，主管学生工作的副校长孙永新说，在公办大学做了十几年的学生工作，就没看过这么守纪律的毕业生。他带我到金菊园8号楼的毕业生宿舍，室内打扫得干干净净，几乎是一尘不染，还有的同学把用过的书籍整齐地摆放在书柜上，作为留给新同学的礼物，惜别之情，令人感动。这种情绪一直带到毕业典礼上。主席台上，轮到毕业生代表讲话，我的情绪彻底爆发了，告诉主持会议的校长于存雷，立刻向大会宣布，我要为全体毕业生举行一场招待酒会，表达对学生离校的惜别之情。第二天，酒会如期举行，盛况空前。但是留下了一个很大的遗憾，忘了邀请全体老师参加，失去了一次老师和学生紧密接触的机会。

记得第二年的时候，省教育厅的一位领导很正式地嘱咐过我，学校不能组织学生集体喝酒啊。看来，我们学校喝酒名声在外了。当时我在国外，将在外君命有所不受，结果那一次的规模比第一次还大，效果也比第一次好。现在，它已经成为我们学校的一种文化，正在不断发酵，并凝聚为一股力量，转化为一种情谊，形成了一种软实力。可以不谦虚地说，若论师生关系，当今中国不知哪所大学比我们学校好。

这种以"烧烤"为特色的美食文化，深深地渗透在学校的每个角落。当然，绿岛的美食，不仅仅只有烧烤。

绿岛俱乐部（一期食堂）有东北铁锅大炖菜，鳕鱼炖豆腐、小鸡炖蘑菇、西红柿炖牛腩，这些都是学生的"心头肉"。先不谈蘑菇炖的鸡是不是爱溜达的鸡，西红柿炖的牛肉是不是听音乐的牛，鳕鱼炖的豆腐可是有点来头，这豆腐是用咱东北黑土地盛产的大豆做出来的，有油、有味儿、有嚼头。作为响当当的东北菜，荤素搭配，量大实惠。大锅永远是热气腾腾的，让你暖暖和和地吃得满嘴流油！

旋转小火锅汤汁鲜美，食材新鲜，总是吸引着爱美食的姑娘们。鱼丸、油菜、豆腐皮、香菜、蕨根粉、肥牛、肉肠、面条……一碟碟美味从案台飘过，让人总是忍不住伸出手。热气腾腾的火锅里，下几片肥牛，加上些青菜、海带，涮一下夹出来，牛肉入口即化，青菜带着肉香，再配上一段已经入味的海带，吃货的心里这才踏实些，一上午的疲劳也都消散了。

百荷园的清真餐厅以牛羊肉为主，烧卖、馅饼、羊杂汤是他们家的特色美食。说到那羊杂汤，清汤，但不能说寡水，满满都是好货色，羊肚、羊肠、羊肉……只需那么一撮儿香菜，味儿就够了。牛肉烧饼那金黄酥脆的表皮和鲜嫩多汁的肉馅也令人难忘，咬一口，肉香四溢！再一口，满口留香！每一口都是惊喜！每一口都是幸福！水煮鱼都是水库活鱼每天现杀，可选红鲤鱼或草鱼，专用色拉油做底油，油清亮无杂质。一口鱼肉入口，滑软嫩，麻辣鲜香，让人辣到哭也根本停不下来。

南楼的百荷咖啡吧是绿岛的网红打卡地，是时下最流行最有范儿的。主打的摩卡咖啡由意大利进口特级咖啡豆制成，浓郁香醇；招牌热狗使用德国优质面粉、新西兰进口安佳芝士和法兰克福纯肉肠，恰到好处的火候烘焙出的美味热狗深受追捧。还有花样丰富的美味比萨，馅料丰富，饼底厚实，芝士浓郁；还有冰爽美味的椰奶芒果冰沙、香甜可口的奶盖奶茶，也一定不会让你失望。当然来到百荷咖啡吧，最不能错过的就是这里的葡式蛋挞和新西兰进口冰激凌，新鲜的食材，独特的配方和专业的烘焙缔造出最纯正的口味。

芙蓉餐厅主打粤港美食。餐厅里的广式春卷、云吞面由广式点心师傅传授制作，让师生都能吃到美味正宗的广式点心。招牌虾皇饺是吃货同学们的必点菜品，外表晶莹剔透，造型美观，口感鲜香，美味不负招牌之头衔。鲜嫩的豉汁蒸排骨，排骨肉质鲜嫩，酱汁浓郁；鲜香的蒸凤爪，鸡爪经油炸后又蒸，再加上诸味调和的酱料，品尝过后顿时齿颊留香，就连啃骨头也成为一种乐趣。还有酥脆的椒盐小土豆、软糯的米酒三杯鸡，也是这里深受欢迎的菜品，味道鲜美，口感层次丰富。品类丰盛的时尚快餐，中餐西做，营养搭配，色香俱全，光是看着就令人垂涎欲滴。

小食代餐厅永远都是音乐悠扬。这里的榴莲比萨是同学们的最爱，榴莲都是从马来西亚空运过来的，甜蜜糯香。还有黑椒牛肉焗饭、经典肉酱意大利面、意式肉酱焗面，几乎都是必点美食。香草厚多士和提拉米苏蛋糕、蔓越莓小饼干、抹茶小饼干，还有那一口一个、满口奶油的泡芙，让人欲罢不能。[7]

绿岛的学生不但爱吃美食，还会自己动手烹饪美食，大家互相比，看谁做得更好吃，这里不得不提的是每年举办的"厨神大赛"。据悉，2015年以来，绿岛每年12月上旬都举办"厨神大赛"，以学生社区为单位，为学生搭建展示自我的舞台，提高学生对美食文化的理解与认知，使他们更加热爱美食、热爱生活。

一所本科高校，能为了"吃"而专门搞比赛，这在全国高校也并不多见。让我们一起感受一下热闹的活动现场：

大红灯笼挂起来，笙歌鼎沸舞开来，2017年12月13日，绿岛芙蓉餐厅就像过大年般热闹，在六大社区的辅导员老师与百荷园同学共同表演的《寄明月》舞蹈中，第三届社区"味与情"绿岛厨神争霸赛开启大幕。

6个社区各派出5名主厨、2名刀工、2名水案、3名摆盘选手参加决赛。72个"大厨"传承川菜、鲁菜、湘菜、闽菜、粤菜、辽菜等六大菜系，展现中华传统美食文化。

与往年不同，今年的厨神争霸赛增加了一个特殊的环节。先由5位厨艺指导教师组成的大厨团献上了他们的"芙蓉精品菜"——哈利·波特卷、闪电泡芙、提拉米苏、元宝虾仁、罗氏松鼠鱼、冰镇咕咾肉等15道中西合璧的菜品，顿时吸引住了在场师生

7 《寻找高校食堂招牌菜，小伙伴都被沈阳城市学院的食堂惊呆了！》，沈阳城市学院官方微信平台。

的眼球。

接下来是各个社区的菜品展示。梧桐园社区的"凤栖梧"代表队和白桦园社区的"霸王别姬"代表队率先开启了本次比赛的第一场对决。作为蝉联两届"厨神争霸"赛冠军的梧桐园社区备受关注。今年他们准备了毛氏红烧肉、剁椒鱼头、湘西小炒肉、湘味辣子鸡、捣椒皮蛋和珍珠翡翠白玉汤，桌名也应景地称为"绝色湘西"。当菜品展示在大家面前，无不称赞叫好，这桌菜最终以 299 元的价格竞拍售出。白桦园社区选择"霸王别姬"作为主菜，主厨工程造价专业 2016 级学生刘佳俊说道："为了保证鸡肉和甲鱼的口感肉质软烂，同学们需要提前一天进行处理。学校离水产品市场较远，比赛所用的甲鱼等食材都是社区老师邓苏栩开车带学生去选购的。"

"园花雪压枝，中华多美味。鲁酒白玉煮，菜羹味余匙。"园中园社区代表队以藏头诗作为口号来到了现场，为大家带来了八道鲁菜，值得一提的是园中园主厨金融学 2015 级学生尹皓是去年厨神大赛的"金牌厨神"。一道颇具特色的"九转大肠"不仅色泽红润质地软嫩，更兼酸、甜、香、辣、咸五味于一体。搭配上香浓的"白玉鲫鱼汤"，勾得在场嘉宾们食欲大开。

百荷园社区 12 位参赛队员喊着"引爆青春，无悔百荷"的响亮口号来到比赛现场。他们的主厨是旅游管理专业 2016 级学生王飞飞和王佩佩，两人经过半个多月的研究准备，今天精心制作了两道传统名菜糖醋排骨和东坡肉，色泽鲜亮，味道浓正，获得了评委们的一致好评。

最后一轮则是金菊园社区和玫瑰园社区的对战。刚入赛场，金菊园的厨神们就在毛鸿睿老师的带领下，立马投入到了紧张的比赛中，递盘子、接菜肴，配合默契，操作熟练。今年毕业的机自专业学生王景洲去年就曾代表玫瑰园参赛，但是没有获得一等奖，今天他再次回到校园。他制作的脆皮炸鲜奶这道菜步骤十分烦琐，需要提前将牛奶和玉米淀粉等材料煮成奶浆冷冻，熬制奶浆的时候还要十分专注，稍微不小心就会糊锅！正是凭着这份用心和队友们之间的完美配合，玫瑰园社区团队获得了评委们的一致好评。

经过 5 位厨艺指导教师组成的专家评委和学生组成的大众评审团评定，玫瑰园获得一等奖，梧桐园获得二等奖，百荷园获得三等奖。金菊园获得"最佳团队奖"，园中园获得"最佳组织奖"，白桦园获得"最佳创意奖"。

值得一提的是，梧桐园社区 2017 级法学 3 班王小凤同学的"百花齐放"获得了绝技绝活奖项的第一名，这是王小凤第一次展示雕刻绝活，为此她也在比赛前期做了许多准备。由于父亲从事的就是厨师行业，在赛前准备的时候还专门和父亲咨询过相关技巧，所以即使是首次参赛也并没有太大压力。菜品特意取名为"百花齐放"，就是希望我们城院的每一位学子都能像百花一样绚丽绽放。[8]

谈到每年的"厨神大赛"，这里必须再重提一下学生社区中心的共享厨房。绿岛的学子们之所以能练就一手好厨艺，社区中心的共享厨房功不可没。

前边我们提到学生社区时曾介绍过，徐伟浩在设计学生社区中心时，心中有一个"家"的概念。所以，社区中心落成后，每个中心设有一个开放式的共享厨房。厨房内，电磁炉、微波炉、烤箱、各种厨具设施一应俱全，油、盐、酱、醋各种调料应有尽有。平日里，学生可自己买好食材，预约好时间，按照自己的口味，在社区厨房做一道自己喜欢的美食。也可在周末、节假日，或值得庆贺的时间，约上三五好友，大家各展手艺，做上一桌丰盛的菜品，举杯同庆，畅怀人生。

可以说，社区中心不仅为学生提供了一个交流娱乐的空间，还为学生搭建了一个品鉴美食、提高厨艺的平台。学生们在自己的"家"里，自己动手，设计烹饪各种美食，五湖四海、中外汇通，以青春好奇之心，鉴百家风味之长。四年的历练，再加上每年一次的厨艺大赛，从绿岛毕业的学生，可谓个个"食神"，会吃、会做、会品。

把"吃"作为一个校园文化载体，以"吃"育人，这是绿岛文化的独到之处吧。

当然，绿岛丰富多彩的校园文化活动，除了吃，还有唱，还有跳，这在校庆十周年的庆祝晚会上得到了充分的展现。

2019 年 9 月 9 日，适值绿岛办学 10 周年，又恰逢学校即将迎来教育部对学校本科教学质量的合格评估。9 月 10 日晚，学校举行了隆重的绿岛建校 10 周年庆典，来自全国各地的校友们，与母校师生联袂登场，倾情演绎出了一场堪称专业水平的高质量演出，共庆母校十年华诞，绿岛十年的文化建设成果在这一刻绽放出耀眼的光辉！

---

8 《第三届厨神争霸——肴馔美味　六社区师生献艺　温暖乡情》，沈阳城市学院校园官网。

2019 年 9 月 10 日晚，沈阳城市学院绿岛建校 10 周年校庆盛典在美丽的绿岛湖畔盛大启幕。100 米宽、44 米进深的超大型舞台和 20 米高的巨型屏幕矗立在碧草如茵的橄榄球场上，绚丽的舞台灯光在夜空中摇曳闪烁，由师生组成的交响乐团，阵容强大，气势恢弘，一曲《红旗颂》伴随着徐伟浩校长的豪迈致辞，将整个校园和师生的热情点燃。

庆典晚会共有 12 个节目，有大型管乐合奏曲《红旗颂》，200 人的大型管乐团，阵容强大，气势磅礴；200 人的团体舞蹈《拥抱绿岛》，舞姿翩翩，刚柔并济，充分展现学子们的英姿；由金铁明、李长青、铁辉、陈罡、曲永吉、惠博文六位老师朗诵的于存雷教授创作的《绿岛赋》，古典与现代相结合，声情并茂，营造出一个极具创意的音诗画氛围，再现了绿岛波澜壮阔的发展历程。由历届"校园十大歌手"冠军选手演唱的歌曲《绿岛》，是学生自己填词、作曲的校园原创歌曲，表达了对母校的一片深情。由谷硕填词改编的《我多想唱》，青春的旋律，欢快的舞蹈，轻松的演绎，展示了一幅丰富多彩的校园生活画卷。由现代舞社团毕业生排演的创意机械舞《人机共舞》，动感十足，活力四射，给人以极大的视觉冲击感；大型戏曲表演《舞动梨园》，将传统京剧和武术表演结合在一起，阵容庞大，流派众多，令人眼花缭乱，耳目一新。由在校学生和校友共同演唱的歌曲串烧《追梦赤子心》《夜空中最亮的星》，则把绿岛学子追梦路上勇于拼搏的壮志豪情演绎得淋漓尽致；以街舞、芭蕾舞、健美操、民族舞组合轮番上场的情景舞蹈《绿岛四季》，场面宏大，舞美瑰丽，使人目不暇接，心旷神怡；歌剧《我行我能》，用高雅艺术诠释校训精神，形式新颖，大胆创新。晚会的最后节目是 300 人歌唱团演唱的《我和我的祖国》和校歌，台上台下几千人齐声合唱，歌声嘹亮，群情沸腾，场面震撼，声震长空，将晚会推向了高潮。

晚会主持人均由本校播音与主持专业在校师生和毕业生担任，他们中有辽宁广播电视台主持人韦婉、黄靖，沈阳广播电视台主持人吴连博，大连广播电视台主持人赵永程。

本台校庆演出盛典从 2018 年 4 月开始筹划，历时一年多时间，董事局主席徐伟浩亲自担任总策划、总导演，所有节目均为学校原创，所有演员均为学校师生和毕业生校友，先后有 1600 余名师生参与策划、创作、选拔、演出、技术服务、后勤保障，

800 多师生和校友登台演出。晚会方案修改完善百余次，大型联排 10 余次，舞美设计 38 稿，编写文案 10 余万字，录制视频 1000GB。可以说，晚会气势磅礴，格调高雅，美轮美奂，特色鲜明，集中展现了学校十年的办学成果，充分体现了绿岛独具特色的校园文化，是一场极具创意的高水平视听盛宴。

网易 CC 和抖音平台进行现场直播，吸引了 10 余万人观看。[9]

精彩的校庆晚会，在绿岛师生中引起强烈反响。

晚会艺术指导李刚教授感慨地说："从艺 40 余年，这是我见过的最大规模的同台合奏演出，舞美设计和视觉呈现都体现了国际潮流。"

来自辽宁电视台的新闻与传播学院新闻系主任孙显军说："这次建校 10 周年晚会给我的感觉就是大气！大美！晚会内容丰富多彩，艺术形式争奇斗艳。整场晚会过程中，我们能够感受到，学校的办学理念无处不在，学校的办学精神尽情彰显。这次晚会是办学实力的体现，是教育魅力的体现，更是学校 10 年育人成果的体现。"

2019 级传播 1 班学生姜沣表示："我从没见过规模这么大的校庆盛典，这么精彩的节目，这么多的演员、这么高大上的舞台。我觉得特别幸运，刚来这个学校就正好碰到了 10 周年庆典，是一件特别令人激动的事。"

2019 级会计专业学生刘思锋说："非常有幸赶上了绿岛 10 年校庆，看到了众多学哥学姐的精彩演出，感到非常羡慕，希望未来我也能和他们一样，等到绿岛 20 周年庆、50 周年庆的时候，也能作为一名优秀的绿岛学子回到母校，为母校增添光彩。"

2019 级网媒 1 班学生马曙光说："作为一名绿岛新生，在观看了校庆演出之后，深深为学校取得的成就感到自豪，更加确信自己当初的选择是正确的，也对未来的四年绿岛生活更加充满了向往！我行，我能！"[10]

---

9 《沈阳城市学院十年校庆艺术盛典》，学校官微。

10 《沈阳城市学院十年校庆艺术盛典》，学校官微。

别样的文化主张

通过对以上校园文化活动的概述，我们不难看出，绿岛的校园文化别具一格，很有特色。笔者认为，这首先要得益于绿岛有一套自出心裁、打破陈规的校园文化建设理念——"爱好体育、崇尚艺术、关心时事、追求时尚"，即绿岛人口中常说的"十六字方针"，当然，这一理念的提出者仍是徐伟浩。

2012 年 7 月，为了提高辅导员队伍素质，学校组织了为期三天的辅导员专题培训。7 月 13 日上午，在白卿宫会议室举行培训总结会。

据学校党委副书记、时任建工学院辅导员刘爽回忆："听说徐老师来参加会议，大家都很紧张，会前也都做了认真的准备。会上，许多辅导员谈了自己参加培训的认识体会和今后的工作打算。大家发言后，开始欢迎徐老师讲话。原以为徐老师会就辅导员工作讲一些指导意见，没想到徐老师首先问了大家一个问题，有没有人知道北京师范大学的校训是什么？由于问题有点让人意外，一时没有人马上回答出来，徐老师说是'学为人师，行为世范'，指出辅导员是接触学生最近的老师，也是对学生影响最大的老师，应该发挥学为人师和行为世范的作用。而要做到学为人师、行为世范，就必须加强自身修养，提升自身综合素质。接着，徐老师就围绕'如何加强辅导员个人修养'，提出了要'热爱体育、崇尚艺术、关心时事、追求时尚'的要求，讲了一个多小时，举了很多例子，内容丰富，新鲜风趣，给大家留下了深刻的印象。"[11]

田径俱乐部教师郭子海对这次讲话记忆犹新，"我当时在工商管理学院担任辅导员，听了徐老师的讲话，很受触动，没想到他对体育如此看重，认识如此深刻。会后，我专门找到徐老师，向他汇报了体育对我的影响。在大学时，我是学校高水平队运动员，大学第二年，全国大学生运动会要在上海举办。我格外重视，想在大运会中一展身手。当年冬天我放弃寒假休息，自费去云南训练。但在 5 月的大运会选拔赛前，腿部意外受伤，失去了参加上海大运会的资格。这

---

11 引自时任辅导员刘爽的回忆（未刊文）。

件事对我打击很大，我一度放弃了训练，甚至路过运动场都绕着走，开始沉迷网吧，逃避现实。直到教练翟丰找到我，对我说，如果还喜欢跑步就回来吧。当'跑步'这个词又一次撞入我的大脑，我瞬间泪如泉涌，是的，不去想不代表我不热爱。9月，我又回到高水平运动队中，像个旋转不停的陀螺，每天上下午训练，比体工队还严格，2005年在全国大学生锦标赛上取得1500米第二名的成绩，第二年又在江苏省田径运动会上打破省纪录，之后顺利保送上了研究生。徐老师听了以后很高兴，后来，根据我的特长，批准我转岗担任体育教师"[12]。

关于讲话的具体内容，时任校长于存雷的笔记本上留存着一些零碎的记录：

> 爱好体育，体现的是一种人生态度。体育能够培养竞争意识，培养法律意识，培养团队意识。体育代表态度，代表竞争，代表规则，代表协作，代表修养。爱好体育意味着培养积极向上的人生态度和顽强拼搏的奋斗精神。
>
> 崇尚艺术，体现的是一种生活品质。艺术能够陶冶情操，能够塑造品格，能够丰富人的生活。我们崇尚艺术，首先要学习艺术，就是学会发现美、欣赏美、追求美、创造美，实质上是追求一种格调高雅的生活品质。
>
> 关心时事，体现的是一种生活状态。校园不是象牙塔，风声雨声读书声，声声入耳；家事国事天下事，事事关心。只有关心时事、了解时事，才能了解时代变化的脉搏，跟上时代发展的脚步。关心时事其实代表了一种生活状态。
>
> 追求时尚，体现的是一种生活追求。时尚的本质是创新，只有热爱生活、充满阳光，才能追求时尚，才能创新，才能超越自我，一个不追求时尚的学校是没有前途的。我们要引领时尚，更要创造自己的时尚。

笔记虽然不完整，但我们依然可以透过字里行间，清晰地看到徐伟浩当时迫切地想要改变全校师生的人生态度、生活状态，提高大家的生活品质、生活追求。虽然，这四个方面，只是徐伟浩当时对全体辅导员提出的要求，但却为绿岛后来的校园文化建设指明了方向，奠定了基调，确立了内涵。

12　郭子海：《我心中的体育精神》（未刊文）。

对　话

笔者：通过采访、观察和阅读资料，我对你们的校园文化有了比较全面的了解。真的很有特色。不过，我认为，校园文化有显性与隐性之分。显性的，就是一般学校都具备的看得见、摸得着的东西，比如校园环境、硬件设施、各种管理制度，各种文体活动，学校的愿景、口号等。隐性的，则是一种需要认真感悟和细致体察才能见到的精神性存在。显性的与隐性的，共同构成的校园文化，就是校园精神，或者说，是一所学校的灵魂，这种精神和灵魂，是一所学校的根基，它可化为一种强大的凝聚力和战斗力，使一所学校走得更稳、更远、更强。而后者——隐性的文化或者说精神性存在，对于校园精神和灵魂的熔铸具有至关重要的作用。

如果认同我的说法，你认为，你们的校园文化中，哪些是隐性的精神性存在，它们对于学校的建设、发展具有怎样的意义？

徐伟浩：我赞同你的说法。说到绿岛精神层面的东西，我想，"坚持育人为本，注重能力培养""爱好体育、崇尚艺术、关心时事、追求时尚""我行我能""有爱心、会讲课、肯奉献""团结、紧张、严肃、活泼"，等等，都应该算在内。建校初期，我们就特别重视对校训精神的宣传和培育。我们特意请来《长江之歌》词作者、军旅作家胡宏伟和军旅作曲家铁源，创作了以"我行我能"为主题的校歌，建了校训塔，举办校歌比赛，开展校训专题教育，重大场合齐唱校歌等，让校训精神成为校园文化的灵魂和精髓。用校训精神锤炼师生自信担当的思想品格，锻造师生志在必得的意志能力，传承绿岛追求卓越、创造辉煌的传奇经历，培育师生牢固树立报效祖国、建功立业的远大理想和信念。

笔者：你们的校训确实很牛，能所向无敌，包打一切哈。

徐伟浩：再比如学校的校风，我们在对学校进行顶层设计的时候，大家对校风的建设提出了很好的主张，最后，大家采纳了我的意见，完全照搬了毛泽东为抗大制订的校风，"团结、紧张、严肃、活泼"。对于这八个大字，也曾引起一些议论，无非是说它太传统了，没有新意，政治性太强了，等等。尤其是把它和我们的校训放在一起的时候，就会形成截然相反的两种风格，一个是彰显个性，一个是秉承传统，其实，这正是我们所追求的多样化思维，这正是我们学校的哲学性格。在新的历史时期，在改革开放的今天，我们对"团结、紧张、严肃、活泼"这八个大字也有我们自己的特殊解读。什么是团结？团结就是和谐。什么是紧张？紧张就是讲效率。

什么是严肃？严肃就是守纪律。什么是活泼？活泼就是快乐。享受快乐，遵守纪律，追求效率，构建和谐，这就是我们倡导的工作作风，就是我们确立的行为准则。

笔者：你把抗大的校风作为学校的行为准则，我倒觉得，和你们的校训没什么矛盾，反而会相得益彰。

徐伟浩：谈到"隐性"文化，还有两点很重要，一个是改革创新的意识，一个是全体教职工对"三个紧密"达成的高度共识。

笔者：改革创新，这个好理解，我特别想知道的是关于"三个紧密"的表述，你是基于一种什么样的思考提出来的？

徐伟浩："三个紧密"指的是"教师与学生紧密接触、教学与实际紧密联系、创新与传承紧密结合"。最早提出"三个紧密"是在2014年7月召开的暑期研讨会上，这个会议的主题是总结绿岛办学五年来的经验教训，由我作中心发言。在全面回顾了五年的办学历程后，我指出，教师与学生接触最紧密的时候、教学与实际联系最紧密的时候、创新与传承结合最紧密的时候，就是学校发展最快、最好的时候，"三个紧密"是过去五年绿岛成功办学的基本经验，今后，"三个紧密"要作为沈阳城市学院的基本工作方针。

笔者：你确定，"三个紧密"是绿岛办学的经验总结？

徐伟浩：你了解到"三个紧密"还有别的出处吗？

笔者：我在校史馆拿到的资料显示，"三个紧密"不仅仅是绿岛办学的经验之谈，更是对现代大学的一种理性思考。

徐伟浩：你说得对。2014年暑期研讨会以后，我们对"三个紧密"的认识也在不断地深化，尤其是我在美国访学期间，接触了很多人，经历了很多事，对一些问题有了重新思考的机会，在这期间，我强烈地意识到：大学的根本在于教师与学生的紧密接触，大学的生命在于教学与实际的紧密联系，大学的文化在于创新与传承的紧密结合。如果这些就是你说的那种对现代大学的理性思考，那么这个理性思考也是建立在直接和间接的实践经验之上的。

笔者："教学与实际紧密联系"，通过你们的人才培养方案和实践化教学体系已经有所了解，把它比作是大学的生命也不为过，"创新与传承紧密结合"，是绿岛十年快速发展的真实写照，作为一种文化现象，我也认同，但是，把"教师与学生紧密接触"，当作大学的根本，是不是有些牵强，会不会缺少共识度？

徐伟浩：关于这个问题，我想多说一点儿。2015年1月到5月，我利用在美国加州大学访学的机会，先后访问了 20 余所大学，其中有常青藤的老牌名校耶鲁、哈佛、哥伦比亚、斯坦福、麻省理工，也有在某些领域颇有影响的著名大学，如埃默里、南加大，还有一些与行业产业紧密融合、培养应用型人才的大学，如纽约电影学院，还去了办学规模比较大的波士顿大学和中佛罗里达大学。

笔者：这倒是一次难得的文化之旅。看了这么多大学，有什么感受？

徐伟浩：一个突出的感受是，这些学校无论规模大小、办学时间长短、成就大小，有一点是共同的，就是他们都有着不同的学术追求和人才培养途径，以及区别于他人的办学理念和价值观。这些不同的文化主张使这些大学个性鲜明、特色突出，形成美国独特的大学现象——规模大、种类多、实力强。由此可见，大学的竞争，乃至国家的竞争，最终还是文化的竞争。

笔者：这个看法很有意思，请你讲得具体一些。

徐伟浩：人们对大学文化的重视和研究，要追溯到 20 世纪的七八十年代，那时，世界经济格局发生了一次重大变革，主要特征就是日本经济的迅猛发展。70 年代，全球经历了一次石油大涨价，原油价格由每桶 15 美元猛涨至每桶 35 美元，这就使经济发展和社会消费严重依赖石油的欧美国家陷入严重的能源危机，国民经济体系遭到重创。这个时候，日本企业却逆势而上，迅速在汽车、电子等高附加值的科技产品方面赶上或超过了美国。这一现象，引起了美国朝野的不安、焦虑和恐慌。因此，美国的学术界开始了对以日本为主要对象的深入研究。遇到问题能够客观理智地对待，并有一种打破砂锅问到底的精神，这就是美国人值得敬佩之处。

在研究过程中，出现了几个代表人物，他们大多是大学老师。一个是波士顿大学组织行为学教授 S.M. 戴维斯，他在《比较管理——组织文化的展望》著作中，率先提出组织文化的概念。同期，哈佛大学教育研究院的泰伦斯·迪尔和麦肯锡咨询公司的顾问艾伦·肯尼迪用 6 个多月的时间，对 80 余家企业做了深入调查后，写出一份题为《企业文化——企业生存的习俗和礼仪》的报告，其中揭示了他们的发现：但凡成功的企业都有一些员工共同遵守的、自然的、约定俗成的而非书面的行为规范，这样的行为规范甚至会影响到员工们的行为举止、衣着爱好、生活习惯。

学者们在研究中发现，那时（20 世纪七八十年代）日本企业已经将组织文化演绎得淋漓尽致，用不争的事实证明，企业的竞争力不仅仅来自制度和高科技，而且还来自情感、追求和集体荣誉感。组织文化的作用，我理解，有点像我们常说的"人心齐泰山移"，组织文化对组织成员的影响，有点像"不是一家人，不进一家门"的意思。

笔者：组织文化和企业文化与大学文化有什么关联？

徐伟浩：他们的这些基本主张和研究成果得到了学术界的普遍认同。20世纪90年代，一大批社会学家、管理学家，包括一些哲学家和文化学者，开始了对大学文化的探索和研究。

理论家们针对大学文化的性质、作用、意义、表现形式、发展过程等，深入分析、整理、归纳、论证，得出了一些基本的学术观点。比如，大多数学者认为，大学文化是以大学为载体，通过师生关系的传承与创造、积累的物质成果和精神的总和。再比如，大多数学者认为，大学文化是由大学的精神文化、制度文化、环境文化和行为文化构成的。还有一些学者认为，大学精神文化，是指一所大学的办学理念、育人方针、学术追求；大学制度文化，是指一所大学的规章制度、运行机制和行为规范；大学环境文化，可细分为物质的和精神的两个层面，物质层面是指校园环境、人文景观、教学设施；精神层面是指人际关系，校风、教风、学风等非物质表现；大学的行为文化，是指师生、员工在学校工作、学习、生活中表现出的精神状态、行为操守、生活品位等。

理论家们不仅对大学文化做了定义，而且还把大学文化视为大学发展的"软实力"，把大学文化作为一所大学区别于另一所大学的主要标志。

笔者：作为一名办学者，你同意那些学者对大学文化的定义和对它的功能作用的高度重视吗？

徐伟浩：我完全赞同他们关于大学文化的这些主张、观点。结合我们的办学实践，我更加赞同在大学文化的诸要素中，起核心作用的是大学精神文化这一观点。因为大学的精神文化直接回答了要办一所什么样的大学和怎样办一所大学的本质问题。从这个意义上说，大学精神就是大学的文化主张。

笔者：绿岛的大学精神，也就是最核心的文化主张是什么呢？

徐伟浩：我们主张老师要和学生紧密接触。

笔者：大学精神，最核心的文化主张，把这个放在首位？

徐伟浩：我明白你的意思，是觉得它的分量有些轻。我的一个朋友也不同意我的说法，他认为把"老师要和学生紧密接触"作为一所大学的基本主张，有点过于浅显，听起来一点也不学术，尤其你们还是一所民办大学，提出这样的主张，会让人觉得没文化。

笔者：我觉得倒不是学术不学术、有没有文化，而是把这条主张放在首位，是否有些不够分量。

徐伟浩：什么样的大学主张才学术、才够分量？有人说，起码也得整出个四六句或者至理名言之类，诸如"厚德载物，自强不息""大学者，非谓有大楼之谓也，有大师之谓也"，等等。的确，80多年前，清华大学的校长梅贻琦老先生提出的"大师论"已经成为当今中国大学的经典主张。80多年过去了，中国大学对大师的渴望与追求的热情一点也没有减少，而且比80年前有过之无不及。为了争夺一个学科带头人、一个长江学者、一个院士，可谓是不惜血本。然而，问题在于那些大师云集的大学，那些花了国家大把资金的大学，为什么也没能回答得了"钱学森之问"呢，也没有培养出世界顶尖的人才呢？我认为，主要原因在于和80年前相比，此大师已非彼大师了。

笔者：两者的区别在哪里？

徐伟浩：现在有些大学，似乎把论文写作、科研立项、著书立说当成衡量教师的唯一标准，教书育人成为一句点缀。原因在于，他们对"大师论"有误读，他们还没真正理解"大师论"的深刻内涵。

笔者：误读？请说说你的理解。

徐伟浩：提出"大师论"的梅老先生是中国第一批留美学生，这次去美国，我还专程去参观了他的母校伍斯特理工学院。1931年，梅老先生出任清华大学校长。这期间，清华大学的大礼堂、老图书馆、西体育馆、科学楼等著名建筑陆续完工。作为一名杰出的校长，梅老先生清醒地意识到，清华大学的下一项工程就是师资队伍建设了，所以，梅老先生在他的就职讲话中说了这么一段话："一个大学之所以为大学，全在于有没有好教师，孟子说：'所谓国者，非谓有乔木之谓也，有世臣谓也。'我现在可以仿照说：'所谓大学者，非谓有大楼之谓也，有大师之谓也。'"这就是被后人竭力推崇的"大师论"。

从字面上看，"大师论"不难理解，就是说办一所大学，不光要有大楼，还要有大师。关键要搞清楚什么人才能称其为大师，大师的标准是什么。其实，梅老先生在提出"大师论"之后，自己也遇到了这个问题。1932年，也就是在提出"大师论"的第二年，梅老先生又在开学典礼上发表讲话了，这次讲话的题目是"教授的责任"，他说："从前我曾改易《四书》中两语，'所谓大学者，非谓有大楼之谓也，有大师之谓也'。现在吾还是这样想的，因为吾认为教授责任不尽在指导学生如何读书，如何研究学问。凡能领学生做学问的教授，必能指导学生如何做人，因为求学与做人是两相关联的。凡能真诚努力做学问的，他们做人亦必不取巧，不偷懒，不做伪，故其学问事业终有成就。"

这里，要注意他的两个字眼儿。第一个字眼儿，"现在吾还是这样想"，这说明梅老先生仍在坚持"大师论"。为什么要坚持？肯定是有人反对。至于是谁，不得而知。第二个字眼儿，"因为我认为"，这是什么意思？因为有人对大师标准提出异议，所以他才又一次强调指出，教授的职责应该是既教书又育人。

归纳一下梅老先生的"大师论"，可见，第一，梅老先生所讲的大师是泛指大学教授，而不是那些凤毛麟角的院士和长江学者们；第二，大师是要指导学生读书做学问的，而不是只做自己的学问；第三，大师在指导学生做学问的同时必须指导学生如何做人，要能对学生进行情感、意志、人格等立身教育；第四，梅老先生给出了大师的最后底线——无论是做学问还是做人，最起码要不取巧、不偷懒、不做伪。这就是梅老先生主张的大师标准，简单明了，通俗易懂。我的理解，你同意吗？

笔者：这事儿我过去还真没认真思考，不过，我感觉你说得有道理。

徐伟浩：无论如何理解，大家对梅老先生的"大师论"都是认同的。但我认为，"大师论"形而上的因素多了些，"大师"和"大楼"比较具象。那么，有了大楼和大师就能培养出合格的人才吗？我觉得未必。

1941年，也就是梅老先生提出"大师论"的10年以后，他又发表了一篇题为《大学一解》的文章，里面有这么一段文字，"大学犹水池，师生犹鱼也，其行动犹游泳也，大鱼前导，小鱼尾随，是从游也，从游既久，其濡染观摩之效，自不求而至，不为而成"。梅老先生这段话，说的是大学就像是一片汪洋大海，老师是水里的大鱼，学生是水里的小鱼，大鱼带小鱼游泳，游着游着，小鱼就变成了大鱼。在这个过程中，学生通过借鉴、模仿、理解而最终成才。这段话就是著名的"从游说"，它讲述了一个耳濡目染、薪火相传的故事。我认为，"从游说"形象地描绘了大学教育的本质，它是对"大师论"的完善和发展，是对大学理念的重大贡献。

其实，大学就是那么一个物理空间，有房子有地，有花草树木，最好再有点山峦湖泊。

笔者：像绿岛这样。

徐伟浩：对呀。在这个物理空间里，集中了两部分人，一部分是涉世不深的青年人，一部分是饱经世事的成年人，他们在一起互相影响、互相熏陶。渐渐地，年轻人像经过发酵的红葡萄酒里的单宁一样，由青涩变得健硕了，变得圆润了，变得厚重、有味道了。

无论是"从游说"还是"大师说"，起关键作用的是大鱼和大人。所以说，老师和学生的接触，老师对学生的耳濡目染，是大学教育的根本。当今社会，如果仅是想学点知识，根本不用上大学，买台电脑都多余，一部手机就够用，百度一下，什么知识都尽在手中。

说到老师和学生的紧密接触，我想起一篇题目叫作《吸烟与文化》的文章。这篇文章也发表在 80 多年前，应该算是我国早期介绍牛津大学的文献之一。作者徐志摩写道："牛津是世界上名声压倒人的一个学府，牛津的秘密是它的导师制。导师的秘密，按利卡克教授说，是对准了他的徒弟们抽烟。""学会抽烟，学会在沙发上古怪的坐法，学会半吞半吐的谈话……大学教育就够格儿了。""我如果有钱办学堂，利卡克说，第一件事情我要做的就是造一间吸烟室，其次造宿舍，再次造图书室；真要到了有钱没地方花的时候再来造教室。"

利卡克是美国的一位幽默大师，他写了一篇《我所见之牛津》的文章，这篇文章的原文没有找到，但徐志摩翻译的这段话，至少反映出四个问题。第一，牛津大学的成功是和吸烟有紧密联系的。假设健康知识再早普及 850 年，没准牛津和现在的沈阳城市学院一样，默默无名呢。第二，老师吸烟能喷着学生，说明老师和学生的距离很近。像我们现在这样，老师站在高高的讲台上，或者是下了班就跑回家去抽烟了，无论如何也是熏不到学生的。第三，老师在吸烟的过程中还半吞半吐地谈话，不像我们有的导师宴，老师只顾和学生们闷头吃饭，不苟言笑。第四，从投资顺序看，教室对大学教育并不重要，也可以理解为，大学教育的主要部分不是在教室里完成的，不像我们有的老师，离开 PPT 就不会上课了。看看，老师对学生喷烟的作用有多大。

笔者：作为一个有着 50 年烟龄的资深烟民，也在从教期间对着研究生喷烟的我，听你这么一说，真是甚感欣慰啊。

徐伟浩：牛津大学的导师制，是建立在导师对学生的个别指导、深度介入和全面启发的教育经历之上的。无论是喷烟、神侃，还是闲聊，都说明了一个基本事实，那就是大学教育，或者说成功的大学教育，是在老师和学生的紧密接触中实现的。有一本书可以进一步说明老师和学生紧密接触的重要性和必要性。

1958 年，有一个叫迈克尔·波兰尼的犹太人出版了一部哲学著作，40 多年后的 1999 年，这部著作才被译成中文，由云南人民出版社出版，书名叫《个人知识》。我是在 2006 年看到这本书的，当时是把它当作睡前书看的，效果确实很好，读上三五页保你睡着。两三年前，为了给我们的导师制和实践化教学找点理论根据，我把这本书拿给了于存雷校长，他看了也有同感。

我认为波兰尼是个天才，他年轻时获得了医学博士头衔，壮年时成为 20 世纪最伟大的物理化学家，中老年又转向，研究社会、经济和哲学。结果，凭借他的意会认知论，被学界誉为继笛卡儿和康德以后，认识论发展史上的第三次哥白尼式的革命。最终，波兰尼于 1976 年戴着 20 世纪最伟大的哲学家的桂冠病逝于牛津。

笔者：我知道这个人，他确实很了不起。

徐伟浩：在《个人知识》这部哲学著作中，他洋洋洒洒地写了数十万字，其中考察、举证、论述的范围几乎涵盖了 20 世纪已知的社会科学和自然科学的所有学科门类的知识。

笔者：包罗万象啊。

徐伟浩：是啊，让你看起来眼花缭乱、天旋地转，再加上三五十个字的长句，你想不困都不行。这部哲学著作对我们最有现实意义的启示就是，他明确地将人类的知识分为两种，一种是可以用书面文字、图表和数学公式来表述的，另一种则是不能系统表述的，比如关于我们自身行为的某种知识。前一种叫显性知识，后一种则叫隐性知识。

波兰尼认为，相对于传统认识论所依托的可明确表述的逻辑理性，人的认知运转中还活跃着另一种与认知个体活动无法分离、不可言传只能意会的隐性认知功能，这种意会认知却正是一切知识的基础和内在本质。波兰尼认为，我们知道的要比我们所能言传的多，表明了隐性知识的存在；隐性知识是智力资本，是给大树提供营养的树根，显性知识不过是树上的果实。

进入 21 世纪，我国的一些学者和从事实际工作的研究人员，经过十余年的研究、论证，认为隐性知识可以包括技能类和认识类两个方面，技能类隐性知识包括那些非正式的、难以明确表达的技能、技巧、经验和诀窍等等，它与个人的经验、行为和工作内容紧密相关，是个人长期积累和创造的结果；认识类隐性知识包括个人的直觉、灵感、洞察力、信念、价值观和心智模式等等，它存在于所有者的潜在素质中，与所有者的性格、个人经历、修养等因素有关。大多数学者认为，隐性知识本质上是一种理解能力，是一种领会。只能意会，不能言传。

至此，我们可以总结出一个结论，从大学教育的角度看，波兰尼最大的贡献就是帮助利卡克、徐志摩，当然也是帮助我们找到了破解牛津大学导师制之所以取得成功的理论依据——老师们吞云吐雾、与学生紧密接触，就是在传授隐性知识啊，学生们就是在这种和老师紧密接触的经历和体验中，逐渐养成了大师的气质，形成了大师的立场，没准哪天就成为大师了。

前几天，在微信上看了一篇文章，大概意思是说，中国高等教育办得最好的学校当数抗战时期的西南联大，这所大学仅存在了 8 年，只有 3882 名毕业生，但是，却有 2 位诺贝尔奖获得者、4 位国家最高科学技术奖获得者、8 位"两弹一星功勋奖章"获得者，171 位院士。为什么呢？我想，西南联大期间，老师和同学们在逃难时共克时艰，吃的是一锅饭、睡的是一铺炕，肯定是师生关系最紧密的时期。

从"大师论"到"从游说"，从徐志摩到波兰尼，讲的都是老师和学生紧密接触的必要性和重要性。其实，我们提倡的老师和学生紧密接触的主张，不是我们的什么发明创造，充其量，是把我们教育工作的落脚点，重新回归到教育的本质上来，是在恢复和发扬大学教育的光荣传统。

实践证明，老师与学生的紧密接触，已经成为我们学校健康发展的一条重要经验。我们有越来越多的老师在积极践行这一文化主张。当然，不得不承认，还有相当一部分人对老师与学生紧密接触的基本主张缺乏认识，还有少数人对这个主张持怀疑态度，还有个别人甚至反对这个主张。

其实，无论是缺乏认识，还是怀疑、反对，都是没弄清这一主张的内在含义。我们主张老师和学生紧密接触，不仅仅是老师在课堂上和同学见面。即便是在课堂上，也不能是老师一言堂。不和学生沟通、交流，没有互动，不能算是"紧密接触"。

我们主张老师和学生紧密接触，是要求老师和学生有课堂以外的活动。饭后茶余的闲聊，湖边树下的闲走，周末假日的闲逛，这都是紧密接触的有效表现形式；老师加入学生的朋友圈里，光点赞不行，还要和学生私聊，一天你得被学生刷几次屏，那才叫紧密接触；老师要能引导学生参加到教学活动中来，成为教学帮手，在合作中共同完成教学任务；老师要关心学生的饮食起居，关注学生的喜怒哀乐，关怀学生的情感寄托；老师要能发现学生的个性和特点，帮助学生认识自我，规划自我，发展自我；老师要善于培养和学生的共同爱好，即便不能同台表演、同场竞技，也要懂得互相欣赏、互相鼓励。

总之，我们主张老师和学生的紧密接触，就是要通过老师个人的言传身教，深度地介入学生在大学生活的各个方面，让学生感受到你的气息，留下你的印记，甚至模仿你的穿着打扮、行为习惯，若干年后，学生还能记得你的名字，到年纪大了的时候，还能唠唠叨叨地讲出几个关于你的故事。这就是我们这所大学的文化主张。

笔者：这就对老师提出了很高的要求。

徐伟浩：你说得对，我们提出老师和学生紧密接触的主张也是承担着一个很大风险的，因为在这里，我们设定了前提条件，就是我们的老师在和学生接触中，给学生带来的都是正能量。

那么，什么样的老师能给学生带来正能量呢？就是说，我们的老师应该具备哪些素质呢？我觉得，身为人师，首要的一点就是要讲道德，尤其是要讲职业道德，职业道德的最基本表现应该是爱岗敬业。老师的工作，说到底，就是一个良心活，干多干少自己最清楚。老师的工作还有点像艺术创作，从头到尾都是个人的主观行为。我记得有一次影视传媒学院的金铁明院长在谈当老师的感受时说过一句话，他说，当老师得讲良心，干好了是积德，干不好是作孽。他这句话说得很实在，我觉得，轮回和报应也是一种道德力量，它比规章制度、绩效考核还管用。

美国有所叫克莱蒙特学院的私立大学，目前是美国西部顶尖的文理学院，素有西部哈佛的美称，但克莱蒙特人并不那么认为，他们说哈佛是东部的克莱蒙特。这个学校有一个奇特的现象，说是私立大学，可学校早就找不到校产的所有者了，数十年来，就由那么一个选举产生的委员会在管理着，学校挣的钱都不知道该交给谁。克莱蒙特大学有个华人副校长，我是在那年4月初学校放春假的时候才约上和他见面的。我到学校的时候快11点了，办公楼里还有一些等着和老师见面的学生。我还发现了一件奇怪的事，办公楼里热热闹闹，卫生间的门却锁上了，害得我满院子找卫生间。冯校长告诉我，美国的大学就是这样，放假了，保洁工人把门一锁，回家休息了，我们这些老师得上班啊，手里有干不完的活。

当时我就想，这学校和学校的差别确实太大了，我们这儿一放假，老师都先跑了，工人开始加班加点地忙起来，擦玻璃、擦地板，打扫卫生，清理垃圾。现在看来，当工人一定要去美国，当大学老师一定要在中国，享受啊。

在和冯校长的交谈中得知，他是沈阳人，再一深聊，我们俩居然都是在东北局大院长大的。他大我1岁，尽管小时候不认识，但一聊起大院里的人和事，还真有点发小的感觉。于是，我也没把自己当外人，向他提了一个很低级的问题。我说，在国内，一提在私营企业工作，都习惯说在为老板打工，干多干少是看老板面子。像克莱蒙特这样的学校，连老板都没了，可老师还干得劲劲儿的，连春假都不休，学校有啥招让老师这么爱岗敬业呢？

冯校长很认真地想了想说，还真想不出来学校在这方面有啥特别的规定。一般情况下，老师该做什么不该做什么，都是由教授委员会来要求的。教授委员会是一个由全体老师选举产生的老师自治组织，有什么问题拿到会上去协商解决。冯校长给了我一份这个委员会的内部文件，叫教授指南。这个指南共有9条，都是在说教授应该做什么，其中第9条提到，教职工每周应有几天相对固定在学校的工作安排，就是坐班的意思。我问冯校长，几天是多少天，这么含含糊糊的规定怎么执行？冯校长说，这个文件不是规定，而是指南，即是说，要给老师留有足够的面子，由他们个人来理解执行。那么，几天究竟是多少天？一天、两天肯定不算几天，依我的理解，几天应该在三天以上。一周法定工作日是五天，所以，大家习惯把几天理解为四天到七天，这个由教授自己决定。实际情况呢？冯校长说，大都在五天以上。因为指南上还指出，教授除了教书，还应该做一些服务学校的行政工作，比如学术委员会、调解委员会、考试委员会等开不完的会，所以，不光每周要上五天班，双休日也很难休息。我问，老师们成年累月地加班加点，学校给补助、津贴之类的报酬吗？冯校长说，坐班、加班是老师的个人行为，学校不支付报酬。他看我一脸茫然的表情，接着补充说，就连美国的公立大学，寒暑假期间也有不发工资的。

冯校长的一番话让我顿时无语。我就想，我们学校的待遇真是太好了，从 2009 年办学以来，为了能让老师全天在学校工作，先后出台了 3 个文件，全都是为了解决让老师坐班的工资待遇问题。几年下来，仅此一项学校就增加开支上千万元，你看人家美国大学，就凭那么一篇纸上含含糊糊的几句话，就解决了全体教师的坐班和加班问题。我和冯校长说，看来这人民币的价值还真的有点被低估了。冯校长笑了，轻轻松松地就说了句大道理：这可能是文化上的不同吧。

笔者：你讲的这些很有意思，也发人深思。

徐伟浩：有些文化现象，不身临其境地去感受，不用一种跨文化的思维去分析，确实很难理解。

加州大学富乐敦分校传媒学院的大众传播系主任杰森博士讲授有关传播法律的课程，他把和我的会面时间定在下午 2 点 45 分。一见面我就顺嘴客气了一句，感谢杰森博士百忙之中接待我。杰森博士倒是挺实在，问我，你怎么知道我很忙？当时我也算是急中生智，回答说，约人见面有这么几种情况，闲人见面约的都是哪天，稍忙一点的约的是上午还是下午，再忙一点的是几点或是几点半，你都直接把我约到分钟了，肯定非常忙。杰森听了我的解释非常高兴，他说，以前总认为中国人说话客气、委婉、含蓄，不太好理解本意，今天彻底改变了，原来中国人也是很善于逻辑表达的。他表示愿意回答我的任何提问。

杰森的一天确实很忙，他每天 6 点半就要从家里出来，开一个多小时的车，他不想让同事们帮忙打扫卫生，所以要早一点到校。他说，除了处理邮件、上两节 75 分钟的课以外，今天计划要做 7 件事：参加院长召开的一个会议；视频面试一个外聘教师；接待一个已在媒体工作的毕业生，谈谈以后有没有和学校合作的可能性；约谈一个被学生投诉的老师，学生反映在课堂上听不懂这个老师在讲什么；召开一个试卷分析会，他发现个别老师在期中考试中，给学生的成绩偏高；上报下一年度系里的财务预算；晚上还要请一个学生喝咖啡，因为这个学生第一次考试没过，这已经是第二次选他的课了，根据平时考核的情况看，这个学生可能又要挂科，他要了解一下这个学生在学习上遇到了什么困难。

笔者：杰森是够忙的。

徐伟浩：听完杰森一天的工作安排，我有一个非常突出的感觉，眼前这个老外怎么像是在沈阳城市学院工作呢？你看他，又是开会、又是教改，又是谈校企合作、又是请学生吃饭。大家想知道像杰森这个干法的大学教授一年能挣多少钱吗？一个月能得到多少餐补、油补吗？一年能分多少奖金吗？

我在加州大学教师工会了解到，加州州立大学系统老师的工资分三个等级，他们的年薪，助理教授大概相当于国内的讲师，3万到5万，副教授5万到7万，终身教授7万到10万。这个工资水平，相当于美国的中等收入。杰森告诉我，老师在学校除了工资收入以外，没有诸如你问到的津贴、奖金等其他收入。我告诉杰森，我们学校老师的待遇可比你们学校好多了，老师吃饭有餐补，开车有油补，找学生谈话有爱心奖，加班加点有奉献奖，好好上课有教学奖，管8个学生的叫导师，有导师津贴，管30个学生的叫班主任，有班主任津贴，当系主任的除了给津贴还减少课时量，就连什么都不管的，只要完成本职工作，还有绩效考核的综合奖。杰森听得眼睛直了。听我说完，他很郑重地说，我很羡慕你们学校给老师的待遇，但是，我认为奖金对多数人是不公平的，并且，他还加重了一下语气，在奖金的使用过程中，可能会造成人为的矛盾。杰森表示，他对工作的热情来自对教师工作的热爱，如果为了增加收入，早就可以去大公司做法律事务了。他说，但是，我喜欢这里的工作。

笔者： 杰森多大年纪？

徐伟浩： 看上去三四十岁的样子，算是美国的中青年一代。他用喜欢和不喜欢来确定职业的选择，为了他喜欢的工作，他可以不计较收入，他可以自己花钱请学生吃饭，他可以按分钟安排每天的工作。这是什么精神？这就是美国的职业道德精神。美国的大学办得那么好，原因就是有一大批像杰森这样爱岗敬业的教师。

所以，那年我从美国访学回来，在和老师交谈时说，如果我们把坐班的硬性规定和津贴都取消了，还能有多少老师能天天按时来学校工作？如果我们把导师宴的补贴取消了，还能有多少老师能主动请学生吃饭？如果我们把绩效考核取消了，还能有多少老师能主动及时地上传教学文件？如果再把寒暑假的工资取消了，还能有多少老师能继续在学校工作？和杰森相比，我们的大多数老师还是把教师工作当成一种养家糊口的谋生手段，对待工作的初衷不是爱岗敬业，而是上岗就业。

笔者： 其实，据我了解，你们学校的老师没有你说的那样不堪。在采访期间，我接触了许多你们学校的老师和行政人员，我发现他们几乎每天都从早忙到晚，团委书记谷硕告诉我，他每天差不多都要工作到晚8点才离校，通识学院院长刘瑞平告诉我，有那么几年，为了赶上学生出早操，她常常早晨 6 点左右到校，体育部和美育部的老师，晚上陪学生训练、排练，已经成为家常便饭。他们都没有怨言。这不就是你主张的爱岗敬业吗？

徐伟浩： 确实，在绿岛，爱岗敬业作为我们学校的一种文化主张，已经成为大多数老师的自觉行动。但是，应该看到，我们学校还没彻底解决我前面提到的问题。

在美国的最后一周，我专程去芝加哥访问了德保罗大学。德保罗是美国最大的一所天主教大学，有 2 万多名在校生。接待我的是 Ron 教授，除了课程建设，我们谈了一个管理问题。Ron 教授讲，一般来说，有宗教背景的大学，对学生的关注度要高一些，这主要表现在老师的责任心上。信仰上帝的人认为，神管人是最高境界，即人在干，神在看，不能有丝毫懈怠。良心管人是第二个层次，因为良心是人对神的旨意的理解，增加了一些人的主观因素，比如，这件事该不该做呢？凭良心吧。第三个层次是人管人，主要是针对没有信仰的人，对这些人，只能强制要求他服从。

如果按照 Ron 教授的说法，不得不承认，我们学校还处在最低的管理层次，靠制度去强制管理，靠指纹考勤、绩效考核、物质刺激。实践证明，光靠人管人确实有问题。我是无神论者，但我相信良心，相信道德的力量。我赞成金铁明院长的说法，当老师就是要积点德，就是要尽其全力为学生服务。如果是为了养家糊口才来上岗就业，最好不要选择当老师，因为"作孽"两个字会折磨你一辈子。

○ 2012 年 9 月 22 日，学校首创体育狂欢节，成为绿岛一年一度的文化盛典。图为历届体育狂欢节盛况。

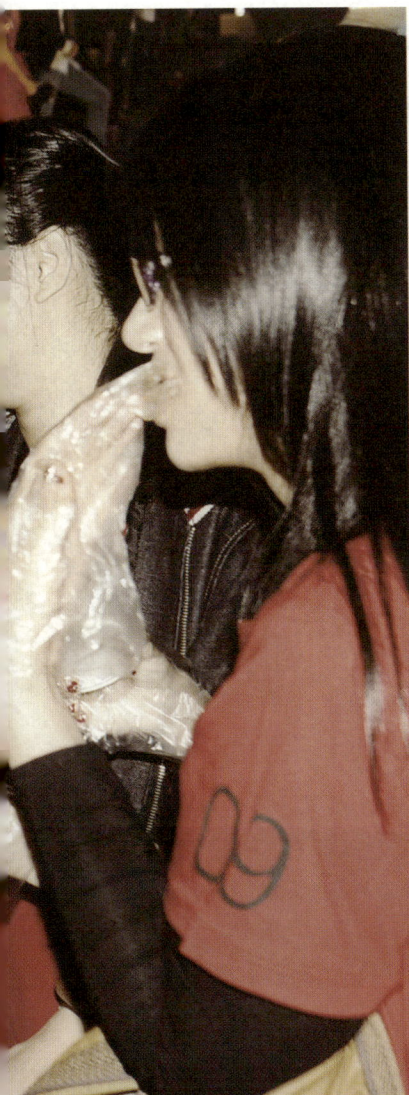

◎ 2012 年 9 月 22 日，学校首创体育狂欢节，成为绿岛一年一度的文化盛典。图为历届体育狂欢节盛况。

沈阳城市学院欢送毕业生招待酒会

◎ 2013 年起，学校每年为毕业生举办千人露天欢送酒会，成为毕业生难忘的回忆。图为历届毕业生欢送酒会盛况。

◎2019 年 9 月 10 日，学校举行建校 10 周年庆祝晚会。图为晚会盛况。

我行

我能

一所新型大学的十年探索之路

第六章

不得不提的
『九字箴言』

从笔者与徐伟浩对话的最后部分可以看出，徐伟浩十分看重师德，他认为，教师如果缺"德"，或者不热爱教师职业，不热爱学生，就不配做一名教师，就会受"作孽"两个字的折磨。所以，早在建校初期，围绕师德师风建设，他提出了九字要求："有爱心、会讲课、肯奉献"，后被绿岛人称为"九字箴言"。

如今，在绿岛校园内，你也许在教室的走廊或者会议室的墙上已经看不到它了，但是，你随便问一位老师，什么是"九字箴言"，无论是资深的还是刚刚入职的，他都会脱口而出"有爱心、会讲课、肯奉献"。足见，"九字箴言"在绿岛已经熟能成诵、深入人心了。

缘　起

"九字箴言"同校训"我行我能"一样，有如口语，朴素自然，通俗易解，无繁缛、不饰美，也同样，它简约却不简单，具有丰富的内涵。虽然朴素，却针对性极强，直接道出教师职业道德的底线；虽然通俗，却触及了"人类灵魂工程师"的灵魂。实际上，它的提出是被"逼"出来的。

2010 年 12 月 8 日，学校召开全校教职工大会，这次会议是由时任校长周广有提议召开的，认为办学一年多来，徐伟浩还没有在全校教职工面前讲过话，大家也很想听听他的想法和要求。这次恰逢他从罗布泊摄影考察回来，在周校长的再三邀请下，他答应和全校教职工见见面，讲一讲。

据亲历者回忆，这次会议印象最深刻的是，他一个人一口气讲了近 6 个小时。大会从下午 2 点开始，结束时，大家走出白卿宫已是满天星斗。他的讲话没有文字稿，甚至连个提纲也没写。遗憾的是，当时也没有留下录音，所以，具体内容只得靠亲历者回忆。

"整个讲话的重点就是对'九字箴言'的阐述。"[1] 教务处处长孟娜回忆，"当时徐老师摆事实、讲道理，循循善诱、直达人心，使大家对'有爱心、会讲课、肯奉献'有了深刻了解。"时任党

---

[1] 刘颖姝、谷硕、郝光、马卿轩："九字箴言"小组汇报，本章的相关引文如无特殊标注，均出自于此。

委书记于存雷回忆:"徐老师以孔子的仁爱、墨子的兼爱、孙中山的博爱等大爱作为切入点,说明教育的真谛:为校立根,为师铸魂!"时任外国语学院学办主任路明华回忆:"徐老师以对学生的爱、对学校的爱、对教育事业的爱作为阐述教师'有爱心'的突破口。整个讲话,徐老师从情、理、法的不同角度,对于师德师风进行了深刻的剖析、论证和阐述。我记得,徐老师在会上鉴古通今、旁征博引,融会贯通、深入浅出,娓娓道来、至真至切。"

时任机电工程学院院长李晓桥是个有心人,他对徐伟浩当年的报告做了较为完整的记录,使我们对徐伟浩的讲话有了较完整的了解:

报告中徐老师向教师们讲述了学校的办学宗旨和目标,介绍了学校的办学指导思想,重述了自己之前在《教育的缺失和我们的责任》文章中分析的当时国内高等教育中普遍存在的一系列不正常现象,对本校的教育教学理念做了深刻的阐释。在谈到学校对全体教师的期望和要求时,他首次提出了"有爱心、会讲课、肯奉献"的"九字箴言",并将其作为师德师风建设目标和优秀教师考核标准。

他在阐释"有爱心"的内涵时,从广义的博爱、仁爱说起,最后归结到学校教师的爱心应该包括:爱学校、爱岗位、爱学生。这"三爱"之心,是学校教师必须具备的思想品德和行为准则。没有这"三爱"之心,就不可能是一个合格的教师,不可能承担教书育人的重任,也就达不到学校对教师的考核标准。

他在描述什么是"会讲课"时,对专业教师提出了"要全面了解本专业的课程体系,要对自己所教的课程有独到的见解,要取得明显的教学成果"的教学基本要求。

他在讲解"肯奉献"的标准时,对全体教师提出了"8小时以内不分分内分外,8小时以外不计个人得失"的高标准要求。[2]

对于徐伟浩对教师提出的"有爱心、会讲课、肯奉献"三条要求,李晓桥是赞同的:

他提出的这三条标准,内容通俗易懂,是非也是显而易见的。几个小时的讲话,

2　引自李晓桥的笔记。

发自肺腑、苦口婆心。如果站在学校发展、建设立场上去理解，当然应该遵照执行。如果是作为宣传口号，教师们也能接受。但是真的作为学校对教师的基本要求和考核标准，与当时国内各类高校教师考核标准有着很大差异，因此对本校教师产生了很大的思想冲击。基于当时"一切向钱看"的社会大环境，这三项要求与教师的个人利益追求是有矛盾冲突的，因此让全体教师情愿接受是有一定难度的。当时即使是学校的各级管理干部，对这个基本要求也难免怀疑其是否可行。[3]

李晓桥在公立大学从教30余年，对传统高校教学管理的弊端也有诸多不满。但是，那时他刚刚涉足民办高校，对二级学院的教学管理始终在新旧两种体制之间徘徊。所以，对于"九字箴言"，他一方面感觉它切中了大多数教师的要害，内心承认其正确性和必要性。但是，另一方面，以他对大多教师思想和行为现状的了解，他对这三条要求的可行性心存疑虑。所以，那次报告会后第二天，他见到徐伟浩就直截了当地讲出了自己的疑虑。"我主要感觉学校的要求与教师们当时的实际状况差距太大，在实际工作中恐怕难以落实，有人甚至会有很大的抵触情绪。"

对于李晓桥上面这番话，徐伟浩并不感到意外，他对李晓桥说："这些教师多年来养成了自己的习惯，我们既不能屈从于他们的行为习惯来办学，也不能指望一下子改变他们。你们二级学院当前的工作重点是要去发掘和培养好的典型，树立先进样板，在学院里逐渐形成好的师德师风，我们的工作就会变被动为主动。"这些都是后话，让我们再回到报告会的那个晚上。

让很多人记忆犹新的是徐伟浩在会上的不吝表扬，他一口气点了50余位教师的名字，或表扬、或鼓励、或希望，有的还细数先进事迹。当时全校的教师也就120多人，显然，徐伟浩对学校教师队伍现状是有充分了解的，他就是想树立起正面典型，弘扬一种正气，让大家明白什么是教书育人的大"道"。

当时在招生就业处工作的刘凌云回忆："记得徐老师会上点过我的名字，说我工作有激情，一定要保持住这个状态。"时任校办副主任刘颖姝负责对外联络，经常出校办事。为了提高工作效率，无论远近她都是开着私家车出校办事。学校有政策，公出开私家车可以自报公里数，油

3　引自 2019 年 5 月 13 日笔者与李晓桥的谈话记录。

费学校实报实销。刘颖姝虽然外出办事最多，还专门负责报销审批，自己却从不报销，甚至在人前都没有提过，徐伟浩表扬她的奉献精神。徐伟浩还让时任会计学院代理学办主任的郝光站起来在大家面前亮了个相，特地强调他是从沈阳大学辞职来的，是认可绿岛价值观的典型。

郝光在一篇回忆文章中记录了当时处在校内"矛盾的旋涡中"的情形，也让我们理解了徐伟浩近6个小时报告的良苦用心。

> 2010年7月绿岛组建会计学院，我被分到会计学院代理学办主任。当时有一位很不认可学校做法的教师主动和我探讨来绿岛工作的问题，他说："你是被原来学院硬派过来的，还是自己申请过来的？"我说我辞职过来的。他大为吃惊："你为啥非得辞职，你觉得这个学校有前途吗？"
>
> 有一段时间，几乎每次会计学院的会议最后都开成了辩论会，学校让落实什么，就有人质疑什么，学校要实施什么，就有人反对什么，各种的理由，各种的不满，各种的冠冕堂皇，让人反感却又无奈。
>
> 当时全校还有二十几个校聘的年轻人，我们时常处在这些矛盾的旋涡中，身边到处充斥着不满、抱怨与隔阂。我亲身经历了老师们因为超课时量而往外推课，又因工作量不够互相争课，出言不逊；还有因为工作量算错了，争得面红耳赤。当时我们人微言轻，没有很多的阅历，更没有能力进行深层次的思考。虽然有很多的不解与困惑，却不知如何去化解。那时的我们迫切需要思想的引领、价值的导向，那时的绿岛最需要的是正本清源，举旗定向，而且迫在眉睫。[4]

我们已经知道，这些习惯于公立大学管理模式的教师，自然带有公立大学的思维基因。改革开放以后，公立大学的教师收入拉开了档次，学校对教师的考核，"科研"和"创收"的量化指标越发重要，而"教书育人"的要求相对弱化。因此，教师们普遍只重考核指标，不愿做没有报酬的工作。所以，面对绿岛这所民办体制的学校，尤其是徐伟浩全新的办学理念、主张和诸多具体措施、要求，比如，全员坐班、全员承担育人工作等，他们产生了种种的不适应，甚

---

4 郝光:《绿岛办学初期，亲身经历的思想碰撞和矛盾冲突》（未刊文）。

至对立情绪。即使学校尽量做到人性化管理，比如增设坐班补贴、责任津贴，其中坐班老师的工资标准高出原单位一倍，还有自驾车补贴和餐补，除寒暑假，每月可带薪休假1天，过生日送蛋糕等也无济于事，他们仍然认为绿岛管得过"严"。

现在来看，徐伟浩当年这场专题报告会多少有些"力挽狂澜"的味道。

会议结束前，徐伟浩为在场的教师播放了自己和几位影友横穿罗布泊无人区的摄影纪录片——"罗布泊探险之旅"。"大家都被一幅幅照片中大自然的力量与美所震撼，被徐老师的艺术魅力与挑战自然的勇气所折服。"[5]

徐伟浩用摄影作品展示了他对大自然的敬畏，也表达了对立德树人的敬畏，这种敬畏，宣示他将迎接全新的挑战，竖起"有爱心、会讲课、肯奉献"的大旗。

落　地

从此以后，"有爱心、会讲课、肯奉献"这九个字就挂在了徐伟浩的嘴边。

2011年1月8日，学校召开年度教学工作研讨会，他再次强调绿岛的教师队伍建设标准就是"有爱心、会讲课、肯奉献"，并进一步明确"会讲课"的要求——要全面了解本专业的课程体系，要形成自己的讲课风格，取得明显的教学成果。

同年6月22日，学校召开管理体制创新论坛，外语学院教师张秀俭就如何成为一名"有爱心、会讲课、肯奉献"的教师作了主旨发言，这标志着绿岛的一线教师开始深入思考如何在实际工作中贯彻"九字箴言"的方法与途径。

3个月后，即9月29日，在绿岛一期培训班的开班仪式上，徐伟浩向青年骨干教师们进一步强调了"九字箴言"的重要作用，并要求大家当好排头兵，在实际工作中起到引领和示范作用。

2012年8月4日，在暑期领导班子工作会议上，他针对校内还有一部分教师对"有爱心、

5　引自郭可对报告会的回忆（未刊）。

会讲课、肯奉献"教师准则的含义认识不深，要求各部门加强宣传教育，使所有老师深刻理解"九字箴言"的内涵。

2012年8月29日，在新学期的全校大会上，他再一次强调"九字箴言"作为绿岛师德师风建设标准的重要意义，要求全校教师在工作中努力践行。

2016年，徐伟浩主动提出在每年的教师节庆祝大会上讲话，而且表示要连讲十年。每次讲话必提"九字箴言"，可见用心良苦。

2016年9月10日，在第三十二个教师节庆祝表彰大会上的讲话——《掌声是鼓给自己的》。

各位老师：

大家好，教师节快乐！

今天，我是主动要求在今年教师节表彰大会上讲话的。为了这个讲话，校办为我认真准备了一个讲话稿，题目叫作《齐心协力　再创辉煌》。可是刚才在颁奖时听到的掌声稀稀落落不是很热烈，颇有感触。想起几个月前，我在伦敦看音乐剧时的场景，所以决定换个话题，和大家讲讲鼓掌的体会，好不好？（掌声，应答声）

今年4月，我在伦敦连续看了两场音乐剧，第一场是在国王剧院上演的《悲惨世界》，当演出快要结束时，我习惯性地站起来准备快速离场，免得拥挤，这时，我的小女儿拽了我一下，告诉我还没鼓掌呢。本来我的英语就不好，听的又是歌剧，好在看过原著，对剧情也算有所理解，但远远没有到让我兴奋的热烈鼓掌的程度。这时候全场开始鼓掌了。开始时是坐着鼓掌，后来是站着鼓掌，我也跟着鼓掌，鼓着鼓着我突然发现，这掌声是给自己鼓的呀，鼓掌说明你懂礼貌呀，鼓掌说明你会欣赏呀，鼓掌让自己看上去很绅士。

三天后，我又到女王陛下剧场看了另一场音乐剧《剧院魅影》。这次是我带头站起来鼓掌的，感觉到旁边的老外对我报以赞许的目光。这时，我又悟出一个道理，这两场歌剧能够连续上演30多年，不光是演得好，关键是在英国，有一大批喜欢为自己鼓掌的人。

我觉得，对于鼓掌认识比较高的有两拨人，一拨是人大代表、政协委员，他们懂得尊重，懂得履行职责，因为很多决定都是以鼓掌通过的（掌声）；另一拨人就是艺人了。在演唱中歌星经常会发问：掌声在哪里？掌声鼓励一下好不好！小沈阳最有代

表性，为了提高观众的欣赏水平和文明程度，他直截了当地告诉大家什么时候应该有掌声。（笑声，掌声）

鼓掌有着丰富的内涵，还有很多技巧。鼓掌可以鼓出节奏，可以鼓出旋律来，比如说形容鼓掌有"掌声雷动，此起彼伏，经久不息，雷鸣般、潮水般"等。鼓掌还分场合和对象，我的摄影圈朋友聚会喝酒的时候，有一种鼓掌方式，就像敲鼓点儿：啪啪啪、啪啪啪、啪啪、啪！最后一声是双掌击桌。据说这种掌声能提高酒量。（笑声）

鼓掌的最高境界是掌声和尖叫声融为一体。我特别向往那种感受，当你讲完话，掌声和尖叫声响成一片。可惜的是，我讲了30多年话，一次都没有享受过。（掌声，笑声）

由此，我联想到一个问题，在座的各位老师，你们在给学生讲课的过程中，是不是经常能听到掌声？有没有尖叫声？没有掌声的课肯定不是好课，不会鼓掌的学生也不会是好学生。

鼓掌的重要性反映一所学校的文明程度和精神风貌。我觉得，鼓掌应该纳入教师发展中心的培训计划。会鼓掌不一定就是一个好老师，但是，不会鼓掌，肯定不是一个好老师。（掌声）

那么，怎样才能成为一个好老师呢？答案是：首先是会鼓掌，然后还要落实"九字箴言"。（现场的教师：有爱心、会讲课、肯奉献！）对！第一句是"有爱心"。讲的是要爱校、爱岗、爱学生，这是一个职业道德的问题。第二句叫作"会讲课"。要全面了解本专业的课程体系，要有自己的讲课风格，要取得明显的教学成果，这是一个专业能力问题。第三句是"肯奉献"。8小时以内不分分内分外，8小时以外不计较个人得失，这是一个思想境界问题。

一个好的主张，能否成为全体成员的共识，除了这个主张的正确性，还要靠全体成员中的先进分子的执着、坚持。今天表彰的绩效考核优秀个人，就是"有爱心、会讲课、肯奉献"的典型代表。在他们身上集中体现了良好的职业道德、较强的专业教学能力、高尚的思想境界。他们应该得到我们的尊重和掌声！（雷鸣般的掌声）

2017年9月8日，在第三十三个教师节庆祝表彰大会上的讲话——《大师就在你们身边》。

各位老师：

教师节快乐！

今天，学校破格晋升 8 位副教授，并为 10 名老师提前晋升一级工资。这个决定至少有两个意思。第一，说明学校在深入开展教学改革、大力加强课程建设的过程中，涌现出了一大批的青年骨干教师，可喜可贺。第二，说明学校在释放一个强烈的信号，在绿岛，无论你学历高低，不论你资历深浅，只要你肯努力工作，学校就会为你创造机会，提供平台，成就你和学校的共同事业。事实再一次证明，青年教师在绿岛天地广阔，大有作为。

几年来，我们一直坚持在青年教师中选拔优秀人才，充实到各级领导岗位上锻炼培养。教务处处长李婷雪是直接从教师岗位选拔任用的，当年 32 岁；学生处处长刘爽，是从辅导员岗位提拔使用的，当年好像也是 32 岁；行政处处长刘海亮从学办主任提拔到学生处处长，再到行政处处长，已经干了 5 年处长，今年才 35 岁。这次，我们破格晋升的副教授，年龄最小的叫张思檬，只有 26 岁。大量地、大胆地使用青年教师，为学校注入了强大的生命力。

我们在大胆提拔使用青年教师的同时，也遇到一些非议。其中，让我最反感的是，总有人拿"大师论"来说事儿，什么学校要想办好，你得花大价钱、要不惜血本请大师呀，大学没有大师肯定不行呀。今天，我想借这个机会，发发牢骚，倒倒心中的怨气，和大家讨论讨论所谓的"大师论"。

大家可能都知道，80 多年前，清华大学迎来了一位新校长，此人就是提出"大师论"的梅贻琦老先生。

梅老先生是中国第一批留美学生。我曾专门去参观了他的母校伍斯特理工学院。1931 年，梅老先生出任清华大学校长，正赶上清华大学的大礼堂、老图书馆、西体育馆等著名建筑正在陆续完工。当时的清华，有点像现在的绿岛，大规模的基本建设刚刚结束。作为一名杰出的校长，梅老先生清醒地意识到，清华大学的下一项工程就是师资队伍建设啦。所以，梅老先生在他的就职讲话中说了这么一段话："一个大学之所以为大学，全在于有没有好老师。孟子说：'所谓国者，非谓有乔木之谓也，有世臣之谓也。'我现在可以仿照说：'所谓大学者，非谓有大楼之谓也，有大师之谓也。'"梅老先生在 80 多年前讲的这段话，就是被后人极力推崇的"大师论"。从字面上看，"大师论"不难理解,就是说办一所大学不光要有大楼,还要有大师。在这里,问题的关键在于,什么样的人才是梅老先生所说的大师。

80多年过去了,尤其是近二三十年,"大师论"可谓是风头日盛,有点像钢铁侠头顶上的帽子,压得人喘不过气来。"大师论"里的大师也有了全新的定义,大师被特指那些长江学者、两院院士,再加上那些著书立说的大学者、大思想家。大学把大师当成立校之本,达到了顶礼膜拜的程度。为了引进一位大师级的人物,可谓是不惜血本,少则几千万,多则几个亿。然而,问题在于,那些大师云集的大学,那些花了国家大把资金请来了大师的大学,也没能回答得了钱学森的世纪之问,也没能培养出一位诺贝尔奖获得者呀。

问题出在哪呢?我认为,人们对大师的标准有误读。难道大学真的有了长江学者、两院院士就能办好了吗?

更有甚者,在所谓的"大师论"的影响下,那些请不来大师的学校也不甘落后,它们把论文写作、科研立项、著书立说,当成衡量教师好坏的唯一标准,忽略了大学教书育人的本质功能。之所以出现上述问题,原因在于,他们对"大师论"有误读,他们曲解了梅老先生"大师论"的深刻内涵。

1932年,也就是在提出"大师论"的第二年,梅老先生又在开学典礼上发表讲话了,这次讲话的题目是《教授的责任》。他说:"从前我曾改易《四书》中两语:'所谓大学者,非谓有大楼之谓也,有大师之谓也。'现在吾还是这样想,因为吾认为教授责任不尽在指导学生如何读书,如何研究学问。凡能领学生做学问的教授,必能指导学生如何做人,因为求学与做人是两相关联的。凡能真诚努力做学问的,他们做人亦必不取巧,不偷懒,不作伪,故其学问事业终有成就。"

至此,我们可以重新归纳一下梅老先生的"大师论"了。第一,梅老先生所讲的大师是泛指大学的教授,而不是那些凤毛麟角的长江学者和院士们。第二,大师是要指导学生读书做学问的,而不是只做自己的学问。第三,大师在指导学生做学问的同时,必须指导学生如何做人,要能对学生进行情感、意志、人格方面的教育。第四,梅老先生给了大师的最后底线,无论是做学问还是做人,最起码要不取巧、不偷懒、不作伪。就是要求大师一要讲道德,二要有良心。讲道德首要的是职业道德,爱岗敬业;有良心,主要是要有学术良心,讲真话,不唬人,不敷衍。

以上，就是我对梅老先生"大师论"的理解。大家有没有感觉到，新版"大师论"和沈阳城市学院主张的教师标准何其相似。

最后，我来回答大家最关心的问题，怎样才能成为沈阳城市学院的"大师"。答案很简单，那就是绿岛的九字箴言——有爱心、会讲课、肯奉献。谁真正做到了，谁就会成为沈阳城市学院的"大师"。

2018年9月6日，在第三十四个教师节庆祝表彰大会上的讲话——《荣誉其实很简单》。

各位老师：

教师节快乐！

光阴似箭，又一个教师节到了。首先让我们再一次以热烈的掌声向今年20个副教授和3个教师团队表示热烈的祝贺。今年教师节有一个新变化，不知道大家注意到没有，设分会场了，现在正在进行电视直播，说明我们学校人丁兴旺，发展壮大了。

前两天我做了一个数据分析，今年破格聘的副教授有一个共同的特点，大多数人在几年前都听过我的讲话，也就是绿岛教师的"九字箴言"。今天还想借"九字箴言"向新入职的老师宣讲宣讲，因为这就是大家努力的目标，谁做到了"九字箴言"，谁就能成为绿岛的骨干。

九字箴言的第一句话是有爱心，怎么理解有爱心？我想最少有三方面的意思。第一要爱校，第二要爱岗，第三要爱生。

怎样才叫爱校？首先要赞同这所学校的文化主张和办学理念；第二就是要关注学校的发展；第三要积极参与学校事务。

怎样才算爱岗？送大家八个字，对待你的教师岗位要"心存敬畏，充满激情"。教育是神圣的事业，学生是国家的未来，我们作为教师，肩负着崇高的责任与使命，容不得半点马虎和丝毫懈怠。

爱生怎么表现呢？也送给大家一句话叫"亦师亦友亦父母"。首先要为人师表，同时要成为学生的朋友，最后也是最重要的，要有一种儿行千里母担忧的情怀，要把学生当成自己的孩子，只有做到亦师亦友亦父母，才是真正的关爱学生。

九字箴言的第二句话是会讲课。怎样才叫会讲课？这里有三层意思，一是要全面了解你所在专业的课程体系，二是要有自己的讲课风格，三是要在教学工作中取得明显的教学效果。做到这三点才叫会讲课。我们用了一个假期的时间，对全校的课程进行了一次梳理，全体老师都参与进来，实际上这个梳理过程就是让大家全面了解课程体系的过程，只有全面了解了本专业的课程体系，才能做到真正的专业。在教学实践中，一定要注重学生的成长和感受，学生通过专业学习，在知识体系上得到扩充，在专业能力上得到提高，才能取得丰硕的教学成果，才能说明你会讲课。

九字箴言的第三句话是肯奉献。奉献是中华民族的传统美德。有关教师奉献的诗句就有很多，其中一些很经典，比如说"衣带渐宽终不悔，为伊消得人憔悴""春蚕到死丝方尽，蜡炬成灰泪始干""落红不是无情物，化作春泥更护花"。说明人民教师讲奉献是天经地义的。教师的岗位很特殊，所以不能计较太多，要肯于奉献。在座的各位履行教师的职责，一定要切记"九字箴言"中肯奉献的要求，那就是8小时以内不分分内分外，8小时以外不计较个人得失。[6]

各位老师，明年的9月9日，沈阳城市学院将迎来建校十周年校庆。我们要举办三场庆祝活动，一是教师节庆祝大会，二是绿岛建校十周年庆祝大会，三是校庆晚会。我们还要进行三项表奖，为工作满十年的教职工颁发金质荣誉勋章，为工作满五年的教职工颁发银质荣誉勋章，为在学校发展建设各个历史时期做出突出贡献的老师、领导颁发功勋奖章。此外，我们还要聘任30名校聘副教授。实践证明，荣誉其实很简单。只要你按照"九字箴言"去做，很可能明年，你就会成为30人中的一员。

所以，请大家牢记"九字箴言"——有爱心、会讲课、肯奉献。

祝大家教师节快乐！

徐伟浩竖起了"大旗"，又是一阵响鼓重锤，"有爱心、会讲课、肯奉献"的正能量在绿岛现出蓬勃生机。

李晓桥对"九字箴言"的作用感触颇深："三年前，有了徐老师的那次面授机宜，我在机电学院的各系中按照学校'有爱心、会讲课、肯奉献'三条标准，绕开那些资格老但不适应民办

6　引自《徐伟浩关于教育教学改革的讲话汇编》。

体制的教师，不拘一格选拔那些上进心强且能接受学校管理理念的青年教师担任各专业负责人。工作上充分调动这些年轻人的积极性，帮助他们学会专业教学的组织和管理，使他们迅速成长、成熟起来。这种抓典型、树标杆、积极培养和重用青年教师的工作方法很快初见成效，一批年轻有为的教师受到重视后自愿自觉地按照'有爱心、会讲课、肯奉献'三条标准要求自己，在工作中迅速脱颖而出，使机电学院在建校初期学校要求的各项工作中都能走在前面。"[7]

对于机电学院按照"九字箴言"积极培养、选拔青年教师的做法，徐伟浩高度认可，并给予大力支持，学校很快发文正式任命了学院推荐的三名青年教师担任系主任，并把担任机械系主任的青年教师於春月博士破格晋升为校聘正教授。这些被培养和重用的青年教师，日后在学校的发展、建设过程中发挥了重要作用，以实际行动践行了"九字箴言"。

校长办公室主任刘颖姝深有同感，她说："对于认同绿岛办学理念，真正践行'九字箴言'的，学校大力培养和提拔，对于有抵触情绪的教师，则不断地说服和启发，实在不行就予以辞退。"有一位老师从另一所民办高校来到影视传媒学院，担任视觉传达专业系主任。时间一长，发现他的心思根本不在教书上，整天琢磨怎么能找人在杂志上发表文章、花钱挂名出书，学院领导多次找他谈话，但他依旧我行我素，最终，他被学校辞退。这件事当时在影视传媒学院引起了不小的轰动，让更多的教师意识到教书育人来不得半点马虎，没有任何捷径可走，更容不得弄虚作假。同时，也让那些一心扑在教学和学生身上的教师，更加笃定了自己的信念。

教师的神圣职责就在于教书育人，不能把教书育人当成养家糊口的谋生手段。这就要认同绿岛立德树人的理念和价值观，这是徐伟浩认准的"死理"，不可更改。

因此，绿岛风清气正，对标"有爱心、会讲课、肯奉献"，越来越多的教师在教书育人的过程中重新找到了自我。

成　效

在绿岛，"九字箴言"成为每名教师自觉的追求和行动，他们心中装着学生，怀中揣着对教

7　引自 2019 年 5 月 13 日笔者与李晓桥的谈话记录。

育事业的崇高理想，不断地发光发热，从导师到班主任，从辅导员到专业课教师，岗位虽有不同，但理想殊途同归，止于至善、修身立德、忘我工作、无私奉献、不计个人得失、不图一己功名，写下一个又一个充满温情的故事。

中秋、国庆、元旦、端午，教师买来水果、月饼和学生一起度过；在学生身体不适的时候，送上父母般的关怀，联系医院，驱车送学生去医院看病；在学生情绪不稳的时候，及时疏导；在学生过生日的时候，餐桌上摆满了丰盛的饭菜和生日蛋糕；在学生犯错的时候，教师首先承担责任：生不教，师之过……

"爱在细微处，当好一个倾听者。"在绿岛工作已经十年的英语教师张秀俭深知，交心比教书难，育人不单单是关心学生冷暖，更重要的是走进学生内心。

学生是一个个鲜活的个体，每个学生都有自己的特点和个性，我会花心思了解学生的性格特点和成长环境，这样才能更好地找到谈话的切入点。很多时候，学生需要一个倾吐心事的朋友，他们可能对自己的疑问已经有了答案，但需要找一个信任的人聊聊。"九〇后"学生"独"，不愿意听大道理和过来人的经验。

我会听一个失恋的学生讲电话到半夜一两点，等孩子宣泄完心中的苦闷后，轻声地安慰她："孩子，这么晚了，睡吧。"我会和同学们一起去吃烧烤，看电影，爬山。学生在我面前少了拘束，多了一份交流。我会去火车站接返校的学生，时间太晚就把学生接到家里吃饭休息，第二天再送回学校。我和学生的相处既是师生关系，也是朋友关系，更像是一家人。

"要兑现你的承诺，不负你的学生。"智能工程学院教师孟军红，担任2014级机自2班的班主任。

当年的新生是9月6日、7日两天报到的，9月8日就是中秋佳节。我拿到学生的名单一看，班级41名同学有32名是外地的，这就意味着这32名同学第一次远离家乡，第一次度过一个没有家人陪伴的中秋节。我当时就想起自己上大学过节想家的情景，于是，就让10岁的孩子在家过节，自己到街上买了月饼和水果，打车来到学校。

出门的时候，我通知同学们到教室集合。当我走进教室，32名同学齐刷刷地等在教室里，班导协助我把月饼和水果摆好，开始，同学们都很拘谨，谁也不好意思先动手。我只好拿起月饼一个一个递到学生手里，边递月饼边聊天。当我把月饼递给张爱欣同学的时候，她哭了，对我说："老师，我在家的时候都是妈妈把月饼递给我，我想家了。"这时教室里充满了哭泣声，同学们有的偷偷抹眼泪，有的小声哭泣，有的甚至泣不成声……瞬间，我变成了"妈妈"，拍拍这个，哄哄那个，搞得我也触景生情，热泪盈眶。这个时候，一个男生带头喊"老师妈妈"，其他同学随声附和，教室里充满了"老师妈妈"的喊声，我激动地和同学们拥抱在一起，学生不时说"这是我吃到的最好吃的月饼""我以为今年只有我自己独自想家了"，当时，我承诺学生，你们在学校的每一个中秋节我都会陪你们一起过。

为了一个承诺，我一直陪他们过了三个中秋节，在他们大四的时候，在中秋节这一天，我收到来自全国各地实习同学们的问候，几乎每个同学都有一句话"老师，我想你的月饼了"。

"为了和学生同频共振，我下了许多'笨'功夫。"酒店管理学院教师郭毅航，于2011年从日本弘前大学研究生毕业。

我执教的第一个学期是给新闻与传播学院上人力资源管理课程，为了上好这门课，我一面查阅专业知识，一面研究教学理论和授课技巧，查阅了大量的书籍和资料之后，自创出"教学平行线"理论。简单来说，很多教师专业水平十分过硬，讲起课来也侃侃而谈，但遗憾的是没有学生能听得进去，原因是教师在教师的世界里忘情自我，学生在学生的世界里莫名其妙，两条平行线是不会擦出火花的。

同时，也做了大量的调研，采访过很多老教师，什么是B站、什么是三大日漫、大学生最喜欢的明星是谁、最喜欢吃的零食是什么、千禧一代最大的特点是什么，被问到的老师很少能回答我提出的问题。为了让教与学的两条平行线能够有交集，我在每天备课结束后开始练习唱歌、阅读小说、钻研魔术、看电视剧、看游戏视频，所有学生们喜欢做的事，我统统去尝试，就是为了在上课的时候能跟学生们同频，产生共鸣。我提出的问题会激发学生们的思考，举出的案例会让学生们津津乐道，一堂90分钟的课经常被掌声和笑声打断，学生们开始对人力资源管理这门课越来越期待，8点

20 分的课经常有学生 8 点不到就来教室占座。

在一次课上，有一名同学突然感叹道："都凌晨 1 点多了，老师你还备课呢。"原来我讲到"360 网站"案例的时候，电脑上"360 网站"主页的截屏显示了当时为凌晨 1 点半，没想到，我被截屏出卖了。在最后一堂课上，我宣布下课的时候全体同学起立，纷纷拿出书本让我签名。课后我收到了很多同学的来信，其中最让我感动的是一名学生信中这样写道："老师，您是我见过的唯一一位可以被全班所有同学喜欢的老师，我以后也会走上教师的岗位，我会向您学习，做一个深受学生爱戴的老师。"直至今日，这封信我一直保留着，激励我不断提升自己，做一名"会讲课"的教师。

"学生把你当成哥哥，当作亲人，这是有爱心的默契。"辅导员鞠现银，被同学们称为"鞠宝宝""橘子导""鞠奶爸""老鞠"时，他会心一笑，照单全收。

有的新生夜晚报到，我给新生送去自己宿舍用的被子，有的学生深夜跟家长争执，半夜打电话跟我哭诉，我慢慢开导唠了一夜，学生手写想念信，拍照发给我……每到清晨，我都会给不爱起床、不按时上课的同学打电话、发微信视频、QQ 语音，各种网络叫醒服务"轮番轰炸"，所以，每到夜晚，同学们就会给我发美食图，晒大餐照，反正，"你揪我耳朵，我吊你胃口；你惊我春秋美梦，我惹你无眠无休"，诸如此类，我觉得都是学生的信任，是给我的"快乐回报"。

"会讲课，要为课堂注入新的活力。"影视传媒学院播音与主持艺术系主任潘晶，将庆典活动策划与主持课程的教学部分和学生实践环节进行公开展示。

记得一次，接到大一学生家长的电话，希望通过一个窗口能够了解孩子在学校的学习情况。开始我想，又不是幼儿园，有必要时刻监控孩子吗？但是从另外一个角度思考，教师公开自己的课堂，也能展示学生的学习成果。徐老师说："会讲课，就是了解你所在的专业，对课程有独到的见解，取得明显的教学效果。课程建设是一个持续完善的过程，不可以一劳永逸。"我要为课程注入新的活力，积极尝试新的教学方式方法。

于是，我开始进行线上课程的建设，将新鲜、实用的教学资源上传到超星系统中，将课程的教学部分和学生实践环节进行公开展示。邀请业师参与到课程教学中来，对标行业标准，为学生提供更多宝贵的意见。在一次线上展演结束后，家长通过线上的方式与课堂进行直播连线，这位家长说："我带着办公室的同事一起观看了整场展示，大家一致认为这种教学方式很新颖，让孩子有勇气和自信站在这个舞台上。希望孩子在未来的学习之路上能够再接再厉，实现自己的主持梦想。"学生站在台上听完了家长的讲话，激动地流下了眼泪。我想这不仅仅是展示学生学习成果的窗口，也是孩子与家长沟通情感的好机会。在庆典活动策划及主持课程实训中，学生们组建了精英团队，注册了名耀庆典传媒公司，作品多次在省市级大赛中获奖。

"照片是最好的记忆，我的付出都在他们的表情里。"商学院教师张旭红，从担任班主任的第一天起，就跟同学们有一个约定：每年的同一天，在同一个地点，拍一张合照，每一名同学所站的位置不变。

2012年9月20日，我为全班同学拍下合影，以后每年9月20日，我都拍下一张"全家福"，同学们在绿岛四年，留下了四副"表情"。2016年6月23日毕业典礼当天，同学们穿上学士服，站在相同的位置，拍下合影。四年一组照片完美收官，让每个人都可以细细地品味从入学时一脸茫然的年少懵懂，青涩稚嫩，到毕业时自信满满的变化。毕业的时候，班里几乎所有的学生都在晒这一组照片，述说着在绿岛的成长和蜕变。

影视传媒学院副院长张健，他所讲授的影像思维课受到学生的欢迎，已被评为省级一流本科课程，还登上了"学习强国"，目前正在申报国家级一流本科课程。

我以为，"会讲课"就是要"磨"好课，这是一个责任心修炼的过程。我讲的影像思维这门课足足"磨"了八年。最初这门课叫视觉心理学，主要以理论讲授为主。可是，经过两年的授课实践，我发现大量晦涩难懂的心理学知识对学生的能力培养作用并不大，学生无法将理论知识应用于创作实践中。于是，我将课程更名为摄影与视觉心理，将心理学知识与摄影艺术创作紧密结合，使学生丰富创作思维，提升实践能力。再后来，我又将这门课升级为影像思维，在课程的原有基础上，将视觉心理学、摄影发展简史的基础理论与创作实践紧密结合，教学形式也不再拘泥于理论知识的单一讲授，而是通过大量创作实践、课题研究的方式，提升学生的实际应用能力。八年间，我不断根据社会上最新的岗位需求，对课程进行迭代升级，能力培养目标精准了，授课也更加有的放矢。

"坐班，是真的有太多的事情要做，责任感与成就感会快乐你的快乐。"新闻与传播学院教师宋采桥记录了她在绿岛的一天：

7 时，听着"新闻麻辣烫"，坐班车去往绿岛。

7 时 50 分，拿着二期食堂的早餐坐在办公桌前，开启办公电脑，把今天需要完成的工作任务写在便笺上。

8 时 20 分，和 15 级新闻专业学生们在一起，开始了新媒体产品设计与运营课程的第 15 讲。

10 时，下课铃声响起，召开主题班会"你决定考研还是就业了吗？"

11 时，与教研室所有老师坐在一起，讨论专业实习基地建设问题。

11 时 50 分，芙蓉餐厅美餐，绕绿岛湖转两三圈。

下午 1 时 30 分，指导 16 级匠"新"独运媒体工作室大创组的学生中期报告。

2 时 30 分，和辽宁团省委宣传部王部长沟通社会化项目"辽宁共青团""五四"网络特别策划内容。

5 时，简单吃口面包。在实验室指导学生晚间实训"正能量视频制作"。

晚 8 时 30 分，到达家中，老人和宝宝已经休息。餐桌上还有妈妈做的晚饭。

如果你问我羡不羡慕不坐班的大学老师，我一定会说"不羡慕"。绿岛有它独特的文化。沈阳城市学院是我人生的第一份工作，我和绿岛一起成长着，从绿岛的"明星教师"到"课程建设优秀者"再到"校聘副教授"，这里已不仅仅是我工作的场所，更是我生活的一部分。

"加班都是自愿的，没有人逼我们，也没有加班费。你如果问我凭什么？我会说是凭良心、凭热爱。"谷硕于 2013 年来到绿岛，他从辅导员干起，先后任学办副主任、团委书记、校党委宣传部副部长。

2018—2019 年，我累计加班将近 1500 个小时，折合 8 小时工作日计算，相当于多上了 187 个工作日。这听起来很恐怖吧？但这并不是学校最多的，前几名都算不上，可能随便统计一个辅导员的加班时间都会比我多。

加班延时只是肯奉献的一个小方面，不能代表肯奉献的全部意义，更高层次的肯奉献应该是一种在工作中有担当的表现，是一种功成不必在我的胸怀，是一种个人觉悟和修养，更是一种大学教师的自我实现和自觉行为。

以下是他任校团委书记时写的《"肯奉献"——难忘的"狂欢节"，离"我行我能"最近的一次》一文摘录。

2019 年 9 月 20 日下班后，我参加了学校召开的体育狂欢节动员会，得知了一周后的 9 月 28 日将要举办体育狂欢节的消息。9 月 24 日—9 月 26 日，每天晚上徐老师都会到二期操场上看彩排。如此高度的重视，这是此前七次狂欢节没有的。我想原因在于：刚刚结束的评估结果比较理想；恰逢绿岛办学 10 周年、新中国成立 70 周年；出席狂欢节的有两位来自北京的中国教育报记者和体育专家；还有，狂欢节的模式和内容需要创新。

9 月 26 日晚上 6 点彩排。徐老师看了三个学院的入场式，就叫停了彩排，把我从控制台喊了过去，通知在现场召开领队会。会上，徐老师指出了入场式的问题，宣布了调整之后的入场方案，让大家继续练习，一定要高度重视。散会后，他逐一指导我调整了入场顺序、节奏、巨幅国旗传递形式、人员服装、入场定位等，和此前七次狂欢节有了很大的不同。

9 月 26 日晚上 9 点，徐老师微信告诉我，增加一个校训百人方阵，设计一个主题形式。晚上 10 点，最后敲定，把"我行我能"做出四个单独的字，镶嵌在铁架子上，由 16 名男生抬着入场，后边是百人方队。关于道具制作，他让我联系代兵老师。此时，距离狂欢节开幕还有不到 36 个小时。

9月27日上午9点20分，徐老师再次调整方案，增加20个体育俱乐部入场，并做好服装和道具准备；重新确定现场解说员为美育教学部的孙万明和惠博文，由我跟何兴中负责跟进培训。我当时脑袋嗡嗡的，因为牵一发而动全身。开幕式只要有一个环节变，音乐、解说、主持、点位、顺序、工作人员、宣传方案全要变，而且前两天调整的物料还没做出来，明天真不敢想象是什么样。

体育部接到命令后马上动了起来，刘瑞平和王进国立即发动体育老师在各俱乐部选拔入场式队员，我则负责形成解说稿，确定道具、服装，没有服装立即购买。

上午10点30分，徐老师找到我，对了一遍开幕式主持稿和领导讲话稿。他本不想发言，我做了一番工作，他答应了。但是，他给我出了个难题：让我联系电子彩烟（也叫日景彩烟）在开幕式上燃放。我立刻打报告给李宁阳，很快有了回复，确定了50米的彩烟燃放距离。此时距离狂欢节开幕还有19个小时。

下午1点30分，体育俱乐部神兵天降一般出现在了体育场，带妆投入彩排。我陆续收到一部分广告公司送来的喷绘、旗帜、KT板，此前21米的大背景喷绘布由于广告公司制作失误，当天下午重新安装。

下午2点30分，彩排队伍陆续到达现场。代兵带着工人准时将四个大铁架子抬到了现场，我喜出望外。

下午3点35分，彩排正式开始，徐老师也来了，他站在主席台下方跑道边上观看。俱乐部入场走到一半，由于个别队伍服装不整齐，带队教师散漫，他又叫停了彩排，再次召开现场会，对他们提出严肃批评。

晚上7点，看了两次彩排之后，徐老师又出了难题：谷硕，你现在马上联系广告公司，把所有方阵的PVC材料的入场手举牌全换掉，统一改为学院蓝底、俱乐部红底，做成铝质的手牌。你现在其他工作都不要管了，立刻去办这件事。我马上叫来学生会的学生，重新设计了50余个方阵的手举牌图案，联系已经下班的广告公司，让他们连夜制作。广告公司很不情愿，因为做完这些牌，起码得下半夜2点。此时，距离第二天开幕还有不到12个小时。

晚上7点30分，徐老师做了最后的动员和安排之后，离开了会场。

晚上8点，我接到他的电话，他让我和何兴中在现场留守，晚上有物料到。同在的还有刘海亮和代兵。

晚上 8 点 10 分，我和何兴中来到西山会所二楼美育办公室，孙万明和惠博文两位解说员还在认真练习，我们带来了学生会副主席、体育部副主任赵宏宇。他是个行家，对运动员和比赛项目都很熟悉，"鬼点子"也多，我们五个人参考央视体育解说和奥运会解说，形成解说词初稿。

9 月 28 日 0 点 10 分，两米多高的"我行我能"四个大字的物料到了，立刻往铁架上安装。

凌晨 2 点，事先定制的四个罗马帐篷进场安装。此时下起了大雾，操场草坪上全是露水，我们所有人的鞋和裤子都湿透了。我、何兴中、刘海亮、代兵、赵宏宇到主席台前最后调整了一下座椅。坐在主席台上，大家突然一言不发，静静地感受绿岛的夜。5 分钟后，何兴中哼唱起了《绿岛小夜曲》，打破了沉寂。大家哈哈大笑。

凌晨 3 点，两位解说员信心满满地回家睡觉去了，说保证完成任务。

凌晨 4 点，校训道具和罗马帐篷陆续安装完成。

凌晨 4 点 30 分，我和赵宏宇回到团委，趴在桌子上睡了一小时。

凌晨 5 点 30 分，我们再次回到会场。学生会的全体成员都到了，做最后的入场准备和设备调试。

清晨 6 点 30 分，观众开始入场，做了一次巨幅国旗传递的彩排。

清晨 7 点，所有队伍集结完毕，分发新的手举牌。

清晨 7 点 20 分，徐老师和学校领导入场。

9 月 28 日上午 7 点 30 分，沈阳城市学院 2019 年体育狂欢节正式开幕。整个入场式几乎没有瑕疵，是最好的一次。徐老师讲话完毕，50 炮日景彩烟鸣放，五颜六色的烟雾萦绕会场，现场观众爆发出欢呼和尖叫声。我的心终于落地了。

运动会白天，徐老师感觉音响声音小，我从搭建舞台的公司又借来了音响，现场连接。下午 4 点，徐老师在主席台上连续给我打了 3 个电话，要求调整校训四个大字的摆放位置。一切就绪后，他亲自为冠军颁奖，露出满意的笑容。

晚上的狂欢和巡游，徐老师事先安排体育部和美育部分别排练精彩的串烧节目到各舞台表演。巡游结束后，我长出了一口气。没有参加烧烤，也没有喝酒。因为又接到了新的任务，第二天要组织学生拍摄"我和国旗合影"的视频。

晚上 7 点 30 分，我站在团委门口，凝望着狂欢节绽放的烟花，内心出奇地平静。

回想过去 24 小时发生的一切，我必须承认：我行我能，不是空谈，不是口号，真的是值得你用一生去践行的信念。

当晚 11 点，我与何兴中最后巡视了一圈校园后回到家中，倒在床上就睡着了。[8]

不难看出，在绿岛工作确实很忙、很累，但在绿岛人眼中，忙和累是"肯奉献"的题中应有之义，如同要求坐班一样，是绿岛这所民办大学区别于其他大学特有的校园文化，你认同这个文化，就会心甘情愿地按照它的要求去做，在做的过程中，你会享受到它带给你的快乐。

"九字箴言"的桃李春风，温暖了绿岛的莘莘学子，在他们心中，老师"亦师亦友亦父母"，毕业之后，他们更加深切地感受到老师的关爱之情和良苦用心："您给予我的一切受用至今""您教给我的品质叫坚持""桃李天下，知而有术""因为您的一句话，我再没离开""绿岛很美，但您更美"……在绿岛建校十周年之际，他们以各种方式向老师深情告白。

刘甜甜，影视传媒学院 2014 级视觉传达设计（数媒艺术方向）专业学生。在校期间担任学生会体育部部长，现任沈阳首华财经网络科技有限公司后期制作。

2014 年入学，与王婧淳老师真正意义上的第一次接触，是她给我们留了一个作业，作业的内容是每人录制一段自我介绍，当时想这位老师还挺特别。后来我加入了学生会才知道王老师的"苛刻"。各项规章制度、绩效考核少说也得有个百十来条，全部出自她手。觉得我们的表格做得不够规范，就开一堂课专门教我们 EXCEL 表格；觉得我们字写得不工整，每年寒假我们都要写一本字帖；各种周报、月报、思想汇报总要写，100 多篇她每一篇都会认真看，标点符号错了她都改，最后写下她的想法和看法（评语这部分是我最期待的，希望得到她的认同，也希望做得不好的地方能够得到她的指正）。更可怕的是她能记住我们 14 级所有同学的班级和姓名。公共课上只要听说是王老师点名，爬也得爬去上课。是不是特别厉害？她把大部分的时间都给了学生，从衣食住行到言行举止对我们的要求都很严格。不管他人能否理解这份良苦用心，但对于已经工作的我来说，一直受用。

8　谷硕:《"肯奉献"——难忘的"狂欢节"，离"我行我能"最近的一次》（未刊文）。

2018 年，领取毕业证的那一天，王老师把我们在 2014 年入学时留存的录像、班级的合影一起做成光盘作为毕业礼物送给了每一名毕业生，这份深藏多年的用心，谁能想到，谁又能做到？

所以，我发自内心地爱她，爱她的心思细腻，爱她的善解人意；同时也很敬佩她，敬佩她对学生工作的一丝不苟，全力以赴。

余金桥，商学院 2015 级财政学专业学生。2019 年 8 月获第 12 届全国大学生计算机设计大赛—计算机音乐普通组—原创音乐一等奖。同年 9 月以第一名的成绩考取沈阳音乐学院作曲系电子音乐专业研究生。

2016 年 6 月，一次偶然的机会我遇见了张睿老师，当时张睿老师负责 2016 届毕业典礼演出电声乐队的排练与指挥，我有幸入选为乐队的主音吉他手，后来得知他是影视传媒学院的老师，负责影视音乐与声音方向课程的教学。老师的业务很厉害，曾经是职业音乐制作人与乐队键盘手，起初在认识老师时，我原本以为老师这么专业会不爱搭理我这个业余选手，有点不好意思打扰老师，可是没有想到老师为人非常谦和，很耐心地帮我解答音乐方面的问题。

从 2016 年秋季学期到 2018 年春季学期，我经常去听张睿老师的课程，因为自己不是音乐专业的学生，经常会问一些不专业的问题，老师总是不厌其烦地解答我。2018 年 5 月，我在老师的指导下，参加了全国计算机设计大赛音乐组的省赛，老师从前期企划、词曲，到中期的编曲、录制，再到后期的缩混工作都给我了全方位的指导，帮助我夺得了当年的省赛三等奖。从 2018 年 6 月到 2019 年 8 月，张睿老师带我备战 2019 年计算机设计大赛—音乐组的比赛，经常加班加点给我恶补乐理、视唱练耳、和声、配器等音乐基础知识，同时教我 Cubase 音乐制作、作曲、编曲、录音、混音知识，老师的耐心与热情使我对音乐创作与制作产生了前所未有的浓厚兴趣。

2018 年秋季学期期末的一天午后，我找到张睿老师说："老师，我想考沈阳音乐学院作曲系的研究生，您看我可以吗？"这次老师没有马上回答我，他思索了一会儿，说："你已经想好今后要走音乐制作这条路了吗？你的父母知道吗？"我回答："我一直有个音乐梦，成为一名专业的音乐制作人，大学里多亏遇见了老师才让我重燃音乐的梦想，我的父母原来不支持我，现在看到我在音乐方面有进步，前两天还听到了我的作品，他们很高兴，现在越来越支持我了！"从那以后，张睿老师对我更加严厉了，不分课上课下对我耐心指导，老师还动用自己的社会关系，帮我找到沈阳音乐学院作曲系的教授进行考研专业辅导，真的特别感恩老师真心无私的付出。

2019年8月，张睿老师作为领队教师带我们到杭州的浙江音乐学院参加2019年计算机音乐国赛决赛。这次，从作品的打磨到最后的决赛答辩，张睿老师都严格帮我把关。印象中那个时候好像学校正在评估，感觉老师一天特别忙，但是老师从来没有放松过对我指导，有时，工作室的学生都走了，只剩下老师和我打磨作品，周末我也经常到老师家里继续打磨作品。比赛前一天，老师又帮助我调整了比赛的策略，答辩当天我是最后一位选手，也是答辩时间最长的一位选手，专家评委们问了我很多特别专业且刁钻的问题，多亏老师提前帮助我理清了思路，最终拿到了计算机音乐创作普通组—原创音乐的国赛一等奖。

在老师的悉心指导与帮助下，2019年9月，我以专业第一名的成绩考入沈阳音乐学院作曲系—电子音乐专业。这一切成绩的取得都要感谢张睿老师无私的付出，可以说是老师帮助我实现了自己的梦想，帮我改变了人生的轨迹，感恩母校能有这么好的老师，点亮了我，改变了我的一生。

石宇婧，建筑工程学院2014级工程造价专业学生。获中国土木工程协会及广联达公司的"最佳招标人"及全国一等奖荣誉。

大二时，李金瑶老师开始给我们讲授安装工程相关的课程。当接到参加2017年全国院校BIM招投标竞赛的通知时，李金瑶老师第一时间找到了我和小伙伴，代表学校参赛，这份信任让我感动。

就这样，我们组建了小团队，李金瑶老师带着我们去外市参加广联达招投标的培训讲座，带我们实操各个软件，开了很多"小灶"，利用周末时间给我们讲解，遇到困难，她在第一时间给我们鼓劲，帮我们解决。印象最深刻的是第三阶段BIM投标阶段，在使用斑马·梦龙网络计划软件编制师表逻辑网络图时，在流水段划分工作搭接合理性上遇到了一些困难，李金瑶老师在课后给我们团队细心讲解，从课本上的流水施工到软件实际操作，不厌其烦地解答我们各种困惑，帮我们理清思路。那段时间感觉自己的知识迅速扩增，最终也不负众望，取得了中国土木工程协会及广联达公司的"最佳招标人"及全国一等奖荣誉证书。李金瑶老师让我一直记住这句话："至亲至善至知己，亦师亦友亦比邻。"

杨东辉，商学院 2016 级经济学专业学生，曾任院学生会副主席，先后获得省政府奖学金、沈阳市十百千优秀大学生、沈阳市优秀共青团员等荣誉。

到了大学以后，邹全老师推荐我担任了班级的团支书，加入了学生会，因为忙不过来，我就想退出，他告诉我："学会坚持，这是学生的本分。"他说的是对的，后来我又担任了商学院学生会的副主席。记得在大三下学期临近期末的时候，我们要开始联系实习单位了，刚开始很迷茫，不知道选择什么样的单位进行实习，我找到了他，跟他说了我的烦忧，他告诉我："喜欢和能力是你第一选择，第一份工作 90% 以上确定了你未来的工作方向。"我有证券从业资格证，想从事证券方面的实习工作。他把我的简历要过去了，推荐我去了招商证券浑南营业部实习。可能是我刚参加工作，急于表现自己，与同事关系处理得不好。就在这时邹全老师来单位走访，我看见他像看见亲人一样，把我的烦恼全"吐"了出来，他告诉我："社会不是学校，所有的问题你要自己来扛，只需要记住一句话——勤勤恳恳工作，踏踏实实做人。"从那以后，我改正了自己的毛病，经常受到公司的表扬，并且一年后成为正式员工。我女朋友是学幼师的，工作还没着落，与邹老师聊天的时候我无意间说了出来，他说："我女儿的幼儿园好像还缺幼师呢，明天我给你去问问园长，你把你女朋友的简历给我。"没过几天，我带女朋友去面试，现在她已经成了幼儿园中班的老师。

非常庆幸，我遇到了他，是我的"全哥"，在关键的时候"一句话"改变了我，他是我人生的引路人，是一生的老师。[9]

从 2011 年开始,学校把"九字箴言"加入教师年度考核和评奖评优标准中,将原来比较笼统和模糊的"优秀教师""先进个人"评选改为"爱心奖""教学奖""奉献奖"三个单项奖进行评选,并确定了具体考核指标。

2011 年 12 月 28 日召开年度绩效考核表彰大会,全校获得"爱心奖"9 人、"教学优秀奖"12 人、"奉献奖"9 人、"工作优秀奖"11 人、"优秀教师"13 人。

2012 年 12 月 30 日召开年度绩效考核表彰大会,全校获得"爱心奖"14 人、"教学优秀奖"14 人、"奉献奖"17 人、"工作优秀奖"15 人、"优秀教师"11 人、"优秀班主任"23 人。

从 2014 年开始,学校又将"有爱心、会讲课、肯奉献"的奖励延伸到职称评审和职级晋升工作中,每年破格提拔一批优秀教师提前晋升职务职称,从最初一年破格提拔 4 名副教授,到 2019 年一次破格提拔了 38 人,力度之大,在高校范围内绝无仅有。

历经 10 年的沉淀,"有爱心、会讲课、肯奉献"已经成为绿岛文化的核心元素,成为师德师风建设的基本准则,并且演化为绿岛教师约定俗成的行为习惯,变成了绿岛人共同的价值观。

© 2010 年 12 月 8 日，学校召开专场报告会，徐伟浩在会上发表了长达 6 个小时的长篇讲话，系统阐述了他的办学思想和办学主张，提出了"有爱心、会讲课、肯奉献"的师德师风建设标准，后来成为绿岛人的"九字箴言"。下图从左至右党委书记于存雷、校长周广有、董事局主席徐伟浩、董事局独立董事刘迎初、副校长丛东华。

◎ 2016 年 9 月 9 日，学校举办第三十二个教师节庆祝表彰大会，徐伟浩在会上发表《掌声是鼓给自己的》讲话，鼓励教师们按照"有爱心、会讲课、肯奉献"的标准做一名绿岛优秀教师。下图为徐伟浩为首届"绿岛年度人物"张健和夏添颁发荣誉证书。

◎2017年9月10日，学校举办第三十三个教师节庆祝表彰大会，徐伟浩在会上发表《大师就在你们身边》讲话，强调"谁真正做到了有爱心、会讲课、肯贡献，谁就是沈阳城市学院的大师"。下图从左至右课程建设获奖教师姜娇、吴欣怡、宋采桥、陈桂萍、张思檬、张健、徐洪彬、邱丹、魏冕、杨征与徐伟浩合影。

2018年9月10日，学校举办第三十四个教师节庆祝表彰大会，徐伟浩在会上发表《荣誉其实很简单》讲话，重申"九字箴言"的价值导向，强调绿岛的优秀教师都是"九字箴言"的积极践行者。下图从左至右酒店管理学院教学团队、绿岛舆情研究所科研团队、类人足球机器人工程中心科研团队。

◎ 2019 年 9 月 8 日，学校在绿岛讲堂召开建校十周年庆祝大会，分别为工作满十年和五年的教职工颁发金质、银质勋章，会后在南楼草坪举办盛大招待酒会。左上出席大会校领导从左至右李刚、孙永新、于存雷、张学广、徐伟浩、周广有、于沈光、刘爽。左下金质勋章获得者从左至右徐丹丹、萨晓蕾、刘苏红、刘博识、郭可、关玲、林晓敏、刘海亮、孟娜、于存雷、徐伟浩、周广有、张万焘、张秀俭、洪岩、郑秋蕊、李超、金铁明、刘瑞平、李晓桥、刘凌云。

◎ 2014 年 9 月 25 日，学校举行建校五周年教师座谈会，徐伟浩在座谈会上总结五年办学成功经验，提出"三个紧密"的工作指导方针。

◎ 2014 年 9 月 25 日，学校建校五周年，全体干部在绿岛湖畔合影留念。前排从左至右孙永新、丛东华、李婷雪、郝桂岩、张毅、徐伟浩、金铁明、刘迎初、薛柏鸥、周广有、于存雷、刘瑞平、李晓桥、丁旭、刘颖姝，后排从左至右周少华、李刚、李智鑫、李超、李连德、李健华、王进国、胡铁明、黄立军。

我行
我能
一所新型大学的十年探索之路

第七章

山头主张

2018年，是绿岛关键性的一年，也是不平凡的一年。

这一年，学校要全力备战2019年教育部本科教学工作合格评估，这是决定学校生死存亡的头等大事，事关学校的未来发展。

3月14日，寒假过后，乍暖还寒。学校在白卿宫会议室召开评估工作会议，就新学期课程建设和评估工作作出部署，会议最后是徐伟浩讲话。大家以为他会对迎评工作提出具体要求，没想到，在会上，徐伟浩发表了题为《抢占专业制高点，打造七大高地》的讲话，对学校未来的发展目标进行了阐述，提出了"面向城市未来，服务城市发展，实施高地建设工程，建设应用研究型大学"的战略主张。

> 应用研究是建设应用型大学的必经之路，应用型本科院校并不是不需要开展科学研究，应用型人才培养也不是不需要培养科学研究能力，相反，科研创新能力应该成为本科层次的应用型人才的核心能力要素。因此，要在全面提高学校硬件水平和教师队伍的基础上，整合学校优势资源，充分发挥各学院的专业和人才优势，依托跨学科专业群，举全校之力，实施高地建设工程，重点打造人工智能科研高地、媒介融合创新高地、辽河文化学术高地、BIM技术应用高地、酒店管理品牌高地、影视制作产业高地、商务人才培养高地。[1]

高地建设工程的核心是应用研究。

> 高地建设工程要以服务社会为引领，通过提供高水平的科研成果、技术支持和解决方案，为经济社会发展和产业升级换代服务，最终形成产教一体的办学模式，实现人才培养与服务社会的协同发展。

对于"高地"战略的提出，既在大家意料之外，也在情理之中。说情理之中，是徐伟浩在2013年学校转设之后就提出来"应用研究"的设想，并建立了"一院一中心，一系一所，一人

1　刘爽、廉瑛、栾微："高地建设"小组汇报，本章引文如无特殊标注，均出自于此。

一项目"的科研服务社会体系。2015年，学校成为辽宁省首批向应用型转变试点建设单位之后，又制定了《沈阳城市学院建设一流应用型大学行动纲要》，开展实践化教学、专业群建设和产教融合的探索。随后的三年时间内，徐伟浩亲自主持建成了绿岛舆情研究所、新松绿岛类人足球机器人工程中心、BIM工程中心、绿岛影业等一系列校内研究机构和产学研平台，尝试服务社会与人才培养的融合发展。

可以说，从能力培养到实践化教学，从平台建设到专业群建设，从产教融合到产教一体，从课程建设到高地建设，它反映的是学校应用型人才培养的苦苦创新，折射的是学校办学模式的不断突破。用时任校长于存雷的话说，"高地建设"不是平地起高楼，而是学校办学多年艰辛探索之后的"瓜熟蒂落，水到渠成"。

从"应用型"到"应用研究"，这是徐伟浩对学校办学模式的新构想，也是应对评估竞争的未雨绸缪，更是对应用型大学未来发展的超前预判。虽然眼前看来，它只是一个工程，一个目标，但放眼未来，它对学校的影响将是深远的，甚至是不可估量的。

七个"山头"，七个科研方向。

如果说"应用型"是人才培养特色的运动战，那么"应用研究"则是应用型大学发展模式的攻坚战——战斗正未有穷期。

从足球机器人到人工智能

2018年4月15日，持续3天的RoboCup机器人足球世界杯中国赛在浙江绍兴落下帷幕，沈阳城市学院代表队在类人组项目比赛中，战胜清华大学、东南大学、四川大学等代表队，以中国赛区第一名的成绩，进军6月在加拿大蒙特利尔举办的2018机器人足球世界杯总决赛。

这是一则关于绿岛足球机器人代表队参加RoboCup机器人足球世界杯比赛获胜的新闻。2018年4月，新华社、中新社、《辽宁日报》、辽宁广播电视台、《沈阳日报》、沈阳广播电视台、凤凰网、腾讯大辽网、沈阳网、一点资讯等26家媒体给予了报道。

RoboCup 机器人足球世界杯赛是国际上最具影响的两大机器人世界杯赛之一（另一个是 FIRA 国际机器人足球联盟赛）。RoboCup 机器人世界杯中国赛，每年举办一次，至今已经成功举办 19 届，是 RoboCup 国际联合会认定最有影响力的五大国际公开赛之一。

2018 年的中国赛区共有国内外 452 所学校、2472 名师生参加。在类人组项目参赛队伍中，有清华大学、东南大学、四川大学等多所知名高校强队。沈阳城市学院首次组队参赛，由 5 名类人足球机器人、10 名学生、6 名老师组成。经过 3 天的分组赛，他们一路过关斩将，杀入总决赛，最后，在决赛中他们以 1∶0 战胜传统强队四川大学队，夺得冠军。

大赛负责人、清华大学智能机器人专家刘莉教授对沈阳城市学院代表队夺冠给予高度评价："这是类人足球机器人世界杯赛有史以来，第一支首次参赛即获冠军的队伍，充分说明了这所学校雄厚的科研技术能力和创新驱动的智能制造人才培养能力。"[2]

"第一支首次参赛即获冠军的队伍"在辽沈地区引起了巨大的轰动，沈阳市委宣传部专门召开了"沈阳'智造'足球机器人杀进世界杯"新闻发布会，各大媒体云集绿岛，纷纷探寻这一奇迹背后的故事。

时间回到 2016 年，年初，徐伟浩赴中国台湾和国外考察，在台湾淡江大学，他参观了机器人实验室，这引起了他极大的兴趣。随后在英国，他又从报道中看到了类人足球机器人的事，了解到它还有世界杯比赛，挺高兴，开始持续关注。联想到机电学院正在进行的专业建设，他意识到，随着互联网、大数据、云计算和物联网等技术的不断发展，人工智能正引发、催生一批颠覆性技术，引领新一轮科技革命和产业变革，其发展前景极其广阔。类人机器人研究可以说是人工智能皇冠上的明珠，其研发技术涉及人工智能、自动控制、机器视觉、通信传导以及运动学、仿生学等多学科交叉融合，代表着人工智能发展研究和制造的最高水平。开展类人足球机器人研究，不仅可以赓续绿岛足球的光荣传统，而且可以带动机电工程学院专业的全面升级。

回国后，他就给大家讲述了在英国和中国台湾地区接触到机器人足球比赛所受的启发，说："绿岛可是中国足球的福地呀！当年韩日世界杯比赛，中国国家足球队就是在绿岛冲出亚洲、走向世界的。现在中国足球不行啦，如果绿岛开展机器人踢足球的研究，保不准就能拿个世界冠军，

2　金丹:《"沈阳制造"再传捷报：2018RoboCup 机器人世界杯中国赛沈阳城市学院代表队夺冠，将代表中国参加 6 月在加拿大举办的机器人世界杯总决赛》,《白桦林》2018 年 4 月第 51 期，第 12 页。

圆一下国人的足球梦呢，兴许机会就是留给我们的。"

时任机电工程学院院长李连德听完深表赞同。"类人足球机器人的突出特点便是'仿人'，即与人一样获取思考，最后得出解决办法。这个技术可以说是无限制的，只要有相关技术'新鲜出炉'，我们便可为其'添枝加叶'。将类人足球机器人的研究作为人工智能研究的一个平台，对它的技术不断尝试应用，不断完善，推动它的发展的同时带动学科建设，从而实现真正意义上的双赢。"

"开展足球机器人研究，用人工智能改造传统专业，决定了，就是它。"最后，徐伟浩一锤定音。

此时，人工智能刚刚写进国家"十三五"规划纲要。

关于机电工程学院专业定位的演变过程，我们在"珍贵的文件夹"一章已经做了详尽的梳理。从中我们知道，机电工程学院的专业——机械设计制造及其自动化、自动化、计算机科学与技术均为传统老专业。尽管学院实施了以岗位能力形成为核心的职业情境化人才培养模式改革，但并没有为学院改造传统专业带来突破，大部分课程内容陈旧，缺乏前沿科学知识。如何用现代信息技术对传统专业进行改造，是学院迫切需要解决的问题。

现在，"足球机器人"就是解决这一问题的钥匙。但是，徐伟浩心里清楚，作为一所新建民办学校，靠自己的力量在短时间内难以完成如此高端的科研项目。怎么办？从"拜师学艺"开始，走合作"嫁接"之路。他把目光投向了国内科研机构，寻求"外援"——他组织人先后联系中科院沈阳自动化研究所和中科院长春光机所，又经时任沈阳市副市长佟晶石引荐，找到了国内机器人行业的龙头企业——沈阳新松机器人自动化股份有限公司。这个项目引起了公司总裁曲道奎的极大兴趣，双方决定联合成立机器人工程中心，共同研发类人足球机器人，战略目标明确：科研攻关、大赛得冠、反哺教学。

2016年5月，学校引进高层次人才吴峰华博士，她具有10年机电行业技术工作经历，先后参与完成国家"863"项目和省部级项目研发，完成7项专利发明，发表学术论文20余篇。她被任命为机电工程学院副院长，负责学院科研工作，组建起了研发团队，这时距2018机器人足球世界杯赛仅剩下一年多的时间。

新松绿岛类人足球机器人工程中心成立初期，学校和企业的两个研究团队都在各自做着基础调研。但是大赛已迫在眉睫，没有程序代码，没有图纸，没有样机，困难重重。

其实，新松公司以工业和服务机器人为主打产品，新松团队也是刚刚接触类人机器人，他们同样从基础调研开始展开工作。在一筹莫展之际，徐伟浩想到"他山之石，可以攻玉"。当时，浙江大学的类人足球机器人是全国比赛冠军，正巧，新松公司中央研究院院长徐方与浙大的一名专家同在一个国家课题组，就帮忙与浙大建立了联系。一个默默无闻的民办高校，跟人家国家重点大学谈合作自然还不够资格，但浙大同意有偿提供机器人样机，并提供源代码。源代码是机器人的核心技术，同时也是解释算法和软件技术的最基层语言。

9月，机器人到了。徐伟浩立即组织吴峰华团队进行拆解分析，研发团队不分昼夜，找到机器人的优化技术，进行二次开发，徐伟浩也到现场督战。

浙江大学远程给一些基本操作上的指导，深层次的东西，只能自己去挖掘。而这些机器人就像有意难为他们，三天两头出故障。出现故障，往往需要连续处理几天。他们没有退缩，与"新松"的同行一道，在参照4台样机的基础上，开始共同设计新款机器人。2015级学生也加入研发团队中来。

研发团队与"新松"通力合作，2017年10月10日，机器人本体设计完成；11月2日，机器人电气设计完成。至此，拥有自主知识产权的绿岛第一代类人足球机器人诞生。

2017年11月，学校迎来了两件喜事：15日，经过申报和激烈竞争，"类人机器人工程中心"成功获批沈阳市科技局认定的"沈阳市仿人机器人重点实验室"，获得50万元政府支持资金；19日，"类人机器人实验教学示范中心"获批省级实验教学示范中心。此前，工程中心的老师联合撰写的论文《仿人机器人关键技术研究》在国际期刊《Artificial Intelligence and Robotics Research》上发表。

2018年4月，在中国绍兴RoboCup机器人足球世界杯中国赛区比赛中，沈阳城市学院机器人代表队一路斩关夺隘，一举夺冠，引起了国家、省市媒体的关注。4月17日，"沈阳'智造'足球机器人杀进世界杯"新闻发布会召开，26家媒体、60余名记者出席。随后，各大媒体以专刊、专栏、频道、网络信息等多种形式，对绿岛的类人足球机器人研究做了全方位的深入报道。

首战告捷，徐伟浩自然喜出望外。其实，这是他和足球机器人工程中心共同努力的必然结果，这一年间，他们的一系列动作行动之快、出手之重，让人眼花缭乱。但徐伟浩很清醒："我们即便夺冠，差距也是显而易见的。"用吴峰华的话说："我们机器人踢球的方式有点落后，机器人只能把皮球踢向正前方，踢法都是相同的，不能自行定位，没有互相配合，守门员只是摆设。"要想在国际比赛上取得好成绩，就必须对现有机器人技术进行脱胎换骨的改造。

与浙江大学、中科院沈阳自动化所和中科院长春光机所合作，盯的是国内顶级的，现在徐伟浩又盯上了国际顶级的法国波尔多大学。

研究团队中负责调研国际比赛强队技术的学生，通过国外朋友下载了连续两年世界杯赛冠军法国波尔多大学 Rhoban 团队的比赛视频。徐伟浩召集研究团队开会，反复观看视频，视频中所展现的法国机器人代表队的技术水平令人大开眼界。Rhoban 机器人看球视距超远且毫不费力，腿粗脚大重心稳，踢球有劲儿，并且，会用内脚背踢球。机器人之间能够配合，守门员能挡球，总之，机器人技术强了，比赛也好看多了。

徐伟浩当机立断：马上联系法国队，考察！引进！培训！

徐伟浩亲自出马，说干就干。2018 年 5 月 18 日，徐伟浩到了法国波尔多大学访问足球机器人 LaBRI 实验室。实验室的负责人是一个越南人，徐伟浩请他和他的团队到学校对面的餐厅吃饭。席间，在谈到机器人技术现状时，对方觉得双方的研究水平存在一定差距，合作意愿不是很强烈。为了引起对方重视，徐伟浩开始寻找别的话题，当看到对方对拿上来的红酒感兴趣时，徐伟浩意识到机会来啦。"谈机器人有点对不上夹，但要说谈红酒，我肯定不会比他们差。何况陪我一同前往的还有在法国的两个'酒友'，一个是阿尔萨斯葡萄酒学院的投资人孙成庆，另一个是法国著名的葡萄酒商 VPCF 的老板多米尼克。"对红酒的共同喜好，拉近了双方的距离。酒至酣处，徐伟浩谈到了在十年之内实现机器人与儿童的人机大战的构想，令他们对眼前这位校长刮目相看，徐伟浩的诚意打动了对方，遂达成合作意向。

徐伟浩的波尔多大学之行，有三个收获：买了两台工作母机，可供二次开发，包括知识产权；两校开展合作，建立联合实验室；商定十年内实现人机大战。

LaBRI 实验室与沈阳城市学院机器人工程中心共建国际合作联合实验室，这标志着沈阳城市学院类人机器人研究开始走向国际合作研究阶段。

6 月 20 日，沈阳城市学院代表队出征加拿大蒙特利尔，参加在那里举办的 2018 机器人足球世界杯，获第六名。

2019 年 4 月 21 日，在绍兴举办的 2019 机器人足球世界杯中国赛区类人组比赛中，沈阳城市学院蝉联中国赛冠军。

7 月 7 日，在澳大利亚悉尼举办的 2019 机器人足球世界杯类人组比赛中，沈阳城市学院代表队使用第四代机器人出战，获得第四名。

赛后，根据国际机器人技术发展趋势和类人机器人研发需要，学校启动建设类人机器人视觉实验室、类人机器人仿真实验室、类人机器人感知与运动控制实验室，分别面向机器人视觉识别、基于动力学仿真的优化设计、机器人传感器与运动控制等研究领域，开展应用研究。

实验室的建立，也为学院开设人工智能课程创造了条件。实验室里机器人机械设计方面的简单技术，与课堂实训相结合，低年级课上可以给机器人本体几百个零部件做 3D 建模，之后再做仿真装配并学习解决装配过程中会出现的各种工程问题，再之后按照机械设计标准出图；到了高年级开展机器人 ADAMS 动力学仿真分析和创新改进，建设或改造一系列智能制造相关课程体系。算法和软件方面，可以把常规的 Linux 计算机操作系统与机器人实际系统安装和操作调试结合起来，开展机器人操作系统这样的新方向课程，传统的各种编程语言，都可以具体化到机器人的编程环境，并以机器人为大案例。教学过程中，学生们可以产生多样化调试结果，自然形成科研数据和仿真结论。

其实，这种"手艺活"，非常适合老师指导学生实践。学生对于这种动手操作的活动，积极性主动性极高。就连文献检索与写作这样的传统基础课程，也可以改造成前沿文献整合撰写，以机器人视觉识别、机器人智能感知技术、机器人自定位、机器人优化仿真设计、机器人建模与控制、机器人集群技术等为关键词，既培养了学生前沿领域文献搜集能力和撰写能力，又形成各专业互相融通的纽带。

类人足球机器人比赛也给机电工程学院的专业建设带来了契机。依托获批的辽宁省类人机器人实验教学示范中心、沈阳市仿人机器人重点实验室等高层次科研平台，机电工程学院先后申办增设了智能科学与技术、人工智能、机器人工程三个新专业，完成了对传统专业的改造升级，形成了以人工智能为特色的专业群。

2019 年 3 月 12 日，学校与中国工程院院士、清华大学教授戴琼海签署合作协议，聘任戴琼海院士为学校人工智能与机器人学科学术带头人，并设立"沈阳城市学院—戴琼海院士工作站"。

戴琼海，中国工程院院士、清华大学自动化系教授、清华大学生命科学学院兼职教授、博士生导师、清华大学多媒体中心常务主任、自动化系宽带网数字媒体技术实验室主任、清华深圳研究生院宽带网多媒体中心主任、国家广播电视协会副主任委员、国家"973"项目首席科学家、国家"长江学者奖励计划"特聘教授、国家杰出青年科学基金获得者、全国创新争先奖获得者，入选国家"新世纪百千万人才工程"，国际电子电气工程师协会（IEEE）高级会员，在立体视觉和计算成像方面做出贡献，分别在 2016 年获国家科技进步二等奖、2012 年获国家技术发明一等奖、2008 年获国家技术发明二等奖，主持国家重点自然科学基金、国家"九五""十五"课题多项。承担国家重大仪器项目——多维多尺度计算摄像仪器，建立脑科学与人工智能的桥梁，为人工智能的发展提供新思路。

与绿岛展开深度合作，将戴院士团队即将产生的研究成果——基于脑科学的人工智能模型，与沈阳城市学院开发的世界先进仿人机器人平台相融合，共同开展"仿人机器人若干关键技术研究——基于脑科学的人工智能在仿人机器人运动控制中的应用"等，为当今最前端的技术——视觉、自动传感等进入课堂教学提供了契机。

2019 年 5 月，机电工程学院正式更名为智能工程学院。新组建的智能工程学院面向人工智能领域，发展具有类脑智能水平的产业化技术，建设涵盖人工智能方法原理、人工智能编程实现、人工智能物理载体和人工智能系统应用的全流程教学研究平台，将人工智能和智能制造融入人才培养的全过程。同时，瞄准人工智能在工业、医疗、服务等多个领域的前沿科技，开展"人工智能 +"交叉学科建设，以人工智能、机器人工程等新工科专业带动智能医学影像工程、医学检验智能化等医工融合交叉学科，建设产教融合的"人工智能 +"生命与健康管理学院，打造 SYCU 类人机器人智能系统职业实境软件平台，建成柔性工业机器人智能制造生产线，形成产、学、研、转、创、用一体化的产教融合平台，全面提升学院的科学研究水平和应用型人才培养质量。

"因为徐老师的远见，我们闯入了人工智能研究领域，将当今最前沿的机器视觉、自动传感等先进技术植入课程体系，学院脱胎换骨，用科研反哺教学，完成了从传统机械制造到数控技术再到人工智能的迭代升级，跟上了时代步伐，这一步算是踩到'点'上了，有'一步登天'的感觉。"说起机器人，智能工程学院的老师们侃侃而谈。

一个机器人，改变了一个学院的"命运"，成就了学生的未来，徐伟浩的眼光确实独到。

BIM 技术

2018 年，在全国"两会"期间，全国政协委员王美华提出："BIM 技术的行业需求越来越大，高校作为 BIM 技术应用型人才培养的主要承担者，其 BIM 技术人才的培养远远不能满足行业发展的需要。"

BIM 是近年新兴起的一种应用于工程设计、建造、管理的数据化工具，BIM 全称"Building

Information Model"，中文译名为"建筑信息模型"。通过对建筑的数据化、信息化模型整合，实现在项目策划、运行和维护的全生命周期过程中的信息共享和传递，使工程技术人员对各种建筑信息作出正确理解和高效应对，为设计团队以及包括建筑、运营单位在内的各方建筑主体提供协同工作的基础，在提高生产效率、节约成本和缩短工期方面发挥了重要作用，极大地改变了工程设计、建造、管理的模式。BIM 技术出现以后，在国外迅速取代了业界使用了数十年的CAD 技术。

作为上海建工集团股份有限公司的副总工程师，王美华深知建筑行业对 BIM 技术人才的需求，她的提议引起了全国高校的关注。

殊不知，两年前的 2016 年，在绿岛，也有一个人早早地对 BIM 技术给予了高度关注，并且正式将 BIM 课程纳入建筑工程学院必修课，这个人就是徐伟浩。

同智能工程学院一样，用现代信息技术改造传统专业，也是建筑工程学院面临的课题。

2012 年 8 月 23 日，在"暑期教改思想大讨论"中，关于建筑工程学院的专业建设，徐伟浩提出："可以以工程管理为龙头，土木工程、建筑学、建筑环境与能源应用工程、环境设计以及财务管理、工商管理等专业为支撑，形成一个学科融合，工、管、艺贯通的专业群。"

恰好 2012 年，工程造价专业正式成为教育部《普通高等学校本科专业目录》内专业。闻讯，徐伟浩在第一时间组织力量申办新专业，成为辽宁省内首个设有工程造价本科专业的学校。

环境设计专业是艺术类专业，原本设在影视传媒学院，考虑这个专业主要是学习建筑室内外环境设计，就大胆地打破学科界限，将其划归到建筑工程学院。就这样，按照专业链对应产业链，建成了由建筑学、土木工程、建筑环境与能源应用工程、工程造价、环境设计等专业组成，涵盖工学、管理学、艺术学的建筑工程与工程管理专业群。

有了专业群，学院开始将工程造价能力培养作为引领各个专业改造的突破口。2013—2015年，学院 5 个专业的学生，都要依托"广联达软件"学习和掌握工程造价技术能力。经过 3 年的实践，这一教学改革取得了一定的成果。学生在全国广联达大赛中连续两年获得一等奖，工程造价应用能力培养成效显著。"以工程造价能力培养为基础的专业群平台课建设"教学改革成功获批辽宁省普通高等教育本科教学改革研究立项。

虽然说建筑工程学院的专业群建设在平稳而有序地进行着，可徐伟浩并不满足，他感到以工程造价为龙头带动专业群建设，这条路走不通，原因是贯通工程造价能力培养并没有触及专业的实质性变化。他要的是如同智能工程学院基于人工智能一样，用最前沿的科技反哺教学，能够撑起专业群的一片"天"。建筑工程学院也应找到一种科学技术，使建筑学、建筑环境与能源应用工程、土木工程等专业脱胎换骨。

徐伟浩要寻找一块"巨石"，向这平稳的"湖面"投去，激起层层波澜。2015年转机出现了。

2015年，徐伟浩到美国考察，在那里，他接触到了BIM。"我到美国加州波莫那理工大学考察，它们的土木工程专业全美排名第六，加州三分之一的工程师出自这所学校。"

"在美国期间，我还看了一些工地。那里的工人们干活，手里拿着一个平板电脑，按照上面的图操作。那图是三维立体的，虚拟现实。原来这就是BIM。"

"我们的工人干活，装修后，发现棚顶漏水，只得把棚打开，一点一点排查，因为我们传统设计是平面的，管线的空间排列无法表现，维修十分麻烦。"

"有了BIM技术，三维建模，砖缝是多少、接头在哪里、地下管网的位置，都非常精确，施工前所有问题都解决了，工人干活，只要按三维图做立体还原就行了。"

"当年，我建设亚洲最大的室内足球场沈阳绿岛体育博览中心时，为了赶工期，调集了六台全国吨位最大的塔吊。那个时候，施工现场布置都是在平面图纸上，忽略了塔吊臂的竖向标高。结果一试车，塔吊臂就撞上了。如果有BIM技术，就不存在这个问题了。"[3]

熟悉并精通建筑技术的徐伟浩敏锐地意识到，BIM技术将是中国建筑业发展的未来。他首先想到的是"用这个技术改造传统专业，土木、建筑学、建环专业的学生，不用再趴图板画图了，用BIM建模，直接在三维空间里学习"。

BIM的出现让徐伟浩看到了机会。于是，回到国内，徐伟浩开始张罗把BIM技术引进到教学中来。这一次，做事精细的徐伟浩没有立即动手，而是做了一番调查研究。

他了解到，东北大学原校长丁烈云曾做过一个课题——"BIM在地铁施工安全中的作用"，并且已经实际应用在武汉地铁建设的施工中。"在一个十字街口，周边高楼林立，地下管网密布，情况十分复杂。丁烈云课题组运用BIM技术将地下管网信息建成数字模型，完整地还原地下场景。施工时，工人只需面前放一个电脑，机器上连接个探头，就可按照BIM模型把庞大的盾构机放进去，精确作业。"

---

3 引自2019年4月20日笔者与徐伟浩的谈话记录。以下引文均出自于此，不特别标出。

此时，丁烈云已经调到华中科技大学担任校长，徐伟浩又找到佟晶石，由他陪同前往华中科技大学。见到丁烈云，徐伟浩问他该校 BIM 的本科教学情况，丁烈云说，目前，BIM 是硕士生研究项目。"我当时就想，正好，BIM 的本科教学就看我们的了。"

这次见面，丁烈云给了徐伟浩两本有关 BIM 的书。徐伟浩翻看这两本书，见里面很多章节都是上海城建集团编写的，佟晶石说："上海城建集团董事长张焰是我好朋友。"于是，他们又来到上海城建集团。从张焰那里得知，在上海，2 万平方米以上的建筑设计，如果不应用 BIM，项目审批机构不予受理。

回到沈阳以后，徐伟浩又对本地的 BIM 应用情况做了一番调研。发现"辽沈地区的 BIM 应用相对滞后，除央企外，沈阳没有一家建筑设计单位应用，建筑施工单位也极少用，个别单位即使应用，也只限于局部"。

为什么 BIM 在北方难以推广应用？和建筑院的人聊，他们说："主要是用 BIM 出图，多花钱，没人认可，建筑设计取费是一平方米 20—30 元，使用 BIM 设计，取费标准不变，得多投入很多。开发商说不用 BIM 也照样盖房子，用了得多花钱。"

弄清了原因——"设计院和开发商两头怕"，但是，徐伟浩认为，"虽然 BIM 技术尚处于起步阶段，但未来这项技术必然大行于天下。教育要有前瞻性，咱们要为未来培养人才。我们先走一步，到时候 BIM 领域遍地都是咱们的人"。

经过这一番调研，徐伟浩的改革思路逐渐清晰——成立 BIM 工程中心，开展 BIM 技术培训；植入 BIM 课程，带动专业建设；开展校企合作，推进产教融合。

2016 年 7 月，学校正式将 BIM 课程纳入建筑工程学院必修课。

虽然学校做出明确规定，但 BIM 课程的开设并不顺利。

建筑工程学院教务办主任康静回忆："2016 年 5 月的一天，胡铁明院长突然召开系主任会议，让我们马上修改人才培养方案，将 BIM 能力培养纳入人才培养的核心岗位能力中。我们几个系主任听到这个消息，当时就蒙了。在我们看来，BIM 虽然强大，但是国内各建筑类企业并没有选择用它代替传统的 CAD、3D、广联达等工程软件，学生学会了 BIM，也没有用武之地啊，而且学校对人才培养方案的总学分做了规定，加入 BIM 课程，是必然要调整其他专业课程的学分，甚至要减掉几门传统课程。"对于将 BIM 能力纳入人才培养方案，康静不理解，其他系主任也不理解，反应最强烈的是建筑学和土木工程两个专业的老师，他们的理由主要是学生毕业以后不能马上用上这个软件，学了意义不大。这次会议无果而终。其实，专业教师反对的真正原因是自己对 BIM 都不懂，这课怎么教？

再次开会，传达徐老师的意见："人才培养方案必须修改，在保证总学分不变的情况下，至少拿出 6 学分，安排 2 门 BIM 课程。"

见没有退路，康静只得执行。不过，具体操作之前她做了一番调研。先是认真查阅国内外关于 BIM 的信息，发现 BIM 这几年在国际上的应用已经非常普及，它对建筑物生命周期各方面信息集成、展现以及协同的强大能力已经被国家看到，陆续颁布的行动纲要、地方条例都预示着 BIM 时代即将开启。她联系了辽宁省内 20 余家综合甲级企业的领导，向他们咨询目前 BIM 在省内的应用情况。结果，几乎所有公司都表示，BIM 技术当前还处于探索阶段，苦于没有合适的人做深入研究，没有广泛使用。令康静颇感意外的是，当她表示绿岛有意将 BIM 能力纳入人才培养方案时，他们都很惊喜，中建东北设计研究院的 BIM 研究所所长卜超当场说："那太好啦，你们赶快培养出来，给我送几个，我急用。"

这次调研令康静茅塞顿开，"我们学校的办学宗旨是'面向城市未来，服务城市发展'，社会需求正是我们人才培养的方向啊。我暗暗佩服徐老师的敏锐和抢占 BIM 高地的气魄"。于是，她立即把这个调研成果分享给院长和其他几位系主任。他们遂以 2014 级人才培养方案为模版，调整课程体系，决定每个专业腾出 6 学分，开展 BIM 技术能力培养。

课程定下来了，谁来上呢？所有老师都没 BIM 教学经验，怎么办，现学现卖能行吗？

徐伟浩自有安排——2016 年 6 月 20 日，绿岛 BIM 工程中心挂牌成立，他请来访美时结识的加州波莫那理工大学（Cal Poly Pomona）土木工程系主任贾旭东博士担任 BIM 工程中心主任。同一天，贾旭东博士应邀在沈阳城市学院南楼会议室作了题为"BIM 技术在美国的应用及在中国建筑领域的应用展望"的学术报告，与会的有沈阳市建委领导和在沈现代建筑产业、大型房地产开发、建筑设计施工企业、工程管理咨询公司、驻沈高校建筑专业领导及相关人员。

中心的成立，等于为建筑工程学院教师们注入了一针兴奋剂。很快，BIM 工程中心就招聘了四位年轻的工程师，他们与五位系主任组成了 BIM 课程建设小组，一起研究 BIM 课程内容及教学方案。中心的四位老师承担 2014 级 300 多名学生的 BIM 课程教学。

9 月，BIM 课程如期开课。可是，效果并不理想——部分老师没有将 BIM 技术深度融入其他专业课中，认为它就是一个未来能火的画图软件，学生学完得不到有效的实践，偶尔还会听到一些学生抱怨"BIM 没用"。针对这种情况，学院领导和系主任多次做老师工作，并强化对他们的培训；又从专业发展角度做学生工作，告诉他们 BIM 将是你若干年后工作的一个"秘籍"；

徐伟浩也给出具体建议：组成创新训练团队，把 BIM 训练落实到日常，不受学分、学时和时间约束，以真实项目驱动，调动学生的积极性，发挥学生自主学、动手学的能力。

通过以上种种措施，学院上下终于统一了思想——各专业采取"BIM+专业教育"的人才培养模式，修订人才培养方案；将 BIM 应用与专业课程学习结合起来，在各专业以项目设计结课的核心课程中，用 BIM 代替 CAD 进行成果展现；优化 BIM 实践课程教学内容，以培养学生的实践动手能力和创新意识为主线，构建三层次（基本型、综合设计型、研究创新型）、四结合（理论与实践、基本训练与能力培养、工程设计与 BIM、智能建造与 BIM）、五模块（BIM+建筑设计、BIM+施工管理、BIM+管网综合、BIM+工程预算、BIM+装饰设计）实践教学平台体系。

具体做法方面，一是利用 BIM 三维可视化的特点，培养学生三维空间设计思维，逐渐减少CAD 的课程，将 BIM 技术基础前置到第二学期，BIM 应用与管理前置到第三学期；二是在以项目驱动教学的专业课中，尝试三维可视化、虚拟仿真、性能分析等，将 BIM 技术与专业课程教学结合起来，培养学生 BIM 技术实践能力；三是双创教育，鼓励学生选择与 BIM 相关的双创项目，实现长时间、多维度的训练和培养。

2017 年 5 月的一天，BIM 课程开课不到一年，康静接到卜超所长的电话："康老师，你们学生 BIM 能力培养得咋样了？我这有几个 BIM 项目，急需会 BIM 的实习生，你选一批，我们面试看看。"她一听就愣住了，"'东北院'想要我们的学生去实习，这不是做梦吧？那里不是一直只收建筑老八校的学生吗？"[4] 又惊又喜的她第一时间把此事报告给院长和主管校长。随后，经学生自主报名，系里择优，最后定下建筑学、建环、环艺三个专业的 10 名学生。作为与企业的直接对接人，康静负责将学生送到企业。走之前，学生们非常紧张，不停地问她："老师，听说那里的设计师都是名校毕业，我们能行吗？"虽然她和他们一样心里没底，不过还是说："怎么不行？这次的机会源于你们学了 BIM。在这方面，别人还没起步，你们已经走在路上。这就是优势。别忘了我们的校训：我行我能。"

学生们很珍惜 BIM 带给他们的难得机会，他们也知道，他们的表现决定企业与学校的下一步合作。所以，实习期间他们没有因为不是出身名校而自卑，遇到不懂的就虚心请教，同时，大胆发挥自己的优势。

4　康静：《学生 BIM 应用能力得到社会认可》（未刊文）。

他们的表现得到了企业领导的认可。2017 年 5 月 27 日，沈阳城市学院与中建东北设计研究院签订了校企合作协议；2018 年 1 月，沈阳城市学院—中建东北建筑设计研究院大学生校外实践基地获批省级大学生校外实践基地。康静为基地送牌匾时，还有一个小插曲："东北院"的领导见到她，打趣地说："东北大学想跟我们建立实践基地我们都没同意，你们可是走到东大的前头啊！"听他这样说，康静一番感慨：她就是东大毕业的，当年求职"东北院"，因为非"老八校"毕业生而被拒之门外。

康静这位东大的没能进入"东北院"，绿岛的李香陆却因为实习期间表现优秀而被选中，留在那里工作。

建筑学专业的李香陆是 2018 届毕业生，她是在学校与"东北院"签订校企合作协议之后去那里实习的。"刚来公司实习的我，战战兢兢，小心翼翼，什么都要学习。当时旁边坐着的都是高学历的人，我后面的一个小哥儿就是清华大学的。"[5] 这给了她压力，也给了她动力。"自己就更加努力，学习很多新的软件，完成小组交代的每个任务，虽然都是一些小的工作，但是我都当成大事很认真地完成。后期完成一些设计方案，经常要加班到半夜，我都坚持了下来。"

实习期间，她发现实习生中虽然有很多名校的学生，但是，绿岛的学生也具有很强的竞争力。"就我的专业来说，我在学校学到的很多知识都应用到工作上了，特别是 BIM 的知识和技术，使我与别人相比具有一定的优势……初入设计行业，都是新的开始，工作和学习不同，我们不比其他学校的学生差。在工作中看重的是你的能力，只要你工作认真，刻苦努力，没有人会排斥你，我们不必妄自菲薄。"

此后的三年间，学校不断加大 BIM 技术应用在教学上的投入，建成了完善的课程体系。绿岛 BIM 工程中心采用项目教学等方式，使学生快速掌握 BIM 理论知识和实际操作能力，无需用人单位二次培养，在此领域取得了不俗的成绩。

2017 年 6 月，建筑工程学院 2014 级工程造价专业团队荣获第五届辽宁省建设类院校建筑信息模型（BIM）应用技能大赛一等奖。9 月 25 日，在全国高等院校 BIM 招投标竞赛中，建筑工程学院"智星队"获得全国一等奖、北方地区一等奖和最佳招标人三项大奖；另一支代表队"绿岛招投标小分队"获全国三等奖和北方地区二等奖。优异的成绩表明，绿岛学生的 BIM 技术应

5　李香陆：《我与 BIM 的故事》（未刊文）。

用能力已处于国内高校领先水平。

以往，很多优秀的建筑施工企业和设计单位倾向于招收"985""211"等名牌大学的学生，而将民办大学毕业生拒之门外。自从绿岛成立 BIM 工程中心，建筑工程学院的学生掌握了 BIM 技术应用，他们在人才市场上脱颖而出，很多知名企业点名要绿岛的学生去实习，并且许多学生毕业之后留在那里工作。

2017 年初，辽宁省教育厅委托沈阳城市学院牵头，会同辽宁省多家高校和企业共同组建辽宁省建筑信息技术产业校企联盟，沈阳城市学院被指定为该联盟的理事长单位。同年，全国 BIM 技术应用最成熟的企业之一——上海城建集团与绿岛签订战略合作协议。

2018—2019 年两年间，建筑工程学院学生在校期间考取 BIM 高级建模师资格 20 余人，考取 BIM 建模师资格 180 余人。世界 500 强的中国建筑东北设计研究院承诺：每年向绿岛提供不少于 20 个毕业实习岗位，并优先聘用掌握 BIM 技术的学生。2015 级环艺 1 班的张存，在实习期间展示出了良好的 BIM 建模能力，被企业破格提前录用；2014 级建筑学 8 名学生，因为熟练掌握 BIM 技术，同时被上海博涛设计公司录用；2015 级建环专业 5 名学生，因为在"东北院"实习期间的优异表现，参与"一带一路"埃及总部项目，做到了全英文 BIM 出图，全部被破格录用为正式员工。目前，在上海、广州、深圳等被建筑名校垄断的地区，绿岛的学生也已经占有一席之地。

谈及当年引进 BIM 技术的初衷，徐伟浩说："我们主张在建筑工程学院打造 BIM 技术应用高地，是要用现代信息技术改进传统技术，BIM 技术已被公认为是建筑行业的一次重要的技术革命，不仅在形式上，而且是在本质上将形成对建筑业的根本颠覆。尽管目前这项技术在国内尤其是中国北方还没有得到推广使用，但我们不能因为强调特殊而落后。教育应该走在前面，应该做引领者。"

徐伟浩未雨绸缪，提前两年走上用 BIM 技术改造传统专业之路，抢得了先机，足见其思维超前，目光敏锐。如今，学校已成为辽宁省建筑行业 BIM 技术人才的重要培养基地。徐伟浩"我们先走一步，到时遍地都是我们的学生"的预言真的一语成谶。

中国"好莱坞"

熟悉徐伟浩的人都知道，他瞄准前沿，锲而不舍，但不按常规出牌。

2016年暑假的一天，徐伟浩找来张健进行了一次长谈，并交给他一个任务：撰写影视传媒学院未来三年发展规划。要知道，张健当时只是影视传媒学院摄影系主任，按理，"学院三年发展规划"这样的大事得是院长牵头，成立规划小组专题研究。当然，徐伟浩也和院长金铁明打了招呼，这事就这么定了。

其实，徐伟浩出此"下策"，也是形势所迫。

2015年，新媒体的崛起给传统广电行业带来了巨大冲击，行业变化和产业转型，倒逼为其提供人才的"加工厂"高等学校必须做出快速反应。

徐伟浩意识到转型势在必行，他认为，新媒体颠覆影视产业原有的模式，广播电视行业将迎来重大转变，具有"吸时、吸睛、吸金"特点的短视频接入社交功能，持续渗透和深化，成为业态主流，不仅对整个视听行业，甚至对国民经济都将产生巨大影响。时代变了，传播方式变了，影视传媒人才培养的思路也要变，如果不做好前瞻规划，学生就业和学院发展都会受限。有鉴于此，徐伟浩遂多次与时任院长金铁明沟通。

金铁明是资深广电人，也是影视传媒学院首任院长。他认为，学院经过几年的打拼，在广播电视领域是有影响力的，而且，短时间内行业不会发生太大变化，调整可以，但不必大动干戈。说这话，他是有底气的。

在学校的七个学院中，影视传媒学院在应用型人才培养和实践化教学方面，一直走在全校的前列，是徐伟浩一手打造的典型，改革发展成效显著：2010年，影视传媒学院"实训贯穿于教学全过程的广播电视编导人才培养模式"被辽宁省教育厅批准确定为辽宁省人才培养模式改革创新实验区；2012年，"实训贯穿于教学全过程的广播电视编导人才培养模式建构"获得辽宁省本科教学成果一等奖；2013年，影视传媒学院广播电视编导专业获批辽宁省综合改革试点专业；2010年起，影视传媒学院学生作品先后在中国西部国际电影节、中国大学生微电影创作大赛、中国国际大学生微电影大赛等获得重要奖项，在省内外高校和广电业内具有很大影响力，可谓风生水起，如日中天。

但是，明天的广电行业前景到底如何？影视传媒学院的出路究竟何在？

着眼于未来的徐伟浩认为，影视传媒学院的改革出路是跳出广电，面向影视，围绕影视产品创意、制作和产出，培养全流程影视传媒人才，最终实现产教一体的办学目标。

如果说智能工程学院和建筑工程学院的高地建设是基础不变，"翻新扩建"，那么，影视传媒学院则是"大转向"，即向内开刀，实现自我蜕变。这个难度比较大。

为此，两人多次争执，谁也说服不了谁。

徐伟浩见无法与金铁明达成共识，于是就有了"迂回包抄"。

> 2016年夏天，徐老师和我进行了一次长时间面对面的交流，谈了广电行业的现状和对人才培养方向的忧心。当时徐老师给我看了浙江传媒的一条招生宣传片，这个宣传片很有特点，画面上一个老师来到了学校的多个场景之下，看到周围的场景就想起了当年自己在新生运动会和社团参加活动时的样子，随后带着观众回顾了这个学校的发展历程，故事代入感很强。徐老师想说的是这种短视频故事的表达形式和表现手法完全没有我们印象中电视台拍摄的传统宣传广告的影子了，视频创意、内容生产，这就是未来我们的人才培养和专业发展方向。最后，徐老师给了我一个任务，让我回去思考学院未来三年在影视产业方向的发展设想。[6]

张健领了任务后，对广电及传媒行业未来发展做了深入调研。据张健介绍，他查阅了大量资料，并按徐老师要求外出学习调研，深入了解行业发展和专业建设趋势。先后去了北京电影学院、吉林动画学院，还到鼎盛嘉禾考察了影视产品制作的全流程。"徐老师的目的是想让我们了解这个行业生存现状和发展趋势。"

根据徐伟浩的设想和意见，经反复修改，《影视传媒学院三年发展规划纲要》完稿。其中包括专业定位、专业群建设、人才培养目标及能力要求、四大项目群（电视节目研发制作、影视剧拍摄制作、广告策划包装、前沿视觉科技），依托与韩国的地缘优势发展影视产业，围绕影视

6　张健：《影视传媒学院应用研究历程梳理》（未刊文）。

产业全流程构建专业群等构想。

令张健没想到的是，一向严厉，近乎苛刻的徐伟浩对《纲要》给予了高度评价。他认为《纲要》契合了学校的发展思路。为此，他还专门安排了一场专题报告会，让张健向全校领导以及各院、系负责人做了介绍。当年，张健因此获得了"2016绿岛风云人物"奖。

实际上，编写《纲要》是徐伟浩实施"高地建设"的投石问路，影视传媒学院改革先行一步，张健就是"吹哨人"。

徐伟浩希望未来影视传媒学院可以像美国南加州大学电影学院那样，构建中国"好莱坞"影视产品的制造营，提供一流的教学设施和设备，培养导演、摄影、录音、剪辑及制片等综合型的影视制作人，成为中国电影产业的重要一部分。

明确了"高地建设"的方向和目标，学院"转向"开始发力，设置新专业，引进"双师双能"人才，建设影视产业链，一个个举措，大刀阔斧，快速推进。

围绕影视产业生产流程构建专业群。那时，学院有广播电视编导、播音与主持艺术、摄影和视觉传达设计四个核心专业。他们首先想到的是增设新专业。2018 年，学院成功申报了表演和戏剧影视美术设计专业，2019 年，成功申报戏剧影视文学专业，并拟于 2020 年申报戏剧影视导演专业。到那时，影视传媒学院将拥有 8 个专业、10 个专业方向，从而形成涵盖影视产品生产全流程的专业群。

建设产教一体的影视产品制作基地。在原有广电实训基地的基础上，投资兴建新的绿岛传媒中心。中心建筑面积 1 万平方米，拥有多个大小不同的演播室，配套设备均达到国内主流水准。其中 1200 平方米演播室配置 8 讯道高清及蜘蛛眼拍摄设备，该演播室空间高度达 20 米，是目前我国北方地区使用空间最高的演播厅。按照影视制作标准，中心还设置了虚拟演播室，配置多彩虚拟演播软件、新媒体发布系统、视频管理系统、调度服务系统、流媒体服务软件，其手机 APP 软件和平板 PAD 软件中含直播视频在线观看系统评论模块等，可以实现所有演播室实时推送直播和回看。目前，学院已建成了影视剪辑、影视特效、栏目制作、综艺演播、声音工程、播音、影像创作、舞台灯光设计、影视包装、动漫设计、印刷工艺、平面设计等近 20 个实验室，构成了能够独立完成影视剧、电视栏目、企事业宣传片、广告、大型文艺活动制作，集前期筹划、拍摄、后期制作、项目包装发行为一体，功能集约、资源优化、开放充分、运作高效的综合生产平台。

引进高品质项目，搭建资源共享平台。绿岛电视台广播电视制作栏目与辽宁电视台等多家省、市电视台合作，联合开展辽宁卫视频道《新笑林》、生活频道新栏目《爱的选择》、新民台的《两学一做》以及《少儿春晚》等栏目制作。栏目制作以绿岛传媒中心为基地，影视传媒学院师生全程参与节目策划、录制、剪辑以及舞台灯光、音响、现场导播等方面工作，形成了校企合作、产教融合的协同育人平台。

实施特色项目制作工程。与中国科学院北京基因组研究所、辽宁省老科协合作，联合制作大型系列科学纪录片——《基因密码》。共同构建高层次的科普人才培养基地、高质量的科普产品制作基地和高水平的科普项目研发基地。

与辽宁省文化部门联合拍摄大型人文系列纪录片《辽河人物》。该片主要记录辽沈文化名人事迹，共同推进辽河文化研究，致力于挖掘和弘扬中华传统文化，提升辽宁文化自信。用徐伟浩的话说——这也是一个文化抢救工程。

此外，筹拍绿岛首部青春校园剧《大三女生》。该剧作为庆祝中国共产主义青年团成立100周年的献礼片，将在绿岛拍摄，故事取材、剧本创作、演员取景均在绿岛完成，是学院"转向"后建设中国"好莱坞"的首部大型之作。

梳理"转向"之路，影视传媒学院院长李长青说，围绕影视产品制作，影视传媒学院这几年的步子越迈越大，建立了完整的专业体系，学院在原有硬件基础上，又新建了具有国际一流水准的绿岛传媒中心，相继启动了《基因密码》和《辽河人物》的拍摄，吸引了一批高质量影视栏目入驻校园，既提升了学院服务社会的层次，又促进了学院产业的发展。更让我们高兴的是，学生们也取得了骄人的成绩，他们连续三年站在了中国微电影大学生作品"金鸡""百花"奖的颁奖舞台上。未来学院的发展重点是围绕影视产品制作全流程，在提升学生动手能力的同时，扩大教育成果，培养掌握文化创意与影视产品制作能力的高层次应用型人才；利用影视剧、短视频、电视栏目等形式，围绕青春校园题材创意制作优质影视作品，打造独具特色的北方影视产品制作高地。

打造"辽学"

建立辽河文化研究院，打造"辽学"体系，是徐伟浩的又一个"异想天开"。

2018年5月25日，辽河文化研究院成立大会暨首届学术年会在沈阳城市学院隆重举行。徐伟浩代表学校致辞，在致辞的结尾，他提出了打造"辽学"的宏伟构想。

> 大河是孕育人类文明的摇篮。身为辽河儿女，我们对辽河文明的源远流长感到无比自豪。身为辽河儿女，我们更能为新时代辽河文明大放异彩有所作为。沈阳城市学院作为辽河流域的一所新兴大学，我们有热情、有信心致力于辽河文化研究，致力于辽河文化研究学术体系的建构，致力于为新时代辽河文明的再次闪耀贡献我们的一份力量。打造"辽学"，构建现代辽河文化研究体系必将大有可为。[7]

打造"辽学"的构想，源于他与几位辽宁文化人士的一次饭局。

> 2016年春天，有一次和省文联的几位朋友小聚，闲聊中，文联副主席崔凯谈到，现在辽宁文化界的几位名人年事已高，需要抓紧对他们的采访拍摄工作，要是有一座辽河名人馆就好了，专门展览他们的作品和影像资料。
>
> 在场的省文化厅厅长郭兴文也说，要是同时也进行辽河流域文化的研究就更好了，现在许多人对辽河文化缺乏了解，社会上也有很多人说，辽宁既没有历史也没有文化，是个文化沙漠。听着他们的交谈，突然想起了小时候看过的《杨家将》和《说岳全传》，宋人、辽人、金人，长江、黄河、辽河，是历史的偶然还是历史的必然，是文化现象还是文明属性，一时间，满脑子都是各种遐想。如果以历史观和现代文化

---

7 校刊编辑部：《提升文化自信　践行文化自觉——沈阳城市学院"辽河文化研究院"成立》，《白桦林》2018年5月第52期，第4页。

的视角，对辽河流域产生的各民族历史文化现象进一步追根溯源，梳理出其独有的区域性、民族性和时代性，对丰富中华文明多元一体的发展内涵，会是很有意义的一件事儿。[8]

6月22日，徐伟浩把国内一些著名文化学者和省市文化部门的领导请到绿岛，召开专题座谈会，谈了他要创建辽河文化博物馆的设想，探讨可行性及筹建方向，这让专家、学者很是吃惊，也对他热心地域文化研究的情怀表示钦佩和赞赏。

专家建言，辽河文化是中华文化的重要组成部分，具有独特的地域性和鲜明的民族特色。辽河文化博物馆作为国内首家以河流、地域文化为主题的博物馆，它的建立一方面将成为沈阳城市学院联系社会的重要载体，另一方面也有利于培养教学和科研人才，助力沈阳城市学院向一流大学挺进，意义非同一般。特别是目前国际学术界对于辽河、辽河文明的重新认识，更为创建博物馆提供了重大的背景价值，对于深入发掘和整理辽河文化的学术价值和历史地位，具有重要的意义。

崔凯回忆说："他邀我参加座谈会，我去了才知道他要在学校里建个辽河文化博物馆，还要做研究，这事儿好啊！没想到上次吃饭闲聊的事儿他说干就干了，参会的那些专家听了也都挺兴奋，这完全是伟浩个人的文化自觉和文化自信的表现，我挺佩服他的胸怀和魄力。"

9月，辽河文化博物馆正式挂牌成立，和校史馆、美术馆一起统称"三馆"。

12月，开通辽河文化研究微信公众号，介绍辽河文化知识和辽河文化研究成果。

2017年7月，应徐伟浩邀请，著名学者彭定安[9]先生担任首位辽河文化研究院特聘研究员，在绿岛建立了"彭定安工作室"。同年11月，90岁高龄的彭定安先生撰写完成了《辽河文化略论》，全书共分六大部分，从七个方面详细阐述了辽河文化对于中华文化形成与发展做出的贡献，成为学校开展辽河文化研究的奠基之作。

2018年可称得上是沈阳城市学院进行辽河文化研究真正意义上的元年。

3月，在全校教职工大会上，徐伟浩发表了《抢占专业制高点，打造七大高地》的讲话，明

8　校刊编辑部：《提升文化自信　践行文化自觉——沈阳城市学院"辽河文化研究院"成立》，《白桦林》2018年5月第52期，第4页。

9　彭定安，1929年生人。辽宁省文史研究馆馆员，辽宁省文联暨作家协会顾问，中国作家协会会员。享受国务院政府特殊津贴，辽宁省优秀专家。

确提出"建设辽河文化研究学术高地"。

5月，辽河文化研究院成立大会暨首届学术年会在绿岛隆重举行。

2018年5月25日，辽河文化研究院成立大会暨首届学术年会在沈阳城市学院贵宾厅隆重举行。中共沈阳市委常委、宣传部部长、教科工委书记冯守权出席大会，与辽宁省文化厅原厅长、辽宁省文联名誉主席郭兴文，辽宁省文联原副主席、现中国文艺评论家协会副主席、国家一级编剧崔凯，沈阳城市学院董事局主席徐伟浩，共同为辽河文化研究院揭牌。

冯守权代表沈阳市委向辽河文化研究院的成立暨首届学术年会的召开表示祝贺！他说，辽河文化研究院的成立是辽沈文化研究的一件大事，对于研究辽河文明具有里程碑意义。他还祝愿辽河文化研究院以此为契机，植根辽宁、胸怀华夏，办出特色、办出水平，为加快沈阳文化名城建设，推动沈阳文化的繁荣兴盛，把沈阳振兴发展推向新阶段做出新的更大的贡献。[10]

徐伟浩代表学校致辞，表达了成立辽河文化研究院，构建辽河文化研究体系，打造"辽学"的理想愿望，并为辽宁省文物考古研究所名誉所长、主持牛河梁红山文化遗址发掘工作的郭大顺，辽宁大学原副校长、史学史专家顾奎相等19位专家学者颁发了辽河文化研究院特邀研究员聘书。

会上，与会专家学者围绕辽河文化研究的意义、辽河文化的历史地位、辽河文化研究的方向、如何构建"辽学"体系等主题进行了广泛深入的讨论。

与会专家学者就开展辽河文化研究的重要意义等方面达成了广泛共识。大家一致认为，作为重要的地域文化，目前国内辽河文化研究相对空白较大，辽河文化研究院的成立，不仅有利于使大众关注辽河文化、重视辽河文化，同时也有利于打造沈阳城市学院"辽河文化研究学术高地"的品牌，履行高校的社会责任和担当，为弘扬与发展辽宁文化建设做出应有的贡献。

但对于徐伟浩关于"辽河是中华文明的重要源头"和打造"辽学"这两个提法是否合适，

10　校刊编辑部：《提升文化自信　践行文化自觉——沈阳城市学院"辽河文化研究院"成立》，《白桦林》2018年
　　5月第52期，第4页。

却出现不同的看法，并引发了一番争论。

彭定安先生在会上表示："从文化的角度来讲，一条河流能不能成为民族的母亲河，不是看流域的长短，而要看它对民族文化基因的贡献。从这个方面来讲，辽河就是中华民族的母亲河。"彭老对徐伟浩是投了赞成票的。

但也有人提出不同意见："关于母亲河，你要这么命名，吉林和黑龙江就会有意见。辽河是母亲河，那他们都在母亲之外了。所以辽河文化千万不要提母亲河，它怀抱的就是辽宁，不是整个东北，更不是全国，要说是中国的母亲河，和长江、黄河的文化是同等的，那是不客观的。"

辽宁社会科学院文学研究所原所长白长青则认为，"我们的研究应该立足于文化自信的问题。现在很多辽宁人本身好像有一个弱势心态，对自有的文化不是很自信。为什么不自信？我觉得根源在于我们对自己的文化特质不是很了解"。

可以看出，在对待辽河是否可以称为"中华民族的母亲河"这一问题上，有赞同者，也有反对者，双方各执一词，在首届学术年会上没有达成共识。

令人意想不到的是，辽河文化研究院成立大会，也就是这次研讨会的三天后，这个问题就有了明确的答案。5月28日，国务院新闻办公室举行新闻发布会，会上，国家文物局副局长关强，教育部教材局巡视员申继亮，科技部社会发展科技司司长吴远彬，中国社会科学院考古研究所研究员王巍，北京大学考古文博学院教授赵辉介绍了中华文明起源与早期发展综合研究成果有关情况。研究成果表明："距今5800年前后，黄河、长江中下游以及西辽河等区域出现了文明起源迹象……中华文明实际是在黄河、长江和西辽河流域等地理范围内展开并结成一个巨大丛体，这个丛体内部，各地方文明都在各自发展。在彼此竞争、相对独立的发展过程中，又相互交流、借鉴，逐渐显现出'一体化'趋势，并于中原地区出现了一个兼收并蓄的核心，我们将之概括为'中华文明的多元一体'。"[11]

语言文化学院院长李超说："没想到，就在辽河是不是母亲河争论的第三天，国务院新闻办公室就发布了'中华文明探源工程'的最新成果，明确提出辽河流域的西辽河地区是中华文明'多元一体'的重要源头之一。这可是从国家层面对咱们辽河地位的认定啊，我们以后的研究成果，在量级上就高出了一大块！"他还说："有一次开会我遇到于存雷校长，于校长很高兴地说：

11　国新网 2018—05—28。

'以前徐老师提出要搞辽河文化研究的时候，有很多人不理解，觉得辽河就是一个地域性的小河流，没有多大研究价值。前两天开会时还有专家不同意辽河是母亲河。结果你看，徐老师的眼光还是很超前的，咱们现在都走到国家前头了。'"

选择辽河文化作为研究对象，徐伟浩的眼光是独到的。

首届年会中，大家争议的第二个问题，是徐伟浩提出的打造"辽学"。

对于打造"辽学"，彭定安老先生也旗帜鲜明地表示赞同。他说："听到徐伟浩先生提出打造'辽学'，我颇觉兴奋。从来没有人把'辽学'作为一个'学'的称谓正式提出。这是值得的、应该的、有充足理由的。提出建立'辽学'的问题以后，也可以推动辽河文化的研究和发展。"

郭大顺说："彭老讲的'辽学'和徐校长倡导的'辽学'，我是非常拥护的。在文化学的关系中，'学'是比文化还要高出一层的。有这么一个提法以后，可以使我们研究院或者整个'辽学'研究的凝聚力、号召力都得到提高。"

对于打造"辽学"，也有反对声音：有的说现在要创立一门学说为时尚早，还需要长期的成果积累；有的说不应该匆忙做决定，需要反复论证；也有的说"辽学"这一提法含义不明确，建议再加以斟酌。

面对种种说法，徐伟浩没有动摇，因为对于打造"辽学"，他有着更深层次的思考。他认为：辽河作为中华文明的发源地，需要有一个与之相匹配的学术研究体系，这不论是现在还是未来，都是十分必要的。提出打造"辽学"这一命题，并不是急功冒进，而是经过深思熟虑的结论。"辽学"同敦煌学、徽学、藏学等地方学一样，都具有浓郁的地方历史文化特色，它是一个多元化、多层面、多领域、多角度的立体系统，其历史的纵深性、朝代的繁多性、民族的多样性、文化的多元性，在所有地方学中又堪称之最。对辽河流域从古至今各方面文化成果进行总结与梳理，以现代视域对辽河文明进行重新审视，从不同的角度和视野进行探索考察，这就是打造"辽学"所要做的事情。沈阳城市学院开展这项工作，并不试图以此赢得名望或利益，只是出于高校的文化自觉和社会担当，愿意扛起这杆大旗，为弘扬地域文化做出一些贡献。

本届年会，虽然对打造"辽学"的认识未能达成共识，但大家对于徐伟浩扛起"辽学"这杆大旗的文化自觉与主张给予了高度赞赏。不管怎么说，打造"辽学"为辽河文化研究确立了终极目标。同时，"辽学"概念的提出，也为辽河文化赋予了鲜明的地方学特色，大大提升了辽河文化的内涵、品位和层次。

研究院成立之后，徐伟浩还为研究院量身定制了课题式研究、工程式推进、项目式管理的运作方式，将辽河文化研究工作不断地推向深入。一系列工作也被风风火火地提上了日程：筹备"辽学"学术著作的出版，申报省、市各级社科项目，建立研究院专属资料库，收集辽河流域各地市、县、区的方志，建设方志馆……辽河文化研究院在他的大力支持之下，以高校科研资源为基础，以相关领域专家为依托，以服务社会为宗旨，在弘扬地域文化、树立文化自豪感、研究与教学相结合等方面，发挥出越来越积极的作用，成为辽河文化研究的新重镇。

徐伟浩打造"辽学"的构想，以及研究院已经开展的研究工作，在社会上也引起了很大的反响，并得到了省内有关部门的认可。

辽宁省社会科学联合会党组书记、主席石坚到绿岛考察，听到徐伟浩关于打造"辽学"的构想十分惊喜，他对徐伟浩说："你们所做的工作和提出的想法很超前，也很大胆。这是一件造福子孙后代的大好事，按理说，像这样挖掘地域文化的系统工作，应该由政府部门或公立大学牵头，多个部门共同配合来做。但实施起来难度太大了，很少有人想做，也没有人敢做。没想到你们一所民办高校能有这样的文化自觉和积极性，做出这样大的投入，把工作做得这么扎实，我很佩服！"

2018 年 10 月 19 日，辽河文化研究院举办第二次文化学术研究峰会——"辽河文化研究现状与展望高峰论坛"，有 36 位专家学者出席了本次高峰论坛。

与会专家在会上充分交流了辽河文化研究的最新成果，对于打造"辽学"形成了广泛共识。会议进一步阐释了"辽学"体系建设的科学性与系统性，以及学科建设的路径与方法。明确要站在辽河流域的大地上，系统研究与阐释中华文化多元一体格局之下的辽河文化，深入揭示辽河文化对于中华文明发展的历史贡献和重要地位。

挖掘与传承、创新与宣传辽河文化，把辽河文化从被述说的尴尬地位变成述说主体，是辽河流域文化学界的重要使命和时代课题。

第二届高峰论坛共收到与会专家高水平论文近 30 篇，从不同角度、不同侧面、不同层面阐述了丰富多彩、璀璨多姿的辽河文化。作为构建"辽学"体系的第一批成果，《辽学研究论集（一）》即将出版，作为该书主编，徐伟浩自荐为论集作序，在序言中，他系统地阐述了"辽学"的概念、内涵、意义、价值、特质、体系框架和建设途径。

关于"辽学"的内涵概念，他认为：

　　"辽学"是一个地域文化学概念，是"辽宁学"或"辽河流域学"的简称。一定的思想文化总是植根于一定的历史地理环境中，其发生、成长、发展与变化，也总是与其所处的历史地理环境息息相关。"辽学"也不例外，自然根系于辽宁乃至辽河流域的沃土，"辽学"的发生、成长、发展与变化，无不因这片热土沃壤上所发生的重大历史事件以及所产生的伟大历史人物而不断迁化与进步，具有很强的"原生型"特点。因此，"辽学"不是一个泛化、空洞的概念，而是基于对辽河流域，特别是对辽宁地区丰富的历史遗存所包含深厚的文化内涵的深究与开拓。文化是一个民族的灵魂，研究"辽学"，构建"辽学"体系，旨在回应"什么是辽河流域特别是辽宁人的民族灵魂""什么是辽宁人的精神支柱"这些当下备受社会各界关注的问题，目的在于坚定辽宁人的文化自信，弘扬"辽学"优秀人文精神，提振辽宁人的精气神，坚持正确的价值理念和价值取向，古为今用，推陈出新，更好地为辽河流域特别是辽宁地区改革开放和社会经济建设服务。这便是提出研究"辽学"，构建"辽学"体系的初衷。

著名历史学家苏秉琦先生在 20 世纪 90 年代提出重建中国史前史的号召时再三强调，东北地区西部的辽河流域在中国的史前时期，长期处于先导地位。众所周知，红山文化是辽河流域史前文化发展的一个高峰。以红山文化为代表、以渔猎为主要经济活动的辽河文化，在距今四五千年的中华大地上正在兴起的文化起源与文明起源进程中，曾经走在前列。中华传统文化的许多因素，包括华人、龙的传人、中国人的称谓，都可追溯或追寻到红山文化的影响。20 世纪 80 年代以来，丰富的考古学证据证明，辽河文化和"辽学"既有自身的生长点和发展序列，又是多种学术潮流的交汇与交融，特别是与长江、黄河流域学术思想的交流、交锋、交融，最终形成独具特色、充满生机与活力的辽河文化和"辽学"。辽宁地处中原通往东北的咽喉要道，自然也成为辽河流域古文化与中原地区古文化交流的前沿地区。"原生型"辽河文化与"辽学"既有经常受到长江、黄河流域思想文化影响的一面，也有与不同源的其他学术思想共存、交错、相互影响、同步发展的一面，甚至在某些历史阶段，古代辽河文化和"辽学"还曾"先行一步"。比如龙玉文化，不仅影响东北亚地区，而且还在中华文化起源发展过程中起到特殊作用。早在新石器时代，生活在辽河流域的先民，基于对玉石特性的深刻认识，从中选择出质地、色泽、硬度都适中的"温润"的玉石进行特殊加工，赋予玉石以社会化、人格化的属性，玉石所代表的崇高、纯洁、坚贞、温良的美德是特有的文化特质，体现了中华民族传统的道德标准和价值观念。先民同时将龙从辽河流域地域性的图腾演化成整个中华民族的文化符号、精神图腾，龙所代表的与时俱进、自强不息、开拓进取、勤劳有为的精神，已成为中华文明的重要组成部分。古代辽河文化和"辽学"的形成与发展过程中凝结出来的龙玉文化，是具有里程碑意义的伟大文明成果。即便是从今天的文化视角看，其依然是蕴含深刻、影响广泛的历史文化地标。

对于打造"辽学"的意义和价值，他做了如下阐述：

　　2018年5月28日，国务院新闻办公室发布了由科技部、国家文物局等8个部门和单位协同完成，被列为国家科技攻关计划的"中华文明起源与早期发展综合研究"项目成果，对中华文明多元一体格局的形成有了新的总体认识。研究表明，距今5800年前后，黄河、长江中下游、西辽河等区域出现了文明起源迹象，是中华文明发源较早的地区，共同构成了中华文明多元一体的格局。国家层面对中华文明多元一体格局形成的新认识，将辽河文明与黄河文明、长江文明并列，确定其为中华文明的主要发源之一，在历代关于中华文明起源的阐述中尚属首次。这对于辽河流域民众形成在中华文明构成元素中辽河文化的自知与自觉，增加辽河文化自信心与自豪感，推进新时代辽河区域文化繁荣，促进文化与产业经济深度融合发展，推动辽宁省社会物质文明和精神文明建设，具有历史性的重大意义。同时，也为辽河区域大力开展辽河文化和"辽学"研究提出了重要课题。

　　遗憾的是，当下辽河文化研究的气氛不甚浓烈，目前，学界对于基础性理论概括和总结，尚停留在关于辽河文化的概念、辽河流域的范围、辽河文明的主要区域、辽河文明的主体民族、辽河文化的传承、发展历史等学术研究方面，且尚未达成基本共识。学术讨论甚至争论是学术思想成熟与进步的动力。但若长期不能形成科学理论体系，学术思想便难以发挥引导与劝进社会的功能。生活在辽河流域的民众对辽河文化的丰富内涵、优秀品质和时代价值等并不自知，没有形成具有广泛共识的文化形象，因而没有形成相同或相近的文化认知与认同，也缺乏对辽河文化的自觉精神。目睹一些已经完成高等教育学业的青年学生，仍然对民族的历史文化一脸茫然，根本不清楚自己的文化根脉在哪里，甚而至于，偶闻坊间"辽宁没历史没文化"的议论，深感痛楚。对此，作为辽宁人，特别是身为教育工作者，应该肩负起"为往世继绝学"重要责任和使命，全力推进辽河文化和"辽学"研究与发掘，使曾在中国历史文化天空光芒璀璨的以红山文化为代表的"红山诸文化"重现灵光，辉耀新时代中国地域文化。

对于"辽学"的建设方向和建设途径，他写道：

辽河文化研究和打造"辽学"是一项系统工程。辽河文化研究不是简单地重复地方历史研究，不能与单纯的民族文化研究画等号，也不等同于文化地理学，而是要从中华文化研究的地域视角出发，研究辽河流域的考古、政治、社会、经济、文学、历史、地理、民族、宗教、民俗和艺术等诸多内容。特别是对历史文化现象的联系、文化内在发展规律的探讨，形成研究体系和学科体系，在此基础上打造"辽学"体系。辽河文化研究侧重于从考据学证据研究来探索辽河流域文化现象，是构建"辽学"的基础，将辽河文化研究得到的成果进行系统梳理和理论概括，是"辽学"研究的基本任务。通过"辽学"研究体系建设，推动辽河文化研究不断地走向深入。

要梳理清楚两个方面的问题。一是文化溯源的问题，要向后看，回望辽河流域数千年的历史和文脉，同时也看清自己的来路。只有这样，我们才能做到心中有数，对自己的文化充满自信，既不妄自菲薄，也不骄傲自大。另一个是发展问题，如何更好地向前看，以史为鉴，古为今用，以灿烂的辽河历史文化为基础。先人的智慧不仅为治国理政提供了有益的启示，也为道德建设和文化建设提供了有益的启发，从辽河优秀历史文化中汲取养分，反哺当下文化发展，服务于经济社会建设，创造出属于新时期的、具有时代特色的"新辽河文化"。"辽学"研究既要重视基础研究，也要重视应用研究；不仅要重视历史遗存等史料研究，发掘其深刻内涵、精神品质及时代价值，更应该贴近生活、贴近民众、贴近社会发展的脉搏，推陈出新，为新时代文化繁荣服务，为改革开放和经济社会建设服务。

解决了这两个问题，也就理清了"辽学"的发展路径，实现"更基础、更广泛、更深厚"的文化自信也就有了可能。[12]

12　徐伟浩：《辽学研究论集（一）》，辽宁大学出版社 2020 年版，第 1—7 页。

随着第二届高峰论坛的结束，关于辽河文化研究院从筹备到成立，构建"辽学"从萌芽到成型的发展过程，似乎已经梳理清楚，可以画上句号。但是，一路走来，其中的衷肠情愫却是非亲历者所能述怀。对此，有一个人的记录比笔者更翔实也更权威，他就是见证辽河文化研究院诞生、成长的郭兴文先生。

他在《"辽学"与徐伟浩的格局》一文中写道：

辽河文化研究院的成立，是辽河文化研究中具有里程碑意义的大事。此前，虽然有不同领域的专家学者对于辽河文化进行了各自的研究、论述，但始终流于散乱、缺乏体系化。辽河文化研究院的成立，使辽河文化进入了系统化、历史化研究的新时期，不同领域专家学者的加入，也使研究范围更为全面，关于辽河文化研究的深度和广度都得以大大拓展。

在我看来，伟浩所主张的辽河文化研究，不仅立足于对辽河流域历史、文化的深挖，更开始走上以研致用、以研究成果指导现实的康庄大道，这是我们对于研究辽河文化意义为何的一次再认识。

辽河文化研究院建设成果斐然，伟浩却并不满足。他在一次会上语出惊人地提出创建"辽学"体系的构想，将辽河文化研究视为一门系统化、理论化的学科进行建设。他表示，"辽学"应该视为中华文化自觉的总体之下的局部表达，它并不仅拘泥于辽宁一地，更多体现的是对以辽宁省为主体的整个辽河流域历史、文化、社会等多方面的人文积淀与总结，更是对如何将其古为今用，回归指导现实的深刻反思。因此，对于辽河文化的深挖绝不应局限于某一时、某一地、某一个领域，而应是全面的、立体的、多元的。同时，"辽学"体系的建立和完善，并非一蹴而就的阶段性工作。只有经过一代又一代人的研究，不断去粗取精、去伪存真，才能够逐渐搭建起"辽学"的理论和现实体系，"辽学"研究才会更有价值，进而成为中国学术思想发展中的重要部分。

在伟浩先生的构想中，我们今天的辽河文化研究成果，都是未来"辽学"体系的一部分；我们这些人，不仅是"辽学"的倡导者、研究者，更应该是"辽学"的传播者。通过我们的研究和传播，一方面要使更多人了解辽河的灿烂过去、辉煌文明，进而自发传播；另一方面，要从在校学生入手，从社会民众入手，培养全民、全社会的地域文化自觉、文化自信；更重要的是，要向历史文化汲取养分，反哺当下经济社会与文化发展，创造出属于新时期的、具有时代特色的"新辽河文化"。[13]

2019年8月，辽河文化研究院被列为辽宁省文化旅游产业研究基地。

同月，曾经为学校校歌作词的著名军旅词作家胡宏伟重返绿岛，受徐伟浩委托，满怀深情地创作了《辽河之歌》，为辽河母亲讴歌，为构建"辽学"助力。

辽河，我的母亲河

你在北国大地上流淌

有你才有第一朵花儿开放

有你才有第一只鸟儿飞翔

有你才有第一条玉龙图腾

有你才有第一缕红山曙光

有你才有马头琴辽阔悠扬

有你才有八角鼓粗犷豪放

有你才有大工业铸造辉煌

有你才有新时代扬帆海洋

啊，辽河，我的母亲河

伟大摇篮，媲美黄河长江

啊，辽河，我的生命河

生生不息，源远流长

截至本书成稿时，辽河文化研究院已完成《辽河古代文化史》《辽河近代文化史》《辽河现代文化史》的编著工作。

一个"异想天开"，引来一个宏大工程，这的确像徐伟浩的行事风格。

13　郭兴文：《"辽学"与徐伟浩的格局》，《我行我能——沈阳城市学院绿岛建校10周年纪念专刊》，第69页。

关于辽河文化研究和"辽学"未来的发展。辽河文化研究院负责人鄢钢城说："现在辽河文化研究院正按照徐老师提出的通过'三馆一库'（辽河文化博物馆、辽河文化艺术馆、辽河文化方志馆、辽河文化资料数据库）的建设，搭建研究平台，努力打造辽河文化和'辽学'研究学术高地，推动'辽学'基础研究和应用研究，为政府提供咨政建议，加快工作步伐，辽河文化研究院获批了省社科联的辽宁省经济社会发展研究基地，下一阶段辽河文化研究院会将'辽学'体系建设作为工作的主攻方向，以项目为抓手，努力将辽河文化和'辽学'研究不断推向深入。"

徐伟浩说："'辽学'研究体系的建立、发展并形成影响力，难以一蹴而就，需要依赖学术界及社会各界的不断积累、创新和传承。积累是'辽学'发展的基础，辽河文化具有丰厚的历史资源，不同民族在不同时期留下了大量的器物、建筑、图像、文献等史料资源，这是构建'辽学'的基础性资源。再有就是辽河文人们在不同时期研究取得的丰硕成果，是梳理'辽学'学术发展史、整理'辽学'学脉发展、开拓当下'辽学'研究的重要路径，要通过不断积累，不断丰富，才能有所突破。创新是'辽学'研究发展的主线，要学习借鉴黄河学等地方学建设经验，创新性地运用各种科学方法，创新性地提炼'辽学'研究的标识性概念，创新性地打造'辽学'研究的科学体系。传承是'辽学'研究的重要目的，既要传承辽河流域厚重的历史文化，认真发掘辽河文化的早发性、原生性和创造性特点在史前中华文化体系中的影响、地位和作用，以及辽河文化的基因传续，传承辽河文化的文脉，树立辽河地域文化自信，增强地域文化自豪感，又要传承辽河文化经世致用的思想，发挥应用研究的特色和优势，服务辽宁文化建设、经济建设、社会建设，助力地方经济社会发展。"

不必讳言，作为一个系统工程，绿岛的辽河文化研究尚处于起步阶段，而打造"辽学"，更是因体大意深而任重道远。但我们有理由相信，抢占了"辽学"研究的制高点，确立了辽河文化研究目标，凭借绿岛人的胆量、气魄和决心，朝着这一目标努力工作，砥砺前行，一定会收到丰硕的成果。

中国酒店管理绿岛品牌

打造中国酒店管理绿岛品牌是徐伟浩为酒店管理学院确立的高地建设目标。

我们已经知道，沈阳城市学院校园原为沈阳绿岛森林公园，作为沈阳市第一家五星级酒店，它是徐伟浩创业史上精心打造的一个杰作。"服务至上，追求卓越"的绿岛酒店，誉满业界，在沈阳乃至全国的影响力自不待言。

创办大学后，徐伟浩对酒店的情结一直萦绕于怀。他思索着还要为中国酒店业做点贡献。

2010 年 3 月，大学创办后的第二个学期，就在他的提议下，成立了绿岛酒店管理学院，这是学校唯一以绿岛冠名的二级学院，徐伟浩亲自兼任学院院长，青年教师邓德佳和曾任绿岛酒店总经理的蔡丰年担任学院副院长。

在谈及为何要打造一个国内高校罕见的以酒店业人才培养为目标的学院时，时任绿岛酒店管理学院常务副院长邓德佳回忆说，酒店管理学院是从管理学院分离出来的，当时只有一个专业——旅游管理专业，酒店管理还只是旅游管理专业下的一个培养方向，为何要以工商管理学科体系下的一个专业方向打造一个学院，一部分缘于我们的自身优势，徐伟浩老师把多年经营管理五星级酒店积累下的宝贵经验融入人才培养中，更重要的是，缘于徐老师对酒店业割舍不掉的情怀，酒店变大学了，我们还要为酒店行业源源不断地培养高水平优秀人才，可以利用原有的环境、设施、设备，对于建立酒店管理学院具有先天的优势，徐老师开玩笑地说："这就是给酒店管理学院预备的。"

当然，需要承继的不仅是原绿岛酒店优良的硬件设施，更要传承绿岛酒店先进的服务理念和品牌效应，形成新的办学优势和人才培养特色。

在与笔者交流时，徐伟浩说，对于酒店管理学院的发展，他一直有品牌意识，"现在国内酒店行业内有一个'绿岛系'的说法，就是说，人家可能不知道城市学院，但是知道绿岛。在国内酒店业打造'绿岛系'，使绿岛成为一个响当当的品牌，这就是我们的目标"。

当时，随着国际酒店集团大量进军国内酒店市场，酒店业作为旅游业的重要组成部分，是中国最早与国际接轨、实行国际化经营管理模式的行业之一，尤其是 2008 年北京奥运会和 2010

年上海世博会对中国第三产业的带动效应，酒店产业升级、人员迭代、行业发展迫切需求专业人才。

为应对酒店市场人才短缺的状况，教育界和企业界都做出了很多努力，但却出现了一个奇怪的现象：一方面，众多高校争相开办旅游管理（酒店管理）专业；另一方面，学生毕业后主动到酒店行业就业的比例非常低，即便到酒店工作，短时间内很难进入管理层，只能从事一线服务工作，因而从事一线服务工作的本科生流失率高得惊人。

业内一直在探讨这种人才严重浪费的现象，院校和用人企业甚至互相抱怨。院校方面说，企业在本科生的使用上，让他们在一线的时间太长，这些学生长时间得不到提拔，很快就流失到别的行业了；企业方面说，刚从院校出来的大学生对酒店行业知之不多，什么都不会干，不多锻炼怎么行？这种争论在今天仍然不绝于耳。

徐伟浩认为，造成这种现象的原因有三：一是大多数旅游类院校仍沿用以学历教育为本的教育模式，忽视学生职业能力的培养，忽视实践教学的重要作用，教学内容与行业实际严重脱节，也与用人单位的要求存在很大的差距。二是学生本身没能树立正确的专业思想和职业意识。旅游业属于经验型服务行业，一般情况下，学生进入酒店工作后，都要从基层服务工作做起。但由于没能树立正确的专业思想和职业意识，使得许多本科生很难以一种平常的心态对待基层工作，加之社会对服务行业的偏见，导致本科生大量流失。三是学生自身的职业素养和人文素养较低。现代旅游业需要大量懂经营、会管理，同时又具有较高职业素养和人文素养，知识结构合理的应用型人才，而目前国内旅游类高校在课程设置方面却往往忽视了对学生职业素养和人文素养的培养。

要改变这种状况，就必须创新人才培养模式，打破重理论、轻实践的教育观念，紧密围绕企业岗位能力培养开展教育教学。

酒店管理学院成立后，就率先在全校开始了应用型人才培养的改革与探索。他结合酒店行业实际需求，提出了酒店管理人才的能力培养目标和企业情景化教学模式。

徐伟浩说："企业情景化教学模式就是针对现行传统教学模式造成大学生行为能力缺失的实际情况，为实现培养目标提出来的。所谓企业情景化教学模式，就是在大学里，结合学科和专业设置的特点，搭建若干个能涵盖专业特征的企业情景机构，这些情景机构能承载和实现企业或模拟企业运行，老师和学生都是这一情景机构的成员，教学随着这一情景机构的运转而展开，并对这一情景机构的运行提供理论支持和技术保障。老师和学生随着情景机构的运转，教学相长。这些就是我对企业情景化教学模式的基本定义。酒店管理学院基于绿岛教学饭店展开的实境化教学，就是企业情景化教学模式的具体表现。"

2011 年，徐伟浩接受中国旅游报记者吴晓梅采访时说："我们培养的学生既要仰望星空，又要脚踏实地，为使学生既有本科教育的理论素养，又有职业教育的动手能力，我们探索出一套以岗位能力形成为核心的职业情境化人才培养模式。"在这样的改革下，绿岛酒店管理学院因地制宜，依托原绿岛酒店完善的设施并加以整合，改造了梧桐宾馆，建设了凤凰楼教学酒店，专门供学生开展实践使用。教学酒店与社会酒店的最大不同是，酒店总经理、运行总监、客房部经理、餐饮部经理等职务都是由学院的领导和老师们兼任的，服务员则全部是学生。

"通过几年的努力，使学院成为中国酒店业管理者的摇篮"，是绿岛酒店管理学院办学的目标。成果是培养出德智体美劳全面发展，有国际化视野，熟悉酒店行业，具有从事现代酒店业经营管理工作所必需的专业基础理论和职业知识，具备较高的职业素养，有较强的专业实务运用能力及自我发展能力，毕业后具有五星级酒店餐饮、前厅、客房部门经理岗位能力的应用型高级专门人才。

为实现这个培养目标，徐伟浩给出了解决问题的钥匙，提出了酒店管理人才培养的核心能力标准，即"专业思想、职业精神、服务艺术、管理能力"。徐伟浩说："我们强调专业思想、职业精神、服务艺术，更要强调培养学生的管理能力。学生的管理能力是从哪里来的，是从课堂上、书本中来的吗？不是。知识转化为能力，还有一个重要的环节，那就是实践。所以说，学生的管理能力只能从实践中来。在传统教学模式下，学生管理能力低下的一个重要原因，就是学生没有更多的机会从事真正的实践活动。在企业情景化教学模式下，情况将发生本质的变化了。我们酒店管理学院的同学，一入学就进入实境化的教学饭店实践，大一的实践项目是怎样当好一名服务员，大二他就是领导大一同学的领班了，大三他升为主管，大四他就可以做到部门经理了。四年的教学实践，就是四年的管理能力的培养。我相信，在这种教学模式的培养下，酒店管理学院的大多数同学毕业之后，不用再培训，就能直接走上高星级酒店的管理岗位。"

2012 年，徐伟浩在"暑期教学思想大讨论"中提出了依托行业产业建设跨学科专业群的构想，决定建设以酒店管理为龙头的专业群。他说："现在我们工商管理学科下有市场营销、人力资源、会计学、财务管理、酒店管理等专业，我们可以以酒店管理为龙头，涵盖工商管理学科的这些专业，形成一个专业群，支撑酒店管理专业，打造一个中国酒店管理绿岛品牌。"

基于这样的构想，2012 年 11 月，工商管理学院的工商管理专业、市场营销专业、人力资源管理专业并入绿岛酒店管理学院。新任院长丁旭回忆说："徐老师刚开始跟我说合并成绿岛酒店管理学院时，我是抵触的。从专业分类上来看，酒店管理专业只是管理类专业中的一个分类，怎么都应该是管理学院合并酒店管理学院啊，怎么能反过来呢？这不是让别的学校笑掉大牙嘛！但是，徐老师根本不理会这些议论，依然我行我素。"

事实证明，这种面向行业，选择一个龙头专业构建专业群，进而带动专业发展的思路是完全正确的。

"为了打造酒店管理品牌，徐老师还提出了酒店专业要两步走。一是鼓励老师们走出去。去酒店进行挂职锻炼，去了解行业工作实际，了解目前酒店行业发展趋势。二是把行业专家请进来。让专家参与专业的人才培养，把优质的行业企业作为我们的实践教学基地。正是这一步步举措使得酒店管理学院的发展定位初始就与行业需求紧密相连。在面对行业需求变化、经济形势变化、酒店人才需求变化时，我们的人才培养计划也随之调整，人才培养具有灵活性与时效性。"

2014年6月7日，在徐伟浩的推动下，酒店管理专业建设委员会正式成立。酒店管理专业建设委员会专家成员有国家旅游局原副局长张希钦，中国旅游饭店业协会会长、首旅建国酒店总经理张润钢，中国旅游饭店业协会副会长、中国名酒店组织秘书长奚晏平，中国旅游饭店业协会副会长、中国大饭店总经理辛涛，中国旅游协会副会长、上海国际会议中心总经理王济明，最佳东方网、迈点网创始人兼首席执行官乔毅。张希钦受聘担任绿岛酒店管理学院名誉院长，奚晏平受聘担任酒店管理专业建设委员会主任。

酒店管理专业建设委员会的成立，标志着酒店专业人才培养开始向高起点、高标准迈进，国内酒店行业顶尖专家共同为酒店管理专业设计一流的人才培养方案和课程体系。专业建设委员会主任奚晏平说："酒店管理专业课程设置与教学方法的变革，源于酒店行业巨变带来的市场需求的变化，快速成长的行业发展要与人才资源素质同步，教育体系的变革需要面向未来的思维模式和创新的勇气。酒店管理专业的学生，要具备管理者的素养，具有对于所从事工作的热爱以及责任感、使命感，掌握酒店业各个系统标准和流程控制，面向现代科技与酒店融合，学习人力资源、财务管理、资产管理等知识，要有领导力和亲和力，积极的生活态度和生活方式。"

先进的教育教学理念，国内一流的实验实训教学条件，顶尖的专家团队保障了绿岛酒店管理学院的快速发展。"基于企业情景化教学模式下的酒店管理人才培养模式" 2010年被评为辽宁省人才培养模式改革创新实验区；确立"SOSL"酒店管理人才培养核心要素，构建以岗位能力形成为核心的职业实境化人才培养模式，2010年获辽宁省教学成果奖；酒店管理综合实验教学中心 2013 年被评为辽宁省普通本科高等学校实验教学示范中心；酒店管理专业 2014 年被评为辽宁省综合改革试点专业；酒店管理虚拟仿真实验教学中心 2014 年被评为辽宁省虚拟仿真实验教学中心；酒店管理专业 2015 年被评为辽宁省首批向应用型转变试点专业。

成就可谓硕果累累，但是徐伟浩并未满足。他的目标是建设国内乃至国际一流的酒店管理学院。

2014 年，第十五届世界大学生高尔夫锦标赛在瑞士举办，中国大学生体育协会邀请徐伟浩担任中国代表团团长率队参赛，其间徐伟浩专程抽出时间，访问了世界著名的瑞士洛桑酒店管理学院。回国后就暗下决心，要在绿岛建设一座布局更为合理，设施设备更加先进，功能更为齐全，比洛桑酒店管理学院还要好的教学酒店。

他心中的宏伟蓝图，终于在学校三期工程建设中实现了。南楼于 2015 年建成并投入使用，既是一座教学楼又是一座酒店，占地面积 16917 平方米，中西式创意美食的芙蓉餐厅，洋溢欧式文化的百荷咖啡吧及歌涅酒窖，环境典雅精致的中、英茶室，充满活力的动感单车和健身中心，奢华高端的室内电子模拟高尔夫球场和室外天然草坪练习场，校园文创精品店和多功能会议厅，各类大小宴会厅及可举办千人户外酒会的草坪广场，多媒体教室与多功能实训室，设施先进，布局合理，与瑞士洛桑酒店管理学院功能极其相似。

南楼与"我行我能"校训塔交相辉映，傲然屹立，在绿岛湖畔，散发出璀璨的光芒。

院长刘爽说："南楼的建成使用，让我们拥有了媲美世界一流酒店管理院校的教学环境和教学设施。依托全景式教学酒店，教育教学改革实现了从最初因地制宜的情景化到全流程的实境化的跨越，专业建设水平全面提高。学生们在校店一体的教学运营中，工学一体，理实结合，培育专业思想，涵养职业精神，提高服务艺术，锻炼管理能力，真正实现了专业与职业的无缝链接，人才培养质量大幅提升，受到用人单位的广泛欢迎。近年来，我们的毕业生就业率每年都超过 98%，并有 80% 以上的学生就职于五星级酒店，其中 40% 都已担任国际酒店管理集团奢华品牌的管理岗位，万豪酒店集团、香格里拉酒店集团、希尔顿酒店集团与我们签订了战略合作协议，洲际酒店管理集团与学院共建英才培养学院，联合培养管培生。目前，'绿岛系'这一品牌在业内已声名远播。"

2017 年，绿岛酒店管理学院建立了国内高校首个以酒店产业大数据分析和酒店舆情研判为主的专业研究机构——绿岛酒店产业研究院，为酒店产业发展提供高水平的研究咨询服务。研究院成立以后，已阶段性完成了中国酒店行业房价分析报告、全国五星级酒店网络舆情分析半月报等项目，成功地将酒店行业数据采集、信息处理等智能化组件融入酒店管理体系当中。特别是绿岛酒店舆情 CPI 指数，通过多个维度，为酒店行业进行酒店舆情监测与分析研判，提供了有力依据和数据支撑，也为酒店管理者提供了真实可靠、有预见性的判断基础。

2018 年 5 月 30 日，"绿岛·国际酒店高峰论坛暨 2018 国际酒店人才培养峰会"在南楼大宴会厅举行。峰会以"国际酒店人才培养"为主题，邀请万豪、凯悦、洲际、四季、香格里拉、希尔顿等国际酒店管理集团高管和绿岛优秀毕业生代表参加，共商绿岛酒店管理品牌建设大计。

记得绿岛建校初期，举办"绿岛杯"中国酒店业名人高尔夫赛，全国著名酒店的 50 余位老总来到绿岛。徐伟浩曾说过："颁奖、宴会，我们的服务，对于学生是实践化教学，对于来宾，是学生能力、水平、精神面貌的展示，是一种品牌推广。"这一次的高端论坛，从策划筹备、迎宾接待到会议安排、宴会服务，全部由学生承担，充分展示了绿岛学子的专业思想、职业精神、服务艺术、管理能力，赢得了与会嘉宾的高度评价。

会上，时任校长于存雷为与会的沈阳新都绿城喜来登酒店总经理杨杰先生和和平艾美酒店总经理姜楠女士颁发了客座教授聘书。说起来，这一对总经理伉俪都与绿岛酒店有着不解之缘。

杨杰总经理深情地说："20 年前我俩曾是沈阳第一家五星级酒店——绿岛酒店的第一批员工，从这里开始事业的发展，也在这里相识相恋，这里就像我们的家一样，珍藏着永远割舍不掉的感情，感恩绿岛给予我们成长的平台，感谢徐总的提携与关爱。这次以客座教授的身份重返绿岛，不仅看到了绿岛酒店'服务至上，追求卓越'的基因传承，更看到了绿岛年青一代的活力，我们一定将多年积累的专业经验，传授给绿岛的学子们，我们相信，绿岛酒店管理品牌一定会在他们身上发扬光大。"

2019 年 4 月，教育部办公厅印发《关于实施一流本科专业建设"双万计划"的通知》，决定于 2019—2021 年建设 1 万个左右国家级和 1 万个左右省级一流本科专业建设点。2019 年计划遴选 4000 个左右国家级一流专业建设点。

此次"双万计划"以建设面向未来、适应需求、引领发展、理念先进、保障有力的一流专业为目标，面向全国高校进行遴选，对于绿岛这样的年轻大学来说，难度之大可想而知。

令人欣慰的是，在本书成稿时，酒店管理专业已获批国家首批一流本科专业建设点。据了解，全国共有 300 余所高校开设酒店管理专业，只有 5 所学校获批，绿岛酒店管理专业既是辽宁高校唯一，也是全国唯一获批的民办高校。

媒介融合

2015 年 3 月 18 日，互联网应用学院在绿岛挂牌成立，这是全国本科类第一所以互联网命名的学院。在美国访学的徐伟浩发来贺词，"应运而生，蓄势而发，无网不胜"。

2015 年 3 月 5 日，在十二届全国人大三次会议上，李克强总理在政府工作报告中首次提出"互联网 +"行动计划，上升为国家发展战略。时隔 13 天，互联网应用学院就成立了。其实，在政府工作报告之前，互联网应用学院已经在酝酿筹备之中，绿岛与"互联网 +"同频共振，同向同行的速度之快，引来高校同行的赞叹，也成为省内外媒体关注的热点。

这是徐伟浩探索培养适应互联网时代的新媒体人才的"破冰"之举，也是绿岛最初开展媒介融合创新的发轫，为今天的新闻与传播学院媒介融合创新高地的建设奠定了基础。

他对"媒介融合创新"的理解是，媒介融合已超出媒介自身，必须突破传统方式、商业模式和人才培养模式，实现媒介融合与教学融合、与社会融合、与新技术融合、与产业融合，实现可持续发展。

徐伟浩认为，数字技术的广泛应用以及各种新型媒体的出现，使得媒介形态发生了重大变化，极大地改变了媒体业的生态系统、生产方式和运行模式，使得传统媒体日渐萎缩，新型媒体层出不穷，一个新的、多元的信息传播时代正在到来。推动传统媒体与新兴媒体融合发展，促进报纸杂志、电台电视台与互联网、手机等智能终端有效结合，走媒介融合创新之路，已经成为新闻业的必然选择。培养具有互联网思维、掌握新媒体传播技术、熟悉全媒体传播流程的新媒体人才，也成为当今社会媒介融合下的新要求，这个"新要求"就是我们亟须破解的新课题。

按照徐伟浩要求，新闻与传播学院媒介融合创新高地，以融媒体技术创新、融媒体产业趋势研究、融媒体行业发展战略、融媒体行业人才培养为目标，按照融媒体业务流程和环境，搭建起融媒体产业所需的创意内容生产——制作分发——流量变现等完整流程的教育教学体系，建设起跨行业、跨学科的"政、产、学、研、用"一体化的人才培养体系。

这是徐伟浩对新一轮互联网科技革命和产业革命的诸多复杂挑战下的考量，也是对互联网应用学院创新实践的总结。

"当初办互联网应用学院，目的是对原来的文法学院进行改造。原来的文法学院由汉语言文学、法学、应用心理学专业构成，传统专业、传统方式，已经跟不上互联网时代人才的需求，也与学校应用型人才培养要求不相适应，促使我们下决心打乱重来。这是互联网科技革命和产业革命'倒逼'的结果，我起名叫'互联网应用学院'，本意是想用互联网基因改造传统专业，改造培养方式。我们把原来的公共课计算机基础拿到学院来，是想让每个学生都能掌握和运用互联网技术，把原来经济学院的国际经济与贸易、工商管理专业拿了过来，为新媒体、电子商务、跨境电商等新兴互联网产业服务，使东北地区互联网人才的培养和输送跻身全国领先行列。"

当时，作为"独此一家"的互联网应用学院，面临的难题是，没有现成的经验可以借鉴，在专业设置、教材选用、培养模式上也是各抒己见。时任互联网应用学院副院长王姣说："学院成立后，原来经济学院的国际经济与贸易、工商管理专业拿了过来，与新闻学结合在一起，很多老师不理解，这不是风马牛不相及吗？大家也争论不出眉目。"其实，这种"混搭"正是徐伟浩的用意，他说："什么是'互联网＋'？就是跨界融合呀，你中有我，我中有你，'混搭'适应新媒体、电子商务、跨境电商等新兴互联网产业需要，就是用互联网信息技术改造传统专业，培养掌握互联网技术、具备互联网思维、服务互联网产业发展的新型技术人才。"

"'混搭'，原来专业还可以这样发展"。学院教师达成共识：探索培养适应互联网时代的新媒体人才。改革创新三步走：一是修订人才培养方案，加大互联网技术的培养力度，制定开设了"互联网应用十项全能"课程群；二是创新人才培养模式，强化互联网技术应用实践，国际经济与贸易专业告别了传统贸易人才培养方式，在速卖通、亚马逊等平台上率先进行了跨境电商的实践，工商管理专业围绕电商运营的全产业链不断进行调研与实践；三是媒介融合创新，在新媒体运营、大数据与舆情分析等领域取得突破，产生聚合效应。

互联网应用学院锋芒初露，小有成就，引起了上级领导的关注。2017年10月17日，时任沈阳市委常委、宣传部部长、市委教科工委书记冯守权到学校调研，寄语绿岛成为"应用型人才培养的新高地，转型创新发展的新动力，城市文化建设的新标杆，高校改革创新的新样板"。领导的高度评价，坚定了学校媒介融合创新的决心，也为培养高素质新闻传播人才搭建了更加广阔的平台。

2017年11月，中共沈阳市委宣传部与沈阳城市学院签订战略合作协议，决定共建新闻与传播学院，培养新时代卓越新闻传播人才。按照共建要求，学校再次对互联网应用学院进行调整。2018年4月，新闻与传播学院挂牌成立，成为当时全国部校共建中唯一一所民办高校。

新闻与传播学院设有新闻学、传播学、网络与新媒体、广告学四个专业，集中优势兵力，以互联网思维重新定义和架构新闻传播学科知识体系，加快推动媒体融合发展，构建全媒体传播格局。

谈到媒介融合创新高地建设，时任新闻与传播学院院长李刚说，我们最需要突破的就是产学融合，用社会需求定义教材和课堂，用实训实习提升师生的能力，这就是徐伟浩提出的"改造专业和培养模式"。所以，结合新媒体发展的趋势和要求，学院制定了以"新闻专业主义"和"大传播"为主要特色的全媒体人才培养方案，面向新型主流媒体培养融媒体采编、新媒体运营官和舆情分析师。构建了以媒介融合为主要特色的覆盖新闻生产、分发、互动、传播效果评估、新闻法规政策与伦理、媒介产业创新与运营的课程体系，在保留传统新闻专业采、写、编、评等基础课程外，增设新媒体领域的新媒体运营管理、大数据与舆情分析、社群经济与电子商务、新媒体应用技术、数据新闻等课程与内容，全方位培养新闻传播人才的业务能力和素质。

笔者发现，从文法学院到互联网应用学院，再到新闻与传播学院，一所学院三年之内两次转型，一直在"变"：学院在变，专业在变，课程在变，不变的，就是互联网基因，还有探索培养适应互联网时代的新媒体人才的初心。

2009年，建校之初就建设了双万兆校园网，这在当时的东北高校并不多见；2013年，转设后，徐伟浩明确提出建设一所"具有广阔国际视野、广泛应用信息技术，面向城市未来、服务城市发展"的特色鲜明的一流应用型大学；2014年，从一个微信公众号裂变到全校30余个，形成新媒体矩阵，荣登"全国高校新媒体风云榜"榜首；2016年，成立东北首家专业舆情研究机构，利用互联网开展创新研究。

十年间，增设了智能科学与技术、机器人工程、网络与新媒体、大数据管理与应用等"互联网+"行业产业急需的专业；新建了智能、仿真、虚拟、融媒体、网络一体化等具有互联网基因的实验室，几乎遍布每个学院每个专业，完成了实验室由实体型向虚拟平台的智慧化升级……

由此可见，绿岛的发展紧跟着"互联网+"的节拍，以"平等文化、产品为王、模式创新"的互联网基因，全方位地渗透新媒体素养。

在新闻与传播学院的教学楼宏志楼一楼大厅内，镌刻着学院的人才培养理念。培养目标是"一颗红心，为党为国为民；一流人才，全媒全面全能"；职业精神是"责任、良知、道义、跨界、融合、自律"；专业能力为科研传播、选题策划、融媒体采编、舆情研判与公关、影像创意与制作、品牌推广与营销、移动技术与应用等，从中可以看到他们在融媒体人才培养方面所做的努力与探索。

学院成立后，在原有绿岛舆情研究所的基础上，又先后成立了绿岛媒介产业研究所和绿岛网络媒体研究所。围绕新媒体发展的趋势以及对产业的影响，开展对媒介融合和新媒体产业形态的研究，形成为政府和社会提供高水平服务的能力。

绿岛媒介产业研究所以泛媒介产业为研究对象，包括移动互联载体上的微影视、网络综艺和品牌策划与实施、广告代理与发布、创意与制作新趋势，为新时代的大传播、泛传播"讲好中国故事"提供学术智力服务。

绿岛网络媒体研究所围绕新闻宣传政策与口径、媒体融合趋势、全媒体生产与运营等领域，结合服务地方政务，着眼于"移动、融合、全产业"，侧重研究"内容创新生产"的项目孵化，以及融媒体产业人才培养配套工程，全面开展"部校共建"的内涵建设，为本地媒体开展新闻阅评、党政干部新闻素养培训等提供咨询服务。

在学院的三个研究所中，社会影响最大、成果最显著的当数绿岛舆情研究所。建立舆情研究所，也是徐伟浩的动议。2015 年，在与中国台湾世新大学建立合作关系之后，徐伟浩带队到该校学习、考察，世新大学有一个民调中心，研究中国台湾地区选举选情和民意，给徐伟浩留下深刻印象，遂萌生了建立舆情研究所的想法。

2015 年 9 月 8 日，互联网应用学院在全国民办高校中率先成立了"绿岛舆情研究所"。成立当日，"中国政务舆情·绿岛论坛"开幕，来自中央、辽宁、吉林、黑龙江、河北、内蒙古等国家和省市委网信办相关负责人，以及国务院国资委、团中央、中国地震台网、中国传媒大学、清博大数据、辽宁省教育厅、辽宁省公安厅、共青团辽宁省委和省市媒体等共计 120 多名代表齐聚绿岛，并发布全国首个"弘扬网络正能量，传播网络好声音"的《绿岛宣言》。

举办这个论坛还有一个小插曲：省里得知学校举办全国性的政务舆情论坛，而且邀请了那么多在业内有分量的嘉宾，决定将论坛升格由省里主办，学校承办，相关费用由省里全额承担。徐伟浩听说后当即表示：费用必须由学校出！后来大家才慢慢理解，他不计得失，是为了给舆情研究所提供更大的平台，通过研究所未来的发展实现真正的"产学研"一体化。他有着"功成不必在我"的精神境界和"功成必定有我"的历史担当，这可能就是人们所说的"教育家的情怀"吧。

郑东红，前新华社记者、高级舆情分析师，被徐伟浩聘为绿岛舆情研究所所长，网名"点子正"，是"自干五"及网络正能量代表。曾任团中央宣传部网络舆论处兼职副处长，共青团中央智库专家组成员，中国社会科学院国家意识形态研究中心特约研究员。以郑东红为核心，组成了有 10 余位专业舆情分析师的研究团队，依托拓尔思大数据平台对全网多种类型的数据进行 7×24 小时不间断的精确采集、定向跟踪定位、敏感信息监控、舆情实时预警、舆情统计分析等多层次、多维度的舆情信息服务。

得益于徐伟浩当时"高举高打"的策略，外界知道了互联网应用学院，也成就了绿岛舆情研究所，承接第一个社会化项目就含金量十足——沈阳政务新媒体市场调研项目。2016 年底，沈阳接到中央网信办的通知，需要针对沈阳政务新媒体市场进行一次全面的市场调研，市里当时没有这方面的专门机构和人员，于是就交给了舆情研究所。经过师生的通力合作，最终形成了一本 10 余万字科学权威的调研报告，市里将这本报告呈报中央网信办之后，得到了上级部门的高度赞扬。

旗开得胜，一炮打响。2017 年 3 月，河北省委网信办主办的新媒体平台需要代运营服务，经过多方对比，最终选择了绿岛。此后各种项目纷至沓来。有河北网信办"E 观沧海"——首个省级新媒体平台项目、共青团中央新媒体实习基地项目，黑龙江北大荒农垦集团——首个社会培训项目，保利地产——首个商务舆情服务项目等。

作为互联网应用学院"产、学、研"一体化的平台，研究所更体现出对教学的反哺：每次承接项目后，学院都要选拔一批学生参与项目的具体运营。从选稿到编稿，从修图到排版校对，学生们在老师的指导下干得得心应手。这种产教融合的项目化教学模式，最大程度提升了教学质量与学生的专业水平，一批又一批学生从中受益。

作为东北高校首家专业舆情研究机构，绿岛舆情研究所立足辽沈，辐射东北，影响全国，以舆情分析为载体，致力于融媒体创新研究，形成了面向社会、产教融合的"绿岛舆情服务模式"。成立四年来，曾数十次针对重大网络舆情事件，为中宣部、中央网信办、公安部、教育部等多部委及辽宁、浙江、江苏、广东、山东、山西、黑龙江、重庆等多省市政府部门提供专业权威的舆情智库服务。先后完成了《绿岛舆情/辽宁政务舆情县区微力榜》《西方文化借"奶头乐"战略侵蚀我国舆论生态圈舆情分析》《国内高校涉留学生风波频发舆情分析》《共青团十八大专题传播分析》等多份在业内颇具影响力的专业报告。通过线上分享、线下活动、项目实训、公益讲座等方式，积极培养造就高素质的新媒体人才，年累计培训 2000 余人次。2016 年，舆情研究所获批"辽宁青年新媒体联盟绿岛基地"；2017 年，获得沈阳新闻奖新媒体影响力奖；2018 年，获批"团中央新媒体实习基地"，成为"国际舆论研究合作联盟成员"单位；2019 年，融媒体实验室获批辽宁省实验教学示范中心。

舆情研究所就是互联网时代下中国媒介融合创新的一个典型缩影，它的创新性、开拓性、引领性，也为媒介融合创新增添了亮丽的色彩。

对此，马卿轩有深刻的感受。他毕业于吉林大学，曾写过一篇《我与绿岛的故事》，记录了他扔掉"金饭碗"电视台的工作来到绿岛的经过，它对于我们了解绿岛的媒介融合创新、新媒体人才培养都是一份十分重要的文献。现将此文部分节录如下。

第一次听说沈阳城市学院的名字，是在2014年6月。那时候，我还在沈阳广播电视台新闻频道工作。当时随着移动互联网的普及，新媒体出现了井喷式发展，导致传统媒体的市场份额和广告收入不断下滑。迫于这一压力，频道决定要做"新媒体"。作为当时新闻频道最年轻的制片人，领导安排我去牵头筹备"新媒体事业部"。说实话，我之前虽然接触了几年"新媒体"，但也仅限于栏目开个官方微博和公众号，偶尔搞搞观众社群活动，这次频道的"新媒体"应该怎么玩，我还真没太想好。

带着一大堆的疑问，频道领导带我来到绿岛，拜访了互联网应用学院的李刚院长。当天一行的主要目的就两个：一、找个专家帮忙诊诊脉，顺便给我重新上上课；二、争取多要几个实习生，还得能干活。第一次来绿岛，我对这里的印象是：这学校的环境可真好，院长都在别墅里办公。跟李刚院长侃了大半天，也确实给我洗了脑，他帮频道的新媒体定了位，并勾画了发展蓝图，思路清晰、条理分明，让我瞬间被这位一说话露出两道又深又长酒窝的传媒前辈给折服了。李院长办事很讲究，当天就挑选了几个优秀的孩子，协助频道去做"新媒体"。

没几天，学校送过来7个实习生——清一色儿的全是女孩儿。绿岛的这7个姑娘，可以说个个"身怀绝技"，其中最优秀的一个学生叫张倩，是互联网应用学院11级的学生，一个学汉语言文学的，居然对新媒体业务驾轻就熟，从美工到修图，到视频剪辑制作，从微信选题、写稿、排版，到微博制作、话题互动，玩得那叫一个溜。我当时特好奇，一所民办大学培养出来的学生，实际动手能力怎么就远超那些"985"和"211"的高材生？我当记者和制片人的时候，也带过好多届、好多所名校的实习生，但没有一个来了就能上手干活，而且还把活干得这么漂亮的。直到后来我成为绿岛的一名教师才弄明白，原来学校有一套独特的人才培养模式——采用以岗位能力形成为核心的职业情境化人才培养模式，学生在校期间所学的课程和参与的项目，都是根据未来就业岗位的实际需要量身打造的，培养的目标就是让学生具备真正的岗位能力，而且在校期间通过真实项目为学生提供职业化情境，这样一来，学生们走向社会后"所学即所用"，而且一点不打怵，动手能力自然强过那些死读书、读死书的高材生。

在绿岛"七朵金花"的协助下，新闻频道的"新媒体"创造了很多"奇迹"——短短一个月，单条微博最高实现了转发、评论、点赞过千；不到三个月，微信公众号创造了多篇10万+，粉丝从2000多增长到5万；半年时间，原创的短视频，最高的单条播放量突破了100万；一年后，短视频开始转型，一条测试社会人情冷暖、弘扬正能量的视频造成全网轰动，播放量超过2000万，后来还被央视和《人民日报》的新媒体转发。随之而来的，是沈阳广播电视台新闻频道新媒体事业部在辽沈媒体圈，乃至全国广电媒体圈里的"名声大噪"，越来越多的本地传统媒体开始模仿我们做新媒体。最具代表性的，估计90%以上的沈阳人都在公众号或朋友圈里看过，标题叫"下周起，沈阳这几个区要停水停电，最长24小时"，当年是一发一个10万+，后来每家媒体都开始学我们，连图都是盗用"七朵金花"的，现在五年多过去了，还有几家媒体依旧在玩这个，标题用的还是这套模板。在当年，这的确给传统媒体开创了一个"用新媒体进行本地化服务"的先河。而凭借着实习期的优异表现，张倩和另外两名学生经过全台统一招聘考试，成为电视台的员工。在那之前电视台招聘，对学历要求是非"985""211"院校的学生不招，而且台里还有几十个已经实习了好多年的"成手儿"都被拒之门外。就在那一年，电视台的招聘门槛为绿岛破了例，你说，绿岛的"应用型人才培养"做得牛不牛。

撰写调研报告和新媒体运营推广，舆情研究所更为核心的科研能力是围绕舆情产业开展的舆情全链条的社会化服务，从舆情监测预警服务，到舆情分析研判服务，从各类舆情报告撰写服务，到舆情和媒介素养培训服务，从议题设置服务，到融媒体产品策划推广服务，成立三年多以来，舆情研究所通过承接各类社会化项目，实现了应用研究服务社会的目标，项目数量从每年一两个临时性项目，发展到每年10多个全年性常态化项目，科研创收也从第一年的30万，增长到第三年的将近200万。在研究所发展过程中，学生得到了锻炼，老师得到了提升，客户收获了满意，社会给予了认可，这一切，恰恰是对绿岛这所应用型大学所秉承和坚持的教学理念最大的肯定与认同。

在媒介融合创新的路上，绿岛独领风骚，硕果累累。"媒介融合背景下新闻传播人才培养模式研究"获省级教学成果奖；"重大突发事件的舆情引导机制"获辽宁省社科基金重点项目立项；李刚、郑东红工作室被授予辽宁省网络名师工作室、辽宁省职工创新工作室；新闻与传播学院被评为辽宁省普通高等学校新型智库、辽宁省大数据与舆情研究中心。学院培养的新媒体学生先后百余人次获得沈阳市新闻奖，毕业生受到新华网、界面、阿里巴巴、腾讯、辽宁广播电视台、《辽沈晚报》、新浪辽宁、抖音、快手等新型主流媒体和互联网企业的青睐。

对于未来的发展，新闻与传播学院副院长王姣说，学院将按照学校确立的媒介融合创新方向，更加主动地适应新媒体产业发展需要，以服务社会为导向，在政务新媒体运营、网络视听传播、大数据与舆情研究、直播电商、电子竞技产业运营等领域深耕细作，成为辽宁政务新媒体创新与运营、视频创意加工与生产、KOL 孵化与流量加工、电竞规划与运营、舆情监测与分析基地，为新媒体产业培养更多创新应用型高级人才。

现代商务人才培养

2018 年 4 月，全校"高地建设"大会之后，徐伟浩做出了一个重大决定，将会计学院和经济学院合并重组，建立商学院。合并的动作之快，让两个学院的教师颇为意外。经济学和管理学分属于两大学科，将会计学院与经济学院合并的意义何在，很多老师表示不解。

会计学院是绿岛的重点建设学院。实行产学融合，学生真账实操，动手操作能力强，教学成果显著。其会计学和财务管理专业全校招生数量最多，毕业生就业率高，用人单位反馈良好；财务管理专业分别于 2013 年和 2017 年获批辽宁省教育厅认定的"省级重点建设专业"和"省级应用型转型专业"。

其实，合并转型是基于学校长远发展的考虑。徐伟浩认为，虽然现在这些财经类专业招生规模大、办学成本低，也深受社会和家长、考生青睐，但从学校长远的发展角度来看，作为一所综合性大学，学科、专业、学生规模需要保持均衡发展，社会需求不可能允许财经类专业长期维持庞大的招生规模，况且这些专业同样面临着专业升级改造的问题。所以，统筹考虑之下，他认为，随着"互联网 +"传统业态的跨界重组、融合优化，传统商科人才培养面临着改革创新的要求。为适应数字化时代经济社会发展需要，培养复合型创新型人才，必须对传统财经类专业进行改造创新，使其焕发新的活力。

打破学科藩篱，从新商科的视角，创新人才培养模式，培养适应经济全球化和"互联网+"发展的现代商务管理人才，这是商学院的建设目标。

时任商学院院长郝桂岩总结了组建商学院的优势：一是商学院在大商科视角下，可以充分发挥经管学科的综合优势。目前商学院有会计学、财务管理、金融学、经济学、财政学、国际经济与贸易、工商管理七大专业，整合现有的教学资源，形成跨学科专业群，有利于促进学生综合能力与素质的培养和全方位发展，可以更好地适应现代商务管理人才的需要。二是将两个学院组合在一起，可以实现教师、科研等方面的资源整合，更好地通过智库建设、高端培训、决策咨询等服务社会，并提升国际化办学能力，为促进东北振兴和东北亚经济发展做出贡献。可见，学校将两个学院整合在一起是一个带有战略性思考的调整和布局。

徐伟浩的未雨绸缪和战略眼光再次得到了印证。商学院成立半年之后，全国教育大会召开，随后教育部提出："要通过大力发展新工科、新医科、新农科、新文科，优化学科专业结构，推动形成覆盖全部学科门类的中国特色、世界水平的一流本科专业集群。"这对我国高等教育领域产生了巨大影响。作为高等教育中与社会发展、市场需求结合最紧密的领域，"新商科"也在全国高校相关学院的努力下，应运而生。

在"新商科"背景下，徐伟浩对商学院的工作重点做出指示：第一，"新商科"是融合现代新技术的综合性学科，当前，互联网、大数据、人工智能等技术正在改变人们的生活方式和商业模式，学生应学习和掌握一定的相关技术，以适应商界的转型升级。第二，传统商科以专业为导向培养专门人才，新商科趋向以行业为导向培养跨学科复合型人才，应主动回应技术创新和社会变革，充分发挥经管学科的综合优势，创新人才培养。

商学院副院长芦丹回忆说："组建商学院来得很突然，很多教师包括我完全没想到，对'新商科'也很陌生，后来徐老师来商学院调研，与商学院领导班子和教师座谈，讨论研究商学院高地建设问题，解开了大家心中的疑惑。""新商科"的落脚点是"创新人才培养"。芦丹说："其实，我们以为这些年学院落实以岗位能力形成为核心的职业情境化人才培养模式和实践化教学体系，实现课程内容与职业标准对接，教学过程与工作过程融合，专业与企业紧密接触，在培养学生应用能力方面已经形成了自己的特色。从根本上改变了'人才培养同产业脱节、课程设置同质化严重、教学内容传统陈旧、教学方式机械落后'的问题，感觉还是很自豪、很满足的。

但是，'新商科'颠覆了我们的认知，说'新商科'是教育范式的革命一点都不为过。在数字经济时代，社会的生产方式、组织形态、商业模式、金融范式、管理模式都发生了巨大变化。在这个大背景下，重新审视我们的人才培养目标和人才培养模式，培养适应经济全球化，具有国际视野和互联网思维的'新商科'人才，确实是势在必行。从这个意义上说，徐老师先行一步，打造'现代商务人才培养高地'，是一个带有战略性思考的调整和布局。"

新挑战，新举措，造就了一个新的学院；"新商科"，新高地，开启了全新的复合型创新型人才培养模式。

主攻方向确定后，商学院成立了新的领导班子。新任商学院院长金永利带领商学院开始了"新商科"建设的征程。

"平台+"，打造商科智慧云平台。"大数据智能技术对于商科教育起到了重塑性的作用，未来的'新商科'一定要与大数据教学进行深度融会贯通，要用新技术、新平台、新应用创新驱动商科专业发展，全面系统地改造传统商科专业。我们要把握大数据产业发展机遇，让大数据成为驱动'新商科'专业高地建设的新引擎，为传统商科专业注入新活力。"金永利这样说道。

在专业建设中，调整专业布局，停招社会需求日益萎缩的经济学和财政学专业，申办大数据管理与应用专业，形成以新兴专业带动传统专业升级的格局。

在课程建设中，加强大数据思维课、大数据工具课和大数据商业融合课的建设，将大数据分析能力和智能决策能力深度嵌入商科课程体系，全面深化"新商科"人才培养模式的改革。

同时，加快"新商科"实验实训基地的建设，打造"商科智慧云平台"。先后投资数百万元规划建设了财税一体化、企业运营（ERP）、国际贸易与电子商务、金融与证券投资等四个实验实训中心。

财税一体化实训室由畅捷通会计电算化实训室和跃客Vcase财务管理实训室构成。通过畅捷通用友"T+"云平台会计电算化教学软件和跃客财务管理案例与实验教学平台，依托企业真实财税核算案例、真实企业财务数据进行真账实训，为学生提供财税核算从单一到综合的实训项目训练，在实战中提升学生的会计核算、税务处理、财务管理等岗位核心能力。

企业运营（ERP）实训室，借助ERP模拟整个企业的经营和管理流程，学生在分析市场、制定战略、产品开发、营销策划、组织生产、财务管理等一系列活动中，体验企业完整经营管理过程，感悟正确的经营思路和管理理念，从而形成现代化的企业经营管理能力。

国际贸易与电子商务实训室拥有敦煌网外贸平台，是全球领先的跨境电商外贸交易平台，以在线交易为核心的 B2B 小额外贸批发平台，致力于帮助中小企业通过跨境电商走向全球市场。敦煌网已实现 190 万家中国供应商在线，1300 万种商品，覆盖全球 222 个国家和地区的 1900 万买家。通过完成跨境平台及国内电商平台网店的数据选品、视觉美工、运费模板设置、营销推广等运营与管理项目，使学生了解信息技术的基础知识，掌握收集、传输、处理、应用电子商务信息的技术，培养学生的电子商务运营与管理能力。

金融与证券投资实训室，拥有"大智慧经典版"证券交易系统，支持全系列行情，其中包括深沪 A/B 股、期货、外汇、港股、基金等。学生通过使用该系统，完成现代商业银行业务、证券投资、金融创新等真实金融实务实训项目，培养学生投资理财的能力。

2018 年，学院引进了 EVC 企业价值创造实战平台，并将比赛的内容和形式引入课堂，通过逼真地模拟企业管理决策、商务实战分析，以赛代练、以赛代考，激发学生的商业逻辑思维、财务全局意识，培养学生的企业管理决策能力、运用财务管理模型分析和处理数据、分析评价等能力。

2019 年 4 月，在第二届全国高校企业价值创造实战竞赛中，学院在 50 多支参赛队伍中脱颖而出，获得东北区域赛一等奖，全国总决赛二等奖。2019 年，学院参加了辽宁省本科大学生创业企业经营模拟沙盘大赛，获得团队二等奖。

商学院教务办主任姚威说："除了竞赛获奖的学生人数增加，获奖名次提升，更令商学院教师振奋的是大四参加毕业实习学生的反馈。"

在 2019 届毕业生欢送酒会上，2015 级会计学专业毕业生廛方圆激动地抱着毕业实习指导教师张旭红哭了起来，其中夹杂着对母校的不舍，但更多的是对张老师的感激之情。

廛方圆在实习时，企业财务主管交给廛方圆一项任务，协助上报一份企业销售日报汇总表。这份日报的数据来自一个基础表，它是从本企业 ERP 系统中导出的基础数据，每一条数据就是一条销售订单纪录，全表有 2.8257 万行销售订单数据纪录，每一行销售纪录有销售收入、销售地区等各种信息列共 55 列，这张 2.8257 万行 ×55 列的财务大数据，要求尽快汇总分析成简明易懂的企业自有日报表，上报给公司相关部门。廛方圆利用课程中所学的方法，在一个小时内就完成了任务，这令财务主管大为吃惊。此后，财务主管经常交给她财务数据处理工作，廛方圆都以极高的效率完成了各项工作。实习单位从来不留用实习生，而她却被破格录用了。

这要归功于张老师所讲授的财务模型设计与分析课程。该课程将 EXCEL 的基础操作技能和财务会计、成本会计、财务管理等会计学领域的重点知识内容交叉整合在一起，是一门极具实用性的应用型综合专业课程。通过课程的学习，学生能够做到针对庞大的财务数据信息库进行大数据处理，利用 EXCEL 管理工具构建日常财务核算管理模型，综合解决财务实务管理工作中存在的实际问题，高效率地完成财务工作。

实施"证书+"，开展职业技能培训。2019 年 1 月 24 日，国务院发布《国家职业教育改革实施方案》，规定从 2019 年开始，应用型本科高校启动"学历证书 + 若干职业技能等级证书"制度试点，简称"1+X"证书制度，实现学历证书和职业技能等级证书互通衔接。

商学院闻风而动。学院认真研究每一个专业对应的相关专业职业资格证书、行业从业资格证书，国际、国内行业执业资格证书、职业技能等级证书，积极开展证书试点申报工作，选拔优秀教师参与考评师资培训，购置培训考核设备，完善人才培养方案。

在会计学专业建设方案中，将会计师职称考试科目纳入人才培养方案，实施"本科学历证书 + 会计师职称证书"模式；此外，积极申报"1+X"证书制度试点单位，获批"财务共享服务""数字化管理会计"两个职业技能等级证书试点，将企业最先进的智能财务平台和工具引入教学中。

金融学专业实施"本科学历证书 + 银行从业、证券从业、期货从业、保险从业资格"的培养模式。与中国银行协会、中国证券业协会、中国期货业协会、中国保险业协会合作，把金融从业资格考试内容纳入人才培养方案的课程体系中，并赋予相应学分，通过正常教学使学生在毕业时取得本科毕业证书的同时，获得金融行业从业资格。

国际经济与贸易专业结合互联网时代对国际贸易专业岗位人才需求及人才培养方向，设计选择了三个职业资格证书，分别是：一般贸易方向的"跟单员资格证"、跨境电商方向的"跨境电商资格证"、国际商务方向的"国际商务英语"。

2019 年，学院获得英国特许会计师公会认证，启动新的人才培养模式改革——开办国际注册会计师（ACCA）方向班，将 ACCA 会员资格考试的课程嵌入到会计学专业培养计划中，采用全英文或双语教学，课程体系与国际接轨，培养具备更广国际视野、更强实践精神和更高跨界融合能力的"新商科"人才。

目前，商学院正积极申请 AACSB 的国际高等管理教育认证，已获得申请成员资格。AACSB 教育认证制度之严、标准之高冠居全球，世所公认，标志着商学院的人才培养正向国际高水平迈进。

在谈到未来如何创新人才培养模式时，徐伟浩指出："新商科"也是产教深度融合的全新培养模式。我国拥有全球最大的经济管理教育供给系统，大多数高校都开设了相关专业。然而很多学校的商科教育还处在"填鸭式"教学、"水课"泛滥、"双师型"教师匮乏、实践教学能力差的状态。处于经济发展前沿、最渴求新型人才的是一线企业。校企合作，开展深度产教融合，推动教学内容、课程体系、教学方法的改革，是提升商科教学质量的重要途径。企业与高校共建产业学院是"新商科"最佳实现路径——龙头企业具有行业发展领先优势和人才就业渠道优势，高校具备人才培养平台和科学研究的资源优势，二者强强联合共建产业学院，是为行业培养掌握最新科技工具的创新型、复合型商科人才的最佳途径。

未来，商学院将打造"两点两中心"，即一流专业点、专业硕士点，现代商务人才培训中心、现代经济管理咨询服务中心。通过加强一流专业点和专业硕士点建设，全面提升专业建设水平和人才培养质量，成为现代商务人才培养摇篮。建设集数字化、智能化、情境化、可视化和商业化于一身的"大数据商业应用中心"，引入制造、零售、贸易、酒店、物流、电商、建筑、科技、文化等70个行业的真实数据，对接行业企业真实工作，形成服务社会能力，为当地政府或中小企业提供大数据技术培训、数据分析和数据应用咨询服务，主动适应新技术、新产业、新模式、新业态和新经济催生的新时代，为建设"新商科"、培养新商才、服务新商业做出自己的贡献。

冷眼看去，绿岛提出的七大"高地建设"有些突兀，七大学院的建设情况和发展路径也各自不同：有的是多年寻觅，修成正果，抓住机遇，实现冲天一跃；有的是中途折节，另辟新路，最终柳暗花明；有的是利用地缘优势，抢占制高点；有的是立足当下，力争全国第一。至于新建学院，则或力图彰显学科专业特色，或希求为人才培养赋予新的含义。

但无论如何，其核心都是一个：立足应用研究，以服务地方经济社会发展为突破口，实现地方与高校资源的整合和互通，实现服务社会和人才培养的协同发展，实现科学研究与专业建设的共同提升，最终形成产教一体的社会服务和人才培养体系。它开了国内应用型大学开展应用研究、产教一体的先河，这种敢为人先，可谓独具只眼、胆略和勇气。

总之，"高地建设"作为学校新的发展战略，既是绿岛十年建设的自然选择，也是完善现代大学基本功能的必然要求，更是绿岛建设一流应用型大学的必由之路。七大方向，勾画了未来十年绿岛发展的宏伟蓝图，七座山头，矗立起绿岛这所年轻大学的伟岸形象。

◎ 2016 年 12 月 17 日，新松绿岛类人足球机器人工程中心举行揭牌仪式。从左至右沈阳城市学院校长于存雷、新松机器人股份有限公司总裁曲道奎、沈阳市原副市长佟晶石、沈阳城市学院董事局主席徐伟浩、新松机器人股份有限公司中央研究院院长徐方、沈阳市科技局原局长宋锡坤。

◎ 2018 年 5 月 17 日，徐伟浩访问法国波尔多大学，考察 LaBRI 足球机器人实验室，双方商定共建仿人机器人国际联合实验室。

◎ 2018 年 4 月 15 日，绿岛类人足球机器人代表队在 2018RoboCup 机器人世界杯中国赛区决赛中，战胜四川大学队，夺得冠军。

◎ 2019 年 4 月 21 日，绿岛类人足球机器人代表队在 2019RoboCup 机器人世界杯中国赛区决赛中，战胜浙江大学队，蝉联冠军。

◎ 2019 年 7 月 31 日，新华网以《机器人世界杯强队的"幕后指挥"》为题，报道沈阳城市学院足球机器人代表队参加世界杯比赛获胜情况。

◎ 2019 年 7 月，绿岛类人足球机器人代表队出征悉尼 2019RoboCup 机器人世界杯赛。

◎ 2016 年 6 月 20 日，绿岛 BIM 工程中心举行落成仪式。从左至右沈阳城市学院校长于存雷、美国加州波莫那理工大学贾旭东博士、沈阳市城乡建设委员会副主任随明月、沈阳市原副市长佟晶石、沈阳城市学院董事局主席徐伟浩、沈阳市政府原副秘书长于沈光。

◎ 2016 年 6 月 20 日，绿岛 BIM 工程中心主任、美国加州波莫那理工大学博士贾旭东在 "BIM 国际学术报告会" 上作题为《BIM 技术在美国的应用及在中国建筑领域的应用展望》的学术报告。

◎ 2017年6月2日，辽宁省建筑信息技术产业校企联盟举行成立大会，沈阳城市学院当选理事长单位。从左至右辽宁省建设厅建筑业监管处处长王砚坤、辽宁省教育厅副厅长章雪冬、沈阳市原副市长佟晶石、沈阳城市学院董事局主席徐伟浩。

◎ 2017年6月2日，沈阳城市学院与上海城建集团隧道股份地下空间设计研究院签署战略合作协议，开展城市地下空间项目合作。前排左一上海地下空间设计研究总院总经理熊诚，前排左二沈阳城市学院校长于存雷。后排从左至右沈阳城市学院教务处副处长李婷雪、沈阳城市学院教师教学发展中心主任胡铁明、上海隧道工程公司党委办公室刘志华、上海隧道工程公司党委办公室主任叶颖、上海隧道工程公司高级副总裁陈涛、上海隧道工程公司董事长张焰、沈阳市原副市长佟晶石、沈阳城市学院董事局主席徐伟浩、沈阳市政府原副秘书长于沈光、沈阳城市学院绿岛传媒中心主任李长青、上海隧道工程公司市场部总经理张立寒、沈阳城市学院督导办副主任孟娜。

◎ 2017 年 7 月 9 日，沈阳城市学院与中国科学院北京基因组研究所合作拍摄系列科教片《基因密码》举行开机仪式。从左至右沈阳市委原副书记刘迎初，中国老科协副会长杨继平，辽宁省人大常务委员会副主任赵国红，教育部原部长、国务委员、全国人大常务委员会副委员长陈至立，中国科学院北京基因组研究所原副所长于军，辽宁省人大常务委员会副主任仲跻权，沈阳城市学院董事局主席徐伟浩。

◎ 2017 年 4 月 18 日，沈阳城市学院与辽宁大学共建广播电视领域硕士研究生联合培养基地举行揭牌仪式。从左至右沈阳城市学院影视传媒学院院长金铁明、沈阳城市学院副校长孙永新、沈阳城市学院校长于存雷、沈阳城市学院党委书记张学广、辽宁大学广播影视学院院长庾钟银、辽宁大学广播影视学院副院长王振雨。

◎ 2014 年 8 月 27 日，沈阳城市学院与沈阳广播电视台签订校企合作协议，培养高素质全媒体人才。前排左一沈阳广播电视台新闻频道总监华红辉、左二沈阳城市学院校长于存雷，后排从左至右沈阳广播电视台纪委书记、副台长张复中，沈阳广播电视台副台长贾鸥，沈阳广播电视台台长张东易，沈阳城市学院董事局主席徐伟浩，沈阳城市学院执行董事周广有。

◎ 2019年6月3日至6日，影视传媒学院承办"一带一路·一路有你——海外摄影师沈阳行"活动。

◎ 2018年3月28日，影视传媒学院2015级广播电视编导专业学生孙启超导演的文艺短片《童话镇》获得中国金鸡百花电影节第三届国际微电影展优秀作品奖。

◎ 2014年6月4日，辽宁省文联和辽宁省摄影家协会在沈阳城市学院举行摄影辅导基地揭牌仪式。前排从左至右沈阳城市学院校长于存雷、辽宁省摄影家协会副主席线云强、辽宁省摄影家协会主席刘志超、辽宁省摄影家协会名誉主席张炳功、辽宁省文联副主席伊忧、中国摄影家协会顾问王玉文、辽宁省摄影家协会副主席梁建勇、辽宁省摄影家协会副主席孟光新、辽宁省摄影家协会秘书长鲁文，后排从左至右沈阳城市学院影视传媒学院院长金铁明、沈阳城市学院党委书记孙永新、辽宁省摄影家协会副主席韦建平、辽宁省摄影家协会副主席薛柏鸥、沈阳城市学院董事局主席徐伟浩、辽宁省摄影家协会副主席史春、辽宁省摄影家协会副主席陈尊科。

◎ 2016年6月22日，沈阳城市学院召开辽河文化博物馆（筹建）专家座谈会。从左至右中国艺术研究院研究员高健生，新华社辽宁分社智库资讯中心总监张良，沈阳市检察院原副检察长梁建勇，国家一级编剧、中国文艺评论家协会副主席崔凯，中国摄影家协会顾问王玉文，辽宁省文联名誉主席郭兴文，沈阳市委原副书记刘迎初，辽宁省文史研究馆、辽宁社会科学院研究员彭定安，中国人民大学党委原常务副书记、副校长牛维麟，沈阳市原副市长佟晶石，沈阳城市学院董事局主席徐伟浩，辽宁省政府文史处处长李爱水，沈阳市政府原副秘书长于沈光，沈阳城市学院董事局董事李婷雪。

◎ 2018年5月25日，沈阳城市学院举行辽河文化研究院成立大会暨首届学术年会。从左至右国家一级编剧、中国文艺评论家协会副主席崔凯，辽宁省文联名誉主席郭兴文，沈阳市委常委、宣传部长、市委教科工委书记冯守权，沈阳城市学院董事局主席徐伟浩。

◎ 2018 年 5 月 25 日，徐伟浩在辽河文化研究院成立大会暨首届学术年会上发表讲话，阐述开展辽河文化研究，打造"辽学"的构想。

◎ 2019 年 10 月，由徐伟浩主编，收录了彭定安、顾奎相、郭大顺等 29 位专家学者关于辽河文化最新研究成果的《辽学研究论集》由辽宁大学出版社出版。

◎ 2017 年 7 月 11 日，徐伟浩为著名文化学者彭定安先生颁发辽河文化博物馆研究员聘书。

◎ 2019 年 5 月，辽河文化研究院启动大型传记纪录片《辽河人物》拍摄工作，郭大顺、王向峰、李仲元、赵子祥等辽河文化名人接受采访。

◎ 2019 年 8 月 22 日，著名军旅词作家胡宏伟（左一）受徐伟浩委托，为辽河文化研究院创作《辽河，我的母亲河》歌词。左三著名军旅作曲家铁源。

◎ 2018 年 5 月 30 日，酒店管理学院举办"绿岛·国际酒店高峰论坛暨 2018 国际酒店人才培养峰会"，绿岛老员工、沈阳新都绿城喜来登酒店总经理杨杰（右一）和和平艾美酒店总经理姜楠（左一）夫妇被聘为客座教授。

◎ 沙晶晶，酒店管理专业 2015 届毕业生，现任北京费尔蒙酒店餐饮部副总监。

◎ 宋宝意，酒店管理专业 2014 届毕业生，现任大连君悦酒店餐饮部副总监。

沈阳城市学院　酒店管理专业

国家级一流本科专业建设点

教育部
二〇一九年十二月

◎ 2019 年 12 月，酒店管理专业获批国家首批一流本科专业。

◎ 2018 年 9 月 19 日，酒店管理学院与万豪酒店集团开展管培生培养计划正式启动。

◎ 2019 年 4 月 28 日，酒店管理学院与洲际酒店集团共建"洲际英才培养学院"首批学员开班仪式。

◎ 邓佳慧，旅游管理专业 2019 届毕业生，现任上海浦东丽思卡尔顿酒店大堂酒廊经理。

◎ 酒店管理学院实习就业基地。

团中央新媒体
实习基地
Youth League Central Committee
New-Media Internship Training Base

◎ 2016 年 9 月 8 日，沈阳城市学院举办绿岛舆情研究所成立大会暨"中国政务舆情绿岛论坛"，发表"弘扬网络正能量，传播网络好声音"《绿岛宣言》。

◎ 2016 年 9 月，新闻与传播学院融媒体实验室建成运行。

◎ 2019 年 3 月，新闻与传播学院与沈阳秀波优妮网络科技有限公司共建 S.U 电子竞技运营实验室，培养电竞运营人才。

◎ 2015 年 5 月 12 日，商学院举办国际合作教育项目展。

◎ 商学院与英国哈德斯菲尔德大学开展学术交流。

◎ 2016 年 10 月 18 日，商学院与沈阳市电子商务协会联合举办沈阳物流与供应链行业趋势研讨会。

◎ 2018 年 5 月 23 日，商学院与京东集团东北区域分公司签订校企合作协议。

◎ 2016 年 7 月 14 日，商学院与沈阳商贸开发区管理委员会共建普惠金融研究所。

我行我能

我能

一所新型大学的十年探索之路

第八章

———

徐伟浩这个人

10

与他交流，有时会遇到困难。不是说他不擅于表达，恰恰相反，谈到他的学校、他的理念、他的摄影作品和美学观，他口若悬河，如数家珍，激情四射。可是，你还是会遇到困难，比如你问他经商的经历或者办学的动机，他总是轻描淡写一带而过。按正常逻辑，这样的问题应该也不难回答。

不按逻辑出牌，不走寻常路，或许这就是真实的徐伟浩，是他性格中深层次的东西，包括他的聪慧、好学；包括他的爱思考，能"折腾"，敢做大事；包括他凡事追求"五星"标准；包括他有"审美洁癖"；包括他总是充满激情。

不一样的经历

徐伟浩出生于"红色"家庭。可是，那个特殊的年代，使罩在这个家庭的"光环"，由红变白，由白变黑。都说一个人的成长，家庭有至关重要的影响。那么，从天上到地下的变故，带给徐伟浩的是什么？

说没有影响，无人相信。可是，即使你了解了这个家庭的波折，了解了徐伟浩的成长经历，你仍然很难理清，他身上固有的东西，哪些出自家庭，哪些与生俱来。

徐伟浩的父亲是一位 1939 年参加革命的老八路，新中国成立后曾任东北水利学校校长，"他脾气暴，有军阀作风，和教员谈话时，一气之下竟把枪掏了出来"。[1] 后来调任东北陈列馆馆长，1958 年，他主持建设当年沈阳的地标建筑——辽宁工业展览馆并出任第一任馆长，"别看他工作作风粗暴，做事却不拘一格"。

2019 年 11 月 22 日的《沈阳日报》刊登了一篇记者寇俊松采写的题为《城南白菜地里，建起三万平方米展览馆》的报道。其中写道："1958 年初的一天，位于沈阳南部郊区的洪家岗子村来了几个人，他们乘坐马车，沿着一条不太宽的马路从西向东一边看一边记录着，还时不时地商量一下。"这一行人中，有当时的东北陈列馆馆长徐致祥，还有陈列馆的工作人员刘永海。"那

1　引自 2019 年 4 月 9 日徐伟浩与笔者的谈话记录。

天我们是为了给正在筹备的辽宁工业展览馆选址去的，当我们走到一大片白菜地时，徐馆长停下了脚步……"2019 年 11 月 5 日，88 岁的刘永海老人向记者讲述了他记忆中"辽展"从无到有的全过程。里面提到的徐馆长，就是徐伟浩的父亲。

"关于筹建辽宁工业展览馆的意向，是 1957 年下半年国家领导人李先念来沈阳视察工作时，由中共辽宁省委第二书记、省长黄欧东在汇报工作时提出来的，李先念表示赞同。1958 年初，省长办公会议正式决定筹建辽宁工业展览馆，于是'辽展'的选址列入日程。最初'辽展'是选址在惠工广场一带的，但后来有关部门认为当时惠工广场一带地势杂乱，民房较多，动迁困难。所以徐馆长就带着我们又选了现在的地方。"60 年后的今天，辽宁工业展览馆仍然是沈阳市标志性建筑，而且它更像是沈阳的门户，可以说，是沈阳老城向南发展的开山之作。

按说，坏脾气和不拘一格的气魄不应该影响一个老革命、老八路的前程，可是，他在担任辽宁工业展览馆馆长之后却厄运不断。先后被撤职、罢官、开除党籍，并从沈阳下放到本溪农村。粉碎"四人帮"之后，他获得平反昭雪。"恢复了党籍和行政级别，补发了工资。他把补发的工资全部交了党费。"

父亲倒霉，全家遭殃，最明显的是住房。"我出生在原东北局大院，后来搬到南京街五段八里四号，和唐宏光家合住辽宁宾馆后面日伪时期建的小洋房，楼梯是木头的，经常和崔大林哥儿几个玩攻楼梯，后来又搬到展览馆家属宿舍，那是一栋三层小楼。"

1970 年，父亲被遣送到本溪农村。"刚下车，天就黑了，村里没有电灯。安排我们住在一个赤脚医生的家里，人家住南炕，我们住北炕。"

第一顿饭，没有菜，人家给点了一盏小油灯，给了一小碟大酱、两根发芽葱，主食是自己带去的馒头。

"分给一块河套边的'沙压地'。种土豆，因为粪少、金贵，父亲用手抓往垄里放。我不敢，怕脏。"

或许是少年不知愁滋味，对于这样的日子，徐伟浩除了不敢用手抓粪，倒没感到痛苦，"我照样看《艳阳天》，写小说玩儿"。

他本是五年级小学生，到了农村后，进了桥头中学，从八年级开始试读，"来到农村三个月后开始上学"。

那真是一段苦日子。

学校离家 50 多里路，骑自行车需要一个多小时。跑不起，他只得住校。

"我们20多个人住在大板铺上，冬天，没有一点儿热乎气，睡觉前，脱了衣服要先在地上冻一会儿才能进被窝，以适应被窝的冰冷。被单用大头针别着，洗的时候便于拿下来，床单经常是血迹斑斑。伙食费，一天两毛钱就够用，苞米面窝头一个二两，两分钱，早上一个半，三两，中午晚上各两个，四两，清水煮的白菜汤两分钱一碗。"

这样的日子过了两年。

"这两年，还经常献血。抽不出来，就给一碗红糖水喝。献完血，给三两细粮票。三两细粮票能买一碗面条，一碗面条大家抢着吃。"

艰苦的生活环境没有影响他的学习热情，他这个五年级小学生，不仅跟上了学习进度，还因表现积极，当上了班干部。他尤其喜欢语文课，"班主任兼语文老师田德英非常有文采，是从市里下放到农村中学的"。

对于田老师，有两件事他至今记忆犹新。一次是田老师带领全班同学到桥头公社台沟大队搞社会调查，要求每个组写一篇题为《高举大寨旗，走定大寨路》的调查报告。"这是我第一次有目的地接触社会，体验到了学习的乐趣。还有一次是田老师在班上读了我写的一首词，《减字木兰花》。"

> 旧体诗词，清规戒律何其多。束缚思想，艰难曲折太难学。
>
> 革命青年，豪情似海志如天。凭谁甘愿，作茧自缚效春蚕。

当年，全国人民都在学习毛主席诗词。从这首词中，可以看出，那时的徐伟浩有点叛逆。

1972年中学毕业，他又以知青的身份再次回到乡下。"砍柴，镰刀砍到了腿上，一看，骨头都露出来了。"

他一边把腿抬高，一边喊叫。村民闻声，叫来了大队的兽医。"他用劁猪的线把伤口给缝上了。"

此后，伤口不愈合，腿伸不直，到公社医院一看，鉴定为右腿外伤残疾。

按国家规定，他这样来自城市的知青，因劳动致残可以办理回城。这样，1973年，他回到本溪，在家待业养伤。也许是为了打发时间，也许是有什么政治抱负，徐伟浩在一次闲聊中表现出了对那段时光的怀念。"因为我没有工作单位，办不了借阅证，家里每天给三毛钱，作为在图书馆看书的午饭钱，图书馆旁边的联合楼，有一个小餐厅，夏天还卖冰糕，那里的冰糕特别好吃，有股奶油味，和糖精加水冻出来的不一样。当年，图书馆的书架上摆的全是马、恩、列、斯和毛主席的著作，管理图书的阿姨看我天天来，看书的速度挺快，就建议我别挑着看了，你要能把马、恩、列、斯全集都看一遍也是很了不起的一件事。"

1974 年 10 月，在街道办事处的帮助下，他当上了一名"五七"工（临时工），工作单位是电车公司。"我被分配到修理班的底盘组"，这是最苦最累的活儿——夏天，到路线上抢修，钻到车底下修刹车，衣服经常被路上的沥青粘住。可是他却非常高兴，"有工作，有工作服，腰上挎着扳子、钳子、螺丝刀'三大件'，人前人后很是神气"。

此间，他学会了开车，后来被调到机加车间当车工。这一调动，从熟练工种变成了技术工种，意味着有可能转成正式工。

果然，1975 年，他被正式分配到蔬菜公司所属的一个大集体商店，"先是岗前培训，蔬菜、水果、糕点、调料、鱼肉各个组轮一遍，最后安排我推车卖豆腐。豆腐有水，冬天，一不留神，手碰到没缠布的车把上，就会被粘掉一块皮"。

商店的一把手是个转业干部，参加过抗美援朝，有大尉军衔，"在对我的'政审'过程中，他很同情我家的遭遇"。他看徐伟浩工作踏实、肯干、又钻研，就把他调到了业务股当采购员。"分配我一辆白山牌二八加重自行车，背个黄书包，里面装着算盘和调拨单四处采购。"

仅过了一年，他就成了这家商店的门市部主任，还是学习毛主席著作积极分子，两年后成为商店革委会副主任（副科级干部）。

国家恢复高考后，为了不影响继续提干，他放弃了全日制学习的机会，选择了辽宁大学的函授，并且同时学了历史和经济管理两个专业。四年后，他成为第一批同时获得辽宁大学双学历证书的在职干部。马、列理论和历史、经济管理知识的滋养，给了他观察周围事物，从中发现问题的眼光。

20 世纪 80 年代初，国家实行的是计划经济，"种什么菜，都由国家规定。销售，有调拨站"。

那一年，本溪市的蔬菜供应出了问题：茄子多了，卖不掉，大批烂了，有的菜却供不应求，需要凭票限量购买。

这一现象引起了徐伟浩的思考，于是他写了一篇《关于搞好城市蔬菜产、供、销工作的几个问题》的文章。文章的中心思想是：政府应该抓大放小，比如只负责确定蔬菜种植面积，具体种什么品种，要由农民说了算；取消蔬菜调拨站，建立农贸市场。

文章交给了商业局领导，又转给了市政府蔬菜办公室，并且在一个杂志上发表了。虽然许多人看过文章后，认为主要观点是胡扯（那个时候，市场经济被认为是资本主义的），但徐伟浩却因为这篇文章在市里出了名。

1982年，本溪钢铁公司开始发展第三产业，成立了商业处。"本钢在市里挖人，选中了我。"

在商业处，徐伟浩担任副处长，并在接下来创办的本钢贸易公司兼任总经理。

"当时本钢下属30多个二级厂矿，都开始发展第三产业。搞第三产业，一是为了解决家属、子女就业，还有就是为厂内服务。商业处则是基层第三产业的综合管理部门，并为它们的经营活动提供帮助。"

此间，他结识了国家轻工部供销公司的一位副总。"他来本钢买钢材，找到了我。"那时，国家轻工产品和钢材一样，都很短缺，许多东西都凭票供应。"紧俏商品不给你，因为本钢不是商业系统的计划单位。"

见轻工部供销公司的负责人送上门来，脑子活泛的徐伟浩不禁喜出望外。他提出："我给你50吨钢材，你给我25台永久牌自行车外加30箱茅台酒，各自按计划内价格结算。"那人爽快地答应了。此后，徐伟浩又用钢材换呢子大衣、中华烟、蝴蝶牌缝纫机等紧俏商品，搞活了经营。

见以钢易物成效显著，徐伟浩并没有吃独食，而是萌生了一个更大胆的想法：何不搞一个大型交易会，让全国的钢厂和轻工企业直接对接，挂牌交易，互通有无。

他的提议得到了鞍钢、包钢、攀钢这样的大型钢厂和轻工企业的热烈响应。"第一次交易会地点在舟山群岛的定海县，搞得很成功。"

第二次交易会期间出了个意外：与会者集体海鲜中毒。此事惊动了国务院，北京派人调查。虽然这种以物易物的做法，有投机倒把之嫌，但是，它打了政策的"擦边球"，无法定罪。所以，调查之后，此事就不了了之。只是这种事不能再做。

两年之后，徐伟浩被人"盯"上了。

徐伟浩调任本溪市工商联副主委的事，有两个"版本"。

徐伟浩说，1984年初的一天，他接到本钢领导的电话，称市委主要领导要找他谈话。随后市委书记的秘书把他接走。见面后，市委书记除了询问了一些本钢第三产业的事，还提到他当年写的那篇有关城市蔬菜供应工作的文章，还说，原以为作者是一个老"业务篓子"呢。

一个多月后，市委统战部董绍泉部长找他谈话，说要调他到市工商联工作，担任驻会副主委。

而辽宁省人大常委会原副主任，曾任盘锦市委书记，时任本溪市委副书记的王向民则是另一个说法。

1984 年初，我刚刚担任本溪市委副书记。一天上午，市委书记徐步云的秘书突然来找我，说徐书记叫你过去一趟。我随即跟着他走进了书记的办公室，听书记指示。徐书记见我就问，你下午安排干什么？我想，书记既然叫我来，肯定是找我有事，因此明确回答，听书记安排。

下午上班后，徐书记带我去了本钢贸易公司大厦。迎上来一位年轻的小伙，经介绍才知道他是本钢商业处副处长、本钢贸易公司总经理，叫徐伟浩。他向徐书记汇报了商场的经营情况，又谈了一些本钢发展第三产业的想法。听后，徐书记对汇报的情况表示满意，当场给予表扬和肯定。

在考察回来的路上，徐书记问我对刚才给我们介绍本钢三产情况的这个年轻干部印象怎么样。我说，他能把本钢第三产业的发展规划讲得头头是道，一些想法还很新颖，很不容易啊！小伙子才 20 多岁，这么年轻，很有培养前途。徐书记紧接着又提出一个问题："市工商联的领导年龄都偏大了，让他到市工商联任个副主委行不行？"我对徐书记不拘一格起用年轻干部的气魄和他亲自考察了解情况的作风，由衷地表示钦佩，随即回复："当然可以。"很快，通过一定的组织程序，徐伟浩就从本钢上调市工商联做专职副主委，主持工商联日常工作，成为体制内的副局级干部，那年他 28 岁。

伟浩不是坐机关出身的，他不仅善于思考，还挺能"折腾"，用现在的说法叫有创新能力。他到工商联工作不久，就发起组织了本溪厂长经理俱乐部，把当时本溪所有骨干企业的厂长经理都吸收为会员。他亲自主持俱乐部日常工作，为企业家与政府之间搭建了沟通交流的平台，这在当年也是一个不小的创举。伟浩主持工商联工作期间，还干了一件颇有争议的事。20 世纪 80 年代中期，正是我国改革开放经济发展最活跃的时期，伟浩利用他在本溪工商界的影响力，联合侨联、台联组建了一个叫"三联"的公司。他给公司确定了一个非常时髦的定位，开展海外统战和经济联谊工作，又建工厂又办合资公司，还投资拍电影。后来中央出台整顿"皮包公司"的政策，"三联"公司停办了。伟浩果断地辞去公职，下海了。[2]

2　王向民：《从体制内到体制外，改革开放成就一所特色鲜明的民办大学》，《我行我能——沈阳城市学院绿岛建校 10 周年纪念专刊》，第 58—59 页。

尽管徐伟浩去市工商联任职一事的过程，徐伟浩与王向民说的不完全一样，但是王向民在文中介绍的徐伟浩在主持工商联工作期间"折腾"的那些事却是事实。只是，徐伟浩做的另外两件事他没有提。

第一件，事关关广梅。

关广梅，1971年参加工作，从副食品商店的营业员、业务员、门市部主任做到业务副经理。1984年，她在本溪市蔬菜公司组织的承包招标中，以当年完成12万元，次年完成14万元，第三年完成16万元的利润指标，夺标承包消防副食商店。当年，她就实现利润18万元。

1985年初，她又提出租赁经营的设想。4月29日，她与蔬菜公司签订了租赁经营消防副食商店的合同，在本溪市第一个开始租赁经营。1986年8月，她承包了本溪市最大、同行业利润最高的东明副食商场。1987年，她与人合作，合租5家副食品商店，形成了以东明副食商场为龙头的租赁经营集团。

关广梅的改革实践，引发全社会关于租赁企业姓"资"姓"社"的大讨论，"关广梅现象"应运而生。她创造了商业改革的诸多第一：第一个承包商店，第一个租赁商店，第一个组建租赁商业集团。她也因此先后获得省、市特等劳动模范，全国三八红旗手等荣誉称号和全国五一劳动奖章，并于1988年获得全国首届经济改革人才金杯奖；1987年被选为党的十三大代表。

关广梅的大胆商业改革之举，引起了中央媒体的关注，"来本溪调研期间找我谈了话。他们回去之后发表了一篇题为《关广梅现象》的大文章，文中引用了我的一些话"。

不久，中央媒体再次找到徐伟浩。"那时，全社会，包括本溪工商界，对关广梅的改革认识并不一致，市委领导叮嘱我不要再'乱放炮'。"

第二件，有关教育。

成立了本溪厂长经理俱乐部，徐伟浩担任主席。"当时在搞拨乱反正，包括要在全社会形成尊师重教的风气，这使我又想起田老师对我的启蒙之恩。那时俱乐部有钱，我就决定设立一个'兴学奖'，每年奖励30人，其中优秀教师十人、学习成绩优异的学生十人、为教育事业发展做出突出贡献的企业家十人。每人发了一块我自己设计的奖章和1000元钱，当时每月的平均工资才100多元。"

此事在本溪引起了轰动。

28岁成为市级民主党派和人民团体的负责人，并且干得风生水起，徐伟浩可谓前途无量。那时坊间流传着两个说法：一种说法是当时的市委书记徐步云调任国务院东北规划办当主任，要带走徐伟浩；还有一种说法就是徐伟浩此时已经兼任中国民主建国会本溪市委员会的副主委，仕途前景已见端倪。

可是，正如王向民所说，任职不到一届，徐伟浩下海了。

"那些年，满世界地跑，开工厂、做贸易、搞期货、炒股票，凡是能挣钱的事都做。"

后来有了一定的积累，也跑累了，重新回到离开20多年的沈阳。

据徐伟浩讲，回沈阳发展，和辽宁工业展览馆有关。

"20世纪90年代，我对股票、证券以及期货交易产生了浓厚的兴趣，并联合了几家公司，谋划搞一个商品交易所。我觉得展览馆的建筑结构、空间布局和周围环境都挺适合的。"那时候，展览馆已经成了卖服装的大排档，如果能改成商品交易所也算是对展览馆的一大提升。

他通过父亲的老关系找到了主管省长。省长的回答很干脆：天安门城楼什么时候卖，你再来找我。可见当年辽宁工业展览馆在人们心中的重要地位。

也许，正是因为展览馆没买成，才有了前面提到的建设绿岛森林公园和绿岛体育博览中心的大手笔。

其实，几乎和绿岛同步，徐伟浩还干了一件"大事"。

校史馆馆长薛柏鸥给我拷贝了三份《沈阳日报》，分别是1998年12月1日、2日、3日的。作为党的机关报，连续三天在头版的显著位置发表本报主任记者李刚《来自"沈阳·中国浑河商品交易市场"的报告》，实属罕见。报告的三个标题分别是《磅礴之势》《绿岛成功后的思考》《符合沈阳发展战略的选择》。报告中写道："沈阳·中国浑河商品交易市场，创建之初，几项纪录已载入沈阳市场建设的史册……"

最大规模。总投资3亿美元，总建筑面积达150万平方米，相当于五爱、九路、南塔、南二等10个大型市场的总和，是国内规模最大的市场。

最高档次。浑河市场建设中无论是材料还是技术都是世界级水准。当美国巴特勒公司的钢结构在浑河市场吊装合拢时，巴特勒公司的代表介绍说："这是美国波音公司建造飞机库用的指定产品……"报告接着写的是最先进的经营模式、最低廉的交易成本等。

在另一篇文章中有这样一段话：

"让浑河成为城中河，让浑河的南北两岸成为沈阳的双翼腾空而起，这是古城沈阳的许久梦想。浑河南岸正由田园风光演变成车水马龙。……区位优势决定了，浑河市场就是火种！"省委常委、市委书记徐文才两次视察浑河市场，关注着这个世纪工程的龙头作用，欣然写下："挺进浑河南，建设大市场。"

浑河大市场成为 20 世纪沈阳浑河南岸最大的商业投资项目。

徐伟浩就是浑河大市场的投资人。

摄影家

以上，我们见识了学生、知青、工人、售货员、政府官员、企业家和教育家徐伟浩，其实，还有好几个徐伟浩——比如摄影艺术家徐伟浩、"审美洁癖"徐伟浩和父亲徐伟浩。

中学时，徐伟浩在他的物理老师张文发的影响下接触了摄影，"那时迷上了洗印照片而不是拍摄"。2004 年，他和两个"驴友"去了呼伦贝尔。同行的王华涛回忆："这次越野唤起了他摄影的冲动，且一发不可收。"[3]

第二年冬天，他去了长白山。"以前没去过。走之前，做了大量功课——读文章、看照片。""开车去的，一行三人，除了我，还有辽宁艺术研究所的于立夫和吉林大学的一个医学博士刘晓军。"

以下是徐伟浩发表在《中国摄影家》杂志 2005 年第 5 期的一篇短文。

尽管我在东北已经生活了 40 多年，却一直没有机会去长白山，不过倒是经常听一些朋友唠叨长白山的冬天如何如何，听起来总的感觉是恐惧大于新奇。自从迷上了摄影，尤其是今年 1 月买了一台林哈夫 617，强烈的创作欲望远远战胜了我对长白山冬天的恐惧。大年初一，我约上两位影友，奔赴冰天雪地的长白山"试机"去了。

长白山横亘在中朝两国的边境线上，犹如一条鳞光闪烁的巨龙，横卧天际。长白

3　引自 2019 年 4 月 13 日笔者与徐伟浩的谈话记录。

山是我国东北境内海拔最高、喷口最大的火山体。几次火山喷发出来的灰白色玻璃质浮石堆积在山顶上，再加上这里每年长达9个多月的积雪，远远望去，银装素裹，分外妖娆。冬天的长白山，可以用6个字来形容：雪多，风大，天寒。

我们选择了从长白山北麓进山，目的地是海拔2961米的长白山主峰——天文峰。长白山的植物类型很分明，海拔1000米以下主要是阔叶林带，1000米至1800米是针叶林带，1800米至2000米是岳桦林带，2000米以上是苔藓地带。当我们爬到2100多米的时候，突然眼前一亮，只见白雪皑皑的山坡上，屹然挺立着一株岳桦树，大风刮过，天空中顿时弥漫着晶莹的白雾，飘起的白雪随着风势变幻着舞姿，陪伴着孤傲的岳桦，我决定拍下这株海拔最高的岳桦。为了最大限度地表现风雪的动感，我需要找一个侧逆光的机位，以便把蓝天压暗。山上没有一个脚印，也不知道雪有多深，我小心翼翼地在雪地上挪动着。担心的事还是发生了，只听"扑"的一声，我已经陷下了1米多深，好在"617"被我牢牢地握在手里。

我们在下午4点多到达距顶峰还有100多米的长白山气象站。此时的天文峰，狂风大作，飞雪弥漫，能见度只有20多米，恶劣的天气使我们拍摄长白山日落的计划彻底破灭了。我们决定向气象站求助，在山上住一夜，等待拍摄长白山的日出。在好心人的帮助下，我们住到了气象站一处临时仓库，利用发电机的电源，在冰冻的"大炕"上接了一块电褥子。仓库里存放了很多棉大衣，也都被我们用来御寒了，可还是难以入睡。上山时，只有我带了一瓶矿泉水，放在"炕头"上，还不到夜里12点，它就已经冻成冰棍儿了。我们呼出的热气，也被毫无保留地挂在了墙上。我借着微弱的灯光，望着满墙的"雾凇"，默默地祈祷着太阳的光辉。

也许真的有心灵感应这一说。凌晨4时许，当我又一次打开房门的时候，外边仍然是北风呼啸，大风卷起的风沙、干雪打在脸上痛如针刺。我试着探出半个身子，扭头向东方望去，蓦地，全身热血直涌"天目"，眼前一片白茫茫。我使劲儿揉揉眼睛，才相信一切都是真的：遥远的天际，一条暗红的彩带在微微躁动，天际线下边是黑沉沉的大地，天际线的上边已泛了微白，茫茫苍穹洁净如洗。这一圣洁的景象是我期盼已久的，可当我真的置身其中的时候，心灵还是完全被震撼了。这是一种从没有过的意境，这可能就是天地的力量。

当我抱着器材冲到顶峰，准备架起相机的一瞬间，才突然意识到巨大的危险已经降临，身边不到两米就是万丈深渊，此时，狂风使我根本无法原地站立。情急之下，我赶紧就地趴下，战战兢兢地支好三脚架，可还是心有余悸，偷偷地向后瞄了一眼，黑洞洞的天池正张着大口在吸吮着什么，顿时又沁出一股冷汗。出于本能的自我保护意识，我又拖着背包，向下爬了五六米。当我再次找好角度，固定机位的时候，太阳已经从地平线上冒了出来。测光、调光圈、装快门线、按快门，所有这些动作在极度亢奋的状态下完成了。根据我事先考虑过的方案，决定改变曝光时间再拍一张，以便更好地表现飞雪在逆光下的效果。当我探起身子调整光圈时，突然发现镜头盖还扣在镜头上，刹那间，自责、恼怒、沮丧一股脑地涌了上来，整个人几乎麻木了。当我再次缓过神儿来的时候，干脆脱下手套，拽下护脸，擦掉眉眼间的冰霜，狠狠地拔下镜头盖，从怀里掏出测光表，光圈8，快门时间1/2秒，屏住呼吸，按下快门，耳朵几乎贴着相机，倾听着那美妙无比的旋律——吱……咔嚓！这时，太阳已经从东方冉冉升起，光芒四射。远处，彩云与茫茫山峦交相辉映；近处，天文峰峻峭的山崖矗立在弥漫的风雪中；金灿灿的阳光洒在巍峨的长白山上，群山在呼啸，大地在蒸腾，长白山仿佛在孕育着新的喷发。

几天后，由于冻伤，我的脸和鼻子掉了几块皮，算是让我真切地领略了长白山的寒冷。不过，如果现在有人问我，冬天还敢不敢去长白山，我会毫不犹豫地回答："去！"我想，正是由于长白山冬天的狂风、大雪和寒冷，才有了长白山的壮美、多姿和魅力！⁴

"去的路上，脑子里全是来之前看到的照片——冰花、雾凇、白雪。到了山上，一下就被震住了：壮美、惨烈、浑然天成。火山口像是一个古战场，庆幸的是，我把这种感觉拍了出来。"

这一组照片以《长白山魂》为名，在2005年第五届中国平遥国际摄影大展获全场大奖，拿到了当时中国摄影展的最高奖金5万元。2007年，徐伟浩又因该作品获得中国摄影创作最高荣誉——第七届中国摄影金像奖。

中国工业摄影家协会主席、中国摄影家协会原副主席王玉文说："在中国平遥国际摄影大展时，我拜读了徐伟浩的这组作品。还记得他在拍摄综述中说过：'长白山壮美、长白山惨烈、长

4　徐伟浩：《长白山的冬天》，《中国摄影家》2005年第5期，第36—39页。

白山浑然天成。'20 世纪 90 年代初，我也曾徒步登上长白山天池，感受过那雾漫天池的神秘。而徐伟浩这组冬季里拍摄的作品，镜头里长白山的冰雪、狂风、寒冷让我深切地感受到了'惨烈'。这组作品也得到了摄影同仁的广泛赞誉，它赋予常见的场景以'陌生感'，以艺术的遇见征服了观赏者。"[5]

徐伟浩说："这组照片，对我个人而言是里程碑——我看到了另一种景象，拍出了本真，是心灵和自然的完美结合。但是，就如我的一个朋友所说，你就等着郁闷吧，再也别想拍出这样的照片了。"

虽说后来也自认"可能再也拍不出这么完美的照片了"，徐伟浩却没有停止在艺术上苦苦追求，期待下一个更完美的本真。此后，他走遍了国内的名山大川、草原湖泊、沙漠森林、高原雪峰，拍下了近万幅照片。他也在这一过程中收获了丰富的人生体验。

中国艺术研究院研究员、中国摄影艺术年鉴主编高健生在《我们一起走过中国最高峰和四大无人区》一文中写道：

尽管伟浩开始办大学了，好像也没怎么影响我俩的越野之旅。十年下来，从帕米尔高原到珠穆朗玛峰，从可可西里到阿尔金山，从罗布泊到羌塘草原，我们一起走过了中国的最高峰和四大无人区。用"过命兄弟"来形容我与伟浩的关系一点都不为过。

2012 年初冬，从西藏日喀则出来后就开始下雪，过了海拔 4925 米的马攸桥边防检查站后，雪下得越来越大，能见度不足 50 米，道路开始上坡，渐渐地，两边的路基也看不见了，茫茫的大雪遮盖了一切。

在海拔 5000 多米的地方遇到如此大的雪，连当地人也不多见。当天我们的目的地是冈仁波齐神山下塔尔钦镇，此地距那里还有约 160 公里，路上再没有其他可以住宿的地方。既然非走不可，那就要有敢走的勇气。此行四人都是一起多次走南闯北的铁哥们儿，相互间的信任是可以过命的，把方向盘交给谁都不是问题，但谁主动请缨却是一个考验心理素质的决定。"我来！"伟浩当仁不让地坐上了驾驶位，其他人连个眼光都没有交换，便各自平静上了车。

5　王玉文：《他在摄影领域的成就不亚于办大学》，《我行我能——沈阳城市学院绿岛建校 10 周年纪念专刊》，第 70 页。

车子挂上四驱，在厚厚的雪路上慢慢向前，能见度已经降到不足 10 米。车上其他三人轮流下车，走在车前在深深的雪路上探路。对面不时有车驶过，当你看到迎面的车灯时，相距已不足 10 米，你什么也做不了，绝不敢下意识地踩刹车，否则车轮打滑会滑向路边。你看不到路边是山崖还是深渊，只能稳稳地把住方向盘继续向前。勇于坐上驾驶位的人，就把握着同车人的生命，这需要责任和担当。由于同车人都下去探路了，驾驶人其实是最危险的，这需要胆量和牺牲。

汽车越过海拔 5211 米的马攸木拉山口后，雪停了，山口就是一道分水岭：山那边风狂雪骤，山这边却云淡风轻。尽管警报已解除，但每个人都没有说话，除了车外的风声，车里很安静，这种安静绝不是恐惧后的后怕，这种安静应该叫平静，正所谓：此处无声胜有声。

2010 年的罗布泊气候异常，在罗布泊和库木塔格沙漠之间有一条大峡谷，峡谷是经多年的雨水冲刷而成的。"多年"这个表达放在罗布泊地区也许就是几千年甚至几万年，因为这里年降水量不足 20 毫米，而年蒸发量却高达 3000 毫米以上。峡谷蜿蜒深入沙漠之中的沙岭，两边的山峰都是酥脆的砂石组成，靠近峡谷的地方多是垂直几十米的土柱。我们在峡谷中行走只能走谷的中间，因为两面的土柱会因地面的振动而随时崩塌。

当晚我们在一处宽阔的沙地上建立营地。第二天一早，当我钻出帐篷却不见了伟浩，于是我们沿着峡谷去找。在一处土柱林立的拐弯处看到峡谷中央放着一枚镜头盖，伟浩就在那片土柱下支起三脚架拍摄。那里的确是个取景的好角度，透过林立的土柱可以拍到弯曲的大峡谷，而且前景土柱质感也可以表现得淋漓尽致。但是太危险了，一旦土柱垮塌，后果不堪设想。拍摄完成回到峡谷中心的营地，伟浩告诉我，之所以把镜头盖放在峡谷中间一个醒目的地方，就是考虑到一旦出现意外，它可以告诉你们在附近可以找到他。"这也对自己太狠了吧"，我们几个谁也没有说话，但都狠狠地瞪了他一眼。生活中有些小事所传达出的信息，是需要用情感去体会的。而这时的心情正如孟子所说的："心有戚戚焉，然心戚戚矣。"这句话的意思是：心有所动，然而心中却又充满忧伤。

一起出来就要一起回去，一个也不能少，下不为例！我在内心对伟浩说。[6]

6　高健生：《我们一起走过中国最高峰和四大无人区》，《我行我能——沈阳城市学院绿岛建校 10 周年纪念专刊》，第 71—72 页。

高健生短短一篇文章，徐伟浩为朋友不顾个人安危以及为艺术铤而走险的个性跃然纸上。文末"一起出来就要一起回去，一个也不能少"的半嗔怪半提醒体现了过命朋友间深挚的情谊，温暖而令人感动。

2010年去罗布泊，想必是徐伟浩摄影艺术朝圣之旅的一次难忘经历，同行者高健生有记录，徐伟浩本人也有记录，并且记录得更详尽。

2010年9月30日，我与高健生、线云强、王华涛、刘征等摄影爱好者开始了为期12天的"穿越罗布泊"探险摄影之旅。

10月1日晚11:40，我们到了塔克拉玛干沙漠东部的一个叫英苏的废弃村庄露营。车灯下的灰尘像雪花一样飘起来，大家打完饭都不忍心往下咽，于是，我创作了此次旅行的第一个段子："吃饭请闭眼"，源于"杀人游戏"的第一句话"天黑请闭眼"。

10月2日，迎着第一缕阳光，我们开始了地理意义上的摄影，记录了塔里木河在罗布泊的消失过程。

在塔里木河断流的沿途，我拍到一张至今还令我震撼不已的照片。画面很简单，一条路，一块碑。但是，那是一条在荒漠中用砖铺成的路，是一条100多公里的砖路。那块碑上铭刻着当年数万名屯边战士与天奋斗的壮举，砍伐了沿途的千年胡杨用于烧窑，挖开了戈壁的硬壳用于取土，截断了塔里木河用于取水，烧出了数也数不清的坚硬无比的方砖，铺就了这条"人定胜天"的大路。

当拿起一块沉甸甸的、用胡杨和戈壁烧成的方砖，我就想，假如当年不修这条路，这里也许还是水草丰盛、枝叶蔽天的绿洲；假如当年不修这条路，我们现在也许不是乘车穿越罗布泊，而是荡桨泛舟……可是，历史没有假如。

10月3日，我们在罗布泊湖心露营，这注定是一个不眠之夜。离营地不到两公里的地方，就是"中国行侠"余纯顺的墓地。15年前，他只身一人怀着徒步穿越罗布泊的万丈豪情，以无比顽强的毅力，孤身一人走到了湖心，可是他再也没有能从湖心走出去。

从余纯顺之死，我又想到了著名科学家彭加木。他是开着车进入罗布泊的，由于给养中断，为了找水，最终也没能走出罗布泊，今天看来，仍然让人有一种沉痛和不解。罗布泊的湖心，是一望无际的盐碱壳，在这片盐碱壳的最低点，立起了一块刻有"罗布泊湖心"的花岗岩石碑，这就是地理意义上的罗布泊中心点。

在湖心的周围，还散落着一些石碑的碎块，碑文还依稀可辨，大多是"某年某月某日某某到此，立碑为证"。据说，罗布泊还专门有来砸碑的人，他们的原则是，死人的碑留着，活人的碑统统砸了。为了留下点儿纪念，我将当天节省下来的半瓶矿泉水，浇在了湖心碑上，而且郑重地向队友宣布：今后罗布泊要是有水了，这就是源头。

入夜，我们两大"军团"在湖心举行了联欢酒会，一盆花生米，两盒罐头，二锅头管够儿。最引人注意的是炊事班的"厨娘"居然有那么专业的舞技。原来，她是新疆歌舞团的专职舞蹈演员，以志愿者的身份帮厨，获得免费随团玩一趟的回报。热闹过后，每天的必修课就是，摆上茶摊，仰望星空，侃大山。话题是不着边际的，那种"神游"的感觉，好极了。

10月4日的清晨，老天爷给我们送来了第一份礼物。遥远的天际，一抹红日在跳动，蔚蓝的天空拂缭着朝霞的轻纱，一望无际的罗布泊湖心，耸立着一顶帐篷，恰在天地之间。这种照片尽管没有什么艺术价值，也算不上摄影作品，但它把对罗布泊的恐惧变成了美丽，又是一天好心情。

4日中午，我们在去龙城雅丹的路上，与越野e族的车队相遇。尽管大家互不相识，还是都把车停了下来，热情地寒暄了一番，分手时，我还向他们领袖般地挥挥手。谁知，这一挥手，竟成了我永远挥之不去的心痛。10月18日，也就是在回到沈阳的一周后，我接到队友的一个短信，在罗布泊和我们相遇的车队，在翻越阿尔金山的途中，由于缺氧、缺水、缺食品，造成一死二重伤的惨痛后果。

经常有人会问，野外探险有那么多危险，为什么人们还是执意要去？这张照片是10月5日19:45拍的。当时，我们的车队从龙城雅丹出来，再经湖心向西，向楼兰进发。天边，一轮夕阳映红漫天晚霞，大地上，一股无可阻挡的钢铁洪流，向着太阳前进，前进！这就是人们对美的渴望，这就是人们对自然的向往，这就是任何艰难险阻也挡不了的人们勇往直前的追求。

我们的第三个露营地是龙城雅丹，也就是在这里，才真正开始创作意义上的摄影。龙城雅丹位于罗布泊西北部，在风蚀和水蚀的双重作用下，形成了独特的罗布泊雅丹地貌。

人们常说摄影是创作，是艺术，其实，摄影首先是体力活……

我的随身行头，包括一台德国产林哈夫 617 宽幅相机，一台瑞士产阿卡 4×5 单轨技术相机，一台日本产索尼 900 数码相机，一支曼富图 405 三脚架，以及为上述相机配套的镜头、测光表、片夹、滤光镜等配件，背负的总重量为 56 斤，每天的作业时间不少于 6 小时，再加上装车、推车、烧垃圾、搭帐篷这些每天必干的零活，计算起来，每天消耗的热量不亚于跑一场马拉松了。

10 月 5 日，在我们进入茫茫沙漠的第 6 天，终于再次看到了人类的文明，一面面迎风飘扬的五星红旗，一间涂着白色涂料的"小楼房"，还有一块上面写着"中国楼兰文物保护管理站"的牌子。大家兴奋地跳下车，相互召唤着向保护站跑过去，就像是和久别的亲人重逢，就像是在外闯荡的游子回家了。当我们跑到围墙前，跑到只有一条细细的铁丝拉着的大门前，不约而同地停了下来，没有了欢呼，没有了嬉闹，谁也不想打破只有在荒漠中才能感觉到的那种寂静；谁也无法释放只有在苍凉中才能承受到的庄严的沉重；只有静静地倾听，五星红旗在狂风中的猎猎嘶声……

进入楼兰，是我们这次探险摄影的重要目的，进入楼兰，也使我们经历了前所未有的刺激。按照领队的要求，为了保证车队能够有效地进入楼兰，我们开始"减负"，把带来的最后一只活羊也杀了。这意味着在今后 5 天我们就再也没有高能量食品支撑了。从罗布泊出来后，很多看了这张照片的人都说，你们这次穿越挺腐败呀，还带着活羊？其实，说这话的人缺少点儿常识，因为只有活着的动物食品在罗布泊才不至于腐烂。

距楼兰还有 18 公里，车队进行了最后的休整。按照领队的要求，沿途不准拍照，不得大小便，不得以任何个人原因影响车队的行进速度，务必在 6 个小时之内即天黑前，进入楼兰营地。听了领队的严肃训话，大家都笑了，6 个小时，18 公里，平均每小时 3 公里，比人走的速度还要慢一倍多，谁也不会信，更不用说我们这些老驴友啦！然而，接下来的场面，让我们知道了什么叫越野，什么叫刺激，什么叫爽歪歪！！！

10 月 6 日，楼兰营地，那是一段令人惬意的时光。由于要在这里进行两天的拍摄，我们享受了本次旅程里唯一一次短暂的休整，除了晒太阳，还有聊天、品茶、看表演。然而，惬意过后，当我揣起相机，站在这块充满神秘的土地上，我仿佛看到，800 万年前的喜马拉雅造山运动使塔克拉玛干由沧海变成了沙漠，在这片沙漠的最低点，形成了罗布湿地，接下来，塔里木河、孔雀河、车尔臣河、疏勒河把天山和阿尔金山的圣水带到这里，形成了一个烟波浩渺、水道纵横、飞禽群集、鱼翔浅底的罗布泊；我们仿佛看到，4000多年前，在烟波浩渺的罗布泊西岸，一个不大的部落，或是为了渔猎，或是为了放牧，在这里建立了自己的家园，和楼兰的名字一样，这里的姑娘也很美丽；我仿佛看到，2000多年前，驼铃悠悠，惊起了湖里的水鸟，马蹄声碎，打破了亘古的阒寂，绢绢丝绸为楼兰留下了千古绝唱（下引李白《塞下曲》、王昌龄《从军行》、杜甫《秦州杂诗》从略）。

10月8日，车队离开楼兰，进入没有生命迹象的盐沼地带，除了一望无际的盐碱壳，还有那伴随左右的海市蜃楼。

10月9日，车队继续向东，终于走出了盐沼，进入罗布泊的沙滩地带。地上散落着五颜六色的小石块，像镶在地毯上的宝石，光亮诱人，手快的已经下车去捡了，说是要带给亲朋好友留个纪念。但是，马上遭到领队的严厉训斥："不要命了！"原来，这里是原子弹爆炸基地，核辐射的危险依然存在。话音未落，大家上车就跑，这是整个旅程中大家最听号令的一次行动，谁也不敢落后啊！沿着疏勒河的干涸河道，我们进入了罗布泊大峡谷营地。

叫罗布泊大峡谷，形容和夸张的成分可能多了一点，但它确是非常独特的地貌，在风蚀和水蚀的作用下，形成了高达100多米的峭壁，而这些峭壁完全是由沙子堆积的。按照领队的要求，我们必须在峡谷中间行走，而且不准大声喧哗，以免产生共振造成塌方。

10月10日早晨，我撩开帐篷，看到满天的乌云。对罗布泊地区而言，这可是难得的拍摄天气。我迅速穿上衣服，只拿了一个数码相机，像贼一样迅速地钻进峡谷中。为了实现完美的构图，我试图一步一步地向峭壁的凹洼处靠近。这时候，整个山谷中寂静得可怕。因为，在这样的寂静中，你能听到流沙的丝丝坠落声。眼看光线就要变化了，情急之下，我把镜头盖放在了几十米之外的峡谷中间，算是留个记号吧，万一被埋，大家也好知道我在哪呀……接下来，是屏住呼吸，靠近，再靠近，测光，"咔嚓"一声，转身就往外跑，留下了一张近乎完美的照片。

一路上，我都在沾沾自喜，好像自己是个大英雄，拍了一张全队谁也没拍着、谁也不敢拍的照片。可是回到家里，再看看那少得可怜的几张照片，又觉得自己是个胆小鬼，当时咋就没有多拍几张呀，就是把大峡谷拍塌了也无上光荣啊！哎，有时候，人的想法真是难以言表啊……

10 月 10 日，车队穿过罗布泊大峡谷，进入库姆塔格沙漠。这里是彭加木的失踪地。在离彭加木纪念碑不远处，我拍下了一株在沙漠里生存下来的小草。这是一株叫不出名字的沙漠植物，它也许永远无法站立起来，也没有人呵护它，在狂风的肆虐下，它只能匍匐在地上，用它那顽强的肢体，划着一个圆圆的轨迹，日复一日，年复一年，它忍受着无比的痛苦，忠实地守护着属于它自己的那片家园……

10 月 10 日，三陇沙营地，是我们走出罗布泊的最后一个野外营地，给养没了，体力也没了，剩下的只有怀念和记忆！ [7]

"穿越罗布泊"，包括多次的高原雪域之旅，徐伟浩收获的不仅是摄影作品，还有险恶环境中命垂一线带来的高峰体验，朋友的温情和友谊，以及对人与自然的清醒认知。

几乎每次都与徐伟浩同行的王华涛说，他喜欢亲近自然，而不在乎这个过程中的艰辛和风险。置身于神奇的大自然中，从他的眼神中，可看出心灵释放带来的快意和满足，这在城里是没有的。更重要的是，雄奇的自然景观，为他带来一股豪气，当他把这种豪气融入作品中，就为作品带来一种大气魄。当然，徐伟浩在摄影艺术上的成功，王华涛认为，源自他艺术的悟性和审美直觉，他总能用自己的视角，拍出富有个性的东西——把景物拍出气魄。

知己莫如友，王华涛说得没错，徐伟浩艺术上的成功，在于他有较高的悟性。不过，这是讨巧的说法，背后的潜台词是，他并非艺术科班出身，未经"庙堂"的"熏香沐浴"。其实，对此，徐伟浩倒从不避讳，而坦言"我还没系统地学习过美学著作，照片里的美，是大自然在我心里的映象"。

徐伟浩崇尚自然，在他看来，美源于自然，往往，自然就是美。

在同笔者交谈时，他说到在青海水上雅丹的一次体验，"我们是晚上去的，不敢上，冰下发出的各种声音，既悦耳又恐怖。后来，完全被这种声音吸引住了，开始是站着听，害怕把冰踩裂了，索性就坐在冰上听，听到细微处就趴在冰上听，我真切地感受到音乐的初始韵律一定是来自大自然"。

在他看来，最美的景物是冰川、雪峰，最好听的音乐是大自然的奏鸣。

---

7 徐伟浩：《穿越罗布泊——艰辛的历程，难忘的记忆》——探险摄影纪实 2010.10.1—10.14（优酷视频）。

"审美洁癖"

崇尚自然，形成了他以自然为美的美学观（当然，他并不排斥一般的形式美），加上他自身的固执性格，校内的大事小情，他件件都要用自己的审美尺度去量一量，因而成为一种奇怪的"癖"，笔者发明一个词："审美洁癖"——符合他的审美观的，保留；反之，丢弃。并且，大到校庆晚会，小到运动会的胸牌、绿化时栽树的位置，绿岛的建筑就更不用说了，每一级标高、每一个洞口、每一个线条，都必须是美的。

校庆晚会这种事，没见哪所大学的校长亲自挂帅，即使名为总策划，也不过审查一下，把把关。可是，绿岛 10 周年校庆晚会，徐伟浩不仅亲自抓，其要求之高、之严、之细，几乎令人"难以容忍"。

晚会的演出日期是 2019 年 9 月 10 日，它的启动时间是 2018 年 4 月，他要求全校各学院及机关各部门提交晚会策划方案。两轮过后，总共提交 30 余个方案。经多次开会、研讨，最后确定了 12 个节目，其中 8 个是他的创意。当年 12 月末，他让校办发通知，晚会由美育部负责，体育部协助，学生处和团委参与。2019 年 1 月 4 日，他召集相关人员开会，宣布成立晚会筹备组，他担任导演，并确定了 5 个副导演，分别是校党委副书记刘爽、团委书记谷硕、学生处副处长何兴中、通识教育学院副院长高祥和美育部主任胡家鑫。从工作经历上看，导演组没有一个是"科班"出身的。从职务上看，和艺术沾点边的只有胡家鑫，可后来的结果是，晚会排练还不到一半的时候，他把胡家鑫调到通识教育学院劳动与社会实践部了，不知道是工作需要还是胡家鑫的作用没发挥好。寒假前一天，他又带着筹备组开了 3 小时的会，落实节目分工。放假一周之后，召集筹备组成员和音乐、舞蹈主创人员连续开了两次会，确定了节目及相关的伴奏形式。

他要求行进管乐团要坐到舞台上，与民乐团共同组成一个既可独立演奏又能为歌舞节目伴奏的混合乐团，这对两个乐团的排练难度可想而知。他还要求在舞台上演奏的人数不能少于 200 人，认为只有那样才能烘托出整场晚会的气氛。为了"气氛"，他又提出在管乐与民乐之间放上一个电声乐队。每当遇到这种"不合情理"的事，大家似乎已经习惯了，用行进管乐团指导教师姜巍的话说，"干就是了"。

将 20 世纪 80 年代的老歌《我多想唱》重新填词，是他的创意。不仅如此，他还对重新填词的内容提出具体要求：一是想唱不敢唱；二是想唱我就唱；三是不想唱也得唱，以此体现绿岛开展美育教育的决心与担当。以下是谷硕重新填词的《我多想唱》。

我想唱歌可不敢唱，

小声哼哼还得东张西望。

大学了还以为是高三，

仍然没有勇气大声唱。

大学校园原来是这样，

小松鼠穿梭梧桐白桦间，

碧波垂柳，荷花绽放，

到处都是美丽的模样。

运动场上尽情奔跑，

排练场外琴声悠扬。

爸爸妈妈呀你别担心，

我要鼓起勇气放声唱。

我想唱歌我就敢唱，

自信满满不管舞台多大。

绽放吧，在青春芳华，

老师的鼓励萦绕在耳旁。

……

我已坚定信心尽情唱。

我不想唱但也要唱，

艺术的熏陶让我情不自禁。

成长吧，绿岛的学子，

因为大学应该是这样。

自主学动手实践，

全面发展做绿岛时代新人。

永远热爱体育崇尚艺术，

学到的知识会永记不忘。

绿岛充满七色阳光，

绿岛人就该放声歌唱。

这所大学给我的全部，

我行我能永远不服输。

将近年的网红民谣歌曲《成都》改成《绿岛》，也是他的主意。填词者先是2015级汉语言文学专业的学生丛戎，后经谷硕修改完成。

让我彻夜不眠的，不只离别的愁，

让我依依不舍的，还有绿岛的秋。

青春还能走多久，你萦绕我心头，

让我不能释怀的，在这凤凰山这头。

分别总是在六月，白宫和杯中的酒。

梧桐梨花和垂柳，轻抚着你的眼眸。

在这片年轻的土地里，我有很多割舍，

绿岛，带不走的，只有你。

和我到绿岛湖边去走一走，

直到所有喧嚣都入睡了也不停留。

令人难忘红楼的春雨，还有校训塔的火炬，

走到梧桐园的尽头，坐在小酒店的门口。

相见总是在九月，阳光透过水晶宫，

国足将士的皮球，他总是忘了收。

在西山会所的歌声里，我总能找到你，

绿岛，让我骄傲的还有你。

和我到大创工场去走一走，

直到所有的灯都熄灭了，机器人还在走。

我会坐在苹果书屋，写下我们许多年后，

走到玫瑰园的尽头，分别在社区的门口。

和我到白桦小路去走一走，

摇曳的树影唤来好奇松鼠驻足停留。

我会留恋南楼的咖啡，回味许多年以后。

走过四年青春再回首，忆绿岛的美不胜收。

这词写得很棒，它把校园的自然、人文景观和生活其间的人巧妙地融合在一起，以细腻委婉的笔调，感喟同学的相识与离别，吟咏青春的美好以及对绿岛的不舍。如果有全国高校民谣歌曲评选，笔者相信，它一定会排在前列。

如果说徐伟浩选择《我多想唱》，是一种怀旧——20世纪80年代，这首歌风靡全国，流传于大街小巷，今日唱起它，会把人带回到那个生机勃勃的时代，另外，它的原唱苏红，是从本溪走出去的，不知徐伟浩与苏红是否相识，在歌曲中"老乡见老乡"，也自会别有一番滋味在心头。那么，将网红民谣《成都》改头换面，重新填词，则体现了一种时尚。即是说，依徐伟浩这个总导演的构想，校庆晚会，既要是怀旧的，也要是时尚的。然而，他还不满足，他还希望晚会与国际接轨，所以，他要求把世界流行的音乐剧搬上校庆晚会舞台。据晚会副导演谷硕回忆，"两轮策划之后，节目中要有音乐剧片段的事儿定了下来，但是这个片段的具体表现内容，还是空白。2019年1月中旬的一天，徐老师给我发来了百老汇音乐剧《来自远方》的视频片段，他在文字提示中写道：按这个片段的表现方式（包括使用原作的音乐），以'我行我能'为主题，编写一个新剧本。"[8] 于是，晚会中就有了原创音乐剧《我行我能》。这样，校庆晚会中就有了怀旧的、时尚的、民族的、外来的多种元素。多种元素杂糅，或许这就是徐伟浩晚会设计的美学观和文化观。

---

8 引自2019年4月28日笔者与谷硕的谈话记录。

晚会的总体策划，他管，进入排练环节，他也管。

2019年寒假结束的前两天，他召集晚会的主创人员开会，把节目正式定下来。"从2月末，每个周六他都领着导演组开会，从下午1点开始，经常一谈就是五六个小时，有时到晚上七八点钟。"

彩排，开学后每月一次，8月，每月两次，进入9月，10天3次。他每次都到场。

3月21日第一次彩排暴露出许多问题，他当即召开现场会。第二天中午，他又把相关人员"请"到南楼的英茶室，对几个节目提出严厉批评。谷硕说："老师们受到批评，普遍情绪低落。我们只得找老师谈，给些鼓励，安抚情绪。"

有的节目已经排完，他不满意，责令推翻重来。谷硕说，在晚会开始前两天的彩排中，徐老师觉得演员出场时背对观众的造型过多，影响观众与演员的交流和表演的张力，一声令下，现场改。这时距晚会开始，已经不足48个小时了。

谷硕负责搭建晚会舞台，"找了六家设计公司，都被他否了，其中最后一家，改了六稿，他仍不满意。直到第七家按照他的想法完成设计，才勉强通过"。

徐伟浩的"审美洁癖"，包括他凡事都追求"五星"的精神，使他这个总导演为10周年校庆带来了一场气势恢弘、精彩纷呈的演出。笔者曾数次担任国家艺术基金项目和辽宁省诸多专业艺术活动评委，这次有幸观看了绿岛的校庆演出，可以说，即使从艺术角度用挑剔的专业眼光衡量，这也是一场具有较高质量的晚会，其中三分之一甚至二分之一的节目，堪称上乘。尤其是整台晚会多为原创，所有演员都来自非艺术专业师生，殊为难得。

校庆晚会徐伟浩亲自挂帅并且"精耕细作"，可以理解，因为绿岛10周年毕竟是一件大事。可有的事，比如运动会的胸牌设计，他也紧盯不放，就有些匪夷所思，因为胸牌这种"一次性"使用的东西，似乎不值得为其花费心思。

徐伟浩不这样看，因为有"审美洁癖"的他，无法容忍他眼皮底下的东西不美。

据谷硕介绍，2019年的环湖马拉松，运动员号码牌（胸牌）改了五次，"号码牌，是学生设计的，修改时，我陪着，一直干到晚间11点。整整改了3天，每次做完都发给他，晚上10点发给他，他也回复。"采访时，笔者曾问徐伟浩，那个一次性使用的号码牌有什么必要反复修改？他听后也不回答，而是拿出手机，找出一组截屏。他一边把那些图片逐个放大，一边指着图片说，你看，这个、这个，还有这个，数字的比例不对，色彩搭配不合理，构图有缺陷……这怎么行？

在马拉松比赛的终点，谷硕做了一个大拱门，徐伟浩说，这个不行，俗气。为这事，一天之内碰了三次头。谷硕回忆说:"我还是没理解徐老师的意图。"晚上 6 点,徐伟浩带着谷硕等人来到绿岛湖边,一边看现场一边比画着,告诉他们,要做一个圆柱体的东西,放在绿岛湖大石头旁,圆柱体有华表、里程碑的寓意,与绿岛湖石刻放一起,形成了一个有点有面的完美构成,脱俗且有美感。

比赛当天 12 点,徐伟浩问体美部主任刘瑞平,比赛发令时,发令者站在队伍哪一侧?刘瑞平说,左侧。他说,不行,要站在右侧。这样,拍照时才能把运动员和发令员放到凯旋门里,并且透过凯旋门还能把钟楼作为背景,使画面更完美。

对于本次马拉松的宣传要点,他对谷硕提出五条,首先要从最美校园、最美景观入手,引入本次比赛的主题、意义等。谷硕随便的一句话,道出了徐伟浩的另一大癖好"好美",他会随时随地发现美、使用美。

绿岛园林部的池连志对徐伟浩的眼睛有着特别的"恐惧"。"我在绿岛干绿化 10 多年了,每年经我手栽的树都有几百棵,可到现在我也不敢自己选挖坑的位置,树与树之间的距离对了,徐老师能挑出两棵树之间的角度不对,角度对了,他又说这几棵树和那几棵树的相互关系不对,关键是他不迁就,栽完了也得挖出来。后来大家都习惯了,每到栽树的季节,我们就准备好很多木桩,由他指点,我们跟在后面把木桩钉在地上。有的时候,我们按钉好的木桩挖下去,遇到大石头,就挪个坑位,结果,肯定会被徐老师发现,遇到这种情况他肯定说,人挖不动可以用设备挖,位置不能变。"[9]

校刊《白桦林》的美术编辑刘刚对此也深有同感。《白桦林》从创刊到今年绿岛校庆十年特刊,已经出版 69 期了,每期的版面设计徐老师都要过目,从图片内容到尺寸大小,从字体字号到排列组合,从色彩构成到平面结构都会提出具体意见。《白桦林》初创阶段,无论是报道内容还是版式设计都有很多传统纸媒的痕迹。对此徐老师有明确态度,'报道质量可以逐步提高,但版式设计不能将就,一定要好看,要赏心悦目'。他最反对'豆腐块'式的版式。在他的力挺下,我们开始大胆尝试大跨页、大整版、大对比的设计风格。"[10] 尽管如此,他对徐伟浩的"不能将就"仍然心有余悸,"有一次,审稿时徐老师没发现图片下面的文字说明的字号有点小。印完了,发现了,结果可想而知,重印"。

9　引自 2019 年 5 月 20 日笔者与池连志的谈话记录。

10　引自 2019 年 5 月 16 日笔者与刘刚的谈话记录。

　　"审美洁癖"使他难以容忍不美，凡事以"五星"衡量，使他难以容忍敷衍塞责，粗制滥造，徐伟浩这样要求别人，也这样要求自己。

　　他喜欢险峻雄奇，喜欢雪山、冰峰，所以，在庐山、泰山，他连相机都没拿出来。即使在自己喜欢的景地、选中了心仪的景物，他也不轻易出手。

　　去新疆拍片，路过嘉峪关，与他同行的有辽宁大学原副书记、副校长、中国高校摄影学会主席刘志超。"刘校长是一个执着且充满激情的摄影家"，交谈中，能看出徐伟浩对刘志超的敬重，他也羡慕刘校长的拍摄效率。"从嘉峪关回来，刘校长出了一本专辑，而我勉强拍下一张照片。"为什么呢？徐伟浩解释说："嘉峪关不同于东部地区的石长城，它是一座用土夯实的长城，为了找到土长城的特征，我就开始围着嘉峪关转大圈，三个多小时之后，惊喜地发现一处城墙上的一个豁口，不光露出夯土，而且上面还长满荆棘，为城墙添了几分凄凉。我当即支好相机，测光，调整光圈和快门速度，为了增加反差效果，又加上滤镜，一切就绪，拨动快门，却没有按下去。"他在等什么？"我突然觉得，延绵而去的城墙尽头的箭楼上，如果有一朵云，最好是卷毛云的形状，恰似烽烟再起，那该是多么完美的一张照片呀！"可是，哪里会有什么烽烟。他只得利用光线来弥补。"那是一个假阴天，我从下午1点开始，一直等到晚上8点多，因为还要赶路去敦煌，十分无奈地按下快门，在嘉峪关拍了唯一的一张照片。"还好，从照片上看，天空已经有了一些层次。

　　王玉文说："伟浩始终钟情艺术和哲学，他爱读书也喜欢行走，喜欢用完美的眼光去看未知的世界。他拍了很多照片，当摄影圈的朋友们问起他什么时候结集出版，他总是谦和地说：'再等等，有些地方还得重拍。'"[11]

　　其实，徐伟浩有出版个人专辑的打算。"我开始选了100多张，可又总觉得以后会拍得更好，选来选去，最后只剩下40多张。"他还打算为自己的专辑写前言，"题目叫《敬畏自然》，文章的结尾部分，要提出'重构审美'的思考。"

　　交谈中，他坦承，题目有了，写什么也有了大体构想，而且已经写了一些，但总是不满意。他从敬畏美食谈到了敬畏自然，谈到了两个美丽的名字——雅丹和丹霞，谈到了德国科学家洪堡发现了海拔和热岛现象带来的审美变化，还谈到了神奇的胡焕庸线以及魏晋名士的思想演变引发的人们对自然的重新认识。那次交谈，除了敬畏自然、丹霞的形成和罗布泊的消失笔者尚

11　王玉文：《他在摄影领域的成就不亚于办大学》，《我行我能——沈阳城市学院绿岛建校10周年纪念专刊》，第70页。

可理解，他谈及的其他事，笔者听得一头雾水。所以，他为专辑所写的前言，因为没有正式成文，其中最终表达了什么，我们不得而知。

做事可以追求"五星"，"审美"却不要过于"洁癖"，愿他的这本摄影专辑（包括前言）早日面世，因为艺无止境。

为父之道

徐伟浩有 4 个孩子，从前面引述的他在 2009 年 10 月至 11 月学校教改大讨论时的讲话《教育的缺失和我们的责任》中，我们对这 4 个孩子略有了解：最小的儿子不足 4 岁，老三是个女孩，初三学生，老二是男孩，大四学生，老大是女孩，已经参加工作。在众多的老师面前逐一讲述自己的孩子，是为了说明现行的中国教育中素质教育的缺失。

在讲述中，他并不回避孩子的"不成功"——老大不爱学习，早早就参军了，老二挂了几科，毕业压力很大，也没有解释造成此种状况的原因——显然不能将其简单地归结为素质教育的缺失，因而，我们无法知道，作为一个父亲，他在孩子的教育中做了什么（那个乳名叫闹闹的老三除外——她小时候学过网球、游泳、手风琴、架子鼓，这显然是他"逼"的），以及他有着怎样的育儿观。不过，对于后者，即他的育儿观，却可以在他对小儿子的做法上看出端倪。

徐伟浩 50 岁那年有了最后一个孩子，是个男孩，因出生时体重 9 斤，那天还是 12 月 9 日、阴历初九、上午 9 点整，徐伟浩为他取了乳名：老九。"出生之后，为他找了一个讲英语的保姆。"[12] 这是一个奇怪的孩子，19 个月还不会说话。洗澡的时候，不愿弄湿自己的头发，每到这时，徐伟浩就拿起一小盆水，往他头上浇。有一天，徐伟浩正要往老九头上浇第二盆水的时候，奇迹发生了，他转过头来，冲着徐伟浩，说出了人生的第一句话："Not again." 吃惊之余，徐伟浩得出一个结论：英语容易说。开口说话以后，老九一句中文也不说。徐伟浩一看，这哪行？"得把他送到幼儿园，学汉语。"

12　引自 2019 年 4 月 10 日笔者与徐伟浩的谈话记录。以下徐伟浩的讲述，均出自于此。

可是，计划没有变化快。2015 年 1 月，徐伟浩到美国做为期半年的访问学者，他把夫人和老九也带去了。他们的住处附近有个教会学校，"老九在那儿上乐高课，和那里的孩子玩上了，还说这里和他在国内上学的学校不一样，举出了十几条，说要在这里上学。"

访学结束，徐伟浩按期回国，娘儿俩留下了。原因是，老九坚持要在那里学习到期末。那年，他不足 10 岁。

从美国回来，老九多次表示喜欢在国外的学校上课。寒假，徐伟浩夫妇带老九去英国考察学校，参观了 5 所小学。"他说喜欢有高尔夫球场的那所学校。"经校长面试，老九获得了一个在哈里希思尔预备小学试读一天的机会。当天，学校发了一套运动服和雨靴。"晚上一看，全身是泥。"原来他刚刚顶着雨上完橄榄球课，老九觉得橄榄球有点像摔跤，不学就会。

在一天的跟班试读中，赶上两次体育活动，即将离开学校的时候，接到了招生官的通知，老九被录取了。据徐伟浩后来回忆，老九被顺利录取，除了没有语言障碍，可能和他的高尔夫球技有关，因为一入校，老九就直接进入校队，并成为绝对主力。

哈里希思尔预备小学，从三年级到八年级共有 100 多名学生，每个年级 20 人左右，学生全部住校，学校有一个九洞高尔夫球场，还有橄榄球场、网球场和足球场。

学校重视体育，也重视艺术，"要求每名学生学会两种乐器，你自己选，选完老师一对一地教"，并且非常重视实践，学生每个月都要登台演出。"老九入学的第一周就上台演歌剧，跑龙套。"道具很简单，一副套袖，套在胳膊上的是农夫，套在腿上的是农场主。

学校有很多新奇的做法：给小学生开历史课，不仅开课，还考试，考试题目居然是"如果你是亨利六世，英国会是什么样"。每天有一个小时，教室和宿舍里不准有人，让学生在室外站着，发呆或聊天。"有一天，我见他肚子上有很深的牙印，他说是同学马修咬的。"马修的父亲是英国的一个大建材商，马修小小年纪已经在同学中开了两家公司。"老九说，为了话语权，他和马修决斗了，不小心把马修的脸弄青了，马修不服，就咬他肚子，咬人是犯规的。为了不让校长过问，他和马修决定私了。"据说，马修和他爸爸说，脸上的伤是踢球撞的。还有，学校每年都要求全体学生参加"铁人三项"比赛，包括游泳、山地自行车和 3000 米越野跑。"我看过老九参加比赛的一段视频，那个状态只能用挣扎来形容。"

学校的种种做法，弄得老九也会产生一些奇思妙想。"放春假，他妈去看他，他让妈妈给他买按摩方面的书，说是要教同学按摩，可以换回很多东西，包括吃的。""老九的这个举动，我是暗中赞赏的。君子爱财，取之有道。"

哈里希思尔作为一所预备学校，它的目标就是让更多的学生能进入像伊顿、哈罗、温切斯特那样的传统公学。

老九那年 10 岁，刚好符合公学录取考试的年龄，在 9 大公学中，徐伟浩为老九选了 5 所。

"伊顿"是培养领袖的学校，"哈罗"以艺术教育见长，"温切斯特"学术水平高，百分之三十以上的学生可进入牛津、剑桥。

老九很有意思，徐伟浩带他来到"伊顿"，"他门都不进，说不喜欢"。"'哈罗'他也不喜欢，理由是校园像个街道。""温切斯特"建在一个小镇上，有高高围墙，房子是石头建的，有《哈利·波特》的感觉，"他高兴了"。

"招生官喜欢他。又经过一些考试、面试和智商测试，他被录取为温切斯特公学的预备生。"这意味着，三年以后，老九将进入英国的顶尖中学学习。

以上就是徐伟浩 4 个孩子的情况，这些情况都是从他的口中说出的，包括上文没有提到的，他带老九和闹闹旁听绿岛的暑期务虚会，听他讲"三个紧密"。闹闹强忍着听了一个上午，中午吃饭时对他说："爸，感觉你把自己当成国王了呢，在自己的小王国里爱讲啥就讲啥，爱讲多长时间就讲多长时间。"老九的说法更直截了当："太无聊了！"老二在北京上大学，因为胖，使用宿舍的蹲便很困难，遂想退学，"他喜欢坐便，喜欢坐在上面看书。几个孩子都有这个习惯。"为此，他买了个供残疾人使用的简易折叠坐便椅，送到北京。

徐伟浩讲述孩子的故事，语调平和，朴实自然，不带感情色彩，即使是给老二送坐便椅这种暖心事儿，把 10 岁的老九独自扔到英国学习的狠心事儿，他也像讲别人的事儿一样，冷静地一语带过；也不做价值判断——孰是孰非，哪对哪错。所以，从他的言谈话语中，很难看出他有什么"育儿经"。与他的喜欢逻辑、理性行事的风格不同，在孩子的教育上，作为父亲的他，似乎是一个放任主义者——尊重孩子的选择，无论已经成人的老大，还是仅仅 10 岁的老九，不爱学也不强迫，想去国外读书也不阻拦。

把孩子当做"人"——与成人平等的大写的人，尊重他们的选择，让他们经历坎坷、失败或顺利、成功，从中自我教育、自我觉悟、自我成长，或许，这就是徐伟浩的为父之道，就是他的"育儿观"。这样的父亲，你很难简单地用对还是不对来评价。

"大家"眼中的徐伟浩

生于 20 世纪 50 年代的徐伟浩，如今已届耳顺之年，在这个常人以含饴弄孙为乐的年纪，徐伟浩仍过着早 8 晚 5，甚至晚 7 晚 8 地工作，常常顾不上吃午饭，一边主持会议、一边咬一口馒头的忙碌日子。

一次，年逾八旬的辽宁大学老校长冯玉忠先生来绿岛做客，半开玩笑、半认真地说："你要珍惜现在的工作呀，能按自己理念办学的可以称为教育家，和你相比，我这一辈子只能叫教育工作者。"

如果你问徐伟浩，政府官员、企业家、摄影家、教育家诸多角色，你最看重的是哪一个，相信他的回答肯定是教育家。

绿岛十年，徐伟浩按照自己的办学理念闯出了一片新天地。

如果你问他，他最喜欢自身的哪个特质，他一定会说：充满激情。

他喜欢演讲，喜欢在演讲中用自己的激情去点燃别人，他喜欢那一张张被他激发得胸中熊熊燃烧着理想、信念之火的血脉偾张的脸。在毕业典礼上关于校训"我行我能"的那番讲话之后，他看到的是这样的脸，2011 年 12 月，他在图书馆命名仪式上致辞之后，看到的仍是这样的脸。

同学们：

今天，我们在这里举行图书馆命名仪式，就是为了纪念史蒂夫·乔布斯先生，纪念一位创造了"苹果"的人。

大家都知道，在此之前，上帝手里只有三个苹果：第一个苹果诱惑了夏娃，于是人类开始繁衍生息；第二个苹果砸醒了牛顿，于是人类进入了工业时代；第三个苹果被乔布斯咬了一口，于是我们有了 iPod、iPad、iPhone，乔布斯把我们带进了 i 时代，一个科技与艺术完美结合的时代。

正是由于乔布斯的卓越贡献和网络的无限演绎及广泛传播，苹果已经成为神话、宗教、科技和艺术的化身。

今天，乔布斯虽然已经离开了我们，但有关苹果的传奇还远远没有穷尽。

此时此刻，我们汇聚在这里，就是要见证第四个苹果的诞生。这第四个苹果就是我们的图书馆，一个被命名为"苹果书屋"的图书馆。

同学们，当你们完成学业，从苹果书屋走出去的时候，一定会演绎出具有苹果品质的精彩人生。

第二个乔布斯就在你们当中！ [13]

据说，这番演讲话音刚落，人群中爆发出长时间的几近疯狂的掌声、欢呼声和尖叫声。

这是他最陶醉的时刻。

绿岛十周年校庆，学校校刊《白桦林》推出《我行我能——沈阳城市学院绿岛建校10周年纪念专刊》，其中一组来自国内各界的著名人士撰写的文章，对办学人徐伟浩利用民办高校的独有优势，锐意改革创新，在十年间取得的令人瞩目的教育成果，以及他的执着、胆识、魄力和智慧给予了高度评价。

刘迎初（中共沈阳市委原副书记）：

徐伟浩校长曾是我们体制内一位优秀年轻干部，28岁就出任本溪市工商联副主委；下海经商后，由于起点高、综合素质好，很快便成为辽沈地区善于点石成金，屡创惊人奇迹的企业家之一。他最大特点和过人之处是有眼光、有胆略、有智慧、有情怀。由绿岛森林公园开拓者到沈阳城市学院创办人的华丽转身，就是这"四有"特质的又一次生动体现。

由于我在中共沈阳市委曾分管高校工作，是伟浩投资教育事业，创办沈阳城市学院的支持者、见证者。回首沈阳城市学院10年既好又快的高质量发展，作为教育家的徐伟浩，我看其成功的经验之一就是：坚守初心、抓住根本，把加强教师与学生的紧密接触，作为大学牢记使命、立德树人的本质要求和办学的根基。

在沈阳大学科技工程学院的基础上创办沈阳城市学院之初，出于扶上马、送一程

---

13 《第四个苹果》，《白桦林》2011年12月创刊号。

的考虑，我与伟浩交流较多。在最初的交流中，我们最大的一个共识是：城市学院是民办大学，有很大的办学自主空间，但不是"法外之地"。在贯彻党的教育方针上，不仅要同公办大学一样，而且还要利用自己体制新、机制活的优势，贯彻得更全面、更深入、更扎实。有了这样一个最大的共识，在后来的交流中，伟浩总是不断地披露他最新的思考、改革的谋划和创新的举措，每每都让我眼前一亮，之后便在全校引发"头脑风暴"。还记得他最早提出"大学的根本是加强教师与学生的紧密接触"这一指导思想时，大家还多有疑惑，后来经过其深入阐释和反复讨论，很快统一了认识。确实，学生是学校的主体，当下很多大学存在的一个突出问题，就是学生的主体地位没有得到尊重，教师远离学生、脱离学生的现象比比皆是，几成顽疾。正如人民群众是历史的主人，党把密切联系群众作为立党之本，视为最大的政治优势，而把脱离群众视为最大危险一样，徐伟浩提出"大学的根本在于教师与学生的紧密接触"，立论有据，且切中时弊。

伟浩有着学即成才、干即成家的天赋，格局大、善谋事，作风实、能成事。自提出加强教师与学生的紧密接触后，他没有止步于坐而论道。紧接着，就是集中校院两级领导班子的智慧，坚持问题导向，陆续采取了一系列推动和确保落到实处的举措，打出了一套全员全面育人的"组合拳"。

为了推动和确保加强教师与学生的紧密接触，首先，他以解决高校学生课后找不到教师为问题导向，倡导实行全校教师坐班制，并用育人功成是教师的崇高事业和奖勤罚懒的政策激励，迅即使之成为全校教师的自觉行为，从而满足教师紧密接触学生的时间要求。其次，以解决德、智、体、美、劳"五育"分家、力量不足为问题导向，学校超出教育部规定一倍，多配学生辅导员；在此基础上又推出全员导师制，即包括校长在内的全体教师均担任导师，每人带8名大一学生，帮助他们尽快适应大学生活，迈好大学深造成才的第一步，从而满足了教师紧密接触学生达到全覆盖的空间要求。第三，以解决导师带学生活动随意性强、个体差异大为问题导向，全校统一规范开设导师课，举办导师宴，即每月最后一周的星期三下午，围绕坚定理想信念、厚植家国情怀、加强道德修养等内容，导师给所带学生上一次专题导师课，课后学生在半个月之内，撰写5000字的相关论文上传导师圈，再由导师批阅并写出不少于200字的评语；与此同时，每两个月，导师还要与所带学生集体聚餐一次，进一步拉近师生之间的距离，而所需经费，统由学校发给，从而满足了教师紧密接触学生制度化、有效性的载体要求。第四，以解决每天放学之后对学生的接触关心不到位、有死角为问题导向，学校建立了6个学生社区，专门配备了社区辅导员，实行全员值班制，24小时为学生保驾护航，从而满足了教师紧密接触学生全天候、全过程的不间断、可持续的要求。第五，以解决全校多支育人队伍虽各尽其责，却协调不够为问题导向，学校创立了辅导员、班主任和生活导师"三位一体"，德育、智育、体育、美育"四轮驱动"的全员、全方位育人体系，并及时沟通信息、消除壁垒、协调动作、同向发力，从而满足了教师紧密接触学生形成一条心、一根绳、一股劲的少内耗、高效能的要求。经过十年的不懈努力，如今，在沈阳城市学院，教师紧密接触学生已蔚成风气，为着面向城市未来，服务城市发展，时时刻刻都在践行尊重学生、关心学生、服务学生的理念，真正让学生满意，让家长放心。

有位学者说过，在激烈的竞争中，真正的强者，是善于整合资源、整合未来的高手。伟浩就是这样一位高手。沈阳城市学院能实现弯道超车、后来居上，就是其面向未来，整合多方资源的结果。我和周广有等同志都曾是被他"整合"的对象之一。当初，我们在交流中，他把为什么要将加强教师与学生的紧密接触作为大学的根本，以及如何加强教师与学生紧密接触的上述举措，都曾向我"汇报"，并征求我的意见，问我可行不可行，赞成不赞成？我说方向正确，完全可行，举双手赞成。他说，如果领导把关没问题，还高度认可，那么想请领导再支持一下，带头当个导师，每年给带8个学生。就这样，徐伟浩挖了一个"坑"，我就被整合到了导师的队伍，而且成为每年拜师仪式上的"代表人物"。对如此高抬与器重，我哪敢轻视和怠慢！经过认真思考，我将自己在加强教师与学生紧密接触重要制度安排中与所带学生的关系，做了三个定位：一是作为一个导师，他们在我的面前是学生；二是作为一个长辈，他们在我面前是孩子；三是作为一个党员领导干部，他们在我面前是未来，是一个家庭的未来，更是党和国家的未来。根据这样三个定位，在紧密接触学生的过程中，我严格按照学校要求，完成规定动作的同时，还注意根据学生成长成才的需求，完成了十几个自选动作，即在开学的时候、放假的时候、过节的时候、嘴馋的时候、成人的时候、过生日的时候、要考试的时候、身体出状况的时候、生活遇到难题的时候、思想有疙瘩的时候、想去参观郊游的时候，以及我出差归来，或因事来校等等的时候，都会出现在学生的面前。

所带过的学生都说，能与我这样紧密接触，是他们在沈阳城市学院的偏得，是一生都难以忘怀的记忆。

实践使我深深体会到，校长徐伟浩主张把加强教师与学生紧密接触作为大学治校的根本来抓，深入浅出，意义非凡！[14]

张希钦（国家旅游局原副局长）：

伴随着绿岛的春风秋月，沈阳城市学院迎来十岁生日。说起学院，自然让我想起绿岛的主人，今日之董事局主席、校长徐伟浩。当年他在绿岛建起了沈阳市第一家五星级酒店，成为沈阳市旅游业的破冰者，一位风云人物。酒店经营的探索与实践，让伟浩先生很快成为酒店业的翘楚，作为酒店管理专家，他被国家旅游局评聘为国家星级酒店评审员。

说到酒店的星评，我仍记得当时的情景：1998年，我率"星评员"进入沈阳绿岛森林公园，眼前为之一亮：秀美的凤凰山下，草木葱茏中，酒店若隐若现；一湖碧水如天池洒落森林公园中，一座九洞高尔夫场地似玉带缠绕湖畔；哥特式的钟楼矗立在蓝天下，俯视着这座花园式的度假酒店，当真是美轮美奂、独具匠心。当时我曾发问："这是谁设计的？"酒店一员工告诉我，规划设计是徐总自己的主意，就连栽什么树、栽在哪，都是徐总亲自决定的。

20多年前，评定一家五星级酒店可不是一件小事，省、市旅游局的主管领导都悉数前往陪同，可唯独不见酒店老板徐伟浩其人。经联系，我与徐伟浩在他的一幢别墅里相见了：他正挥汗如雨，现场操刀制作一个实木吧凳。我想这位老板想当现代鲁班呀！见面话不多，但他的笑容真诚可见。给我的第一印象是：此公大音希声、大象无形，云淡风轻者也。

十年后，他又决然转身投身教育，竟异想天开在绿岛办起了一所大学，把一个好端端的绿岛五星级酒店，改为酒店管理学院的现场教学基地，真是太疯狂了。我在想，绿岛森林公园山水独秀，如果不办学，一定会成为北方地区的风景名园、度假胜地。

沈阳城市学院校庆五周年庆典时，我有幸亲临：眼前一个教学功能完备，设施先进，生活布局一流的花园式大学尽收我的眼底，令人震撼更由衷钦佩。为此，我曾即

14　刘迎初：《徐伟浩校长的成功在于：坚守初心，抓住根本》，《我行我能——沈阳城市学院绿岛建校10周年纪念专刊》，第58—59页。

兴赋诗一首送伟浩先生："绿岛春荫映杏林，伟风浩雨润桃芬。参天大树拔地起，方知杏坛有奇人。"伟浩回复了我一句："大学也要有名园。"[15]

宋江波（国家一级电影导演、曾任长春电影制片厂副厂长）：

我与徐伟浩相识在 30 年前，1990 年，我在本溪拍摄相声演员冯巩主演的喜剧电影《离婚合同》，他是本溪三联公司的董事长，是最早一批下海经商的政府官员，是我电影的投资人。那时民营公司投资拍电影是极为罕见的，他对电影的投资回报没有什么考虑，就因为这部电影的编剧姜一是他少年时的同窗伙伴，为成就别人的梦想仗义疏财。没想到的是片子上映后，观众如潮，收益甚丰。可能就因为此片种下了他的电影情缘，几十年热情不减。

他作为投资人从不干涉艺术家的创作，总是以朋友的面貌出现在剧组，馅饼羊汤、本溪坛肉，那时啤酒市场供应并不充分，他在啤酒厂的朋友把啤酒源源不断地送来，这种关怀换来的是艺术上的丰硕成果，电影又是赚钱又是获奖，盆满钵满。数年后他成了绿岛森林公园酒店的董事长，更是风生水起。

我那时也是绿岛的常客，还应伟浩之约拍摄了一部关于绿岛的纪录片，片子名字叫《心灵的约会》，镜头所到之处，都是他千思万虑的构思呈现，我与他的两个小千金在片中戏水游戏，见证了孩子的成长。绿岛是那个年代我的优美记忆。

机缘巧合，进入新时代，我从长影厂退休后，被吉林动画学院聘为电影学院的院长，伟浩也华丽转身成为大学校长。由于他要拍电视剧《大三女生》，我们的接触又多了起来。办学的艰辛自不必说，但我看得出来，他特别喜欢大家叫他徐老师。

我也特别期待徐老师的《大三女生》早日面世。[16]

牛维麟（中国大学生网球协会主席，曾任中国人民大学党委副书记、常务副校长）：

伟浩先生是位体育爱好者，他网球打得好，每年我们都以球会友，后来腿有挫伤改打高尔夫，也打出了名气。2014 年第十五届世界大学生高尔夫锦标赛在瑞士举办，中国大学生体育协会请他担任中国代表团团长率队参赛，取得不俗战绩。

15　张希钦：《大学也要有名园》，《我行我能——沈阳城市学院绿岛建校 10 周年纪念专刊》，第 62—63 页。

16　宋江波：《我与伟浩，我与绿岛》，《我行我能——沈阳城市学院绿岛建校 10 周年纪念专刊》，第 64—65 页。

在人大工作期间，我兼任过学校的体委主任，对于传统的大学生体育课是了解的。大学体育教学改革的难度在于体育老师习惯了以课的形式来教体育，教规定动作，完成体育课时，这对于培养学生的体育精神以达到"群众体育""终身体育"是远远不够的。很多大学也在这方面进行了有益的探索，但是，效果并不显著。

记得 2013 年 5 月 17 日，我作为中国大学生体育协会网球分会主席来到沈阳城市学院，参加"沈阳城市学院杯"中国大学校长网球邀请赛。清华大学、中国人民大学、中山大学、上海交通大学等 62 所高校的 130 位校领导和学校体育部负责人都来了。由于整个赛事和活动的组织安排井然有序，服务工作细致周到，高校领导们给予很高的评价。大家对沈阳城市学院新建的标准化、现代化的体育馆赞赏有加，网球馆、羽毛球馆、篮球馆等场馆，为学生的体育教学和健身训练提供了有力的保障。

令大家意想不到的是，沈阳城市学院对大学生的体育教学制度进行了大刀阔斧的改革。那天伟浩陪同我们观看了学生的体育"课"，它已经不是"课"的概念了。

体育俱乐部，打破学院班级界限，允许学生按照自己的身体条件和兴趣爱好选择俱乐部，俱乐部通过活动、训练、比赛激发学生的兴趣、爱好和竞争意识，这样一来，大学体育教学不再是"课"，也不再是单纯的教与学，教师成为体育活动体育比赛的设计者、组织者，是领队是队友是朋友。同学们在愉悦、拼抢之中，理解体育、爱上体育。

我认为，伟浩的探索对于国家提出来的培养学生德、智、体、美、劳全面发展的教育方针是十分有意义的。体育要反映体育中的人文内涵，通过活动、竞赛，锻炼人的意志，树立夺取胜利的信心，学会遵守规则的法治意识，养成与人合作的团队精神，培养面对失败和尊重对手的公正精神，塑造强健的体魄和健全的人格。所以说，体育"课"要超越大学体育的边界，核心在于全面育人。近些年，很多大学都在探索体育教学的改革，不能不说伟浩是改革的成功者。

成功的背后，我知道他也有少许的遗憾。他多次和我说过，"中国大学生体育协会咋就不设高尔夫分会呢，我最想当的'官'，就是中国大学生高尔夫协会主席"。在全国大学生里开展高尔夫运动是他的一个夙愿，目前还没有这个组织，不过但愿他美梦成真。[17]

17　牛维麟：《体育情结教育担当》，《我行我能——沈阳城市学院绿岛建校 10 周年纪念专刊》，第 66—67 页。

王玉文（中国摄影家协会顾问、曾任中国摄影家协会副主席）：

我有众多同行、众多朋友，他们从各种角度，以各种方式在寻找、积累、探索、实践，他们的热情不断地感染着我，他们观察世界的方式也在不断启发着我。沈阳城市学院校长徐伟浩教授就是我最好的朋友之一。对于我来说，朋友就像土壤、空气、水一样，他们支撑着我的思想、艺术、情感的空间，虽然我们彼此那么不同，但摄影把我们聚集在一起。在这里，绚烂多彩的是鲜活的世界，是生动的思想，是奔走的行动……

……

徐伟浩做起事来顽强执着、充满激情，无论是办大学、搞摄影、参与社会活动都是认真执着。现在他已是一位成功的大学校长，也是一位摄影家、策展人。2018年，他成功地策划了平遥国际摄影大展"致敬展"，在选题过程中，他坚持把我的一组照片以工人的主题进行整体呈现，最后以极具个性的视觉方式开创了展陈之先河。他在摄影领域的成就，其实不亚于他成功地创建了沈阳城市学院。正是艺术生命长青，艺术之花长开。[18]

胡宏伟（著名军旅作家、《长江之歌》作者）：

我和徐伟浩的接触并不是很多，第一次就是10年前建校之初我为沈阳城市学院写校歌。最近的一次就是今年5月来绿岛指导演奏校歌。然后是这一次关于"辽河文化"的合作。

他这个人，思想活跃，充满了激情，给人一种盎然的生机之感。沈阳城市学院校园里的变化证明了一切。

20世纪70年代初期我在这当过兵，那个时候这里是靶场，周围是一片庄稼地。今天来到这里的任何人都可以看到，绿岛校园像一个美丽的大花园。我在校歌里也写道："如诗如画的校园。"我个人见证了绿岛这些年的变化，这些变化可以说是天翻地覆的。

这次徐伟浩找到我，是要开展辽河文化研究，让我再创作一首歌曲能被大众传唱、被受众认同，希望辽河可以作为"第三条母亲河"走进受众的内心，需要我把这个概念通过歌曲的形式输送给受众。其实我创作也会面临巨大的压力，因为我们说到《长江之歌》，大家都会知道长江，毕竟一说到长江、黄河，就是中国人心目中的所认同的母亲河。可是辽河对大众来说是陌生的河，如果作为母亲河去植入到大众的脑海里，为大众所接受，这个就需要作品具有强烈的艺术感染力。

徐伟浩的初衷并没有功利，而纯粹是个人的情怀、使命感、责任感，是对辽河文化的热爱。我写了30多首校歌，没有哪一个学校的领导想到要去为民族、为国家写一首歌，而徐伟浩却有这样的不同寻常的想法。我为歌曲背后的东西所感动，为他的情怀，甚至理想，尤其我们都意识到了音乐的力量。[19]

崔凯（中国曲艺家协会副主席、曾任辽宁省文联副主席）：

记不清来绿岛多少次了，但每次来绿岛总是给我一种新鲜感，总是有意外的收获。

10年前，绿岛改建为大学，徐伟浩邀请我来，想听听我关于校园文化建设的意见。作为老朋友，我当然非常高兴，自居在文艺界浸润多年，出谋划策是"本职工作"。但建议归建议，不免有些担心，毕竟是从企业到教育，从酒店到大学，跨度决定了难度，但他的华丽转身超乎了我的意料。

……

当我又一次来到绿岛的时候，是他让我看看新成立的学生十大艺术团。在我看来这又是一种壮观："吹、拉、弹、唱、说、戏、舞、书、画"，在各大艺术场馆，行进管乐团、民乐团、舞蹈团、戏曲团、话剧团、曲艺团、歌唱团、歌剧团、书画团、电声乐团十个艺术团的学生同时在上美育艺术课。

老师大都来自艺术专业团体，有的还是我帮忙介绍来的专家。专业院团来的教师最大的好处是从实践到实践，都是手把手在教，以身示范在练，与社会对接在演。我一直认为，艺术教育不是一个理论问题，艺术教育应该是一个实践问题，最后要落脚到所有的学生本身，要为学生营造一个良好的艺术氛围，让学生享受育我之美的全过程，那就是最好的美育艺术教育，这一点我们是相通的。

徐伟浩和我说过，全体学生在校期间至少要参加一个艺术团，完成2学分的美育

19　胡宏伟：《奋斗的人永远年轻》，《我行我能——沈阳城市学院绿岛建校10周年纪念专刊》，第72—73页。

课程学习。美育教育都是以艺术院团的形式进行的，这样做的一个好处，可以以学生兴趣为引导，在自主选课中、自由组合中实现艺术审美的自由自在；以实际剧目为载体，学生直接进入角色，享受其中美的熏陶；以艺术实践演出为平台，学生的艺术学习变为"我要排练"的艺术自觉，激活了学生"爱美、尚美、育美"的内生动力，提升"向真、向善、向上"的美的自我塑造能力，这对于大学生打好文化底色、人生的亮色真的是十分重要。

徐伟浩对艺术、对美育包括对文化现象有一种天然的敏感。一次饭局上，我聊到辽宁文化名人高龄、多病令人担忧的状况，聊到辽河文化面临抢救性的挖掘、保护和整理的问题。本来是饭后茶余的议论，徐伟浩却听者有心。没几天，他把我和兴文几个在省文化口工作过的老同志请过去，说是要开展辽河文化研究，创办辽河文化博物馆。说干就干，而且有模有样，我成了沈阳城市学院聘任的辽河文化博物馆的首任馆长，郭兴文成了辽河文化研究院的名誉院长，我们说这不符合"八项规定"，徐伟浩说："职务是形式的，干活是真的。"

徐伟浩不光有文化自觉，还有一种"自信"。米开朗琪罗曾说："成就取决于眼界，眼界决定心灵的格局，格局框定命运。"我认为，徐伟浩之所以能取得今天这样的成就，是多方面因素综合作用的结果，与他超乎常人的眼界、敢为人先的魄力、脚踏实地的作风和尊贤尚礼的品格密不可分。[20]

绿岛十年，弹指一挥间。2009 年，绿岛从一座五星级酒店变身为一座高等学府，开启了创新中国民办高等教育的征程。2019 年，绿岛顺利通过教育部本科教学工作合格评估，完成了一所高等学校所要接受的检验。十年间，绿岛人大胆突破传统教育教学模式，悉心探索新路，留下了一串熠熠闪光的足迹。

至此，关于绿岛的故事就暂时写到这里，相信绿岛人不会停下前行的脚步——在徐伟浩的"导演"下，未来的故事会更加精彩。

20　崔凯：《文化创新，美育育人》，《我行我能——沈阳城市学院绿岛建校 10 周年纪念专刊》，第 74—75 页。

1960年8月1日,辽宁工业展览馆建成开馆

城南菜地里,建起三万平方米展览馆

1958年初的一天。位于沈阳市南部郊区的洪家岗子村来了几个人。他们乘坐的马车,沿着一条不太宽的马路从西向东一边走一边记录着。还时不时地商量一下。这一行人中,有当时的东北工业陈列馆馆长徐致祥,还有陈列馆的工作人员刘永海。

"那天我们是为了给正在筹建的辽宁工业展览馆选址去的,当我们走到一大片白菜地时,徐馆长停下了脚步……"2019年11月5日,今年88岁的刘永海老人向记者讲述了他记忆中辽展从无到有的全过程。

上世纪60年代的辽宁工业展览馆。

1964年,时任中共中央总书记邓小平陪同朝鲜民主主义人民共和国主席金日成参观辽宁省工业展览馆。

1964年,朱德委员长、董必武副主席参观辽宁工业展览馆。

选址 相中城南李长荣的白菜地

"我在展览馆干了一辈子。从它选址到建成再到开馆,我全部经历了。"刘永海退休前是辽宁省展览贸易公司的副经理。修建辽展前,他在东北工业陈列馆工作,辽展开馆后他一直负责接待工作。

"现在辽展的位置,建馆之前是农民李长荣的白菜地,属于长白农业生产合作社管辖,选址那天,当我走到这里我们就觉得这块地方很合适。"

关于筹建辽宁工业展览馆的意向,是在1957年下半年国务院副总理李先念来沈阳视察工作时,由中共辽宁省委第二书记、省长黄欧东在汇报工作时提出的。李先念副总理表示赞同。1958年初,省长办公会议正式决定筹建辽宁工业展览馆,于是辽展的选址被提入日程。

"最初辽展是选址在惠工广场一带的,但后来有关部门认为当时惠工广场一带地势复杂,民房较多,动迁困难,所以徐馆长就带着我又选了现在的地方,这个地方当时虽然属于郊外农村,但距离高市中心比较近,交通也近方便,从长远考虑,我们就建议把辽展建在李长荣的白菜地这个地方。"

1958年11月5日,沈阳市城建局正式下达用地核批通知书,同意将青年街街西西文化路土地75300平方米拨做建馆使用。

破土 多部门齐动手一年建成

"筹修辽展了,这可是一件大事,那真叫举全市、全省之力,很多个部门同时工作,从动工到主体竣工,才用了一年时间。修建过程中,我在筹委会工作,省筹委会办公室设在东北工业陈列馆。但是我每天大都在工地里跑来跑去,我负责各部门的调工作,哪个环节出了问题我都得第一时间到现场,"刘永海回忆说。

"工程设计的总体方案是从百余个平面布置和立体式设计方案里,经过多次反复推敲、斟酌、筛选出来的。"你看着辽展的尖顶、金顶、宝顶塔尖的琉璃雕塑,金黄色的玻璃瓦和房檐……多漂亮极的的这个方案。体现了中国古代建筑艺术传统,有高度的民族气息;既吸收了现代的结构技术,又适用于灵活多变的展览需求。"直到今天,刘永海坐在辽展门前的物业办公室里,望着与自己相守半生的辽展主体建筑,依旧钟爱有加。

经过半年多的展览馆设计,基建筹备工作,辽展在1959年3月中旬被土动工。"施工过程中,我们采取的是分片包干,分兵把口,定时定量的办法,关键部位就是集中突击,各个个攻克。简单地说,就是不同的部门同时工作,重点难点的地方,由筹委会统一协调,这就大大缩短了工期,"刘永海尽量用简单的语言,描绘着那热烈而繁忙的建筑场面。

根据辽展提供的资料显示,当时参加建馆工程的工人和技术工人最多时达到1838人。经过一年多的日夜奋战,1960年4月,辽展主体工程基本竣工,建筑面积33000平方米,成为国庆十周年献礼建筑。"辽宁工业展览馆"的馆名由时任国家副主席董必武题写。

开馆 一年接待127万观众

接下来的展览筹备工作,更是紧锣密鼓。

"筹委会组织了几个班子,包括文字编写、美术设计、展品征集、工程收尾等,这些班子同时展开工作,把展览筹备工作全面推进,形成了一边制作、一边施工、一边布展的局面。筹备开馆的时候,我负责招聘和培训讲解员,要求是很高的,思想得进步,仪表得端正、口齿得清晰……经过笔试和面试之后才能参加讲训。"刘永海介绍说。"当时一共设了33个馆,成熟个1个馆,布置一个馆,33个馆由33个单位负责,所有工作人员在整个展馆里一起往前赶,大家只有一个想法,就是确保开馆的时候辽展能精彩来相。"

布展工作推进迅速,经过几次局部调整,辽宁工业展览馆在1960年8月1日正式开馆。"开馆那天可真是热闹啊!展览馆门前张灯结彩,原本不大宽,不通公交的文化路,也通了有轨电车,足有上万人通过来参加开馆仪式。"开馆的时刻让刘永海至今难忘。

"从那以后,我就开始负责接待工作,每位来到辽展的重要领导和外宾都是由我亲自接待的。我记得1964年朱老总(朱德)和董老(董必武)来的那天上午,馆长在大门处迎接,我在展厅门口迎接。"在刘永海的记忆里,珍藏着许多精彩时刻,那是无数次来到展馆的国家领导人和重要的同志们走在长廊里的画面,如今回忆起每一段,他都历历在目。

"两位领导走进来,我就引领他们走进展厅,第一个给他们讲解的是沈阳的机床、机床、中捷友谊厂……都是实物。他们对着钢铁的大沙盘看得入神,那是自动的大沙盘,有灯光,车辽能跟着车前新……"

"资料显示,开馆第一年,辽展就接待国内观众127万余人,外宾3273人。成立之初,辽展主要举办公益性展览,举办了国内外许多大型展览,比如1963年10月,举办了'朝鲜民主主义人民共和国成立十五周年图片展'。改革开放以后,辽展逐渐走向市场经济方式运作,举办、承办了众多的国内外大型展览、展销会、博览会等。"

沈阳日报以来到辽宁菜地上建起的庞大展览馆,已经走过近近60年的风雨。就像一本厚重的历史,记录着不同年代里辽宁工业的辉煌成就和社会生活的发展变化,它又是一个默默的参与者,在重要的时间和场合见证着观者不同的精彩。无论怎样,辽展一直屹立在文化路立交桥下,矗立在沈阳人的心里。

沈阳日报 沈报融媒记者 寇俊松

◎ 2019年11月22日,《沈阳日报》刊登建设辽宁工业展览馆纪念文章,讲述1958年徐伟浩父亲徐致祥为辽宁工业展览馆选址的故事。

◎ 1957年4月19日,朱德委员长陪同苏联外宾参观东北工业陈列馆。左一东北工业陈列馆馆长徐致祥。

1998 年 12 月 1 日至 3 日，《沈阳日报》连续三天以《磅礴之市》《"绿岛"成功后的追求》《符合沈阳发展战略的选择》为题，报道沈阳·中国浑河商品交易市场建设历程。

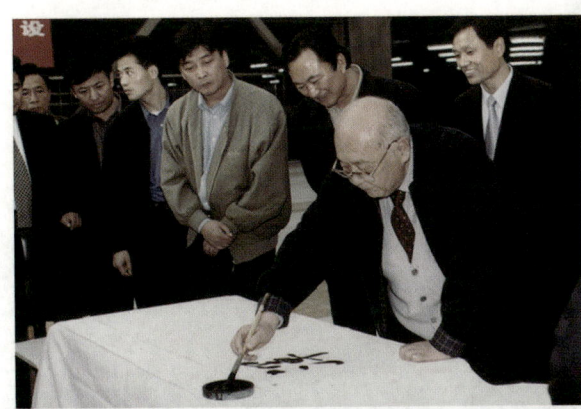

1999 年，全国人大常务委员会原副委员长王光英视察沈阳·中国浑河商品交易市场并题词。右一沈阳市苏家屯区委书记聂洪升，右二王光英副委员长，右三徐伟浩。

1999 年 10 月 30 日，沈阳·中国浑河商品交易市场开业暨首届"沈交会"开幕，当天客流量达 30 万人。交易市场以规模最大、商品最多、价格最低、环境最优、服务最好，成为沈阳对外开放的陆地港。

◎ 1987年10月，时任中国民主建国会本溪市委员会副主委、本溪市工商界联合会副主席的徐伟浩（左三）与辽宁省人大常委会原副主任、时任本溪市委副书记的王向民（左二），一起欢送著名企业家关广梅（左一）出席党的十三次代表大会。

◎ 1986年5月6日，时任中国民主建国会本溪市委员会副主委、本溪市工商界联合会副主席的徐伟浩（左一），参加全国工商联长沙企业工作会议，与时任全国工商联副主席黄凉尘（左二）合影。

◎ 2014年6月7日，国家旅游局原副局长张希钦（右一）为绿岛赋诗："绿岛春荫映杏林，伟风浩雨润桃芬。参天大树拔地起，方知杏坛有奇人。"

◎1989年，电影《离婚合同》拍摄现场。左图右一摄影师张松平、右三长春电影制片厂导演宋江波、右四徐伟浩。右图左一男主角冯巩。

◎1989年，徐伟浩与电影《离婚合同》男主角冯巩在拍摄现场。

◎2014年6月22日至28日，中国大学生高尔夫球代表团参加在瑞士举办的第十五届世界大学生高尔夫球锦标赛。前排左一代军（队员）、右一胡鹏飞（队员），后排从左至右罗敏佳（队员）、蔡汶霏（队员）、徐辉（翻译）、王坷朋（队员）、林少娜（女队领队）、李泰勤（教练）、徐伟浩（团长）、曹源（秘书）、刘保华（男队领队）、李超（队员）、王欣（队员）、肖佳艺（队员）。

◎ 2010 年 10 月，楼兰佛塔。
摄影 徐伟浩

◎ 2010 年 10 月 3 日，徐伟浩在"穿越罗布泊"探险之旅中，将节省下来的半瓶矿泉水浇在罗布泊湖心碑上，期盼罗布泊重现碧波。

◎ 2012 年冬，徐伟浩与刘晓军（左一）、高健生（左三）、王华涛（左四）穿越藏北无人区。

◎ 2005 年 1 月，长白山日出。摄影 徐伟浩

◎徐伟浩与小儿子"老九"。

后 记

　　本书的采访、写作、出版，得到了各方面朋友的帮助。

　　接受我采访，为我提供大量第一手资料的学校领导、教师、管理人员、学生有（按采访时间为序）：薛柏鸥、周广有、刘海亮、王晓益、于存雷、李晓桥、孙永新、孟娜、刘爽、聂晓微、刘博识、徐丹丹、李婷雪、张昊然、马友山、郭子海、王鹏、张娜、律叶、井婧梓、刘瑞平、相金星、何兴中、胡家鑫、谷硕、保红、林晓芳、盛馨平、董江华、王进国、张野夫、郑东红、马卿轩、高祥、郭毅航、代兵、金铁明、礼冰、张健、李丽、张思檬、张楠、姜巍、韩旭、王姣、李刚、夏添、郝洪军、宋采桥、马德福、李多、潘晶、郭佳宁、李长青、李龙跃、吴峰华、王承业、陈桂萍、郝光、董文龙、姚威、刘丽。

　　学校办公室的关玲、辽河文化研究院的栾薇对我采访期间的生活起居和出行提供了便利；语言文化学院院长赵慧平对我的写作给予了有益的指导；影视传媒学院的武林剑，不仅精心安排采访工作，对我所需资料有求必应；徐伟浩先生在百忙之中，多次抽暇与我长谈；建筑设计师杨鹏和室内环境设计师王华涛专程来到学校，向我介绍绿岛校园建设及同徐伟浩交往的情况；在书稿的修改过程中，于存雷、薛柏鸥、关玲给了我许多帮助；本书的责任编辑对本书的出版倾注了大量心血。

　　在本书即将付梓之际，谨向以上及所有帮助过我的人表示由衷的感谢！

图书在版编目（CIP）数据

我行　我能：一所新型大学的十年探索之路 / 霍长
和著.—沈阳：辽宁人民出版社，2022.12
ISBN 978-7-205-10659-1

Ⅰ.①我… Ⅱ.①霍… Ⅲ.①民办高校—办学经验—
沈阳 Ⅳ.①G648.7

中国版本图书馆 CIP 数据核字（2022）第 216782 号

出版发行：辽宁人民出版社
　　　　　地址：沈阳市和平区十一纬路 25 号　邮编：110003
　　　　　电话：024-23284321（邮　购）　024-23284324（发行部）
　　　　　传真：024-23284191（发行部）　024-23284304（办公室）
　　　　　http://www.lnpph.com.cn
印　　刷：辽宁新华印务有限公司
幅面尺寸：210mm×285mm
印　　张：32.75
字　　数：600千字
出版时间：2022 年 12 月第 1 版
印刷时间：2022 年 12 月第 1 次印刷
责任编辑：阎伟萍　孙　雯
装帧设计：丁末末
责任校对：吴艳杰
书　　号：ISBN 978-7-205-10659-1
定　　价：120.00元